CORRESPONDANCE

Livre 1

EPISTOLARIUM

(1457-1475)

DANS LA MÊME COLLECTION
DERNIERS VOLUMES PARUS

Tome 67 – Tristan DAGRON, *Unité de l'Être et dialectique. L'idée de philosophie naturelle chez Girodano Bruno*, 416 p., 1999

Tome 68 – Francesco FURLAN, Pierre LAURENS et Sylvain MATTON (dir.), *Leon Battista Alberti*, 1136 p., 2000

Tome 69 – Ilana ZINGER (éd.) *Dyonisos. Origines et résurgences*, 208 p., 2001

Tome 70 – Guillaume POSTEL, *Des admirables secrets des nombres platoniciens*, trad. intro et notes par J.-P. Brach, 288 p., 2001

Tome 71 – Tristan DAGRON et Hélène VÉDRINE (dir.), *Mondes, formes et sociétés selon Giordano Bruno*, 228 p., 2003

Tome 71 – *Mondes, formes et société selon Giordano Bruno*, T. DAGRON et H.VEDRINE (éd.), 227 p., 2003

Tome 72 – H.D. SAFFREY, *Humanisme et imagerie aux* XVe *et* XVIe *siècles*, 288 p., 2004

Tome 73 – JUDA ABRAVANEL, dit Léon Hébreu, *Dialogues d'amour*, 544 p., 2006

Tome 74 – Jean-Yves LACROIX, *L'utopie de Thomas More et la tradition platonicienne,* 488 p., 2007

Tome 75 – Mousiké *et* Areté. *La musique et l'éthique de l'Antiquité à l'âge moderne*, F. MALHOMME et A. G. WERSINGER (dir.), 256 p ; 2007

Tome 76 – M.-D. COUZINET, Sub species hominis. *Études sur le savoir humain au* XVIe *siècle*, 288 p., 2007

Tome 77 – J. BIARD et F. MARIANI ZINI (dir.), Ut philosophia Poesis. *Questions philosophiques dans l'œuvre de Dante, Pétrarque et Boccace*, 288 p., 2008

Tome 78 – G. PAGANINI, Skepsis. *Le débat moderne sur le scepticisme*, 432 p., 2008

DE PETRARQUE A DESCARTES
Fondateur : Pierre MESNARD
Directeurs : Jean-Claude MARGOLIN† et Tristan DAGRON

LXXIX

MARSILE FICIN

CORRESPONDANCE

Livre 1

EPISTOLARIUM
(1457-1475)

Texte latin
traduit et annoté par
Julie REYNAUD et Sébastien GALLAND

Ouvrage publié avec le concours
du Centre national du livre

PARIS
LIBRAIRIE PHILOSOPHIQUE J. VRIN
6, Place de la Sorbonne, V^e^

2014

Imprimé en France

ISSN 0418-4459

ISBN 978-2-7116-2480-5

www.vrin.fr

INTRODUCTION

Marsile Ficin, (1433-1499), est un philosophe néoplatonicien qui trouva dans quatre générations de Médicis à Florence de fidèles protecteurs et de précieux correspondants. Initié à la philosophie scolastique et aux auteurs latins par un père médecin au service de Cosme de Médicis, Ficin découvre, sous le bienveillant patronage du maître de Florence, des œuvres que l'Occident méconnaissait et allait redécouvrir à l'issue du Concile de Florence en 1439, lors duquel les dignitaires orientaux, venus défendre contre un Islam menaçant l'union des Églises d'Orient et d'Occident, avaient offert à Cosme des inédits de Platon, Hermès Trismégiste, Plotin, etc. Le travail de traduction engagé par Ficin avec le *Pimandre* d'Hermès Trismégiste, du vivant de Cosme et sur sa demande expresse, se poursuit, sous la protection de Pierre de Médicis, dit le Goutteux, enfin sous celle, plus constante et amicale, de son fils Laurent, dit le Magnifique, aux fils duquel il donne une solide éducation humaniste, avec les traductions de l'intégralité des dialogues platoniciens, des *Ennéades* plotiniennes, mais aussi d'œuvres de divers auteurs, souvent néoplatoniciens, Denys l'Aréopagite, Proclus, Jamblique, Synésios, Athénagore, Xénocrate jusque dans les années 1490. La *Correspondance* de ce fondateur de l'Académie platonicienne de Florence, réunie dans la propriété médicéenne de Careggi, permet de se représenter la façon dont cette œuvre de traducteur se fait, sur le long terme, de 1462 à 1495, du Livre premier au Livre XII de cet *Epistolarium*. On retient le plus souvent de Marsile Ficin qu'il fut le grand traducteur de Platon en langue latine, de Plotin et d'autres penseurs néoplatoniciens de langue grecque, qu'il influença les écoles poétiques françaises de la Renaissance (école lyonnaise, Pléiade) qui diffusèrent sa doctrine platonicienne teintée d'hermétisme, de magie astrale, qu'il compta pour bon nombre de philosophes du Cinquecento, Charles de Bovelles, Érasme, Thomas More, Giordano Bruno... Mais on néglige souvent la pratique épistolaire assidue d'un homme qui sait que philosopher est un art de vie quotidien, tout comme l'est une correspondance. C'est aussi tout au long de l'écriture de ces épîtres que la pensée propre de Ficin s'est lentement élaborée, nourrie de rencontres, de lectures, de travaux de commande ou d'investigations plus personnelles.

L'auteur de la *Théologie Platonicienne de l'immortalité des âmes* a rédigé pas moins de douze livres de correspondance publiés de son vivant en 1495 : en plus des lettres les plus connues et qui constituent à elles seules de petits traités philosophiques, on trouve des dédicaces, qui sont présentes en tête des ouvrages savants, des arguments pour les œuvres principales, des familières adressées à ses amis chers ou à lui-même, des méditations avec les membres du cercle platonicien de Careggi, des lettres plus solennelles à d'éminents contemporains, hommes de pouvoir, des Médicis à Mathias de Hongrie, humanistes, de Bessarion à Jean Pic de la Mirandole, ou hommes de religion. Nonobstant, cet ensemble conséquent dans l'œuvre de Ficin, succès littéraire en son temps, a trouvé peu d'intérêt chez les commentateurs, sinon pour éclairer les textes majeurs, confirmer une analyse, ou commenter un opuscule que Ficin a voulu placer au milieu d'autres lettres de la même période. Pourtant Marsile Ficin accorde un soin tout particulier à l'élaboration de cette œuvre paradoxale qu'est son *Epistolarium*. De lettre en lettre se tisse un cheminement dont la cohérence incite à voir là une œuvre philosophique à part dans le corpus ficinien. Il semble que Ficin ait lui-même veillé à ce que cette *Correspondance*, comme le restant de son œuvre, soit éditée de son vivant selon un ordre défini, composé et recomposé par lui. De fait, peut-être y a-t-il là à considérer que Ficin avait conscience d'élaborer peu à peu une œuvre répondant à un dessein particulier. Chastel souligne, dans son ouvrage *Marsile Ficin et l'art* le « classement souvent incertain de l'Epistolario ». Ce point a fait débat, du fait notamment des remarques de Corsi, un des biographes de Ficin au XVIe siècle, au chapitre XX de sa *Vita Ficini* sur l'authenticité de la correspondance de Ficin : « Il y a aussi en circulation douze Livres de lettres dédiées faussement à bon nombre d'amis de Marsile avec des titres qui ne sont pas de lui ; à part quelques unes dispersées çà et là, qui traitent de philosophie spéculative et qui ont pour titre : *Les cinq clés de la théologie de Platon* avec un résumé de celle-ci, *Du ravissement de Paul au troisième ciel, De la lumière, De l'étoile des Mages* et quelques autres du même genre, tout le reste doit être attribué au neveu de Ficin, fils de son frère ». Nous ne reviendrons pas sur cette histoire de faussaire à laquelle R. Marcel, dans sa thèse intitulée *Marsile Ficin, 1433-1499,* consacre une analyse décisive dans laquelle il conclut que le texte de Corsi fut abusivement interprété et que seule l'authenticité des titres et les prétendus destinataires sont douteux. La mise en ordre peut bien avoir été le fait du neveu de Ficin, qui portait le même nom que lui, il n'en demeure pas moins que Ficin travaille dès 1475 à l'établissement de sa *Correspondance*, de son propre aveu.

De ce philosophe dogmatique de la *Théologie Platonicienne*, du *De Triplici Vita*, la correspondance permet de découvrir le travail d'élaboration, les hésitations, les tâtonnements, c'est-à-dire une autre façon de philosopher que celle à laquelle la lecture de ses grands textes peut habituer. Se pose alors la question de l'articulation de cette *Correspondance*, qui traduit chez Ficin un attachement à la philosophie comme art de vie, ancrée dans la réalité des relations humaines (amitié, échanges épistolaires, banquets, politique, etc.) avec le reste de son œuvre où prévalent les questionnements métaphysiques et théologiques. Les lettres, d'inspiration souvent stoïcienne, semblent en outre, autre difficulté, rompre avec un corpus essentiellement dominé par les références platoniciennes, néoplatoniciennes, chrétiennes et négligeant les stoïciennes. La pensée syncrétique de Ficin trouve en effet dans les lettres une résonance très particulière : la pensée y est moins démonstrative et théorétique qu'active, pratique, fécondante au quotidien. C'est peut-être par là que Ficin renoue le mieux avec l'Antiquité, en particulier avec la parénétique antique, qui est un art du conseil, et s'éloigne d'une philosophie conceptuelle héritée de la scolastique et du thomisme. La lettre échappe aux exigences de la démonstration, à sa froideur, à tout un ensemble conceptuel dont la sécheresse rebuterait peut-être le philosophe débutant. Dans ses très nombreuses épîtres, Ficin diversifie, en empruntant à la tradition antique, les modes du philosopher, commentant, discutant, dialoguant. Les lettres lui offrent une souplesse presque infinie, deviennent une sorte de condensé d'audaces et de choix stylistiques. Mais la richesse stylistique de l'*Epistolarium* n'est pas tout à fait à l'image du reste de l'œuvre. Ne serait-ce que parce que Ficin y pratique des genres dominés par l'exigence stricte de brièveté, ce qui est moins perceptible dans ses traités. Et avant tout parce que c'est dans sa correspondance qu'il choisit de dévoiler discrètement sa propre vision du style. À ce titre, la correspondance est à même de nous renseigner sur l'auteur Ficin, sur ses scrupules de philosophe relativement à la forme littéraire à donner à son œuvre. Elle est donc d'un grand secours pour comprendre la philosophie générale du Florentin, dans la mesure où ses choix formels sont inséparables de sa conception de la philosophie.

Elle témoigne en outre de l'existence d'une pratique véritable de la philosophie comme souci de l'âme, thérapeutique à la mode antique. Une telle orientation morale, singulière dans l'œuvre de Ficin qui ne comporte aucun traité de morale proprement dit, peut autoriser à voir dans les lettres du Florentin le pendant pratique de sa philosophie, une autre façon de rendre compte de l'intuition fondamentale de sa sagesse : l'homme peut se faire *quasi deus*. À ce titre, Ficin s'inscrit bien dans cette tradition du Quattrocento qui affirme avec Coluccio Salutati ou Leonardo Bruni, le primat de la volonté, la valeur de l'œuvre terrestre, de l'action individuelle. L'ascétisme platonicien et le goût saturnien de l'isolement contemplatif n'empêchent nullement Ficin de méditer sur les thèmes de l'éducation, de la vie civile, des efforts quotidiens de l'humanité pour se rendre digne de son Créateur, des exercices spirituels, ceux dont Pierre Hadot considère qu'ils sont caractéristiques du philosopher antique. Cette œuvre d'épistolier où il est incontestable que la morale est stoïcienne et fonctionne comme une propédeutique à un platonisme rénové, confirme bien ce que Raymond Marcel notait au tout début de sa biographie de Marsile Ficin : « Il n'y a pas eu de Renaissance sans que le Stoïcisme s'imposât comme le complément du Platonisme ». Ainsi, la lecture de la *Correspondance* suggère qu'il existe peut-être, par-delà le Ficin traducteur et le Ficin platonicien, un Ficin stoïcien qui annonce en quelque sorte la renaissance de la philosophie du Portique au siècle suivant. C'est un stoïcisme certes platonisant, celui d'un Cicéron, d'un Sénèque, que Ficin réintroduit dans ses lettres dont la fonction est autant l'actualisation, la réalisation pratique de la sagesse, qu'une propédeutique au platonisme, seule philosophie à s'accorder pleinement avec le Christianisme. Car cette correspondance ne rompt pas avec le vaste projet d'une concorde des sagesses, mais l'ouvre aux philosophies païennes de l'action, celles-là mêmes où la lettre a toute son importance.

Comme chez Sénèque, la lettre ficinienne témoigne d'une attention aux moindres progrès de ses correspondants sur le chemin conduisant l'âme vers la connaissance de soi, vers sa source divine, vers l'Un. La lecture des lettres permet ainsi d'identifier le but pratique de la sagesse ficinienne, mais aussi de comprendre mieux comment lire l'œuvre foisonnante du protégé des Médicis. La lecture, l'échange, l'écriture des lettres, le choix même d'un style langagier participent pleinement des exercices philosophiques auxquels se soumet Ficin, qui paraît être toujours au travail et nous inciter à faire de même. La lettre ficinienne est la mise en pratique, l'actualisation ainsi que la défense des préceptes du ficinisme. Peut-être la lecture des œuvres de Ficin pourrait-elle commencer par celle de l'*Epistolarium* plutôt que par celle de la traditionnelle *Théologie Platonicienne de l'immortalité des âmes*, dans la mesure où les lettres constituent une propédeutique à cette théologie, inscrivant le philosophant dans une progression depuis la sphère de son individualité jusqu'au Tout, jusqu'à l'Un où tout fait sens, laquelle progression en passe par toutes les expériences possibles de l'unité ici-bas : l'action vertueuse, l'amitié, le banquet, la politique et bien sûr la correspondance. Ces thèmes sont plus aisément abordables dans des lettres : l'amitié, par exemple, s'y vit autant qu'elle s'y médite. Autant de thèmes récurrents dans les familières de Ficin qui préparent le correspondant à l'expérience ultime de l'unité en Dieu. Les lettres se présentent alors comme ce centre à partir duquel on peut saisir le sens du ficinisme : Ficin y parle de son travail en cours, de ses lectures, qu'il commente à l'occasion, qu'il paraphrase, explicite pour son lecteur, des textes qu'il rédige, des difficultés qu'il rencontre. La lettre nous fait entrer dans l'atelier du philosophe, nous donne à voir son travail d'élaboration, de création, mais aussi ses hésitations, ses doutes : il en tient informés ses amis très scrupuleusement. Si les lettres sont circonstancielles dans un premier temps, elles tendent toujours à un discours universel, éternel, lequel est comme confirmé par le vécu des correspondants qui est la matière première de la lettre. La *Théologie Platonicienne* s'efforce de démontrer la nature immortelle de l'âme que la vie dans le corps tend à lui faire oublier : or chaque lettre rappelle au progressant comment vivre dès à présent la vie une et éternelle à laquelle son âme aspire.

Ce fut d'ailleurs par sa *Correspondance* que le ficinisme se diffusa le mieux : tout commença pour lui avec Cosme de Médicis, ce dont la *Correspondance* se fait l'écho puisqu'elle débute par un échange entre Ficin et son mécène sur le thème du Bien et une lecture du *Philèbe* de Platon. Le rayonnement de la correspondance ficinienne atteint l'Italie puis l'Europe entière, met en relation le microcosme humain avec le macrocosme. Chaque billet, si court soit-il, est capable de condenser l'essentiel du ficinisme. Chaque lettre pourrait être abordée comme un traité de philosophie appliquée, raison pour laquelle sans doute Ficin n'hésite pas à mêler billets très brefs et opuscules plus conséquents. Il est ainsi permis de considérer que la pensée de Ficin présente une unité, qui certes n'est pas celle des pensées systématiques, mais consiste dans une philosophie du lien, de la médiation entre le multiple et l'un, entre le présent et l'éternité, médiation qui trouve dans la correspondance une forme adéquate.

Le Livre premier des lettres, dédié à Julien de Médicis, « homme magnanime », comporte des lettres assez anciennes, certaines adressées à Cosme de Médicis, premier protecteur de Marsile Ficin. Le natif de Figline est fils du médecin personnel de Cosme, lequel mit entre les mains du jeune homme les œuvres de Platon et d'Hermès Trismégiste, afin qu'il les lui traduise : Cosme l'Ancien, marqué par sa rencontre avec le platonicien Pléthon lors du Concile de Ferrare, se souvenait que ce dernier n'avait point besoin d'évoquer les auteurs latins pour parler de Platon et croyait dans les vertus de la traduction en vue de promouvoir une renaissance authentique de la pensée des Anciens. Porté par tempérament vers la philosophie de l'Académie plutôt que vers celle du Lycée à laquelle son père médecin l'avait très tôt initié, Ficin se voue à la tâche confiée par le Père de la patrie florentine qui veut faire de lui un médecin des âmes comme son père le fut des corps, et de nombreuses lettres font état de l'avancée de son travail de traduction et de commentaire des œuvres platoniciennes et néoplatoniciennes. Les lettres de ce premier Livre de la *Correspondance* furent écrites entre 1457 et 1475, une majorité entre 1473 et 1475. On y trouve de courts traités de jeunesse, comme un *De Divino Furore* daté de décembre 1457 qui indique le travail de fond que Ficin mène très tôt sur certains traités platoniciens, comme le *Phèdre* ou le *Phédon*, peut-être aussi le *Timée*, commentés de près dès 1456 à partir des traductions de Bruni. Ficin donne une liste de ses traductions ainsi que des opuscules composés par lui dans une lettre à Ange Politien intitulée *Mieux vaut écrire de bons textes plutôt que des textes abondants*, qui doit être de 1475. On compte dans ce premier Livre la plupart d'entre eux : *De la félicité*, *De la fureur divine*, *De la justice*, le *Dialogue théologique entre l'âme et Dieu*, *L'oraison théologique à Dieu*… Le *Dialogue théologique entre l'âme et Dieu,* adressé à Michaele Mercati, témoigne de l'état d'une âme qui trouve le chemin de la vérité, chemin que lui indique Platon en prônant une vie pure. De même, le *Lex et Justitia*, adressé aux juristes Otto Nicholini et Benedetto Aretino, et aux chevaliers Piero Pazzi et Bernardo Iunio, suppose une connaissance de première main du *Protagoras*, peut-être aussi du traité platonicien apocryphe intitulé *Minos*. Trois lettres, deux adressées à Cosme de Médicis, la troisième à Laurent, son petit-fils, traitent de la félicité, il s'agit sans doute du *De Felicitate* dont Ficin fait mention dans sa lettre à Politien ; les premières composées en 1463-1464, et la dernière à Laurent de Médicis, sans doute postérieure à 1474 puisqu'elle reprend son poème L'*Altercazione*, manifestent une bonne connaissance du *Philèbe*. Dès 1462, en effet, Ficin maîtrise assez le grec pour s'attaquer à des textes difficiles : *Théogonie* d'Hésiode, *Hymnes homériques*, *Hymnes orphiques* dont on retrouve certaines traductions dans la *Correspondance*, ou encore *Hymnes* de Proclus. En 1463, Cosme met à sa disposition écrits hermétiques et pythagoriciens, œuvres platoniciennes et plotiniennes que Ficin se met aussitôt à traduire… Ficin élabore peu à peu, et ce premier Livre de la *Correspondance* en témoigne, le projet de disposer à la religion par la philosophie, c'est-à-dire d'aider les incroyants à trouver ou recouvrer la foi, en leur enseignant une philosophie immémoriale, pérenne, dont le message, en particulier celui du platonisme, s'accorde étonnamment avec la vérité du Christianisme. La traduction s'impose comme un retour direct aux textes de l'Antiquité. En développant, dans sa *Correspondance*, une certaine pratique de la philosophie qui prépare à la religion sur un mode plus indirect, plus léger mais non moins efficace que la religion elle-même, Ficin est amené à réfléchir à de nombreuses reprises sur les modes du philosopher, sur les exercices spirituels les plus à même de mettre l'individu sur la voie de la connaissance de sa divinité, de son immortalité. C'est dans ce cadre que trouvent leur place des références à la sagesse stoïcienne, conçue elle-même comme propédeutique au platonisme. Aux consolations, exhortations et autres encouragements s'ajoutent bien d'autres thèmes d'inspiration stoïcienne : des éloges de la constance, de la persévérance, de la capacité à supporter l'offense, l'injure, des analyses des devoirs, des vertus civiles, des critiques du luxe, de la richesse, de l'ambition, de l'espoir qui fait oublier le temps présent, de la perte de temps, de la soumission à la fortune, de la confusion entre ce qui dépend de nous et ce qui dépend d'autrui…

Le Livre second de la *Correspondance* est composé d'un ensemble de huit opuscules parmi lesquels *Les cinq questions de l'Esprit*, un *Résumé de la Théologie platonicienne*, *Du ravissement de Paul*, l'*Argument de la Théologie platonicienne*, un traité sur la lumière, le *Quid sit Lumen*, qu'il grossit et publie en 1493 sous le titre *De Lumine*, qui apparaît dans le dernier livre de l'*Epistolarium*. Ces textes sont composés par Ficin en 1476, alors qu'il est prêtre depuis un peu plus de deux ans, et que son travail de traducteur est bien avancé : son *Pimandre* est publié en 1471, l'œuvre de Platon est presqu'entièrement traduite même s'il faut attendre 1484 pour qu'elle soit éditée, le *Commentaire sur le Banquet* de Platon paraît en 1469, le *De la religion chrétienne* en 1476. Ce Livre n'est pas à proprement parler un livre de correspondance, les textes sont bien des traités composés entre 1476 et 1480, parfois adressés par Ficin à ses « *conphilosophi* », comme c'est le cas du *Quaestiones quinque de mente*, du *Compendium Platonicae theologiae*, ou du traité intitulé : *Super sensum est intellectus*. D'autres sont adressés à des familiers ou à des personnages politiques importants : Giovanni Cavalcanti, Febo Capella, Francesco Bandini, Laurent le Magnifique, Miklos Bathory ou le Comte de Gazoldo. Ficin explique la singularité de ce livre second dans son prologue adressé à Frédéric de Montefeltre, Duc d'Urbin, écrit probablement en 1482 : il s'agit, précise-t-il, de réunir ici les lettres relatives à la théologie platonicienne. Raison pour laquelle ces lettres portant sur l'étude des réalités divines se devaient d'être séparées des lettres traitant d'affaires « humaines ». La question centrale de ces divers opuscules est celle du chemin conduisant vers Dieu : quel est-il ? Comment l'emprunter ? Quels échelons gravir avant de l'atteindre ? L'univers matériel et immatériel ficinien est caractérisé à la fois par une hiérarchie, une échelle des êtres permettant de distinguer entre plusieurs degrés d'êtres (anges, âmes humaines, bestiales, qualités, corps, matière) et par une articulation sans rupture de cette diversité des éléments du monde les plus dissemblables. Une telle unité est assurée par des réalités médiatrices, *media*, articulant les degrés inférieurs aux supérieurs, faisant se correspondre, naturellement (une réalité étant de nature commune à une autre) ou symboliquement (une réalité étant le miroir, l'image d'une autre), tous les étages de l'univers. Si l'âme, telle que la décrivent ces traités inspirés de la théorie platonicienne de l'âme, est si importante, c'est parce qu'elle apparaît comme le médiateur par excellence. Ficin fait de l'âme rationnelle, de la tierce essence, une sorte de médiateur universel, assurant autant la continuité dans les objets singuliers que dans le système du monde dans sa totalité. Cette médiété de l'âme dans le monde est l'expression de l'innervation divine du monde. La notion même de *raptus*, de ravissement, désigne un mouvement par lequel Dieu produit l'ascension fulgurante de l'âme vers les cieux et les réalités divines. Si l'ascension n'est pas un mouvement volontaire, Dieu seul décidant de ravir ou de ne pas ravir, elle n'est pourtant pas une élection totalement irrationnelle et s'explique par la présence en l'individu ravi d'une volonté toute tournée vers Dieu. C'est pourquoi l'âme doit se préparer à cette rencontre, la vouloir, s'exercer à cet arrachement à soi : des deux ailes qui permettent à l'âme de s'envoler jusqu'à sa source, il en est une que l'homme a le pouvoir de déployer seul : relative aux lois morales, elle symbolise l'énergie des efforts de chacun pour atteindre les régions supérieures, le respect des vertus, l'action honnête, juste. C'est à cet envol que la *Correspondance* exerce, à sa façon, en guidant les destinataires des missives sur la bonne voie.

Ces courts traités du Livre II sont précieux pour saisir, outre leur contenu propre, le rôle que Ficin accorde à certaines formes, par exemple à celle de l'argument (*argumentum*), ou du résumé (*compendium*). L'attachement de Ficin aux formes brèves prend sa source dans un parti-pris philosophique de condensation, de concentration du sens : la brièveté de l'*argumentum* ou du *compendium* affûte l'intelligence. En se confrontant à un texte d'une grande concision, l'esprit s'exerce à la concentration. L'âme, pour rentrer en elle-même, pour atteindre sa pointe, trouve dans la lecture d'un argument le moyen de faire l'expérience d'une unité, du fait de la condensation dans un texte bref des enseignements destinés d'abord à un exposé plus long. L'argument semble n'être pas un texte isolé, autonome, il renvoie en effet au texte plus touffu dont il est une sorte de résumé, raison pour laquelle on peut le considérer comme un texte synthétique qui saisit les grands axes du texte intégral, dans un mouvement de concentration depuis la diversité et l'abondance jusqu'à l'unité et la simplicité. Ficin s'en explique souvent dans des lettres faisant l'éloge de la concision que l'on retrouve dans l'ensemble de la *Correspondance*. La lecture de cette dernière n'a donc de sens que dans un va-et-vient constant entre les lettres et le reste de l'œuvre à laquelle elles renvoient toujours en creux.

Le troisième Livre de la *Correspondance* est composé essentiellement de lettres écrites entre 1474 et 1476 à l'exception du proème des Livres III et IV, une exhortation à la guerre contre les Barbares adressée au roi Mathias Corvin de Hongrie en octobre 1480. Ce livre témoigne de l'attachement sincère de Ficin à ses amis ou compagnons philosophes, auxquels sont envoyées de nombreuses missives. C'est notamment le cas de Cavalcanti, l'« *unico amico* », avec lequel Ficin entretient une relation épistolaire très soutenue, puisqu'écrire à son ami revient à être à ses côtés, ce dès le premier Livre de la *Correspondance*. L'amitié s'entretient, se consolide, se teste aussi dans la régularité de ces échanges. La *Correspondance* donne au thème de l'amitié une dimension que le *Commentaire sur le Banquet de Platon* ne présente pas. Certes, Ficin expose à de nombreuses reprises ce qu'il en est de l'amour véritable et en particulier de cet amour pur des amis. Mais la correspondance a le mérite supplémentaire d'ancrer le discours sur l'amitié dans un vécu, dans une pratique et dans une temporalité singulière qui n'est plus celle, régulière et uniforme, de l'exposition théorique. Les lettres font suivre cette relation de deux êtres dans ses pas, ses hésitations, ses crises, ses effusions. La correspondance, en donnant à voir l'amitié en acte, fait davantage qu'exposer plus synthétiquement ce que comportaient déjà les traités ficiniens. Elle met en œuvre une sagesse active, stimulante qui ne se départit jamais complètement d'une réflexion de type plus théorique ou universel. Les lettres, plus que tout autre texte, permettent de saisir ce que Ficin entend par amitié parce qu'elles unissent en un seul tout l'expérience concrète de l'amitié et la pensée de l'amitié.

L'unique ami Cavalcanti fut d'ailleurs celui qui, le premier, encouragea Ficin à publier un commentaire du *Banquet* de Platon. Cette lecture d'un ouvrage centré sur les thèmes de l'amour, de l'amitié vraie et du désir, thèmes qui les concernaient tous deux au plus haut point, s'accompagna de la restauration de la pratique même du banquet, banquet dont Porphyre affirmait dans sa *Vie de Plotin* que ce dernier en organisait aux jours de naissance de Socrate et Platon pour les célébrer l'un et l'autre. Le 7 novembre 1468 fut donc donné par Laurent de Médicis un premier banquet platonicien qui servit de cadre à l'exposé par Ficin de son fameux *Commentaire sur le Banquet de Platon*. Cette tradition fut maintenue durant de nombreuses années, comme en donnent témoignage une lettre à Poggio Bracciolini dans le Livre I, une autre à Francesco Bandini dans le Livre IV, ainsi qu'une lettre-traité à Bembo, dans le Livre III, définissant les finalités, les formes du banquet « *De sufficientia, fine, forma, materia, modo, condimento, auctoritate convivii* ». Une dernière lettre sur ce thème, adressée à Laurent de Médicis, compare ce banquet terrestre au banquet céleste. À son ami vénitien Bembo, ambassadeur de sa cité, fin lettré, grand rhéteur, le philosophe florentin envoie quelques traités consignés dans ce troisième Livre de la *Correspondance*, dont ce texte chapitré sur le banquet : parmi les pratiques que Ficin interroge, celle du banquet occupe une place originale du fait de l'expérience synthétique qu'elle permet de mener : expériences de l'amitié, de la divine communauté des hommes autour de divins sujets, de la satisfaction pleine du corps, de l'apaisement de l'âme, du soin de la mélancolie... Cette dimension synthétique du banquet, dont les finalités apparemment différentes se subsument sous la quête plus générale du vivre ensemble, donne au concept central d'unité, une expression pratique, l'incarne en quelque sorte dans une expérience simple, quotidienne, mais vectrice d'une sagesse. La lettre a pour vertu première de rendre, de donner à voir et à penser ces moments du quotidien où quelque chose de discrètement philosophique est en train de se jouer.

Le quatrième Livre comporte, outre des familières écrites entre 1476 et 1479, des oraisons louant la philosophie, la médecine, qui sont l'occasion pour Ficin de consacrer la supériorité de la philosophie platonicienne qui fait du philosophe un thérapeute de l'âme et sert de propédeutique à la religion chrétienne, seule capable d'assurer son Salut. Les soins du corps n'ont de sens qu'en tant qu'ils permettent d'en retirer indirectement la santé de l'âme. Les *Trois livres de la vie* évoquent les trois objectifs distincts de la médecine depuis le plus simple jusqu'au plus ambitieux qui est aussi le plus philosophique : d'abord conserver la santé, ensuite vivre longtemps et enfin « acquérir du Ciel la vie », vie à laquelle introduit le platonisme. Ficin consacre d'ailleurs dans ce Livre IV de la *Correspondance* un texte assez long à la figure même de Platon, le *De Vita Platonis* dédié à Francesco Bandini dans un proème placé en toute fin du Livre. Là où le Livre II traitait de théologie platonicienne et de questions divines, cette *Vie de Platon* aborde l'homme, sa vie, ses principes, sa sagesse, son style, donc une réalité humaine d'où sont déduits logiquement les principes mêmes de sa foi dans la divinité et l'immortalité de l'âme qui touchent aux réalités célestes ou supra-célestes. On reconnaît là le souci très ficinien de délivrer dans ses lettres des leçons de vie aux progressants que sont ses lecteurs. Par un mouvement anagogique, la pensée part de l'approche empirique et concrète (d'où l'intérêt d'une biographie de Platon) et s'élève peu à peu vers un savoir plus universel et abstrait.

Dans cette *Vita Platonis*, et cela n'a rien d'anodin, Ficin dresse l'horoscope du philosophe athénien, et traite de plus en plus fréquemment dans ses lettres, et ce jusqu'au dernier livre de l'*Epistolarium*, d'astrologie. Une lettre importante de ce quatrième Livre fait écho aux débats suscités par l'intérêt non masqué du Florentin pour cette sagesse astrologique qu'il associe aux traditions chaldéenne et égyptienne. L'astrologie prend une telle part dans son œuvre qu'elle pouvait apparaître indigne d'un philosophe se devant de lutter contre les superstitions. Pic de la Mirandole dénonça le goût démesuré des astrologues « plébéiens » pour l'astrologie divinatoire dans ses *Disputationes adversum astrologiam divinatricem*. Mais Ficin, convaincu de la nécessité de distinguer entre une mauvaise astrologie, que Pic critiquait donc à juste titre, encouragé par Ficin lui-même, et une bonne astrologie, ne renonça pas à une certaine forme d'astrologie divinatoire, précisant quels usages ou interprétations de l'astrologie un philosophe chrétien pouvait admettre ou devait refuser, estimant notamment que le soin de l'âme requiert toutes les formes de médecines, des plus certaines aux probables dont l'astrologie fait partie. La *Disputatio contra judicium astrologorum* écrite en 1477 est l'occasion pour Ficin de souligner les points de rencontre entre la philosophie, l'astrologie et le Christianisme, de combattre le fatalisme et les superstitions astrologiques, sans renoncer à une acceptation modérée de l'astrologie. Il s'agit *in fine* de servir, non de desservir, le Christianisme et sa Vérité.

Les Livres V et VI, consignant des lettres composées entre 1478 et 1480, reprennent les thèmes des livres précédents : rôle des astres sur notre tempérament, notre existence ; analyse des amours divin et humain ; nécessité de cultiver l'amitié ; éloge de la brièveté du style, des vertus, autant de *topoi* de la correspondance ficinienne à quoi s'ajoute une assez longue méditation sur la politique, sur ce que doit être un prince digne de ce nom. Ficin, il est vrai, entretient une correspondance assez régulière avec des magistrats, des hommes d'État, ce qui implique qu'il s'interroge sur le statut, les droits, les devoirs des uns et des autres, sur les enjeux de leurs fonctions. Nulle part ailleurs que dans sa *Correspondance* Ficin ne traite de ces questions très humaines que sont celles de la vie politique. Or la figure du politique n'est jamais traitée par lui séparément du reste : le politique n'est qu'un homme inscrit dans un tout qui le dépasse et dépasse les cadres de sa fonction : l'humanité. Ficin, en s'adressant à de grands hommes de son temps, tend à dresser le portrait non point tant de ses correspondants, que de celui qui pour lui constitue l'idéal du prince. Qu'il y ait des écarts entre ce que Ficin énonce et ce que le prince est de fait, est secondaire. Dès lors, Ficin n'hésite pas à user de lettres ayant la double fonction de dresser le portrait du prince idéal et d'orienter l'éducation des princes réels. Sous-titrées « *Éducation du prince* », elles sont de véritables miroirs aux princes, l'une se trouve dans le cinquième Livre de l'*Epistolarium* « *Veritas de institutione principis ad Raphaelem Riarium cardinalem* », l'autre dans le sixième « *Philosophica principis institutio* ». Ces lettres ont, du propre aveu de Ficin, un statut particulier : le démon intérieur de Ficin l'enjoint à les rendre publiques. Les politiques méritent peut-être davantage encore que les autres hommes, en tant que bergers et gardiens de l'humanité, de jouir des conseils d'un philosophe. La *Correspondance* est cependant l'affaire des hommes, de tous les hommes : Ficin s'évertue de rappeler au politique qu'il n'est et ne doit vouloir être qu'un homme. L'humanité en l'homme est loin d'être un pléonasme ou une évidence puisqu'elle se cultive, se travaille, se sculpte. Celle de l'homme politique se dévoile dans sa défense de la Vérité Chrétienne. Le Livre III s'ouvrait sur une lettre-préface datée de 1480 à Mathias Corvin, nouveau Moïse, pour l'inviter à bouter les Turcs hors d'Italie ; cette préface est donc contemporaine de la période d'écriture de ces textes sur le pouvoir du Prince : si Ficin s'adresse ainsi aux grands hommes de son temps, c'est que la menace turque sur la ville d'Otrante, dans le sud de l'Italie, lui rappelle combien l'unité est utile et sacrée. La pire menace pour un État est celle qui produit sa division d'abord, sa destruction ensuite. L'Italie a beau connaître tout au long du XVe siècle des crises intérieures, des conflits, elle n'en reste pas moins unie autour d'une foi commune dans le Christianisme. À la *concordia* de la «*pia philosophia*» avec la «*docta religio*», répond ici la concorde des États d'Italie autour de leur religion commune. Une lettre au Pape manifeste une réelle prise de conscience politique de la part de Ficin, soucieux de sauver Florence de la menace turque, puis en 1494, de celle que constitue l'invasion de Charles VIII de France auquel il adresse une lettre officielle dans le Livre XII de l'*Epistolarium*. Cette lettre s'adresse à un roi qui vient de se lancer dans les campagnes d'Italie et menace ouvertement Florence. Ficin ose adresser au roi de France cette lettre d'une grande subtilité, dans laquelle il s'efforce de dévier, de réorienter cette «*furia*» française, cette puissance, vers un dessein plus noble et plus utile au monde chrétien... Il dresse à nouveau à cette fin le portrait du Prince honnête homme. Le projet ficinien brille par son unité indéfectible.

C'est dans ce même contexte de guerre, celui des guerres d'Italie, que Ficin publie son septième Livre de lettres écrites entre 1481 et 1483. Cette partie de la *Correspondance* est profondément marquée par une pensée de la vicissitude, de la mouvance des réalités terrestres, de la misère du temps qu'il oppose, dans une allégorie envoyée au secrétaire du Duc de Milan, à un âge d'or qui, lui, ne déçoit pas, à un accord parfait entre le pouvoir temporel et le pouvoir spirituel, puisque sans sagesse le pouvoir ne saurait s'établir durablement. Ce livre est l'occasion de revenir sur des moments de cette histoire mouvementée : l'attaque de Faenza par Venise, lieu stratégique pour Florence qui tient là un accès à la mer Adriatique, l'entrée en guerre de Laurent empêchant la célébration de la saint Cosme, l'alliance de Laurent de Médicis avec le duc d'Urbin... L'une d'elle, par exemple, décrit un Frédéric d'Urbin invincible à qui rois et princes confient la lance de Pallas. À cet homme qui se dit platonicien sont adressés deux apologues célébrant la puissance d'un envoyé de Jupiter sur terre pour rétablir l'ordre et le droit...

Dans cette situation tendue les réunions du cercle platonicien sont difficiles à maintenir. Du fait de la guerre et de la peste qui sévit en ville, de l'éloignement de certains membres de l'Académie, comme celle de Bembo qui rejoint sa ville de Venise pour gérer le port de Ravenne, le philosophe doit renoncer à ces rencontres amicales et stimulantes. La retraite de Ficin à Careggi, dont il est fait mention dans les lettres d'invitation à le rejoindre à la campagne envoyées à des amis proches, Cavalcanti, Bembo, ou dans des éloges de la solitude, est cependant une période d'écriture intense puisqu'il travaille à sa *Théologie Platonicienne de l'immortalité des âmes*, qu'il finit par publier en novembre 1482. D'assez nombreuses lettres reprennent, dans ce Livre VII, l'idée d'un accord entre le platonisme et la religion du Christ et, par conséquent, le contenu de sa *Théologie*. Il écrit encore un court traité intitulé *L'étoile des Mages*, ainsi que le premier livre des *Trois livres de la vie*, qui devait servir de préface à ce septième Livre de la *Correspondance*. Les conversations avec Vespucci et le savant helléniste Buoninsegni, bon ami d'Ange Politien, donnèrent à Ficin l'idée d'un ouvrage traitant des soins à apporter à la santé des *studiosi*, ces lettrés négligeant le corps au profit de l'esprit et de l'âme. Les lettres évoquant ce nécessaire souci de soi visent autant le lettré que le politique qui délaisse les affaires de l'esprit en s'adonnant à la politique. Marsile Ficin conçoit l'envergure de ce projet, comprend qu'il dépassera le format attendu pour une préface, et renonce à l'idée de placer ce chapitre du *De Vita* au début du Livre VII de l'*Epistolarium* dans son avertissement au lecteur.

Le Livre huitième, qui comprend une correspondance s'échelonnant de 1484 à 1488, concerne une période très importante tant du point de vue des publications que des travaux de traduction, puisque le maître de Careggi fait éditer en 1484 les œuvres complètes de Platon traduites du grec en latin, ainsi que leurs commentaires, et s'engage dans la traduction des *Ennéades* de Plotin, sur le conseil de Jean Pic de la Mirandole, œuvre qu'il achève en 1486, et ne publie qu'en 1492 accompagnée de commentaires. Ficin lui-même admet négliger durant cette période ses correspondants, habité qu'il est par le démon de Plotin et préoccupé par une situation personnelle critique : il perd un frère, s'occupe de ses neveux, le tout dans des circonstances financières dégradées. Pour autant, sa notoriété ne cesse de grandir, comme en témoigne l'insistance du roi Mathias de Hongrie à le voir rejoindre sa cour. Le philosophe décline l'invitation mais dédicace les Livres troisième et quatrième de sa *Correspondance* à ce monarque éclairé, féru de philosophie platonicienne, et grand défenseur, contre les Ottomans, des terres chrétiennes. Ce Livre huitième est aussi celui dans lequel se développe un échange épistolaire assez régulier entre Ficin et Pic de la Mirandole : il admire en ce dernier un esprit pénétrant, sa défense de l'unité, du syncrétisme au sein des sagesses et des religions. En 1484, deux ans après leur premier échange, Pic de la Mirandole, qui a le projet de comparer les philosophies de Platon et d'Aristote, demande au philosophe florentin sa *Théologie platonicienne de l'immortalité des âmes*. Ficin espère faire du jeune savant un platonicien, ce à quoi répugne le Comte de Concordia, qui ne parvient pas à préférer une sagesse à une autre. Le jeune savant, en route vers Rome pour y présenter ses 900 *Conclusions philosophiques*, connut une période de disgrâce après avoir enlevé, avec son consentement, la jeune épouse de Julien Mariotto de Médicis : il fut blessé, capturé puis emprisonné jusqu'à ce que Laurent de Médicis intercède lui-même en sa faveur. Ficin, qui pourrait lui en vouloir de cette aventure et d'avoir, plus encore, contredit si fermement sa conception de l'amour platonicien dans ses *Commentaire sur une chanson d'amour de Girolamo Benivieni*, soutient indéfectiblement, dans ce Livre VIII de la *Correspondance*, le jeune Comte de 23 ans, qui était comme un fils pour lui, comme un frère, un alter ego. Si Ficin refuse de souscrire, comme Pic de la Mirandole, à l'accord du platonisme et de l'aristotélisme, il regarde en revanche les théologies anciennes, notamment les textes hermétiques, comme des sagesses annonciatrices des vérités du platonisme, puis du Christianisme. Certaines lettres de ce Livre VIII évoquent les préoccupations nouvelles de Ficin en matière d'hermétisme et de démonologie : certes, il avait dès 1462 et à la demande de Cosme de Médicis, traduit le *Pimandre*, texte central du *Corpus Hermeticum*, mais il approfondit encore sa connaissance des sagesses orientales durant cette période. Le Livre VIII comporte par exemple une importante lettre sur les démons, qui intègre une traduction partielle du *De Abstinentia* de Porphyre. Ficin envisage en effet, reprenant l'image homérique de la Chaîne d'or, que le savoir vrai se révèle au cours des âges à des êtres exceptionnels, démoniques, qui relient de ce fait le monde des hommes au monde divin. Plus le sage est antique, plus près il est de Dieu et de Sa Vérité. Or Hermès occupe une position tout à fait première. Le prestige du prêtre égyptien s'explique du fait de son rapport étroit avec Dieu, à la divinité même de sa tâche : révéler les vérités divines cachées par l'intermédiaire de l'écriture, être le médiateur de l'invisible. Ficin n'oublie cependant point le but de cette redécouverte des *prisci theologi* : soutenir son projet apologétique. La Vérité Chrétienne est le sommet de cette chaîne : le Livre VIII présente d'ailleurs d'assez nombreuses oraisons prononcées devant les ecclésiastiques et le peuple de Florence, en sa cathédrale, en particulier sur le thème de l'amour divin, de la charité chrétienne : l'amour est l'expression de l'action de Dieu sur le monde, donnant forme à l'informe, unifiant ce qui est désuni, achevant l'inaccompli.

Le Livre IX rassemble quelques proèmes aux travaux de traductions à présent achevés par le maître de Careggi : au *De Anima* de Theophraste, aux œuvres de Jamblique, Proclus, Porphyre, Synesios et Psellos. Ces envois à des ecclésiastiques visent toujours à rétablir la légitimité de la lecture de ces textes païens au regard de la Vérité Chrétienne qu'ils annoncent, confirment et défendent indirectement. Il ne reste guère que l'œuvre de Plotin à traduire, ce à quoi s'attèle Ficin dans les années qui suivent, soit de 1490 à 1492, comme en témoignent les livres ultérieurs de sa *Correspondance*. Entre le printemps et l'été 1489, Ficin se plonge dans l'écriture du *De Triplici Vita*, édité en 1489, composé de trois traités : *De vita sana*, *De vita longa*, *De vita coelitus comparanda,* dernier texte qui, primitivement, était un commentaire d'un passage de la quatrième *Ennéade* de Plotin. Le proème au livre traitant de la vie longue est adressé à Philippo Valori, ainsi que d'assez nombreuses missives, lesquelles débordent sur le Livre X composé entre 1489 et 1490, expliquant, justifiant, voire défendant contre ses détracteurs, son projet d'aider les hommes que les études et la recherche des réalités les plus hautes épuisent et rendent mélancoliques, en usant autant des connaissances des herboristes que des conjectures des astrologues. La médecine de Ficin peut être apparentée à une médecine de la lumière contre ce mal ténébreux de la mélancolie, une lumière dont le pouvoir se répercute dans les éléments qui lui doivent chaleur, couleur, éclat, brillance. En tant que manifestation divine, la lumière est caractérisée par son pouvoir, son action. C'est donc dans l'illumination que réside l'action de la lumière, illumination du monde, de l'esprit, de l'âme. Bien avant l'illumination métaphysique proprement dite, l'homme jouit de la lumière, de son action bénéfique, de ses vertus. C'est ainsi que Ficin développe l'un des sujets qui lui tiennent à cœur : l'effet thérapeutique de la lumière.

La dissolution excessive des esprits dans le corps du studieux rend impérative une médication qui rappelle les esprits. Le « *spiritus* », de nature aérienne comme la lumière, se fortifie grâce aux bienfaits de cette dernière.

L'intérêt porté à la médecine astrale et à la lumière aboutit dans les Livres X, XI et XII à de nombreuses missives commentant, éclairant, mais justifiant encore les projets audacieux que constituent les deux traités écrits respectivement en 1492 et 1493 que sont le *De Sole* et le *De Lumine*. Un *Quid sit Lumen* à la fin du Livre II, ainsi qu'une *Comparaison orphique du Soleil à Dieu et manifestation des Idées* de 1479, incluse dans le sixième Livre de l'*Epistolarium*, annoncent ces derniers travaux du maître de Careggi sur la lumière. La lumière est à la fois ce qui concerne les réalités visibles, qu'elles soient colorées, diaphanes ou transparentes, accessibles au sens de la vue, que les invisibles, depuis l'âme jusqu'à Dieu en passant par les intelligences angéliques, accessibles à la raison ou à la volonté. Miroir fidèle de Dieu, cette lumière invisible est ce d'où procède toute lumière visible : la lumière est donc l'image visible de Dieu. Ficin articule dans le *De Sole* et le *De Lumine* les leçons de Platon, faisant du soleil le fils visible du Bien dans sa *République*, celles de la théologie négative de Denys l'Aréopagite qu'il vient d'achever de traduire car la mystique dionysienne repose sur une dialectique du visible et de l'invisible, du clair et de l'obscur, et les enseignements du Christianisme, puisque le Christ est lumière. La plupart des lettres des deux derniers Livres de la *Correspondance* visent à préciser l'orthodoxie de la démarche ficinienne, qui n'est nullement un retour pur et simple aux théologies astrales, lesquelles pourraient inciter à une idolâtrie inacceptable ou à un culte solaire impie. Ficin doit se défendre contre des attaques répétées à l'endroit de ces deux textes inspirés, poétiques, sans doute ambigus. Les références à l'astrologie sont omniprésentes, et Ficin finit par comprendre que l'indulgence des ecclésiastiques à son endroit ne saurait durer. Sentant cette menace au moment de la parution du *De Triplici Vita*, il avait composé en 1489 une *Apologie de la Médecine, de l'Astrologie et de la Vie du monde*. Il réitère en 1492 avec une *Apologia in librum suum de Sole et Lumine*, ainsi que de nombreux billets intitulés *Pro libro de Sole*. C'est à Pierre, l'un des trois fils de Laurent de Médicis décédé depuis peu, devenu un fervent humaniste, un ardent défenseur des lettres grecques et latines, que sont dédiés ces deux traités. Cette adresse prestigieuse le prémunit contre les critiques les plus acerbes, de même que l'ajout à la première impression du *De Sole et Lumine* des lettres d'apologie de ces deux opuscules dediées à Valori, à Uranio et à Bindacio Ricasoli dans le Livre XII. La probité de Ficin est sauve.

Les dernières lettres de ce Livre permettent de saisir quel fut le rayonnement européen de Marsile Ficin : les grandes cours d'Europe réclament des copies de ses traductions, de ses commentaires et de ses traités propres. Une lettre du Livre IX, *Purgatio de literis non redditis*, le montre ayant des correspondants en Espagne, en France, en Allemagne et en Hongrie. Dans le Livre XII, une série de lettres au chanoine de Notre-Dame de Paris, Germain de Ganay, informe sur l'amitié intellectuelle qui unit les deux hommes. Ficin envoie à ce dernier plusieurs traductions de néoplatoniciens, ses commentaires des dialogues platoniciens, et... ses *Lettres*, qui sont bel et bien conçues désormais comme une œuvre autonome.

Le projet de traduire en français l'ensemble de l'*Epistolarium*, s'inscrit dans une démarche de revalorisation de cette œuvre, puisqu'elle était pensée comme telle par son auteur. Depuis une cinquantaine d'années, Marsile Ficin fait l'objet d'un intérêt neuf de la part des philosophes et historiens de la philosophie, comme en témoignent les travaux de Paul Oskar Kristeller, Eugenio Garin, Sebastiano Gentile, Mickael J.B. Allen, ainsi que les articles écrits à l'occasion du colloque organisé par Stéphane Toussaint pour le 500e anniversaire de la mort du Florentin ou des études récentes, celles d'Ilana Klutstein, de Cesare Vasoli, de Patrizia Castelli, d'Anna de Pace etc. Cette renaissance ficinienne intervient après une première redécouverte de son œuvre par les historiens de l'art dans le cadre des travaux sur la Renaissance artistique Florentine, à l'Institut Warburg au début du siècle, en particulier ceux d'Erwin Panofsky, de Raymond Klibansky, et plus tard d'André Chastel. L'auteur du *Commentaire sur le Banquet de Platon* est alors reconnu comme un théoricien essentiel de la beauté spirituelle, du génie mélancolique qui préside à la création artistique, et de la défense des arts libéraux au Quattrocento. À Ficin, nous devons le concept moderne du génie, de l'inspiration, celle-là même qui imprègne les conceptions de la création artistique des romantiques ; une réflexion des plus originales sur la mélancolie, ce mal des intellectuels qui fait aussi leur grandeur ; une conception idéale de l'amour platonique, rencontre de deux âmes jumelles, qui structure encore l'imaginaire collectif... Mais c'est, depuis les années d'après-guerre, en tant que philosophe, en tant notamment qu'il se fit le fervent représentant et défenseur d'un néoplatonisme qu'il participa amplement à rénover, que l'on étudie le maître de Careggi. La *Théologie platonicienne de l'immortalité des âmes* et ce texte si peu orthodoxe des *Trois livres de la Vie* inspirèrent les penseurs de la mélancolie, Bruno, Burton, Ferrand, les philosophes hermétiques, kabbalistes, les mages du XVIe siècle, Agrippa de Nettesheim par exemple.

Il est vrai que la modernité, réintroduisant au cœur de l'écriture philosophique la poésie, l'image, le mythe, avec Nietzsche, Heidegger, ou Merleau-Ponty, nous a peut-être rendus plus réceptifs à la philosophie de la Renaissance, écrite le plus souvent dans un latin dont l'intérêt et la beauté tiennent au fait qu'il n'a pas encore été expurgé de ses barbarismes et néologismes, comme il le sera au XVIIe siècle, que cette philosophie se donne dans une langue mêlant librement les vocabulaires de sciences ou pratiques les plus diverses, langue qui, n'étant pas fixe, possède la malléabilité dont Marsile Ficin et Jean Pic de la Mirandole font précisément la qualité principale de l'homme à promouvoir. Les textes de la Renaissance sont des textes caméléons, résistant à toute détermination, lieux ouverts d'une communication de tous les savoirs, temple où les neuf Muses engagent leur ronde autour du Soleil-Apollon. La philosophie, après un XIXe siècle où ses efforts pour définir et isoler son objet, pour se distinguer des autres types de discours rationnels, aboutissaient à une extrême spécialisation, peut aujourd'hui se tourner vers l'étude d'un auteur de la Renaissance qui est aussi traducteur, poète, musicien, médecin, astrologue, prêtre, théologien, un auteur qui offre la liberté de décloisonner l'approche philosophique. L'Antiquité proposait déjà la section de parties de la philosophie (tel était notamment le sens de l'œuf stoïcien), elle revendiquait la diversité de ses pratiques et de ses sujets. La Renaissance va plus loin, les divisions s'estompent et dans ce grand creuset où médecine, astrologie, poésie, rhétorique, musique, mathématiques, art de la traduction se fondent, naît cette philosophie totale, universelle, à l'image du modèle renaissant de l'homme universel.

Outre la beauté d'un discours poétique, décompartimentalisé, qui justifie déjà l'intérêt que l'on peut porter à cette façon de philosopher, on peut ajouter que la Renaissance est une période où la philosophie prend un tournant humain, renoue avec son origine d'art de vie, de thérapeutique et d'éducation de l'homme. La Renaissance réinvente en ce sens la philosophie et Ficin est une figure centrale dans ce renouveau. Car Ficin est bien philosophe, et philosophe d'un genre nouveau nous apprend Eugenio Garin dans *L'homme de la renaissance*, qui le distingue, après Jacques le Goff, des « intellectuels » du Moyen Âge, pour cette raison que l'homme est rétabli au cœur du discours. Pourquoi choisir de travailler sur cet auteur en particulier ? On a longtemps considéré que Ficin était un auteur secondaire, si éloigné, dirait Merleau-Ponty, de la « vie décente des grands systèmes », ne voyant dans le maître de l'école platonicienne de Florence, soit, dans le pire des cas, qu'un simple astrologue, un magicien peu orthodoxe, ou un médecin comme au XVIIIe siècle, soit, dans le meilleur des cas, qu'un traducteur du platonisme, des sagesses néoplatoniciennes et hermétiques. Or Marsile Ficin, dont la postérité n'a souvent voulu retenir que le rénovateur d'un platonisme et d'un néoplatonisme plus théologique, métaphysique, voire magique, que politique et éthique, a réservé à sa correspondance le soin d'aborder cet aspect essentiel du socratisme mais aussi des petits socratismes, et de dessiner ainsi l'orientation pédagogique, humaniste, parénétique d'une philosophie dont on a coutume de souligner les seuls caractères apologétique et syncrétique. Les lettres superbes que Ficin adressa à ses contemporains constituent en quelque sorte le pan moral de la philosophie ficinienne. La *ruminatio* d'auteurs anciens ne saurait être confondue avec un manque d'intérêt philosophique propre. Or ce philosophe, dont le même Eugenio Garin soulignait qu'il aspirait à des vérités cachées et à des révélations mystérieuses quitte à mettre à mal les vérités consacrées, délivre sans doute nulle part aussi bien qu'en ses lettres les clefs de sa sagesse, laquelle nous apparaît dépasser le cadre avéré du platonisme, des néoplatonismes et de cette fête orientale qui fascinait tant André Chastel.

La première édition des *Lettres* de Marsile Ficin fut publiée à Venise par Matheus Capcassa en 1495. Elles furent réimprimées à Nuremberg en 1497-1498 par Antonius Koberger. Elles furent incluses dans les éditions des œuvres complètes de Ficin de Bâle (en 1561 et 1576) et de Paris (en 1641). Nous nous référons à cette édition de Bâle réimprimée à l'occasion du XLIIe Colloque International d'Études Humanistes, organisé par Stéphane Toussaint pour célébrer le cinquième centenaire de l'anniversaire de la mort de Ficin, au Centre d'Études supérieures de la Renaissance de Tours, du 7 au 10 juillet 1999 : *Opera*, Tomes I et II, Réimpression de l'édition Henricpetrina, Bâle, 1576, suivie et préfacée par Stéphane Toussaint, Phénix Éditions, Ivry sur Seine, 1999.

Les quatre manuscrits principaux des *Lettres* sont le manuscrit G1 préparé par Filippo Valori pour être offert au roi de Hongrie Mathias Corvin, manuscrit noté 73 Aug. Fol, de la bibliothèque Herzog August à Wolfenbüttel ; le manuscrit L 28 (noté 90 sup. 43) de la bibliothèque Laurentienne de Florence ; le manuscrit R 10 (noté Ricc.797) de la bibliothèque Riccardienne de Florence, recopié de la main du cousin de Marsile Ficin, Sebastiano Salvini ; et le manuscrit Be de la bibliothèque d'État de Berlin, noté Lat. Fol. 374.

La présente édition bilingue s'appuie sur un texte établi par S. Gentile in *Marsilio Ficino, Lettere, I: Epistolarum familiarium liber I,* Leo S. Olschki, Firenze, 1990, auquel nous apportons quelques corrections.

Elle comprendra cinq volumes ainsi constitués : le volume I comprend le livre I de la Correspondance, composée de 1457 à 1475, le volume II contiendra le livre II composé d'opuscules philosophiques écrits en 1476, le volume III rassemblera les lettres des livres III, IV et V, composées entre 1474 et 1478. Le volume IV réunira les lettres composées entre 1478 et 1488 des livres VI, VII et VIII. Le dernier comprendra les lettres des derniers livres de l'*Epistolarium*, IX, X, XI, XII, composées entre 1488 et 1494.

Marsile FICIN

EPISTOLARIUM
LETTRES

LIVRE I

Marsilii Ficini Florentini in epistolas suas, scilicet in primum librum, ad Iulianum Medicem virum magnanimum, prohemium

Marsilius Ficinus Iuliano Medici viro magnanimo s. d.

Magnus Cosmus, magnanime Iuliane, avus tuus, patronus meus sepe platonicum illud habebat in ore : nihil ad egregias res agendas accommodatius esse quam prudentium doctorumque virorum benivolentiam, nullumque certius argumentum esse vel iustitie prudentieque quam si amici huiusmodi adsint, vel iniustitie et imprudentie quam si desint. Aureum hoc Platonis nostri preceptum. Cosmus re ipsa etiam multo magis quam verbis in omni eius vita probavit, vir certe pre ceteris dives pecuniarum, longe ditior hominum, prudentie iustitieque ditissimus. Atque id quod rarissimum et mirabile est, filium et nepotes huius omnis thesauri reliquit heredes. Quo fit ut in Iuliano meo senem illum, ex quo unico post Deum salus mea pendebat, agnoscam. Nemo est igitur quem magis salvere cupiam quam Iulianum, atque id quidem quotidie Deum precor et obsecro. Ut autem tibi animi mei votum affectumque certius declararem, volumen primum Epistolarum ad amicos mearum tibi amicorum regi dedicare decrevi. Quo et amici omnes ad unum precipuum referantur amicum, et tu in iis legendis quotiens salutem legis, totiens Iulianum a Marsilio intelligas salutari.

De felicitatis desiderio

Cosmus Medices Marsilio Ficino Platonico s. d.

Contuli heri me in agrum Charegium, non agri sed animi colendi gratia. Veni ad nos, Marsili, quam primum, fer tecum Platonis nostri librum *De summo bono* quem te isthic arbitror iam e Greca lingua in Latinam, ut promiseras, transtulisse : nihil enim ardentius cupio quam que via commodius ad felicitatem ducat cognoscere.

Vale et veni non absque Orphica lyra.

Proème de Marsile Ficin le Florentin au premier livre de ses lettres, dédié à Julien de Médicis, homme magnanime [1]

Marsile Ficin à Julien Médicis [2], homme magnanime, salut.

Le grand Cosme, magnanime Julien, ton grand-père et mon protecteur, avait souvent à la bouche ce précepte platonicien que rien n'était plus profitable pour les affaires éminentes que la prudence et la bonne volonté des hommes instruits, et qu'il n'y a pas de preuve plus claire de leur justice et de leur prudence que s'ils ont des amis qui ont ces mêmes qualités, et de leur injustice et de leur imprudence, que si de tels amis leur font défaut [3]. C'est une règle d'or de notre Platon. Cosme, par ce qu'il a réalisé bien plus que par ses discours, en a donné la preuve tout au long de sa vie ; il était surtout, à n'en pas douter, riche en argent, plus riche de loin en hommes, le plus riche de tous en prudence et justice. Et le plus rare et admirable, c'est qu'il ait laissé un fils et des petits-fils qui ont tous hérité de ce trésor. De là que dans mon Julien je reconnaisse ce vieil homme à qui seul, après Dieu, je dois mon salut. Il n'y a par conséquent personne pour qui je ne désire davantage la santé que Julien, et c'est assurément pour cela que je prie et supplie Dieu chaque jour. Pour te déclarer plus sûrement mon vœu et mon affection, j'ai décidé que le premier volume de mes *Lettres* te serait dédié à toi qui occupe, parmi mes amis, la place royale. J'ai agi de la sorte afin que tous mes amis soient rapportés à un seul ami privilégié et que, lisant ces lettres, à chaque salut tu comprennes que c'est Julien qui est salué par Marsile.

Sur le désir de félicité [4]

Cosme de Médicis [5] au Platonicien Marsile Ficin, salut.

Hier, je me suis réfugié dans mon domaine de Careggi [6], non pour y cultiver mes terres, mais pour le plaisir d'y cultiver mon esprit. Rejoins-moi dès que possible, Marsile. Amène avec toi le livre de notre Platon sur le *Souverain bien* [7] que tu as, je suppose, déjà traduit de la langue grecque dans la latine, comme tu l'avais promis. Je ne désire rien plus ardemment que de connaître quel chemin conduit le mieux à la félicité [8].

Adieu, et ne viens pas sans ta lyre Orphique.

QUE SIT AD FELICITATEM VIA

Marsilius Ficinus Magno Cosmo s. d.

Veniam ad te cum primum potero quam libentissime : quid enim gratius quam in Charegio, hoc est Gratiarum agro, una cum Cosmo, Gratiarum patre, versari ? Interim accipe paucis que apud Platonicos via sit ad felicitatem accommodatissima. Et quamvis existimem non oportere ei viam monstrari, qui prope iam pervenit ad calcem, desiderio tamen tuo et in absentia et in presentia obsequendum esse censui.

Omnes homines bene agere, hoc est bene vivere, volunt. Bene autem vivent, si bona illis adsint quam plurima. Bona vero hec dicuntur : divitie, sanitas, forma, robur, nobilitas generis, honores, potentia ; prudentia praeterea, iustitia, fortitudo, temperantia et pre ceteris omnibus sapientia, que quidem vim omnem felicitatis complectitur. Felicitas quippe in prospera optati finis consecutione consistit, id autem in singulis facultatibus sapientia prebet. Siquidem periti tibicines quicquid tibiarum usus requirit optime consecuntur et eruditi grammatici quod ad litteras tum legendas tum scribendas pertinet, sapientes quoque gubernatores prosperum navigationis portum pre caeteris assecuntur, necnon belli dux sapiens quod ad militiam adtinet tutius expedit, et sapiens medicus melius ad optatam perducit corporis valitudinem. Quamobrem sapientia in singulis humanis operibus nos voti compotes pro viribus efficit, neque aberrat unquam neque fallitur, alioquin sapientia revera non esset. Cum vero causa consequendi finis sapientia sit, necessarium est eam ad felicitatem totum valere.

Preterea ii duntaxat, quibus bona plurima adsunt, beati dicuntur. Hi tamen non prius beati sunt, quam bona ipsis presentia prosint, neque prosunt unquam nisi illis utantur. Sola enim sine usu possessio, nihil momenti ad felicitatem habet. Veruntamen nec usus etiam sufficit, potest non quis male uti, ex quo contingit ut ledatur potius quam adiuvetur. Ut igitur possessioni usum addimus sic, et usui rectitudinem addere decet, ne utamur solum, verum etiam recte utamur ; ut autem singulis recte utamur sola nobis sapientia prestat. Quod quidem licet in artibus intueri. In quibus illi duntaxat qui artis periti sunt, tam materia quam instrumentis recte utuntur. Eadem quoque ratione, ut divitiis, sanitate, forma, robore ac ceteris que bona vocantur utamur recte, sapientia efficit.

Le chemin vers la félicité [9]

Marsile Ficin au grand Cosme, salut.

Je viendrai à toi dès que je le pourrai, et avec la plus grande joie. En effet, quoi de plus agréable que de se trouver à Careggi, c'est-à-dire dans la terre des Grâces, avec Cosme, qui est leur père. En attendant, reçois avec ces quelques mots ce qui, chez les Platoniciens, constitue la voie la plus appropriée vers la félicité. Et bien que, selon moi, il ne faille pas montrer la voie à qui déjà parvient presque à sa borne d'arrivée, toutefois, j'ai estimé qu'il fallait satisfaire à ton désir en ton absence comme en ta présence.

Tous les hommes veulent agir selon le bien, c'est-à-dire vivre selon le bien [10]. Ils vivront selon le bien si le plus grand nombre de biens leur sont accessibles. Or, ces biens sont, dit-on, la richesse, la santé, la beauté, la force, la noblesse des origines, les honneurs, la puissance, la prudence, mais aussi la justice, le courage, la tempérance, et par-dessus tout la sagesse qui embrasse l'essence tout entière de la félicité. Le fait est que la félicité consiste dans l'heureux accomplissement de la fin que l'on a choisie, or la sagesse en offre la possibilité dans chacune des activités. C'est ainsi que les habiles joueurs de flûte obtiennent de manière excellente tout ce qu'exige l'usage de la flûte, comme les Grammairiens savants tout ce qui touche à la lecture et à l'écriture, et que les hommes sages atteignent avant les autres un port favorable à la navigation, ou encore que le chef de guerre, s'il est sage, exécute avec plus de sûreté l'activité militaire, ou que le médecin, doté d'une même sagesse, obtient plus aisément la santé physique, objet de nos désirs. C'est pourquoi, dans chacune des œuvres humaines, la sagesse fait que, selon nos forces, nous obtenions ce que nous désirons. Jamais elle n'erre ni ne se trompe, sinon elle ne serait pas vraiment la sagesse. Or la sagesse étant la cause qui nous fait atteindre le but, elle est de toute nécessité dans son plein emploi dans la recherche de la félicité.

Outre cela, seuls sont dits heureux ceux qui possèdent le plus grand nombre de biens. Toutefois, ils ne sont pas heureux tant que la présence en eux-mêmes de ces biens ne leur est pas utile, et ils ne leur sont jamais utiles, s'ils n'en font pas usage. En effet, la possession seule, sans l'usage, ne compte pas pour atteindre la félicité. Cependant, l'usage non plus ne suffit pas, car l'on peut mal user, et être ainsi lésé plutôt qu'aidé. Donc, de même que nous ajoutons l'usage à la possession, de même convient-il d'ajouter à l'usage la rectitude, afin que nous ne nous contentions pas seulement de l'usage, mais aussi de la rectitude de cet usage. Or user correctement de chaque chose, seule la sagesse nous le garantit. Ce qu'il est permis de vérifier dans les arts, où seuls ceux qui sont habiles dans leur art usent correctement tant de la matière que des instruments. Pour la même raison, la sagesse fait que nous usons correctement de ce que l'on appelle les biens : richesse, santé, beauté, force, etc.

Quapropter in omni possessione, usu, operatione, causa prospere beneque agendi scientia est. Nam qui sine mente et possidet multa et utitur, tanto leditur magis quam possidet plura quibusve abutitur. Sane qui insipiens, quo minus agit, minus errat. Minus errans, minus etiam male agit. Minus autem male agens est miser. Agit certe minus si pauper sit quam si dives, si debilis quam si robustus, timidus quam audax, piger quam vigil, tardus quam velox, hebes quam sagax. Itaque nulla eorum, que in superioribus bona nuncupabantur, per se bona sunt. Nam, si illis inscitia presit, tanto deteriora sunt quam eorum contraria, quanto uberius improbo duci adminicula scelerum possunt suppeditare ; sin autem prudentia sapientiaque illis presideant, tum denique meliora. Ipsa tamen per se neque bona sunt neque mala, sapienti siquidem viro tam adversa quam prospera denique evadunt utilia recte utrisque utenti, insipienti vero contra. Sola igitur ex omnibus rebus nostris sapientia per se bonum est, sola insipientia per se malum.

Cum ergo omnes felices esse velimus, felicitasque absque recto rerum usu haberi non possit, rectum vero rerum usum scientia prebeat, ceteris omnibus pretermissis omni cum Philosophiae plenitudine tum pietatis studio niti quisque debet, ut quam sapientissimus fiat.

Sic enim animus noster Deo, qui sapientia ipsa est, evadit similimus in qua quidem similitudine summum Plato consistere gradum beatitudinis arbitratur.

IMITATIO UTILIOR EST QUAM LECTIO

Marsilius Ficinus Amerigo Bencio viro magnifico s. d.

Accepi hodie tuo nomine Grecos Platonis nostri Dialogos, munus certe magnificum, animo tuo dignum, meo gratissimum. Gratias tibi ago magnas. Et immortalem gratiam quandoque celestes tibi referant gratie.

Imitari in hoc, sicut in plerisque aliis magnum Cosmum, ut arbitror, voluisti : is enim superioribus diebus bibliothecam meam Greco ornavit Platone.

Donum Amerige tuum laudo equidem, imitationem probo. Accommodatior namque ad virtutem via est imitatio, quam lectio, sane quemadmodum harmonia, dum presens aures nostras illabitur vehementius afficit, quam dum preterita cogitatur, ac prelium cum spectatur, acrius movet, quam cum narratur, sic egregia

C'est pourquoi, dans toute possession, dans tout usage et ouvrage, la science est la cause d'une action bonne et heureuse. Car celui qui possède maintes choses et en use sans intelligence, il est d'autant plus lésé qu'il possède plus et abuse de ces nombreuses choses. Assurément, celui qui est insensé, moins il agit, moins il se trompe. Moins il se trompe, moins il agit mal aussi. Moins il agit mal, moins il est misérable. Certainement, il agit moins s'il est pauvre que s'il est riche, s'il est faible que s'il est robuste, s'il est timide que s'il est audacieux, s'il est paresseux que s'il est alerte, s'il est lent que s'il est rapide, s'il est obtus que s'il est sagace. Aussi, aucune de ces qualités qui plus haut étaient appelées des biens ne sont des biens par eux-mêmes. Car si l'ignorance les gouverne, ces derniers se révèlent pires que leurs contraires, et ce d'autant plus qu'ils peuvent abondamment fournir des appuis aux crimes d'un chef malhonnête ; à l'inverse, si ce sont la prudence et la sagesse qui les commandent, alors ces qualités s'améliorent. Cependant, elles ne sont par elles-mêmes ni bonnes ni mauvaises : pour l'homme sage qui en use correctement, tant l'adversité que la prospérité se révèlent l'une et l'autre utiles ; il n'en va pas de même pour l'homme insensé.

De toutes les choses qui sont nôtres, seule la sagesse est un bien en soi ; et seule la folie est le mal en soi.

Donc, puisque nous voulons tous être heureux, et puisque la félicité ne peut être obtenue sans l'usage correct des choses, et que la connaissance offre cet usage correct, chacun, laissant de côté tout le reste, doit se soutenir d'une part de la plénitude Philosophique, et d'autre part surtout du zèle religieux, pour devenir le plus sage possible.

Ainsi, notre âme devient plus semblable à Dieu qui est la sagesse elle-même [11] – dans cette similitude consiste, selon Platon, le degré le plus haut de la béatitude [12].

L'IMITATION EST PLUS UTILE QUE LA LECTURE [13]

Marsile Ficin à Amerigo Bencio [14], homme magnifique, salut.

J'ai reçu aujourd'hui de ta part les dialogues grecs de notre Platon, c'est assurément un magnifique présent, digne de ton esprit et très précieux au mien. Je t'adresse force remerciements. Et puissent les grâces célestes te rendre un jour une immortelle grâce.

En cela comme en bien d'autres choses, tu as souhaité, je pense, imiter le grand Cosme ; car il a enrichi ces derniers jours ma bibliothèque des œuvres de laton en grec [15].

Ton présent, Amerigo, évidemment je l'apprécie et j'approuve l'imitation. Car l'imitation est une voie plus appropriée pour atteindre la vertu que la lecture. De même sans doute que l'harmonie, lorsqu'elle se fait présente en coulant dans nos oreilles, a un effet plus puissant que lorsqu'on y pense après coup ; de même lorsqu'on assiste à une bataille, cela bouleverse plus vivement que lorsqu'on la raconte, ainsi les œuvres les plus remarquables des héros vivants excitent plus

viventium. Heroum opera ardentius ad virtutem inflammant, exactiusque formant, quam veterum Philosophorum de moribus disputantium verba.

Vale.

MEDICINA CORPUS, MUSICA SPIRITUM, THEOLOGIA ANIMUM CURAT

Marsilius Ficinus Francisco Musano Cesiensi s. d.

Cum primum tertiana nota medicinis nostris expulsa, una cum Iohanne Aurelio Academiam nostram tanquam medicum tuum salutavisses, cithare sonum cantumque hymnorum postulasti a nobis, et impetrasti. Deinde multa sparsim in nostra illa *Theologia* legisti. Noli, Francisce, mirari quod medicinam lyramque cum Theologie studiis misceamus. Meminisse debes, cum philosophie sis deditus, naturam in nobis corpus et spiritum cum anima coniunxisse. Corpus quidem remediis medicine curatur. Spiritus autem, qui aereus sanguinis vapor est, et quasi quidam anime corporisque nodus, aereis quoque odoribus sonisque et cantibus temperatur et alitur. Animus denique, tanquam divinus, divinis Theologie mysteriis expiatur. Apud naturam unum quiddam est ex anima et corpore spirituque compositum. Apud Egyptios sacerdotes una eademque facultas erat pharmacis, fidibus, mysteriis occupata. Utinam hanc naturalem et Egyptiam facultatem tam feliciter assequamur, quam obnixe libenterque sectamur ! Sed de his in presentia satis.

Iussisti heri ut proverbium illud meum Academie parietibus undique inscriptum tibi transcriberem. Accipe : « A bono in bonum omnia diriguntur. Letus in presens. Neque censum aestimes, neque appetas dignitatem. Fuge excessum, fuge negotia. Letus in presens ».

Vale.

DIALOGUS INTER DEUM ET ANIMA THEOLOGICUS

Marsilius Ficinus Michaeli Mercato Miniatensi dilecto conphilosopho suo s. d.

Sepe de moralibus naturalibusque una philosophati sumus, dilecte Michael, sepius de divinis ; memini autem te sepenumero solitum dicere, moralia usu comparanda esse, naturalia ratione querenda, divina oratione a Deo petenda. Legi etiam apud Platonem nostrum divina ob vite puritatem revelari potius quam

ardemment à rechercher la vertu et nous enseignent plus exactement que ne le font les discours moraux des anciens Philosophes [16].

La médecine soigne le corps, la musique l'esprit et la théologie l'âme [17]

Marsile Ficin à Francesco Musano de Cesi, salut.

Dès que ta fièvre tierce fut repoussée par nos médecins [18], tu as rendu hommage avec Giovanni Aurelio [19] à notre Académie, comme si elle était ton propre docteur, tu nous a demandé à entendre le son de la cithare et les chants des hymnes, et tu as obtenu satisfaction. Ensuite tu as lu dans notre *Théologie,* ça et là, de nombreuses choses. Ne sois pas surpris, Francesco, que nous mêlions la médecine et la lyre avec les études de Théologie. Tu dois te souvenir, puisque tu t'adonnes à la Philosophie, que la nature a uni en nous le corps et l'esprit à l'âme [20]. Le corps est en effet soigné par les remèdes de la médecine. Mais l'esprit qui est une vapeur aérienne du sang et comme un noeud reliant l'âme et le corps, est tempéré par les parfums aériens et les sons et nourri par eux. L'âme enfin, comme elle est divine, est purifiée par les mystères divins de la Théologie. Dans la nature, un certain être un est composé d'une âme, d'un corps et d'un esprit. Chez les prêtres égyptiens, une seule et même faculté était détenue par ceux qui avaient foi dans les médecins et les mystères. Puissions-nous acquérir cette faculté naturelle et égyptienne avec un succès aussi grand que les efforts et la bonne volonté avec lesquels nous la recherchons ! Mais nous en avons assez dit pour le moment.

Tu me demandais hier de transcrire pour toi l'une de mes maximes inscrites sur les murs de l'Académie et visibles de tous côtés. Reçois-la, elle et quelques autres: « Toutes les choses vont du bien vers le bien ». « Jouis de l'instant présent ». « N'accorde aucune valeur à la fortune » ; « ne recherche aucun honneur » ; « fuis l'excès, fuis les affaires » ; « jouis de l'instant présent » [21].

Adieu.

Dialogue théologique entre Dieu et l'âme [22]

Marsile Ficin à Michele Mercati de San Miniato [23]*, confrère philosophe estimé, salut.*

Souvent nous avons philosophé ensemble touchant les choses morales et naturelles, mon très cher Michele, et plus souvent encore au sujet des réalités divines ; or, il me souvient que tu avais coutume de répéter fréquemment qu'il faut se procurer les choses mortelles par l'usage, qu'il faut rechercher les choses naturelles par la raison, et demander à Dieu les choses divines en recourant à la prière. J'ai lu également chez notre maître Platon que les réalités divines étaient

doctrina verbisque doceri. Hec igitur atque similia cum sedulo cogitarem, cepi quandoque lugere animo, utpote qui et rationi iam diffiderem et nondum revelationi confiderem. Ortus hinc est intimus quidam inter Animam Deumque dialogus. Hunc audi, si placet, quamvis existimem te forte propius iam quam nos alloqui Deum.

DEUS. Misera quid tandum luges, Anima mea ? Pone iam finem, ô filia, lacrimis ! En adsum tibi pater tuus, adsum medecina salusque tua.

ANIMA. Ô utinam meus mihi pater aspiret ! Ha, si putarem posse tantum mihi munus obtingere, ha quantum letitia insanirem ! Nunc vero quo pacto fieri valeat istud non video : neque enim qui mihi tantum extrinsecus adest, summus est pater meus. Ille siquidem nature artifex, ut opinor, interius etiam me prolem suam genuit quam naturam suam, neque qui tantum intrinsecus inest, summus est pater meus, ille siquidem maior me est, qui vero intra me est, me est proculdubio minor. Quo autem modo et intra simul et extra me quicquam esse queat ignoro. Hoc me, hospes, quicunque sis, hoc me graviter angit, quod sine patre meo vivere nolim, et ipsum reperire posse diffido.

DEUS. Pone finem, ô filia, lacrimis ; ne te afflictes, ô filia : non hospes est, qui tecum loquitur, sed domesticus familior tibi, quam ipsa tibi. Adsum equidem tibi simul, et insum. Adsum equidem tibi, quia insum, insum tibi, quia tu es in me, que nisi esses in me, non esse in te, immo omnino non esses. Pone finem, ô filia, lacrimis, ecce parens. Parens tuus quantum mole est omnium minimus, tantum virtute est maximus omnium, et quoniam angustissimus est, est intra omnia, quoniam amplissimus extra omnia, ecce tibi adsum, et intus, et extra angustia maxima, minima amplitudo. Ecce, inquam, nonne vides ? Celum et terram ego impleo, et penetro, et contineo. Impleo, non impleor, quia ipsa sum plenitudo. Penetro, non penetror, quia ipsa sum penetrandi potestas. Contineo, non contineor, quia ipsa sum continendi facultas. Non impleor, ne indignus fuerim, quia ipsa copia sum. Non penetror, ne esse desinam, qui ipsum, esse sum. Non contineor, ne desinam esse Deus, qui infinitas ipsa sum. Ecce, nonne vides, ingredior per omnia non permixtus, ut et supergredi valeam, qui excellentia ipsa sum. Supergredior omnia non disiunctus, ut simul et ingredi valeam et ingredi penitus et unire, quia unio ipsa sum, per quem fiunt, per quam constant, quam appetunt omnia.

plutôt révélées par une vie pure qu'elles n'étaient enseignées par la théorie et la parole [24]. Alors que je m'appliquais à réfléchir à ces questions et à d'autres du même genre, il m'arrivait parfois d'éprouver du chagrin en mon âme, parce que, déjà, je me défiais de la raison, mais je ne me fiais point encore à la révélation [25]. Là est la source d'où est née cette sorte de dialogue intime entre l'Âme et Dieu. Écoute-le, s'il te plaît, quoique je considère que tu te trouves déjà plus proche de Dieu pour en parler que moi.

DIEU : Pourquoi tant de pleurs, ô Âme malheureuse ? Ô ma fille, mets désormais un terme à tes larmes [26] ! Voilà ton Père qui arrive près de toi, moi qui viens je suis ton remède et ton salut.

ÂME : Ô plût à mon Père qu'il pût me pénétrer de son souffle ! Ah, si je pensais qu'une telle faveur puisse m'échoir, ah, combien je deviendrais folle de joie ! Mais à présent je ne vois point comment pareil don peut advenir : en effet, celui qui se tient uniquement hors de moi n'est pas plus mon Souverain Père, puisque le créateur de la nature, à mon avis, m'a engendrée, moi qui suis aussi de sa lignée, plus intérieurement que la nature par lui créée, que ne l'est celui qui réside seulement au dedans de moi, puisque mon Père est plus grand que moi ; alors que celui qui se trouve en moi est sans doute moindre que moi. Comment quelqu'un peut être à la fois au-dedans et au-dehors de moi, je l'ignore. Voici, ô étranger, qui que tu sois, voici l'angoisse qui m'accable : ne pas vouloir vivre sans mon Père, et désespérer de le pouvoir trouver [27].

DIEU : Mets un terme, ô ma fille, à tes larmes ; et ne te désole pas, ô ma fille : ce n'est point un étranger qui dialogue avec toi, mais un compatriote qui t'est plus familier que toi tu ne l'es à toi-même [28]. Car, je suis à la fois près de toi et en toi. Je suis en effet près de toi, parce que je suis en toi, je suis en toi, parce que tu es en moi, toi qui, à moins de résider en moi, ne serais point en toi, mieux, n'existerais point du tout [29]. Mets un terme à tes larmes, ô ma fille, voici ton Père. Autant ton Père est-il plus petit que tout quant à la masse, autant est-il plus grand que tout quant à la valeur et, puisqu'il est très étroit, il est en dedans de tout, mais, puisqu'il est très vaste, il est en dehors de tout – voilà que je me présente à toi à la fois au-dedans et au-dehors, étroitesse la plus grande, vastitude la plus petite [30]. Voilà, dis-je, ne le vois-tu point ? Moi, je remplis et le ciel et la terre, je les pénètre, je les contiens [31]. Je remplis, je ne suis point rempli, parce que je suis la plénitude même [32]. Je pénètre, je ne suis point pénétré, parce que je suis la puissance même de pénétrer. Je contiens, je ne suis point contenu [33], parce que je suis la faculté de contenir elle-même [34]. Je ne suis point rempli, afin de n'être point indigne, moi qui suis l'abondance elle-même. Je ne suis point pénétré, afin de ne pas cesser d'exister, moi qui suis moi-même l'être [35]. Je ne suis point contenu, afin de ne pas cesser d'être Dieu, moi qui suis l'infinité même [36]. Voilà, ne le vois-tu point ? Je traverse toute chose en conservant ma pureté, de sorte que je puis aussi les dépasser, moi qui suis l'excellence même. Je dépasse toute chose, sans en être séparé, de sorte que je puis à la fois y entrer, y entrer jusqu'au cœur, et les unifier, moi qui suis l'union même par laquelle adviennent, par laquelle subsistent, par laquelle désirent, toutes les choses.

Cur diffidis reperire parentem, ô demens, non difficile reperitur ubi sim, siquidem in me sunt, ex me fiunt, per me servantur quelibet semper, ubique, et infinita virtute per infinitum amplificor intervallum. Quin potius nullo modo reperitur ubi non sim, per me quippe hoc ipsum « ubi » est diciturque « ubique », per me ducem, per me lucem agit, et querit quodcunque agit quisque et querit alicubi, non desideratur usquam nisi bonum, non reperitur usquam, nisi verum, ego sum omne bonum, ego sum omne verum, quere faciem meam, et vives ! Sed ne movearis, ut me tangas, qui stabilitas ipsa sum, ne distraharis per varia, ut me apprehendas, qui unitas ipsa sum. Siste motum, collige multitudinem, me protinus assequeris, iamdiu te penitus assecutum.

ANIMA. Huic tam cito me deseris, ô mea salus ? Cur tam repente filiam deseris sitibundam ? Perge, age ulterius, perge precor venerabile numem, dic obsecro per maiestatem tuam, si placet, planius, ha fac ut placeat, dic ergo, quia placuerit, planius, quid non es pater meus, ut reviviscam ? Quid est iterum mi pater, ut vivam ?

DEUS. Non corporis natura parens est tibi filia. Tanto enim melior es, quanto parenti magis obtemperas, es autem tanto praestantior, quanto magis corpori adversaris. Bonum tibi est cum patre, malum tibi est esse cum corpore. Non animus aliquis re genuit, ô Anima, alioqui nihil super animum cogitares, et in ipsa animi mutabilitate sisteres gradum, neque stabilem prorsus naturam exigeres. Non intellectus aliquis multiplex te creavit, non enim simplicitatem summam attingeres, et intellectus ipsius tibi sufficeret consecutio, nunc autem ad ipsam vitam, ad ipsam essentiam, ad ipsum esse absolutum intelligendo atque amando ascendis super quemlibet intellectum, neque satis tibi intelligentia est, nisi et bene, et bonum intelligas. Bonum vero ipsum tibi satis est absque dubio : non enim ob aliam rationem requiris quodlibet, nisi quia bonum. Bonum igitur ipsum procreator tuus est Anima, non bonum corpus, non bonus animus, non bonus intellectus, sed bonum. Bonum quod quidem in seipso consistit, extra subiecti limites infinitum, infinitamque tibi tribuit vitam, vel ab evo in evum, vel saltem ab initio quondam in sempiternum. Boni faciem intueri desideras ? Mundum conspice universum, Solis lumine plenum. Lumen conspice in materia mundi plenum omnibus rerum omnium formis, atque volubile, subtrahe materiam, relinque cetera. Habes animam, incorporeum lumen, omniforme, mutabile. Deme rursus huic mutationem, es iam intellectum angelicum consecuta, incorporeum lumen, omniforme, immutabile. Detrahe huic eam diversitatem,

Pourquoi désespères-tu de trouver ton Père, ô insensée ? Il n'est point difficile de trouver où je suis, puisque toute chose réside en moi, toute chose provient de moi, toute chose est conservée par moi, partout et toujours [37]. Et avec une vertu infinie, je m'accroîs à travers un espace infini. Il y a mieux, l'on ne trouve absolument rien où je ne suis pas, c'est par moi assurément qu'il y a un « où » et qu'il s'appelle « partout » [38] ; c'est par ma direction, c'est par ma lumière, que produit et cherche tout ce qui cherche et produit quelque chose quelque part : point de désir nulle part, si ce n'est pour le bien [39], point de découverte nulle part, si ce n'est du vrai, et je suis tout bien, je suis tout vrai – recherche ma face et tu vivras [40] ! Mais ne tombe pas dans l'agitation afin de me toucher, moi qui suis la stabilité même [41] ; ne te dissipe pas dans le multiple afin de m'embrasser, moi qui suis l'unité même [42]. Arrête le mouvement, rassemble la multitude, et aussitôt tu m'atteindras, moi qui dès longtemps ai atteint ton intimité [43].

ÂME : M'as-tu si vite abandonnée à mon sort, ô mon Salut ? Pourquoi as-tu si soudainement laissé ta fille qui a soif de toi ? Continue, va plus loin, continue, je t'en prie, ô vénérable divinité. Dis-moi, je t'en prie, au nom de ta majesté, s'il te plaît, dis-moi avec davantage de clarté, ah, s'il te plaît, dis-moi donc avec davantage de clarté, parce qu'il t'en plaît, pourquoi tu n'es pas mon Père, afin que je revive et, ô mon Père, pourquoi derechef tu es mon Père, afin que je vive.

DIEU : Ton Père n'est point une nature corporelle, ô ma fille [44]. En effet, tu es d'autant meilleure que tu obéis davantage à ton Père, mais tu es d'autant plus éminente que tu t'opposes davantage au corps. Le bien pour toi est d'être avec ton Père, le mal pour toi est d'être avec ton corps [45]. Ce n'est point quelque esprit qui t'a engendrée, ô Âme, sinon tu ne penserais rien au-dessus de l'esprit, et tu resterais dans cette même inconstance spirituelle et tu n'exigerais pas une nature à la stabilité absolue. Ce n'est point quelque intellect multiple qui t'a créée, car alors tu n'atteindrais pas à la souveraine simplicité et l'octroi de l'intellect lui-même te suffirait – mais maintenant que l'amour et l'intelligence te portent vers la vie même, vers l'essence même, vers l'être absolu même, tu t'élèves au-dessus de tout intellect et l'intelligence ne te suffit plus, à moins qu'elle ne te fasse comprendre le Bon et le Bien. Mais le Bien, lui, te suffit sans doute aucun. En effet, tu ne recherches point une chose pour une raison autre que le Bien [46]. Aussi ton procréateur est-il, ô Âme, le Bien : non pas le corps bon, non pas l'esprit bon, non pas l'intellect bon, mais le Bien [47]. De fait, le Bien qui en lui-même réside, infiniment au-dehors des limites de qui se tient dans sa dépendance, t'a attribué une vie infinie [48], soit d'âge en âge, soit, du moins, dès un certain commencement jusqu'à l'éternité [49]. Désires-tu contempler la face du Bien ? Regarde le monde tout entier, plein de la lumière du Soleil ? Regarde la lumière dans le monde matériel, pleine de toutes les formes de toutes les choses, soustrais la matière, laisse le reste : tu obtiens l'âme, lumière incorporelle, omniforme, mobile [50]. Ôte-lui, derechef, le mouvement, déjà tu atteins l'intellect angélique, lumière incorporelle, omniforme, immuable. Enlève-lui aussi cette diversité, par laquelle une forme se différencie selon sa luminosité, et qui est emplie d'une lumière

per quam forma quelibet diversa est lumine, et aliunde infusa est lumini, ita ut eadem luminis et fortunae cuiusque essentia sit, lumenque ipsum sese formet, perque formas suas formet omnia. Lumen hoc infinite lucet, quia natura lucet sua, neque alterius mixtione inficitur, vel contrahitur, per omnia est, quia in nullo, in nullo est proprie ut aeque per omnia fulgeat. Vivit ex se, et vitam prestat cunctis, quandoquidem umbra eius qualis est lux ista Solis, sola in corporalibus est vivifica. Sentit quelibet, sensumque largitur, si umbra eius sensus omnes omnibus excitat. Amat denique singula, si maxime sua sunt singula. Ergo quid Solis est lumen ? Umbra Dei. Ergo quid Deus est ? Sol Solis est Deus, Solis lumen est Deus in corpore mundi, Deus est Solis lumen super angelicos intellectus. Talis umbra mea est, ô Anima, ut rerum omnium corporalium pulcherrima sit. Qualem esse meam lucem existimas ? Si tantum mea lucet umbra, quantum lux mea fulget ? Amas lucem ubique pre ceteris, immo solam ? Ama me solum, solam, ô Anima, lucem infinitam, lucem me, me, inquam, infinite ama, fulgebis iam, et oblectaberis infinite.

ANIMA. Ô rem miram, que admirationem ipsam exuperat ! Quis nunc me insolitus urit ignis ? Quis mihi Sol novus, et unde subrutilat ? Quis nam, et unde tantus, et tam dulcis spiritus meas modo medullas pungit et mulcet, mordet et lambit, stimulat et titillat ? Quam amara dulcedo hec est ? Cogitare quis possit, etiam, amara dulcedo, que me liquefacit penitus, et eviscerat. Cuius comparatione, quave sublata, amara mihi, vel que dulcissima sunt, videntur. Quam dulcis amaritudo, que me dilaniatam conglutinat et redintegrat, qua cum mihi vel amarissima queque dulcescunt ! Quam necessaria voluntas hec est, cum bonum ipsum nolle non possim, et aliud quodlibet vitare, potius valeam, vel differre, quam boni aviditatem ! Nam etsi hanc vitare voluero, non nisi quia devitationem ipsam bonam existimaverim, devitare tentabo, quam rursus voluntaria huiusmodi necessitas est. Cum nihil magis voluntarium sit quam bonum, propter quod omnia, immo quod in omnibus ubique volo, et ita volo, ut velim insuper non posse nolle, quam viva mors ista est, quis cogitet, per quam in me morior, in Deo vivo, per quam morti morior, vitae vivo, et vivo vita, gaudeo gaudio. Ô voluptatem super sensum ! Ô letitia super animum ! Ô gaudium super mentem ! Sum equidem nunc extra mentem, neque amens tamen, quia super mentem. Furo rursus, furo nimium, neque precipitor tamen, quia tollor in altum.

venue d'ailleurs, pour que l'essence de la lumière et de chaque fortune soit identique et que la lumière se forme elle-même et, au travers de ses formes, forme toutes choses. Cette lumière brille infiniment parce qu'elle brille de sa propre nature et elle n'est point souillée, ou comprimée, quand elle se mélange à autre chose, elle est là à travers toutes choses, parce qu'elle n'appartient à aucune, à aucune en propre, de sorte qu'elle fulgure à travers toutes choses équitablement[51]. Elle vit à partir de soi et elle procure la vie aux choses toutes entières, puisque son ombre est telle la lumière du Soleil, donnant seule la vie aux réalités corporelles. Elle ressent n'importe quelle chose, elle dispense la sensibilité, dans la mesure où son ombre suscite la totalité des sens pour la totalité des choses. Enfin, elle aime chaque chose, puisque chaque chose précisément lui appartient[52]. Ainsi, qu'est-ce que la lumière du Soleil ? L'ombre de Dieu[53]. Ainsi, qu'est-ce que Dieu ? Dieu est le Soleil du Soleil[54] ; la lumière du Soleil est Dieu dans le corps du monde ; Dieu est la lumière du Soleil au-dessus des intellects angéliques. Telle est mon ombre, ô Âme, qu'elle est la plus belle de toutes les réalités corporelles. Quelle espèce de lumière suis-je, à ton avis, si mon ombre brille autant que fulgure ma lumière ? Aimes-tu partout la lumière plus que le reste, ou plutôt l'aimes-tu seule ? Aime-moi seule, ô Âme, aime seulement la lumière infinie, aime-moi, moi qui suis la lumière, aime-moi, dis-je, infiniment, dès lors tu fulgureras et tu seras récréée infiniment[55].

ÂME : Ô chose admirable qui dépasse l'admiration même ! Quel feu inaccoutumé me brûle à présent[56] ? Quel nouveau Soleil est-ce et d'où m'éclaire-t-il ? Quel est, en effet, cet esprit et d'où vient-il, lui qui, si grand et si doux, tourmente et caresse, mord et lèche, aiguillonne et chatouille mon cœur ? Et quelle est cette amère douceur ? Qui le pourrait croire ? Une douceur amère qui entièrement me liquéfie et me déchiquète et, en comparaison d'elle, même les plus douces choses me paraissent amères[57] ! Combien douce est l'amertume qui rassemble mes morceaux et me rétablit en mon intégrité[58], me rendant douces même les choses les plus amères ! Combien nécessaire est cette volonté, puisque je ne puis ne point vouloir le Bien et que j'ai la force d'éviter ou de retarder n'importe quelle autre réalité plutôt que le désir du Bien ! Car, même si j'avais voulu l'éviter, je n'aurais tenté de le faire que parce que j'aurais estimé cet évitement lui-même bon. Et, derechef, combien volontaire est cette nécessité ! Puisque rien n'est plus source de volonté que le Bien, à cause de cela, je veux toutes choses, mieux, je veux le Bien partout en toutes choses, et je le veux de telle manière que je veux en outre ne pas pouvoir ne le pas vouloir. Qui le croirait ? Combien vivante est cette mort par laquelle je meurs en moi-même et je vis en Dieu, combien vivante cette mort par laquelle je meurs à la mort et je vis à la vie, et vis de la vie[59], et me réjouis de la joie[60] ! Ô volupté qui excède les sens ! Ô allégresse qui dépasse l'esprit ! Ô joie qui passe l'intelligence. Certes, je suis maintenant au-dehors de l'intelligence et je ne suis pourtant point sans intelligence, dans la mesure où je suis au-dessus de l'intelligence[61]. Derechef, me voilà furieuse, par trop furieuse, et pourtant je ne suis point jetée à bas, dans la

Gestio nunc undique tota, et diffluo, neque dispergor tamen, quia me colligit tecum, quia me vivit secum, Deus unitas unitatum. Exultate igitur nunc mecum omnes, quorum Deus exultatio est. Deus meus obvius factus est mihi. Deus universi amplexus est me. Deus deorum meas modo medullas illabitur. Iam iam alit me Deus ipse totam, et qui genuit me, regenerat. Genuerat animam, reformat in angelum, convertit in Deum, quam ego gratiam tibi referam, ô gratia gratiarum ! Tu ipse doce me gratia gratiarum, doce precor, et presta. Gratia denique tibimet, Deus ipse tu, Deus esto.

LEX ET IUSTITIA

Marsilius Ficinus Octoni Nicholino, Benedicto Aretino iurisconsultis, Petro Pactio et Bernado Iunio Equitibus s. d.

Persuasistis mihi ut Grecas Platonis leges Latinas efficerem ; ad idem cohortatus est me etiam magnus Cosmus. Itaque feci iam, atque eo libentius, quod arbitrabar civitati magis opus esse optimis iurisconsultis quam mercatoribus bonis aut medicis. Ac tanto magis profuisse Grecis Minoem quam Galenum, quanto animus prestantior est quam corpus aut spiritus, et eterna vita quam temporalis. Mercatura quippe corpus, medicina spiritus, lex anima civitatis esse videtur. Et quamvis multe videantur esse leges in civitate, non tamen multe sunt civitatis anime. Sicut enim multe artes, variique civium gradus, non plures civitates, sed unicam faciunt, si ad finem eundem simili ratione proficiscantur, ita quamvis multe sint magistratuum constitutiones in urbe, unica tamen est publica lex, communis scilicet recte vivendi regula ad publicam conducens felicitatem.

Ad hanc legem Deus nos et natura preparant, constitutiones cohortantur, Deus unicus denique format. A divina enim lege tum lex syderum, tum lex hominum proficiscitur. Quamobrem omnes legum conditores, partim Moysem tanquam simie imitati, divinarum legum verissimum auctorem, partim, nescio quomodo, veritate compulsi, a Deo leges se habuisse sub variis figmentis affirmaverunt. Egyptiorum legum lator Osiris a Mercurio, Zautrastes apud Arimaspos a bono numine, Zamolxis apud Scythas a Vesta, Minos Cretensis et Solon Atheniensis ab Iove, Lycurgus Lacedemonius ab Apolline, Numa rex Romanorum a nympha Egeria, Mahumetes rex Arabum ab angelo Gabriele ; noster Plato *Legum* libros exhorditur a Deo, quem esse ait communem legum omnium conditorem, quod

mesure où je suis emportée vers les hauteurs [62]. Désormais, je tressaille de tous côtés et je m'écoule entièrement, et toutefois je ne suis point dispersée [63], dans la mesure où Dieu, l'unité des unités [64], me rassemble avec soi et me fait vivre avec lui. Donc, à présent, réjouissez-vous tous avec moi, vous tous dont la réjouissance est Dieu. Mon Dieu est venu à ma rencontre [65]. Le Dieu de l'univers m'a embrassée. Le Dieu des dieux pénètre à l'instant ma moelle. Maintenant Dieu en personne me nourrit tout entière, et Celui qui m'a engendrée me régénère. Il avait engendré l'Âme, il la réforme en Ange, il la convertit en Dieu. Comment te remercier, ô grâce des grâces ? Toi-même, enseigne-le moi, ô grâce des grâces, enseigne-le moi, je t'en prie, et sois mon protecteur ! Enfin, que cette grâce soit ton propre Dieu, ô toi qui est Dieu lui-même.

LOI ET JUSTICE [66]

Marsile Ficin à Ottone Niccolini [67] *et Benedetto d'Arezzo, hommes de loi et aux Chevaliers Piero de Pazzi* [68] *et Bernardo Giugni* [69], *salut.*

Vous m'avez persuadé de traduire du grec au latin les *Lois* de Platon ; à ce même travail m'avait aussi encouragé le grand Cosme. C'est pourquoi je l'ai déjà accompli, et ce d'autant plus volontiers que je considérais que la cité avait besoin des meilleurs hommes de lois [70], plus encore que de bons marchands ou de bons docteurs. Tout autant que Minos [71] apporta plus de bienfaits aux Grecs que ne le fit Galien [72], l'âme est éminemment supérieure au corps et à l'esprit, et la vie éternelle à la vie temporelle. De fait, il apparaît que le commerce est le corps, la médecine l'esprit, et la loi l'âme de la cité, et bien qu'il semble qu'il y ait de nombreuses lois dans la cité, il n'y a pas cependant plusieurs âmes de la cité. Parce que, de même que plusieurs compétences et rangs de citoyens ne produisent pas plusieurs cités, mais une seule s'ils se tournent vers une fin commune pour des raisons analogues ; de même, il peut bien y avoir plusieurs institutions de la magistrature dans la ville, il n'y a cependant qu'une seule loi publique, à savoir une règle commune pour vivre droitement, conduisant au bonheur public.

À cette loi, Dieu et la nature nous préparent, les institutions nous encouragent, et Dieu seul enfin nous rend conformes. De cette loi divine effectivement dépend tantôt la loi des étoiles, tantôt la loi des hommes [73]. C'est pour cette raison que tous les législateurs ont, les uns, tout comme les singes imitent, copié Moïse, l'auteur le plus vrai des lois divines ; les autres, contraints je ne sais comment par la vérité, ont affirmé avoir reçu les lois de Dieu sous des formes variées. Osiris, le législateur des Égyptiens, de Mercure [74] ; Zoroastre [75] auprès des Arimaspes [76], d'une divinité bienveillante ; Zamolxis [77] auprès des Scythes, de Vesta ; le Crétois Minos et l'Athénien Solon, de Jupiter ; Lycurgue le Lacédémonien, d'Apollon [78] ; Numa, roi des Romains, de la nymphe Égérie [79] ; Mahomet, roi des Arabes, de l'ange Gabriel [80] ; notre Platon lui-même commence ses livres des *Lois* par Dieu [81], qu'il dit être le législateur commun de toutes les lois – ce qu'il a aussi

etiam in dialogo qui *Protagoras* inscribitur confirmavit, dicens artes illas que ad victum pertinent a Prometheo, hoc est humana providentia, nobis traditas esse. Legem vero bene feliciterque vivendi ab Iove, id est divina providentia, per Mercurium, hoc est inspirationem angelicam, fuisse concessam.

Non possum, amici optimi, vim legis non admirari. Legis siquidem ordo et concentus aliquis necessarius est in elementis mundi animalisque humoribus et in brutorum victu, in contubernio quoque latronum : hi enim absque iusto quodam ordine una versari non possunt. Quid autem dicemus ad hoc ? Quod cum apud inferos alia nulla sit virtus, non desunt illic tamen lex et iustitia, que pro meritis improbos puniant, et cum inter beatos non sint virtutes ille morales amplius necessarie, que ad sedandas corporis sensumque perturbationes mortalibus conferunt, a quibus liberati iam sunt, qui beata vita fruuntur : lex tamen inter eos et iustitia vigent, que pro dignitate singulos eternis afficiunt premiis servantque beatos.

Vale.

De divino furore

Marsilius Ficinus Peregrino Alio s. d.

Tertio Calendas Decembres Ficinus Medicus, pater meus, duas epistolas tuo nomine ad me Fighinium attulit, alteram quidem soluta oratione scriptam, versibus alteram, quibus profecto legendis effectum est ut nostris temporibus admodum gratularer, quod eum adolescentem protulerint, cuius fama et gloria illustrari possint. Equidem, Peregrine mi suavissime, cum etatem tuam pariter et ea que abs te quotidie proficiscuntur considero, non solum tantis amici bonis gaudeo, verum etiam vehementer admiror. Atque haud scio, ut recentiores istos omittam, quisnam e priscis illis, quorum memoriam veneramur, tantum in ea qua tu nunc es etate profecerit, id vero non arti modo ac studio, sed et multo magis divino illi furori, sine quo quenquam magnum unquam fuisse virum, Democritus ac Plato negant, ascribo. Quo te afflari, ut ita dixerim, ac penitus corripi, concitatiores quidam motus affectusque ardentissimi, quos scripta tua exprimunt, argumento esse possunt, atque hanc ipsam, que externis motibus fit concitationem, potissimum Philosophi veteres argumentum esse voluerunt vim quandam in animis nostris esse divinam.

Sed quoniam a nobis de furore mentio facta est, ea de re Platonis nostri sententiam paucis, et ea brevitate quam epistola exigit, referam, ut quid furor sit,

confirmé dans le dialogue intitulé *Protagoras*[82], disant que ces arts qui visent à la subsistance nous sont confiés par Prométhée, c'est-à-dire la providence humaine. Mais la loi du bien vivre et du bonheur fut accordée par Jupiter, c'est-à-dire par la providence divine, par l'intermédiaire de Mercure qui est l'inspiration angélique.

Je ne peux pas, mes très chers amis, ne pas admirer la puissance de la loi. Oui, l'ordre et une certaine harmonie sont nécessaires dans les éléments du monde, et dans les humeurs des êtres vivants, dans la survie des bêtes et même dans l'antre des voleurs – ces hommes ne pouvant vivre en cet endroit sans un certain ordre juste[83]. Mais que dirons-nous de cela ? Que bien que chez les êtres inférieurs, il n'y ait pas d'autre vertu, même là, la loi et la justice ne manquent cependant pas, lesquelles punissent les méchants comme ils le méritent, et bien que parmi les bienheureux, ces vertus morales, qui chez les mortels contribuent à calmer les agitations du corps et des sens, et dont sont déjà libérés ceux qui jouissent d'une vie bienheureuse, ne soient pas plus nécessaires que cela, cependant la loi et la justice fleurissent chez eux, les dotent d'éternelles récompenses au regard de leur mérite, et veillent sur les bienheureux.

Salut.

De la fureur divine[84]

Marsile Ficin à Peregrino Agli[85]*, salut.*

Trois jours avant les Calendes de Décembre, mon père, le médecin Ficin, m'apporta à Figline deux lettres signées de ton nom – l'une certes écrite en prose, mais l'autre en vers – dont la lecture assurément eut pour effet que je félicitai pleinement notre époque de produire un jeune homme dont la renommée et la gloire pussent la mettre en lumière. Quant à moi, mon si aimable Peregrino, lorsque je considère à la fois ton âge et ce qui journellement provient de toi, non seulement je me réjouis qu'un ami possède tant de biens, mais je m'en émerveille encore avec énergie, et je ne sais point, pour ne rien dire d'auteurs plus récents, qui donc parmi ces Anciens dont nous révérons la mémoire connut autant de réussite à ton âge ; et cela en vérité, si je l'ajoute, ce n'est point uniquement au profit de l'art et de la technique, mais bien davantage en faveur de cette fureur divine[86], sans laquelle jamais, selon Démocrite et Platon, il n'y eut de grand homme[87]. La véhémence forte de la passion et la très grande ardeur de sentiment que tes écrits portent à l'expression arguent, comme je l'ai dit, de ton inspiration et de la fureur qui entièrement te possède et, dans cette force que ses mouvements extérieurs apparentent à une excitation, les Antiques Philosophes ont voulu reconnaître la preuve la plus décisive de la résidence en notre âme d'une puissance divine[88].

Mais puisque nous venons de faire mention de la fureur divine, je rapporterai en peu de mots, et avec la brièveté qu'exige la lettre, l'opinion de Platon à son sujet, de sorte que tu puisses aisément comprendre ce qu'est la fureur, à combien

quot in partes deducatur et quis cuique furori Deus presit, facile intelligas. Quod quidem tum voluptati, tum etiam utilitati maxime tibi fore confido.

Censet igitur ille animum nostrum, priusquam in corpore laberetur – ut etiam Pythagoras, Empedocles atque Heraclitus antea disputaverunt – in celestibus sedibus extitisse, ubi veritatis contemplatione, ut Socrates in *Phedro* inquit, nutriebatur atque gaudebat. Cumque ii, quos paulo ante memoravi Philosophi, Deum summum fontem quendam ac lumen, in quo rerum omnium exemplaria, quas ideas nominant, elucescant esse, a Mercurio Trismegisto Egyptiorum omnium sapientissimo didicissent, necessarium fore putabant animum eternam Dei mentem assidue contemplantem, rerum quoque omnium naturas clarius intueri. Videbat igitur animus, inquit Plato, ipsam iustitiam, videbat sapientiam, videbat harmoniam, et quandam divine nature mirabilem pulchritudinem, atque has omnes tum ideas, tum divinas essentias, tum primas naturas, que in eterna Dei mente sint, nominat, quarum perfecta quadam cognitione hominum mentes quandiu illic degunt, feliciter nutriantur. Cum vero ob terrenarum rerum cogitationem appetitionemque animi ad corpora deprimuntur, tunc qui prius ambrosia, ac nectare, id est Dei cognitione perfectoque gaudio nutriebantur, continuo in ipsa descensione flumen Letheum, id est oblivionem divinorum, haurire dicuntur, nec prius ad superos, unde terrene cogitationis pondere deciderant, revolare, quam divinas illas quarum oblivionem susceperant naturas recogitare ceperint. Id autem duabus virtutibus, ea videlicet que ad mores, ea insuper, que ad contemplationem pertinet, assequi nos Philosophus ille divinus existimat, quarum alteram communi vocabulo iustitiam, alteram vero sapientiam nominat. Quapropter geminis, inquit, alis has, mea quidem sententia virtutes intelligens, animos ad superos evolare, easque duabus similiter philosophie partibus, activa scilicet et contemplativa consequi nos in *Phedone* Socrates disserit. Unde ipse idem in *Phedro* : sola, inquit, Philosophi mens recuperat alas. In hac autem ipsa alarum recuperatione abstrahi a corpore illarum vi animum Deoque plenum ad superos trahi ac vehementer anniti.

Quam quidem abstractionem ac nixum Plato divinum furorem nuncupat, eumque quatuor in partes distribuit. Neque enim divinorum putat unquam homines reminisci, nisi quibusdam eorum quasi umbris atque imaginibus, que corporis percipiuntur, sensibus excitentur. Itaque Paulus ac Dionysius, Christianorum Theologorum sapientissimi, invisibilia Dei, asserunt, per ea que facta sunt queque hic cernuntur, intelligi. Divine vero sapientie imaginem esse

d'espèces elle se ramène, et quel dieu commande à chacune – explication qui, j'en suis convaincu, te sera d'une part agréable et d'autre part surtout extrêmement utile.

Ainsi Platon estime, comme du reste Pythagore, Empédocle et Héraclite auparavant, que notre esprit, avant sa chute dans les corps, habitait les séjours célestes où, selon Socrate dans le *Phèdre*, la contemplation de la vérité le nourrissait et le réjouissait [89]. Comme ces Philosophes que je viens de rappeler avaient appris de Mercure Trismégiste [90], le plus sage de tous les Égyptiens [91], que Dieu est la suprême source et la souveraine lumière où se montrent les modèles de toutes les réalités – ce qu'ils nomment les idées [92] –, ils estimaient nécessaire que l'esprit qui contemple sans interruption l'intelligence éternelle de Dieu ait un regard plus clair sur la nature de toute chose. Donc, suivant Platon, l'esprit voyait la justice en soi, il voyait la sagesse, il voyait l'harmonie, l'admirable beauté de la nature divine ; et toutes ces choses, l'auteur les appelle tantôt idées, tantôt essences divines, tantôt natures premières résidant dans l'intelligence éternelle de Dieu [93], elles dont la parfaite connaissance nourrit joyeusement les intelligences humaines aussi longtemps qu'elles séjournent là-bas. Mais lorsque l'imagination et l'appétit des réalités terrestres provoquent la précipitation des esprits dans les corps, alors de ceux qui se nourrissaient auparavant d'ambroisie et de nectar [94], à savoir de la connaissance et de la joie parfaite de Dieu, l'on dit que, durant leur descente, ils boivent sans discontinuer au fleuve Léthé qui est l'oubli des choses divines [95], et qu'ils ne revolent point vers les hauteurs, d'où le poids des pensées terrestres les avait fait tomber, avant d'avoir commencé de resonger à ces natures divines dont ils avaient supporté l'oubli [96]. Or, d'après le divin Philosophe, deux vertus nous permettent d'atteindre aux régions supérieures : l'une, naturellement, est relative aux lois morales, et l'autre ressortit à la contemplation [97] ; la première il la nomme communément justice, la seconde, en revanche, reçoit le nom de sagesse [98]. Aussi est-ce au moyen de deux ailes [99] – lesquelles signifient à mon sens ces deux vertus [100] – que les esprits s'envolent selon lui vers les hauteurs et, ainsi que l'expose Socrate dans le *Phédon* [101], nous acquérons ces vertus à l'aide pareillement de deux parties de la philosophie, l'une active, l'autre évidemment contemplative [102]. De là vient qu'il dise également dans le *Phèdre* que seule l'intelligence du Philosophe retrouve ses ailes [103].

Or, quand il les recouvre, leur vigueur arrache l'esprit des liens corporels et, alors qu'il est plein de Dieu, l'entraîne vers les régions supérieures, soutenant l'énergie de ses efforts. De fait, Platon nomme cet arrachement et ce travail d'accouchement [104] fureur divine, et il le divise en quatre parties [105]. Les hommes en effet ne se souviennent jamais, pense-t-il, des réalités divines, à moins que certains d'entre eux ne les tirent pour ainsi dire des ombres et des images que perçoivent les sens corporels [106].

Aussi Paul et Denys [107], les plus sages des Théologiens Chrétiens, allèguent-ils que les choses invisibles de Dieu peuvent se comprendre à travers l'ouvrage qui a été créé et qui est visible [108] : Platon, en revanche, soutient que la sagesse

Plato vult hominum sapientiam. Divine harmonie imaginem hanc ipsam, quam vocibus instrumentisque musicis fingimus harmoniam ; divine autem pulchritudinis eam, que ex partium membrorumque corporis aptissima compositione conficitur, convenientiam venustatemque, imaginem esse censet. Cum vero scientia nullis, aut certe perpaucis hominibus adsit, nec ullis corporis sensibus comprehendatur, efficitur ut divine sapientie similitudines apud nos perpauce sint, et he quidem sensibus nostris occulte, ac prorsus ignote. Quapropter Socrates in Phedro simulacrum, inquit, sapientie oculis cerni nullo mode posse, quod si cernatur mirabiles amores divine illius, cuius id simulacrum est, penitusque excitaturum. At vero pulchritudinis divine similitudinem oculis cernimus, harmonie vero imaginem auribus annotamus, quos Plato sensus omnium, qui per corpus fiant, perspicacissimos arbitratur. Quo fit ut iis, que corporibus insunt, quibusdam quasi simulacris in animum per sensus corporis haustis reminiscamur, quodammodo rerum earum, quas extra corporis carcerem constituti antea noveramus. Qua quidem recordatione exardescit animus, alasque commovens, iamiam a corporis cogitatione sordibusque sese paulatim emaculat, divinoque furore prorsus afficitur ; atque iis duobus sensibus quos paulo ante commemoravi, gemine furoris species excitantur.

Etenim pulchritudinis specie quam oculi porrigunt, vere atque intelligibilis pulchritudinis quandam quasi recordationem recuperantes, eam ineffabili occultoque mentis ardore desideramus : hunc denique Plato divinum amorem vocitat, eum diffiniens profectum ex aspectu corporee similitudinis desiderium ad contemplandam rursus divinam pulchritudinem redeundi. Preterea necesse est eum, qui sic afficitur, non modo supernam illam pulchritudinem desiderare, verum etiam eius, que oculis patet, aspectu admodum delectari. Sic enim natura institutum est, ut qui aliquid appetit, eius quoque similitudine delectetur, at illud crassioris ingenii corruptionisque nature proprium esse putat, si quis umbras duntaxat vere illius pulchritudinis concupiscat, nec aliud quicquam preter illam, que oculis offertur, speciem admiretur. Hunc enim eo amore cuius petulantia atque lascivia comes est affici vult, eum deffiniens irrationalem atque insolentem eius, que sensu percipitur circa corporis formam voluptatis cupidinem ; et aliter hunc amorem diffinit ardorem animi, proprio quodammodo in corpore mortui, in alieno viventis. Unde amantis animum, inquit, in alieno corpore vitam ducere. Quod mirantes Epicurei amorem diffiniunt nixum quendam corpusculorum (quas atomos vocant) sese ei, a quo simulacra pulchritudinis hausta sunt, penitus infundendi. Huiusmodi Plato noster amorem ab humanis morbis nasci dicit,

humaine est l'image de la divine sagesse. Il est d'avis que l'harmonie que nous produisons au moyen de la voix et des instruments de musique constitue l'image même de l'harmonie divine, et que la convenance et l'agrément qui proviennent de la parfaite composition des parties et des membres du corps est l'image de la beauté divine. Or, puisque la science n'est présente en aucun homme, ou seulement chez quelques-uns, et que nul sens corporel ne peut la saisir, il découle que rares ici-bas sont les ressemblances avec la sagesse divine, et à la vérité celles-ci se dérobent à nos sens et sont tout à fait inconnues. Aussi Socrate dans le *Phèdre* déclare-t-il que l'œil ne saurait d'aucune sorte voir le simulacre de la sagesse et que, s'il en allait autrement, ce simulacre susciterait l'amour admirable de cette divine sagesse présente en lui [109]. Mais, au vrai, nous voyons avec nos yeux une ressemblance de la beauté divine, et nous remarquons une image de l'harmonie au moyen de nos oreilles, deux sens que Platon estime les plus perspicaces de tous ceux qui adviennent par l'entremise du corps [110]. De là vient que, une fois recueillis en l'esprit, et à travers le sens corporel, certains simulacres qui se trouvaient dans les corps, nous nous ressouvenions en quelque façon de ces réalités dont nous eûmes autrefois connaissance, quand nous nous tenions hors de la prison corporelle. Au contact de ce souvenir, l'esprit s'enflamme et, agitant ses ailes [111], se purifie dès maintenant de la pensée du corps ainsi que peu à peu de sa bassesse, tandis que la fureur divine pleinement le possède ; et les deux sens que je viens de mentionner sont à l'origine de l'excitation de deux espèces de fureur.

De fait, l'image de la beauté dont s'emparent nos yeux retrouvant, pour ainsi dire, un certain souvenir de la beauté véritable et intelligible nous conduit à désirer cette beauté avec une ineffable et secrète ardeur de l'intelligence que Platon nomme amour divin [112], et qu'il définit comme le désir de revenir à nouveau à la contemplation de la beauté divine [113], désir né de la vue de la beauté corporelle qui lui ressemble [114]. De plus, il est nécessaire que celui qui est affecté de la sorte non seulement désire cette beauté supérieure, mais encore se réjouisse tout à fait de son apparence qui se donne à voir. En effet, l'ordre naturel a été ainsi institué que quiconque appète quelque chose se réjouit aussi de sa ressemblance, mais Platon estime que c'est le propre d'un caractère très grossier et d'une corruption de la nature que quelqu'un convoite uniquement les ombres de la beauté véritable, au lieu d'admirer autre chose que cette apparence qui s'offre à ses regards [115]. Il soutient que tel individu est affecté d'un amour dont l'impudence et la lascivité sont les compagnes, il définit comme irrationnelle et insolente la passion de ce plaisir qui s'en tient à la forme corporelle perçue par les sens [116] ; et il définit encore autrement cet amour comme une ardeur de l'esprit qui meurt dans son corps propre et vit dans un corps étranger [117]. De là, selon lui, que l'esprit de l'amant prolonge sa vie dans un corps qui lui est étranger. C'est là un sujet d'étonnement pour les Épicuriens, lesquels définissent l'amour comme une espèce d'entrelacement de corpuscules (ils les appellent atomes) pénétrant en profondeur l'individu qui a absorbé les simulacres de la beauté. Notre maître Platon affirme que cette sorte d'amour est né de l'humaine maladie [118],

et cura solicitudineque plenum esse, eumque iis hominibus convenire, quorum mens adeo tenebris offusa sit, ut nihil altum, nihil omnino egregium, nihil preter fragilem ac fluxam corpusculi huius imaginem cogitet, nec auras respiciat, clausa tenebris et carcere ceco. At quibus ingenium a corporis luto abstractum est, atque absolutum eiusmodi sunt, ut cum corporis cuiuspiam forma venustasque obicitur eius primo aspectu, utpote divine pulchritudinis similitudine, delectentur. Verum ex hac imagine statim in memoriam divinam illam reducant, quam in primis admirentur, ac vere desiderent, cuiusve ardentissimo desiderio ad supera rapiantur. Atque hunc primum evolandi conatum divinam Plato alienationem furoremque nuncupat.

Hec iam de eo furore, quem per oculos fieri diximus, satis esse videntur. Per aures vero concentus quosdam numerosque suavissimos animus haurit, hisque imaginibus admonetur, atque excitatur ad divinam musicam, acriori quodam mentis et intimo sensu considerandam. Est autem apud Platonicos interpretes divina musica duplex : alteram profecto in eterna Dei mente consistere arbitrantur, alteram vero in celorum ordine ac motibus, qua mirabilem quendam celestes globi orbesque concentum efficiunt. Utriusque vero animum nostrum antequam corporibus clauderetur participem extitisse, verum his in tenebris auribus velut rimulis quibusdam ac nuntiis utitur, hisque imagines, ut sepe iam diximus, musice illius incomparabilis accipit, quibus in eius qua antea fruebatur harmonie intimam quandam ac tacitam recordationem reducitur, totusque desiderio fervet, cupitque ut vera musica rursus fruatur, ad sedes proprias revolare, cumque id se quandiu tenebroso corporis habitaculo circumseptus est, adipisci nullo modo posse intelligat, eam, cuius hic possessione frui nequit, nititur saltem pro viribus imitari.

Est autem hec apud homines imitatio duplex. Alii namque vocum numeris variorumque sonis instrumentorum celestem Musicam imitantur, quos certe leves, ac pene vulgares musicos appellamus. Nonnulli vero graviori quodam firmiorique iudicio divinam ac celestem harmoniam imitantes, intime rationis sensum notionesque in versum, pedes ac numeros digerunt. Hi vero sunt, qui divino afflati spiritu gravissima quedam, ac preclarissima carmina ore, ut aiunt, rotundo prorsus effundunt. Hanc Plato graviorem musicam poesimque nominat efficacissimam harmonie celestis imitatricem. Nam levior illa, de qua paulo ante mentionem fecimus, vocum duntaxat suavitate permulcet. Poesis autem, quod divine quoque harmonie proprium est, vocum ac motuum numeris gravissimos quosdam et, ut poeta diceret, Delphicos sensus ardentius exprimit ; quo fit ut non

qu'il regorge de trouble et d'inquiétude [119], et qu'il convient à ces hommes dont l'intelligence est si enténébrée qu'elle ne songe à rien de haut, à rien d'absolument éminent, à rien qui se tienne au-delà de l'image périssable et éphémère de ce corpuscule, et qu'elle ne lève point les yeux au ciel, prisonnière qu'elle demeure de ses ténèbres et de son cachot obscur [120]. Mais il en est dont le caractère s'est détaché de la fange corporelle [121], s'en est libéré [122], de sorte que, lorsqu'ils voient pour la première fois la forme et la grâce d'un corps, ils s'en réjouissent comme d'une ressemblance de la beauté divine [123]. Mais aussitôt à la suite de cette image leur revient à la mémoire cette divine beauté qu'ils admiraient et désiraient avant tout, et dont le très ardent désir les a ravis aux régions supérieures – et cette première tentative d'envol, Platon la nomme divine aliénation et fureur [124].

Nous en avons, semble-t-il, assez dit au sujet de cette fureur qui advient à travers les yeux. En revanche, l'esprit se pénètre également à travers les oreilles des harmonies et des cadences les plus agréables, et de tels échos le rappellent et l'élèvent à la musique divine, qu'il convient d'examiner avec le sens très perçant et intime de l'intelligence [125]. Or, suivant les interprètes Platoniciens, double est la musique divine : l'une, estiment-ils, se tient assurément dans l'intelligence éternelle de Dieu, mais l'autre dans les mouvements et l'ordre des choses célestes, par lesquelles les sphères et les orbes du ciel produisent une merveilleuse harmonie [126]. Avant de devenir prisonnier des corps, notre esprit participait des deux, et il use maintenant des oreilles comme de certaines fissures au milieu de ces ténèbres, et par leur intermédiaire, ainsi que nous l'avons déjà souvent exprimé, il recueille les échos de l'incomparable musique, lesquels le raccordent au souvenir silencieux et intime de cette harmonie dont il jouissait autrefois ; et l'esprit tout entier brûle de désir, souhaite de voler à nouveau vers les séjours qui lui sont appropriés, afin de jouir derechef de la véritable musique, puisqu'il comprend qu'il ne saurait d'aucune manière l'atteindre aussi longtemps qu'il est enfermé dans la ténébreuse demeure du corps, et s'il ne peut jouir de sa possession, du moins tâche-t-il selon ses forces de l'imiter.

Or chez les hommes l'imitation est double. Car les uns imitent la céleste musique avec les rythmes des voix et les sons des instruments variés, et certainement nous les tenons pour des musiciens légers et presque ordinaires. Quelques-uns, en revanche, qui imitent la divine et céleste harmonie avec plus de gravité et de fermeté dans le jugement, répartissent le sens de cette raison interne ainsi que ses notions en vers, pieds, nombres. Or, tels sont ceux qui, inspirés par l'esprit divin, répandent en un langage tout à fait aisé des chants ô combien solennels et excellents, comme ils disent [127]. Cette musique et poésie à la solennité supérieure, Platon la nomme l'imitatrice la plus efficace de la céleste harmonie [128]. En effet, la poésie plus légère dont nous avons fait mention un peu plus haut charme uniquement par la douceur des voix. À l'inverse, la poésie qui appartient en propre aussi à l'harmonie divine exprime avec davantage de feu, comme dirait un Poète, de plus solennelles et delphiques pensées dans les

solum auribus blandiatur, verum etiam suavissimum et ambrosie celestis similimum menti pabulum afferat, ideoque ad divinitatem propius accedere videatur. Oriri vero poeticum hunc furorem a Musis existimat ; qui autem absque Musarum instinctu poeticas ad fores accedit, sperans quasi arte quadam poetam se bonum evasurum, inanem illum quidem atque eius poesim esse censet, eosque poetas qui celesti inspiratione ac vi rapiuntur adeo divinos sepenumero Musis afflatos sensus expromere, ut ipsimet postmodum extra furorem positi que protulerint minus intelligant.

Atque, ut arbitror, Musas divinus ille vir celestes cantus intelligi vult, ideoque Canoras et Camenas an cantu appellatas esse dicunt. Unde Musis, id est celestibus numinibus, atque cantibus divini homines conciti, ad eorum imitationem poeticos modos ac numeros meditantur. Itaque in *Republica* Plato, cum de spherarum celestium volubilitate tractaret, singulas ait Sirenas, singulis orbibus insidere, significans spherarum motu, ut Platonicus quidam inquit, cantum numinibus exhiberi. Nam Siren, Deo canens Grece recte exprimitur. Theologi quoque veteres novem Musas octo spherarum musicos cantus, et unam maximam, que ex omnibus conficitur, harmoniam esse voluerunt. Hac igitur ratione poesis a divino furore, furor a Musis, Muse vero a Iove proficiscuntur. Nam mundi totius animum sepenumero Iovem Platonici nuncupant, qui celum ac terras camposque liquentes, lucentemque globum Lune Titaniaque astra intus alit, totamque infusus per artus agitat molem, et magno se corpore miscet. Ex quo efficitur, ut a Iove totius mundi spiritu ac mente, quoniam celestes movet spheras atque regit, earundem quoque cantus musici, quas Musas nuncupant, oriantur. Quapropter Platonicus ille clarissimus : « Ab Iove principium Muse, Iovis omnia plena », quoniam et ubique ille animus, qui Iupiter dicitur, viget, atque implet omnia et celum quasi citharam quandam, ut Alexander Milesius Pythagoricus inquit, « exagitans, celestem efficit harmoniam ». Itaque Orpheus vates ille divinus : « Iupiter, inquit, primus est, Iupiter novissimus, Iupiter caput, Iupiter medium, universa autem Iove nata sunt, Iupiter fundamentum terre ac celi stelliferi, Iupiter prodiit masculus, Iupiter incorruptibilis sponsa, Iupiter spiritus speciesque omnium, Iupiter radix ponti, Iupiter indefessi ignis motus, Iupiter Sol et Luna, Iupiter rex et princeps omnium, abscondens lucem, rursus emisit ex almo corde operans cogitata ». Ex quibus intelligitur Iovem omnibus infusum corporibus continere, atque alere cuncta, ut non immerito dictum sit : Iupiter est quodcunque vides, quocunque moveris.

mesures des voix et des mouvements – de là vient que non seulement elle caresse les oreilles, mais qu'elle apporte à l'intelligence la nourriture la plus agréable et la plus semblable à l'ambroisie céleste et que le chant paraisse ainsi se rapprocher au plus près de la divinité [129]. Selon le jugement de Platon, c'est des Muses qu'une telle fureur poétique tire son origine; mais qui s'approche des portes de la Poésie [130], sans l'inspiration des Muses, espérant pour ainsi dire devenir bon poète au moyen d'une certaine technique, celui-ci, en vérité, comme du reste sa poésie, Platon le considère comme sans valeur [131], alors qu'à ses yeux les Poètes ravis par l'inspiration ou la puissance céleste souvent font montre de facultés divines, emportés qu'ils sont par le souffle des Muses, si bien que, quand la fureur les a quittés, ils ne conçoivent guère eux-mêmes ce qu'ils ont proféré [132].

Et le divin Platon veut, à mon avis, que l'on se représente les Muses comme des chants célestes, et c'est à cause de cela, dit-on, que les noms de Canores et Camènes dérivent de chant [133]. De là vient que les hommes divins, soulevés par les Muses, à savoir par les puissances divines et les chants, étudient, pour les imiter, les mesures ainsi que les mètres poétiques. C'est pourquoi, alors qu'il traitait en sa *République* de la rotation des sphères célestes, Platon affirme qu'une Sirène est établie dans chaque orbite [134], indiquant ainsi, comme le dit un Platonicien [135], que le mouvement des sphères produit un chant à l'adresse des puissances divines. En effet, la signification de Sirène dans un grec correct est chantant en l'honneur des dieux. Les Antiques Théologiens ont également soutenu que les neuf Muses constituent les chants musicaux des huit sphères [136], et que toutes forment une seule et très grande harmonie [137]. Aussi est-ce pour cette raison que la poésie provient de la fureur divine, la fureur des Muses, et les Muses de Jupiter. Souvent, les Platoniciens nomment l'Âme du monde tout entier Jupiter [138], lequel nourrit de l'intérieur le ciel et les terres, les étendues liquides, le globe lumineux de la Lune et les astres de Titan ; répandu à travers les membres, il anime la masse entière et se mêle à son vaste corps [139]. D'où il résulte que Jupiter, esprit et intelligence de tout l'univers, meut et dirige les sphères célestes, et qu'il est encore à l'origine des chants musicaux qu'elles produisent et que l'on appelle les Muses. Aussi ce très illustre Platonicien affirme-t-il : « Jupiter est le principe des Muses, toutes choses sont pleines de Jupiter » [140], puisque cet esprit que l'on nomme Jupiter est également partout, qu'il fortifie et remplit toutes choses, et, suivant les paroles d'Alexandre Milésius [141], « faisant vibrer le ciel comme s'il s'agissait d'une lyre, il produit la céleste harmonie ». Et le divin prophète Orphée en sus de déclarer : « Jupiter est le premier, Jupiter est le dernier, Jupiter est la tête, Jupiter est le centre. L'univers est né de Jupiter, Jupiter est le fondement de la terre et du ciel stellifère. Jupiter se présente comme le mâle, Jupiter est la fiancée immaculée, Jupiter est l'esprit et l'aspect de toutes choses, Jupiter est la source de l'Océan, Jupiter est le mouvement du feu infatigué, Jupiter est le Soleil et la Lune, Jupiter est le roi et le prince de tout, il dissimule sa lumière, et derechef l'ayant émise de son cœur nourricier, il manifeste ses projets » [142]. Ainsi comprend-on que Jupiter, répandu en tous les corps, contienne et nourrisse les choses tout entières, de sorte qu'il est juste de dire : Jupiter est tout ce que tu vois et tout ce que tu meus.

Sequuntur post hec relique furoris divini species, quas ille bifariam dividit, earumque alteram circa mysteria, alteram circa futurorum eventus, quod vaticinium vocat, versari putat. Primum quidem furorem definit vehementiorem animi concitationem, in iis, que ad deorum cultum, religionem, expiationem sacrasque ceremonias pertinent perficiendis. Affectum vero mentis, qui eiusmodi furorem falso imitatur, superstitionem nominat. Postremam vero furoris naturam, in qua vaticinium ponit, nihil aliud esse putat, nisi divino afflatu inspiratam presensionem, eamque propriori vocabulo, divinationem ac vaticinium nominamus. Quod si anima in ea ipsa divinatione acrius exarserit, furorem nuncupat, cum mens a corpore abstracta divino instinctu concitatur. Siquis autem humana potius solertia et sagacitate, quam divina infusione futura previderit huiusmodi presensionem, providentiam, coniectionemque appellandam censet; ex iis omnibus iam perspicuum est quatuor divini furoris species esse: amorem, poesim, mysteria, vaticinium. Amorem divinum, amor ille alter vulgaris penitusque insanus, falso imitatur, poesim levior, ut diximus, musica, mysteria superstitio, divinationem coniectio. Primum quidem furorem Veneri, alterum Musis, tertium Dionysio, postremum Apollini apud Platonem Socrates tribuit.

Ceterum in eo furore, qui ad amorem divinum poesimque pertinet, describendo duabus de causis longior esse malui, quod videlicet utroque te affici vehementer agnovi, et ut memineris que a te scribuntur ab Iove, Musisque, quarum spiritu ac divinitate compleris, non abs te proficisci. Quapropter, o mi Peregrine, iuste pieque feceris, si tu, ut hactenus, te egisse arbitror, maximarum optimarumque rerum nec te nec alium omnino quenquam hominum, sed immortalem potius Deum auctorem, ac principium esse cognoveris.

Vale ac tibi persuade nihil mihi te charius esse.

Fighini, Calendis Decembribus 1457.

EXCUSATIO PROLIXITATIS

Marsilius Ficinus Magno Cosmo s. d.

Laurentius Pisanus sacerdos exponit tui gratia Salomonis *Canticum Canticorum* atque octo et decem iam libros, si recte memini, pro unius libelli expositione composuit. Si miraris, Cosme, quod tam prolixe loquatur Laurentius, cum Salomon tam breviter sit locutus, respondeo ob hoc ipsum cogi Laurentium fore prolixum, quia Salomon brevissimus fuit. Quanto enim magis Salomonis nodus implicatus est, tanto pluribus ad explicandum opus est machinis. Laudat Laurentii scripta Nicholaus Tignosius Fulginas, insignis Philosophus;

Viennent ensuite les dernières sortes de fureur divine que Platon divise en deux : l'une, d'après lui, se rapporte aux mystères ; l'autre aux événements futurs qu'il appelle prophétic. La première, il la définit en vérité comme un mouvement plus violent de l'esprit dans l'accomplissement de ce qui concerne le culte des dieux, la religion, l'expiation et les cérémonies sacrées. Par contre, la passion de l'intelligence qui imite faussement cette fureur, il la nomme superstition. Il estime que la dernière sorte de fureur, celle où il place la vaticination, n'est rien d'autre que le pressentiment inspiré par le souffle divin – ce à quoi nous avons appliqué le terme plus juste de divination ou de vaticination [143]. Si l'âme s'enflamme avec davantage d'ardeur en cette divination même, elle reçoit le nom de fureur, notamment quand l'intelligence, détachée du corps, est soulevée par l'inspiration divine. Mais si quelqu'un prévoit le futur plus par humaine ingéniosité et sagacité que par épanchement divin, il est d'avis d'appeler un tel pressentiment prévision ou interprétation – tous éléments qui montrent clairement qu'il existe quatre espèces de fureur divine : amour, poésie, mystères et vaticination. L'amour vulgaire et entièrement fou constitue une fausse imitation de l'amour divin, la musique plus légère, comme nous l'avons vu, une fausse imitation de la poésie, la superstition des mystères, l'interprétation de la divination [144]. D'après Platon, Socrate attribue la première fureur à Vénus, la seconde aux Muses, la troisième à Dionysos, la dernière à Apollon [145].

D'ailleurs, j'ai préféré décrire plus longuement la fureur qui se rapporte à l'amour divin et à la poésie pour deux raisons : d'abord parce que j'ai su que tu es en proie à la violence de l'une et de l'autre ; et puis pour qu'il te souvienne que ce que tu écris n'émane point de toi, mais de Jupiter et des Muses dont l'esprit et la divinité te comblent. Aussi, ô Peregrino, tu auras accompli une action juste et pieuse quand tu auras reconnu, comme je crois que c'est déjà le cas, que l'auteur et le principe de tant de grandeur et d'excellence ne sont point toi, ni absolument aucun autre homme, mais plutôt le Dieu immortel [146].

Adieu, et sois persuadé que rien ne m'est plus cher que toi.

Figline [147]. Calendes de décembre 1457.

UNE EXCUSE EN FAVEUR DE LA PROLIXITÉ [148]

Marsile Ficin au Grand Cosme, salut.

Laurent, le prêtre de Pise, commente pour toi le *Cantique des Cantiques* de Salomon et il a écrit déjà dix-huit livres, si je me souviens bien, pour expliquer ce seul libelle. Si tu es surpris, Cosme, que Laurent soit si prolixe lorsque Salomon s'est exprimé si brièvement, je réponds que Laurent est obligé d'être prolixe parce que, précisément, Salomon a été très bref. Plus en effet le nœud de Salomon est serré, plus il est besoin pour le dénouer d'explications nombreuses. Le philosophe remarquable Nicolas Tignosi de Foligno [149] apprécie les textes de Laurent ;

probo et ego, licet a prolixitate soleam abhorrere. At ideo non videtur mihi opus illud nimis magnum, quia nihil ferme in Theologia magnum reperio quod non illuc ille congesserit ; sed ne ego quoque, dum prolixitatem excuso, sim prolixior. Vale.

De divinitatione et divinitate anime

Marsilius Ficinus Florentinus Mattheo Corsino conphilosopho suo s. d.

Alexandra mater mea nata est ex patre Iohanne et matre Angela ; Alexandra Fighini erat, Iohannes in Varchii oppido, Angela vero Florentie. Hec ad Iohannem et Alexandram scripsit se bene valere ac die sequenti redituram. Illi lectis litteris, et nocte facta dormientes, Angelam viderunt eadem hora ambo. Alexandre quidem in vestibulo domus apparuit, et cum filia matri tanquam revertenti congratularetur, mater filie amplexus effugiens : « Vale, ait, et da operam ut pro me sacerdotes Deum orent ». Iohanni autem inquit : « O quantum fortunam tuam doleo, mi Iohannes ! Vale et iube pro me Deum orari ». Repente ambo his visis excitati exclamaverunt, eam mortuam iudicantes. Florentiam miserunt. Renuntiatum est illam ea nocte ex hac vita migrasse.

Miraris hec, Corsine ? Audi et aliud aeque mirandum : mater mea filium statim natum nutrici rustice tradidit ; decimaseptima inde die dormiens meridie videtur ipsa sibi maxima cordis anxietate, premi atque a matre sua iampridem mortua sublevari dicente : « Noli te afflictare, filia ! ». Sequenti die rustici ad eam filium a nutrice suffocatum referunt. Mitto quod somnians previdit futurum mariti eius Ficini medici casum ex equo, et locum ubi casurus erat et singula. Mitto et alia multa.

Satis vero sit ad presens duo illa superiora narrasse. Ex quibus duo precipue confirmari videntur : unum videlicet animas hominum, que propter temperatam complexionem, vite puritatem, sui abstractionem a corpore, quodammodo separantur, quam plurima divinare, utpote que natura sua divine sunt, et quando in se revertuntur suam exercent divinitatem ; alterum vero animas defunctorum solutas a corporum vinculis nosse nonnihil et humana curare ; quod Hesiodus cecinit, et Plato noster in *Legibus* confirmavit. Hos autem Heroas omnis antiquitas appellabat.

Vale.

et moi aussi je les approuve, bien que je n'aime pas d'ordinaire la prolixité. Et pour cette raison, il ne me semble pas que cette œuvre soit trop longue, parce que j'y trouve difficilement quoi que ce soit d'important en Théologie qu'il n'ait pas consigné dans son ouvrage ; mais ne soyons pas nous-mêmes plus prolixe lorsqu'il s'agit d'excuser la prolixité.

Adieu.

De la divination et de la divinité de l'âme [150]

Le Florentin Marsile Ficin à Matteo Corsini [151]*, confrère philosophe, salut.*

Ma mère Alexandra est née de Jean, son père, et d'Angela, sa mère ; Alexandra était à Figline, Jean dans la ville de Montevarchi, et Angela à Florence. Angela écrivit à Jean et Alexandra qu'elle allait bien, et qu'elle serait de retour ces jours-ci. Une fois que l'un et l'autre eurent lu leur lettre, et pendant qu'ils dormaient cette nuit-là, ils virent Angela tous les deux à la même heure. Elle apparut à Alexandra dans le vestibule de la maison, et alors que la fille se félicitait du retour de sa mère, la mère, évitant l'étreinte de sa fille lui dit : « Adieu et veille à ce que les prêtres prient Dieu pour moi ». Quant à Jean, elle lui dit : « Comme je plains ton sort, mon cher Jean ! Adieu et demande que l'on prie Dieu pour moi ». Soudainement réveillés l'un et l'autre par ces visions, ils se mirent à crier à l'idée qu'elle était morte. Ils envoyèrent un courrier à Florence. On leur répondit qu'elle avait quitté cette vie la nuit même.

Cela t'étonne, Corsini, mais écoute ceci qui devrait t'étonner tout autant : ma mère, dès la naissance de son fils, le plaça en nourrice à la campagne ; dix-sept jours plus tard, alors qu'elle faisait la sieste, il lui sembla que son coeur était oppressé par une très grande inquiétude et que sa mère, morte depuis longtemps déjà, la réconfortait en lui disant : « Ne te désole pas, ma fille! ». Le lendemain, des paysans lui racontèrent que son fils avait été étouffé par sa nourrice. J'omets qu'elle vit dans son sommeil que son mari, le médecin Ficin, tomberait de cheval et le lieu où il tomberait. J'omets aussi de nombreux autres exemples singuliers.

Mais il est suffisant, pour le moment, d'avoir raconté ces deux histoires évoquées plus haut. Il semble avant tout qu'elles confirment ces deux points : le premier qu'apparemment les âmes des hommes qui sont séparées d'une certaine manière du corps à cause de la complexion de leur tempérament, de la pureté de leur vie et de leur abstraction, devinent de nombreuses choses parce qu'elles sont divines par nature, et quand elles rentrent en elles-mêmes, manifestent leur divinité [152] ; le second, que les âmes des défunts, dégagées des chaînes des corps, connaissent quelque chose et prennent soin des hommes, ce que chanta Hésiode, et que notre Platon confirma dans les *Lois* [153]. Or ces hommes étaient désignés dans l'Antiquité du nom de Héros.

Adieu.

Modus laudis absque adulatione

Marsilius Ficinus Francisco Castilionensi theologo s. d.

Legi expositiones tuas circa Davidis Prophete mysteria. Cupio exclamare Francisce, sicut Deus Davidem reperit virum secundum cor suum, ita Davidem te virum secundum suum cor reperisse. Sed ubi adulationis suspicamur opinionem, innuere prestat quam explicare.

Saluta Georgium Antonium Vespuccium, virum humanitate doctrinaque insignem.

Vale.

Solitarie vite utilitas

Marsilius Ficinus Gregorio Epiphanio sacerdoti, conphilosopho suo s. d.

Deus unitas stabilis est, et status unicus. Hec a Platonicis nostris, ut te non latet, subtiliter disputantur. Quisquis igitur Deum assequi vult, multitudinem pro viribus motumque devitet. Secedamus ergo, mi Gregori, in unicam stabilemque mentis speculam ; illucescet nobis illic protinus, ut Plato inquit, invisibile lumen.

Verum, ut commodius hoc his temporibus efficere continuareque valeamus, statui tempus aliquod montem Vechium illum mihi a magno Cosmo donatum colere, illic tu mecum eris. Audisti proverbium illud : nullius boni possessionem absque socio iocundam esse. Ego autem nescio quem socium illic his temporibus iocundiorem te possim habere.

Vale, et ad nos vola.

De modestia componendi

Bessarion cardinalis Sabinus Marsilio Ficino Platonico s. d.

Spectate, docteque vir, amice noster. Superioribus litteris elucubratum opus nostrum, et nuper editum, in defensionem Platonis nos ad te missuros promisimus, cum ob ingenium tuum et Platonice doctrine studium eximium, tum ut quid nos ex illo fonte hauserimus, facile perspicias et legas, siquid enim in hac industria nostra vel eloquentie vel bonorum artium cognitionis eluxit ; siquid fuimus, id omne vel nos ab illo accepisse, vel ipsum sibi se defendendo

COMMENT MONTRER QU'ON APPRÉCIE SANS FLATTER [154]

Marsile Ficin à Francesco de Castiglione [155], Théologien, salut.

J'ai lu tes commentaires des mystères du prophète David. Je souhaite dire, Francesco, que comme Dieu trouva en David un homme selon son cœur [156], David a trouvé en toi un homme selon le sien. Mais lorsque nous suspectons une opinion d'être une flatterie, il vaut mieux l'indiquer que la justifier.

Mes salutations à Giorgio Antonio Vespucci [157], un homme remarquable à la fois pour son humanité et sa culture.

Adieu.

DE L'UTILITÉ DE LA VIE SOLITAIRE [158]

Marsile Ficin au prêtre Gregorio Epifanio [159], confrère philosophe, salut.

Dieu est une unité inébranlable, une permanence unique [160]. Ceci, comme tu le sais, est exposé précisément par nos Platoniciens [161]. C'est pourquoi quiconque a la volonté d'atteindre Dieu, évite autant qu'il le peut la foule et l'agitation. Retirons-nous donc, mon Gregorio, dans la seule citadelle inébranlable de l'âme [162] ; là, comme le dit Platon, se met aussitôt à nous éclairer une lumière invisible [163].

Mais pour que nous ayons la force d'accomplir à notre époque et sans interruption cette retraite dans de meilleures conditions, j'ai décidé de loger quelque temps au Monte Vecchio dont le grand Cosme m'a fait don, et tu seras là avec moi [164]. Tu as entendu parler de ce proverbe : « Jouir d'un bien sans ami n'apporte aucune joie » [165]. Or moi je sais que je ne puis avoir ici et ces temps-ci de plus agréable compagnon que toi.

Adieu, et vole jusqu'à nous.

DE LA MODESTIE DE LA COMPOSITION [166]

Bessarion [167], Cardinal de Sabina au Platonicien Marsile Ficin, salut.

Estimé et docte ami, dans nos lettres précédentes, nous avions promis de t'envoyer l'ouvrage que nous avons composé à force de veilles pour la défense de Platon, et qui vient d'être édité, le voici, nous te l'offrons, tant à cause de ton génie et de ton zèle remarquable pour la doctrine platonicienne, que pour que tu puisses facilement voir ce que nous avons puisé à cette source, et lire si, dans ce travail assidu, quelque chose de l'éloquence ou de la connaissance des arts libéraux s'est mis à briller ; si nous y sommes parvenus, nous admettons facilement soit que

suppeditasse facile existimari patimur, et volumus ; quod nonnihil quoque ad illius laudem pertinere videtur, ut suis viribus, sua amplitudine causam pro se dixerit, alieno auxilio non eguerit, voci tantum patroni locum reliquerit ac studio, hunc librum ad te dedimus iis qui curam hic gerunt rerum illarum ex Medicis, quo mittendo cum fidei et promisso nostro omnino, tum studiis tuis atque animo erga Platonem nonnihil satisfactum esse putamus.

Bene vale, et an librum acceperis, nos facies certiores.

Ex Urbe, Idibus Septembris 1469.

De laude platonicorum interpretum

Marsilius Ficinus Florentinus Bessarioni Greco Cardinali Sabino s. d.

Plato noster, venerande pater, cum in *Phedro*, ut te non latet, subtiliter et copiose de pulchritudine disputasset, pulchritudinem animi a Deo, quam sapientiam et aurum appellavit pretiosissimum, postulavit ; aurum hoc Platoni a Deo tributum, Platonico in sinu utpote mundissimo fulgebat clarissime. Verbis autem et litteris licet luculentissimus, mente tamen obscurioribus involutum evasit obscurius, et quasi terreno quodam habitu obsitum, eos homines latuit, qui Linceos oculos non habebant. Quamobrem nonnulli quondam minutiores Philodoxi exteriori gleba decepti, cum non possent ad intima penetrare, latentem thesaurum contemnebant. Verum in Plotini primum, Porphyrii deinde, ac Iamblici, ac denique Proculi, officinam aurum illud iniectum, exquisitissimo ignis examine excussis arenis enituit, usque adeo ut omnem orbem miro splendore repleverit. Tantis utique radiis noctue, sive bubones quidam, ut videtur, offensi, sacrum illum Platonis nostri thesaurum non solum spernere, ut nonnulli quondam, sed, proh nefas, improbare ceperunt, quod multo erat priori errore deterius !

Verum Bessarion Academie lumen, medelam confestim hebetibus et caligatis oculis adhibuit saluberrimam, ut aurum illud non solum mundum sit, et splendidum, verum etiam tractabile manibus oculisque innoxium. Hoc vaticinatus Plato : fore tempus multa post secula, regi Dionysio inquit, quo Theologie mysteria exactissima discussione, velut igne aurum purgarentur. Venerunt, iam venerunt secula illa, Bessarion, quibus et Platonis gaudeat numen et nos omnis eius familia summopere gratulemur.

Vale.

nous avons tout reçu de Platon, soit que lui-même a fourni sa propre défense, et nous affirmons, pour ce qui concerne aussi, semble-t-il, son éloge, qu'il a plaidé sa propre cause ne comptant que sur ses propres forces et avec grandeur de style ; il n'a pas eu besoin du secours d'un autre, il a seulement laissé la place à la voix et au zèle de son avocat – nous t'adressons donc ce livre pour ceux qui, chez les Médicis, se soucient de ces questions, et, par cet envoi, nous entendons d'une part satisfaire à notre parole ainsi qu'à notre promesse et, d'autre part, répondre à tes travaux et à ton amour pour Platon.

Porte-toi bien, et fais-nous savoir si tu as reçu ce livre [168].

Rome, Ides de septembre 1469.

DE L'ÉLOGE DES INTERPRÈTES PLATONICIENS [169]

Marsile Ficin, le Florentin, à Bessarion, le Grec, Cardinal de Sabina, salut.

Notre Platon, vénérable Père, alors que dans le *Phèdre*, comme tu le sais, il avait discuté subtilement et abondamment sur la beauté, demanda à Dieu de lui accorder la beauté de l'âme, qu'il appela la sagesse et l'or le plus précieux [170] ; et Dieu lui attribua cet or qui brillait de toute sa lumière dans le sein de Platon comme s'il eût été le plus pur. Or, bien que dans ses dialogues et ses lettres il fût des plus clairs, cependant, assombri par des individus à l'intelligence obscure, il devint lui-même obscur et recouvert pour ainsi dire d'un habit terrestre, il demeura caché aux hommes qui n'avaient pas les yeux de Lyncée [171]. Aussi, quelques Philodoxes, à l'esprit affaibli, déçus par la gangue extérieure, méprisèrent jadis ce trésor caché dont ils ne pouvaient pénétrer le secret [172]. Mais jeté dans l'officine de Plotin d'abord puis dans celle de Porphyre, de Jamblique, et ensuite de Proclus [173], cet or, soumis à l'épreuve très intense du feu et purifié de ses scories, retrouva son éclat, au point d'emplir la terre entière d'une splendeur étonnante. Mais, semble-t-il, des chouettes et des hiboux, offusqués par de si grands rayons [174], commencèrent non seulement de mépriser ce trésor sacré de Platon, comme certains naguère, mais encore, oh horreur, de le calomnier, ce qui était une erreur beaucoup plus grave que la première !

Mais Bessarion, lumière de l'Académie, appliqua aussitôt sur leurs yeux fatigués et obscurcis le remède le plus salutaire, de sorte que cet or non seulement redevienne pur et éclatant, mais encore palpable pour leurs mains et inoffensif pour leurs yeux. Platon l'avait prédit : après bien des siècles, dit-il au roi Denys, viendrait un temps où les mystères de la Théologie seraient purifiés par une discussion très scrupuleuse, comme l'or l'est par le feu [175]. Ils sont venus, ils sont venus maintenant ces temps, Bessarion, qui réjouissent l'esprit de Platon, et nous, qui sommes toute sa famille, nous nous en félicitons au plus haut point [176].

Adieu.

EXHORTATIO AD SCIENTIAM

Marsilius Ficinus Antonio Pactio s. d.

Laurentius Medices duo in te laudat, pre ceteris magnificentiam et acumen, laudo et ego. Sed, Antoni, magnificentie quidem usu comparare tibi ceteros potes, acuminis autem exercitatione comparare tibi teipsum, si tantum doctrine studueris, quantum liberalitati iamdudum indulges, non dubito brevi te ita omnium doctissimum fore, quemadmodum nunc es magnificentissimus omnium. Age precor, Antoni mi suavissime, commenda te ipsum tibi, sicuti ceteros commendatos habes.

Laurentius noster ait te non modo erga doctos magnificum esse, verum etiam abunde doctum. Credo equidem, atque gratulor. At non prius satis mihi feceris, quam tantum scientia, quantum magnanimitate excellueris ; si tibi eruditissimi quique in primis placent, da operam ut tibi ipse pre ceteris placeas. Quid ergo ? Toto in omnibus plurimum, immo totum valet ; statue, oro, tibi quotidie horas quatuor reliquas, utcunque placet, amicis dona.

Bene vale. Sed visne valere bene ? Bene disce et disce, precor, hodie : qui cras discit, nunquam discit.

VII Novembris 1473.

CONSOLATIO IN ALICUIUS OBITU

Marsilius Ficinus Sismundo Stufe consolationem dicit

Si quisque nostrum id maxime est, quod in nobis est maximum, quod permanet semper idem, quo nos ipsi capimus, certe animus homo ipse est ; corpus autem est hominis umbra. Quisquis igitur usque adeo delirat, ut hominis umbram hominem esse putet, hic miser in lacrimas instar Narcissi resolvitur.

Tunc desines, Sismunde, flere, cum desiveris Alberiam tuam Albitiam in nigra eius umbra querere, atque ceperis eam in alba sui luce sectari. Tunc enim illam tanto reperies pulchriorem quam consueveris, quanto ab umbra deformi remotiorem. Secede in animum tuum, precor : ibi animam illius speciosissimam, tibique charissimam possidebis. Immo ex animo tuo in Deum te recipe : illic ideam pulcherimam, per quam divinus artifex Alberiam tuam creaverat,

EXHORTATION À LA SCIENCE [177]

Marsile Ficin à Antonio de Pazzi [178].

Laurent de Médicis apprécie en toi deux qualités avant tout : la grandeur d'âme et une intelligence pénétrante, et moi aussi, je les apprécie. Tu peux, certes, Antonio, comparer les autres à toi dans la pratique de la grandeur d'âme, mais dans l'exercice de ton intelligence tu peux seulement te comparer à toi-même ; si tu étudies autant la science que tu t'adonnes depuis longtemps à la générosité, je ne doute pas que d'ici peu, tu seras le plus savant de tous, tout à fait comme tu es aujourd'hui le plus magnanime de tous. Allons !, je t'en prie, mon si aimable Antonio, recommande-toi à toi-même, comme tu sais recommander autrui [179].

Notre Laurent dit que non seulement tu es généreux avec les doctes, mais que tu es aussi très savant toi-même. Je le crois en vérité, et je m'en félicite. Mais tu ne me satisfera pas tant que tu n'excelleras pas autant par ta science que par ta grandeur d'âme ; si les hommes les plus érudits te plaisent par-dessus tout, veille toutefois à ce que toi-même tu te plaises à toi-même avant tous les autres. Quoi donc ? En toutes choses, le tout vaut beaucoup mieux, mieux, il vaut tout ; je te supplie de te réserver chaque jour quatre heures pour toi-même [180].

Porte-toi bien, mais veux-tu te bien porter ? Étudie bien, étudie je t'en prie dès aujourd'hui : qui étudie demain n'étudie jamais.

7 novembre 1473.

CONSOLATION POUR LA MORT DE QUELQU'UN [181]

Marsile Ficin adresse une lettre de consolation à Sigismondo Stufa [182].

Si quelqu'un d'entre nous est très grandement cela qui est en nous le plus grand, qui demeure toujours identique et par quoi nous nous comprenons nous-mêmes, assurément c'est l'esprit qui est l'homme lui-même ; le corps au contraire est l'ombre de l'homme [183]. Quelqu'un donc qui délire au point de penser que l'ombre de l'homme est l'homme, celui-là, misérable, se répand en larmes à l'instar de Narcisse [184].

Alors, tu cesseras, Sigismondo, de pleurer lorsque tu auras renoncé à rechercher ton albe Albitia dans son ombre noire, et que tu auras commencé à la poursuivre dans la blanche lumière. Alors, selon ton habitude, tu la trouveras effectivement d'autant plus belle, qu'elle sera plus éloignée de son ombre déformée. Retire-toi, je t'en supplie, en ton âme : là, tu posséderas son âme la plus belle et la plus chère à tes yeux. Ou mieux, à partir de ton âme, fais retraite en Dieu [185] : là, tu contempleras la plus belle idée par laquelle l'artiste divin a créé ton

contemplabere. Et quanto formosior illa in opificis forma est quam in seipsa, tanto eam ibi beatius amplecteris.

Vale.

Primo Augusti 1473.
Florentie.

LAUS VERITATIS

Marsilius Ficinus Angelo Politiano poete Homerico s. d.

Circumferuntur, ut ais, epistole quedam meo nomine quasi Aristippice, et quadam ex patre Lucretiane, potius quam Platonice. Si mee sunt, Angele, non sunt tales ; si tales sunt, non mee ille quidem, sed a detractoribus meis conficte. Ego enim a teneris annis divinum Platonem, quod nullus ignorat, sectatus sum. Sed facile hoc signo scripta nostra discernes ab alienis : in epistolis meis sententia quedam semper pro ingenii viribus, aut moralis, aut naturalis est, aut theologica. Quod si quid interdum quodammodo amatorium inest, Platonicum illud quidem et honestum, non Aristippicum et lascivum. Laudes autem vere et tales ut exhortentur atque admoneant, non adulentur ; verba pene nulla superflua : statui enim ab initio studiorum meorum semper quam brevissime possem scribere ; nam in tanta temporis brevitate loqui superflua, philologi est potius quam Philosophi. Et cum paucissimi sint, quibus multa sint nota, sepe qui multa loquuntur, aut falsa aut superflua loquuntur, aut utraque. Omnia hec a viri dignitate aliena, a Philosophi professione alienissima.

Vale.

QUANTUM UTILE SIT ALERE DOCTOS

Marsilius Ficinus Laurentio Medici viro magnanimo s. d.

Divites alii ferme omnes, ministros nutriunt, tu sacerdotes Musarum nutris. Perge, precor, mi Laurenti : nam illi voluptatum servi evadent, tu vero Musarum delitie. Summus Musarum sacerdos Homerus in Italiam te duce venit, et qui hactenus circumvagus et mendicus fuit, tandem apud te dulce hospitium apertum reperit. Nutris domi Homericum illum adolescentem Angelum Politianum,

Albitia. Et plus elle est belle dans la forme que lui a donnée l'ouvrier qui est plus belle que dans la sienne propre, plus tu embrasseras là cette forme joyeusement.

Adieu.

1er Août 1473.
Florence.

Éloge de la vérité [186]

Marsile Ficin à Ange Politien [187], Poète homérique, salut.

Sont en circulation, comme tu le dis, certaines lettres signées de mon nom qui sont écrites dans le style d'Aristippe, et pour une certaine part de Lucrèce, plutôt que dans celui de Platon. Si elles sont de moi, Ange, elles ne sauraient être telles ; et si elles sont telles, elles ne sont pas de moi, mais forgées de toutes pièces par mes détracteurs. En effet, ce que nul n'ignore, j'ai suivi le divin Platon depuis ma tendre jeunesse [188]. Mais il te sera facile de distinguer mes propres écrits des autres par ce moyen : dans mes lettres, autant que me le permettent les forces de mon esprit, il y a toujours une sentence concernant la morale, la philosophie naturelle ou la théologie. À ce propos, s'il y a parfois, d'une manière ou d'une autre, une sentence relative à l'amour, elle est dans l'esprit de Platon et honnête, et non dans celui d'Aristippe et lascive. Les éloges y sont sincères et tels qu'ils soient en mesure d'exhorter ou d'avertir, et non de flatter ; presqu'aucun mot n'est superflu : car j'ai décidé, dès le début de mes études, d'écrire toujours aussi brièvement que possible ; quant à dire des choses inutiles en une telle brièveté de temps, c'est l'affaire du philologue plus que celle du Philosophe. Et comme sont très peu nombreux ceux qui savent beaucoup de choses, souvent ceux qui parlent d'abondance parlent de choses fausses, ou superflues, voire des deux à la fois. Tout cela est étranger à la dignité de l'homme, et très éloigné de la profession de Philosophe.

Adieu.

Combien il est utile de soutenir les doctes [189]

Marsile Ficin à Laurent de Médicis [190], homme magnanime, salut.

Presque tous les hommes riches entretiennent les serviteurs des Muses, toi ce sont leurs prêtres que tu nourris. Continue, je t'en prie, mon Laurent : car ceux-là finiront par devenir des esclaves des plaisirs, tandis que toi tu deviendras le délice des Muses. C'est sous ton patronage qu'Homère, le plus grand prêtre des Muses, vint en Italie, et celui qui était jusqu'alors un vagabond et un mendiant a fini par trouver chez toi la douceur et l'accueil d'un séjour hospitalier. Tu nourris dans ta maison ce jeune érudit homérique : Ange Politien, pour qu'il représente

qui Grecam Homeri personam Latinis coloribus exprimat. Exprimit iam, atque id quod mirum est, in tam tenera etate exprimit, ut nisi quis Grecum fuisse Homerum noverit, dubitaturus sit, e duobus uter naturalis sit, et uter pictus Homerus.

Delectare iis pictoribus, Medices, ut cepisti : nam ceteri pictores parietes ad tempus ornant, hi vero in evum habitatores illustrant.

Vale.

LAUS OPIFICIS NON A VERBIS SED AB OPERE

Marsilius Ficinus Laurentio et Iuliano Medicibus s. d.

Accipite leto animo, Medices, Naldi Florentini poema, et Benedicti Coluccii Pistoriensis *Declamationes*. Alter est Phebi delitie, alter Mercurii comes. Non libet eos parce laudare, cum videantur supra modum esse laudandi. Non licet eos mihi laudare multum, ne laudatores laudando meos, meipsum extollere videar. Tacebo igitur ego horum pictorum virtutes ; inspicite ipsi tabulas diligenter : picture loquentur. Cum loquitur pictor, loquitur male ; cum pictura loquitur, bene loquitur. Vanus est opifex qui ab alio magis quam ab ipso opere expectat honorem, non pendet operis virtus ex iudice, sed opus iudici commendat artificem.

Valete.

DE VIRTUTIBUS CIVILIBUS, PURGATORIIS, PURGATI ANIMI, EXEMPLARIBUS

Marsilius Ficinus Francisco Lapaccino et Megliori Crescio s. d.

Illi Deum querunt rectissimo calle, qui primo per civiles virtutes affectus anime nimium luxuriantes aliquantum amputant. Demum per virtutes purgatorias eos pene ad vivum usque resecant. Tertio loco per virtutes animi iam purgati pro viribus radicitus illos extirpant. Quibus quantum homini possibilem esse eradicatis, denique virtutibus exemplaribus, que sunt in Deo, formantur : nam tria illa virtutum genera gradus quidam sunt, quibus paulatim ad divinas virtutes accedimus. Omnis autem naturalis motus finem suum aliquando potest attingere, et omnis preparatio, que naturaliter ordinatur ad formam, formam ipsam aliquando consequi potest.

la personnalité grecque d'Homère avec des couleurs latines. Or il l'a déjà fait et, ce qui est admirable à un âge si tendre, il la représente de telle manière que, à moins de savoir qu'Homère était grec, l'on hésiterait à dire lequel des deux est le véritable Homère, lequel le tableau peint.

Continue à charmer de tels peintres, Médicis : car les autres peintres ornent les murs pour un temps, mais ceux-là rendent leurs habitants illustres pour toujours.

Adieu.

L'ÉLOGE D'UN ARTISTE NE PORTE PAS SUR CE QU'IL DIT, MAIS SUR SES ŒUVRES [191]

Marsile Ficin à Laurent et Julien Médicis, salut.

Recevez d'un coeur joyeux, chers Médicis, ce poème du Florentin Naldo [192] et les discours de Benedetto Colucci de Pistoia [193]. L'un est le bien-aimé de Phébus, l'autre le compagnon de Mercure [194]. Il ne me plaît pas de les louer modérément, parce qu'ils semblent devoir être loués au-delà de la mesure. Cependant il ne me convient pas de les louer beaucoup, afin que je ne semble pas me vanter moi-même en faisant l'éloge de mes laudateurs. Donc je tairai, quant à moi, les vertus de ces peintres ; observez vous-mêmes avec soin leurs tableaux : les peintures parleront d'elles-mêmes [195] ; quand un peintre parle, il le fait mal, mais quand une peinture parle, elle parle bien. Vain est cet artiste qui attend les honneurs d'un autre plutôt que de son oeuvre elle-même, car la valeur d'une oeuvre ne dépend pas de celui qui la juge mais c'est l'oeuvre qui recommande l'artiste au juge.

Adieu.

DES VERTUS CIVILES ET PURGATOIRES ; MODÈLES D'ÂME PURIFIÉE [196]

Marsile Ficin à Francesco Lapaccini [197] et Migliore Cresci [198], salut.

Ces hommes recherchent Dieu par le sentier le plus direct qui commencent, au moyen des vertus civiles [199], par supprimer les passions beaucoup trop excessives de l'âme. Alors seulement ils les retranchent presque jusqu'au vif, au moyen des vertus purgatoires [200]. En troisième lieu, au moyen des vertus civiles autant que purgatoires, ils les extirpent, dans la mesure de leurs forces, jusqu'à la racine. Une fois celles-ci éradiquées, autant qu'il est humainement possible, ces hommes sont formés selon les modèles de vertus qui sont en Dieu : ces trois genres de vertus sont des degrés, par lesquels nous accédons peu à peu jusqu'aux vertus divines [201]. Tout mouvement naturel peut en vérité atteindre un jour sa fin, et tout ce qui prépare à la forme et qui est organisé par la nature peut un jour acquérir cette forme [202].

DE SAPIENTE ET FELICE VIRO

Marsilius Ficinus Antonio Seraphico conphilosopho suo Miniatensi s. d.

Virum sapientem felicemque eum puto, qui, cum ex solo pendeat Deo, in mediis calamitatibus vivit letus. Quem nec metus exanimat, nec dolor excruciat, neque voluptas corrumpit, neque libido inflammat. Qui inter densissimas spinas molles speciososque flores legit, qui ex stercore margaritas eruit atque effodit, qui in profundis videt tenebris, qui compedibus gravatus, et vinculis circunstrictus veluti liber solutusque percurrit, quem denique spiritus celestis afflaverit.

Imitare igitur, ut cepisti, Pythagoram, et Socratem, et Platonem, qui non minus agendo quam disputando invita etiam fortuna philosophabantur. Philosophiam, quam multi lingua, ipsi pectore toto colebant. Frustra sapit, Seraphice, qui non sibi ipse sapit.

Vale et in tuis moribus persevera.

BONA SCRIBERE PRESTAT QUAM MULTA

Marsilius Ficinus Angelo Politiano poete Homerico s. d.

Quid totiens queris librorum meorum titulos, Angele ? An forte ut tuis me carminibus laudes ? At non in numero, sed in electione laus ; non in quantitate, sed in qualitate bonum. An potius ut mea apud te habeas omnia ? Quoniam amicorum omnia communia sint, utcunque sit, accipe quod petieras.

E Greca lingua in Latinam transtuli Proculi Platonici *Physica* et *Theologica elementa*, Iamblici Calcidei libros *De secta Pythagorica* quatuor, Theonis Smyrnei *Mathematica*, *Platonicas* Speusippi *Definitiones*, Alcinoi *Epitome Platonicum*, Xenocratis librum *De mortis consolatione*, *Carmina Symbola*que Pythagore, Mercurii Trismegisti librum *De potentia et sapientia Dei*, Platonis libros omnes.

Composui autem Commentarium in Evangelia, Commentarium in *Phedrum* Platonis, Commentarium in Platonis *Philebum de Summo Bono*, Commentarium in Platonis *Convivium de Amore*.

De l'homme sage et heureux [203]

Marsile Ficin à Antonio Serafico [204], confrère philosophe de San Miniato, salut.

Je considère sage et heureux l'homme qui vit joyeux au milieu des calamités, parce qu'il ne dépend que de Dieu seul. Celui que la crainte ne suffoque pas, que la douleur ne torture pas, que le désir ne corrompt pas, que la passion n'enflamme pas. Celui qui, parmi les épines les plus serrées cueille de délicates et magnifiques fleurs, celui qui du fumier extrait et déterre des perles [205], celui qui voit dans de profondes ténèbres, celui dont les pieds sont lourdement entravés de fers et entourés de chaînes, mais qui poursuit sa course comme s'il était libre et sans entrave, et celui sur qui enfin souffle l'esprit céleste.

Imite donc, comme tu as commencé de le faire, Pythagore, Socrate et Platon qui philosophaient par l'action non moins que par la discussion, même lorsque la fortune leur était contraire [206]. Eux-mêmes ont pratiqué de tout leur cœur la philosophie que beaucoup ne cultivaient qu'en paroles. Vaine est la saveur de son savoir, Serafico, pour celui qui ne sait pas pour lui-même [207].

Adieu, et persévère dans tes manières d'être.

Mieux vaut écrire de bons textes plutôt que des textes abondants [208]

Marsile Ficin au Poète homérique Ange Politien, salut.

Pourquoi me demandes-tu si souvent les titres de mes livres, Ange ? Peut-être afin de faire mon éloge dans tes poésies ? Un éloge non du nombre, mais du choix, car le bien ne réside pas dans la quantité, mais dans la qualité. Ou bien est-ce afin que tu aies auprès de toi tout ce qui est mien ? Quoi qu'il en soit, puisqu'entre amis l'on partage tout, reçois ce que tu avais réclamé.

Du grec j'ai traduit en latin la *Physique* [209] et les *Éléments de Théologie* du platonicien Proclus, les quatre livres sur la secte pythagoricienne de Jamblique de Chalcis [210], les *Mathématiques* de Théon de Smyrne [211], les *Définitions platoniciennes* de Speusippe [212], l'*Épitomé du platonisme* d'Alcinoos [213], le livre de Xénocrate sur la *Consolation de la mort* [214], les *Vers* et les *Symboles* de Pythagore [215], le *De la puissance et de la sagesse de Dieu* d'Hermès Trismégiste [216], et toute l'œuvre de Platon [217].

J'ai composé d'autre part un *Commentaire sur les Évangiles*, un commentaire du *Phèdre* de Platon [218], du *Philèbe* sur le Souverain bien [219], un commentaire du *Banquet* de Platon sur l'Amour [220].

Composui Physiognomiam, Declarationes Platonice discipline ad Christophorum Landinum (quas postea emendavi), Compendium de opinionibus philosophorum circa Deum et animam, Economica, De voluptate, De quatuor philosophorum sectis, De Magnificentia, De felicitate, De Iustitia, De Furore divino, De Consolatione parentum in obitu filii, De Appetitu, Orationem ad Deum theologicam, Dialogum inter Deum et Animam theologicum, Theologiam de immortalitate Animorum in libros octo decemque divisam, opus De christiana religione, Disputationes contra Astrologorum iudicia, De Raptu Pauli in tertium celum, De Lumine, Argumentum in Platonicam theologiam, De Vita et doctrina Platonis, De Mente questiones quinque, philosophicum Epistolorum volumen.

Utinam, Angele, tam bene quam multum scripserimus, ut tantum ceteris nostra placeant, quantum ego tibi tuque mihi !

Vale.

EXHORTATIO AD SCIENTIAM

Marsilius Ficinus Nicholao Albitio s. d.

Audisti proverbium illud, mi Nicholae, nihil lucro dulcius. At quis hominum lucratur ? Qui quod suum futurum est, adipiscitur : nostrum est quod scimus, cetera vero fortune. Invideant homunculi divitibus, quorum arca dives est, non animus. Tu emulare doctos bonosque viros, quorum mens Deo similis.

Condiscipulos tuos admone, ut Scyllam caveant et Caribdim, voluptatum videlicet illecebras pestiferamque mentis inflammationem opinantis potius quam scientis. Meminerint eam sibi quandoque summam voluptatem fore, que in summa animi parte, ex summo veritatis ipsius thesauro tunc demum percipietur, cum inanium voluptatum umbras scientie gratia posthabuerint. Scientie arbor, etsi radices aliquantulum amaras habere videtur, fructus tamen profert quam suavissimos. Meminerint preterea nunquam nimis fieri quod nunquam satis fit. Nondum satis didicit, qui adhuc quicquam dubitat ; dubitat autem quam diu vivimus. Tandiu igitur discendum nobis est, quandiu vivendum. Imitandus est sapiens ille Solon, qui etiam moriens discere aliquid nitebatur, utpote qui veritatis pabulo alebatur, et cui mori nihil erat aliud quam reviviscere. Non potest mori unquam, qui immortali vescitur alimonia. Tunc primum appellatus fuit ab Apolline Socrates sapientissimus omnium, cum primum vulgo predicare cepit

J'ai composé enfin une Physiognomie, et des Principes de la discipline platonicienne pour Cristoforo Landino, que j'ai ensuite retouchés, un compendium sur Les Opinions des philosophes à propos de Dieu et de l'Âme [221], une Économie, Du Plaisir [222], Des quatre écoles des Philosophes [223], De la Magnanimité [224], De la Félicité [225], De la Justice [226], De la Fureur divine [227], une Consolation pour des parents à la mort d'un fils [228], Du Désir [229], Oraison théologique à Dieu [230], Dialogue théologique entre l'Âme et Dieu [231], Théologie de l'immortalité des Âmes en dix-huit livres [232], une œuvre sur La religion Chrétienne [233], des Arguments contre les opinions des Astrologues [234], Du Ravissement de Paul au troisième ciel [235], De la lumière [236], L'Argument pour la théologie platonicienne [237], La Vie et la doctrine de Platon [238], Les cinq questions à propos de l'Esprit [239] et un volume de lettres philosophiques [240].

Puissions-nous, Ange, avoir écrit des œuvres dont le nombre ne nuit pas à la qualité, de sorte que nos textes plaisent autant aux autres que je te plais, et que tu me plais !

Adieu.

EXHORTATION À LA SCIENCE [241]

Marsile Ficin à Niccolao degli Albizzi, salut.

Tu as entendu ce proverbe, mon cher Niccolao : rien n'est plus doux que le profit. Mais quel homme acquiert du profit ? Celui qui obtient ce qui lui appartiendra : nous savons ce qui est nôtre, mais tout le reste relève de la fortune [242]. Que les petits hommes envient les opulents, ceux dont le coffre est riche, et non l'esprit. Toi, sois l'émule des hommes doctes et bons dont l'intelligence est semblable à Dieu.

Admoneste tes condisciples de prendre garde à Scylla et à Carybde, à savoir aux séductions de la volupté et à l'enflammement funeste de l'intelligence qui concernent davantage l'homme d'opinion que l'homme de science [243]. Qu'ils se souviennent qu'un jour le souverain plaisir ce sera celui qui se perçoit seulement dans la partie souveraine de l'esprit, à partir du trésor souverain de la vérité elle-même, lorsqu'ils auront estimé moindres les ombres des plaisirs inanes à la lumière de la science. L'arbre de la science, même s'il paraît posséder des racines un peu amères [244], donne néanmoins des fruits ô combien suaves. Qu'ils se souviennent en outre qu'il n'y aura jamais trop de fruits, parce qu'il n'y en a jamais assez. En effet, il n'a pas encore suffisamment appris celui qui doute encore de quelque chose, mais l'on doute aussi longtemps qu'on vit. Donc il nous faut apprendre aussi longtemps qu'il nous faut vivre [245]. Il nous faut imiter le sage Solon qui, même en mourant, s'efforçait d'apprendre quelque chose, comme il sied à un homme qui s'était nourri de l'aliment de la vérité, et pour qui mourir n'était rien d'autre que revivre [246]. Jamais il ne saurait mourir celui qui s'est régalé d'une nourriture immortelle. Dès le moment où Socrate commença de proclamer

se nihil scire. Mandavit discipulis suis Pythagoras, ut se in speculo non ad lucerne sed ad Solis lumen specularentur. Quid est autem scintilla lucerne, nisi parum adhuc eruditus animus ? Quid solis lumen, nisi mens queque eruditissima ? Cum ergo quis animi sui figuram appetit speculari, non cum indoctis se ipsum, immo cum doctissimis conferat : sic enim clarius discernet, quantum lucratus fuerit, quantumve supersit. In pascendo animo lurcones avarosque imitari debemus, qui semper ad id quod reliqui superest animum intendunt.

Quid plura ? Vite Magister ait non esse aratorem illum premio dignum, qui retro sese vertit. Audisti et illam ob hoc ipsum ex vivente in statuam fuisse conversam. Audisti rursus Orpheum tunc Eurydicem, hoc est profunditatem iudicii, amisisse, cum retro respexit. Iners et vanus est venator, qui regreditur non progreditur.

Vale.

INVITATIO AD SCRIBENDUM

Laurentius Medices Marsilio Ficino Platonico s. d.

Cum isthinc huc, iocundissime Marsili, me reciperem, tecum verbis egi, atque impetravi, ne absentes diutius litteras tuas desideraremus. Quod quidem facturum te recepisti ; verum, cum quatuor iam post discessum dies preterierint, neque adhuc tue littere perferantur, cum aliorum tamen familiarum et necessariorum nostrorum plereque perlate ad nos fuerint, tuam in scribendo tarditatem et miror, et doleo. Nam sane existimabam, si par in ambobus benivolentia vigeret, par scribendi studium, quod amoris officium est, non defuturum. Cepi egomet primum excusationem tuam mecum agere, mihique ipsi tuo nomine dicebam : « Philosophie forsitan studia, que totum atque integrum hominem exigunt, in causa sunt, cur ad nos Marsiliane littere non perferuntur ». Faciebatque incredibilis prope noster amor, ut honestissimam omnium de te apud nos excusationem facerem. Que quidem excusatio ita apud me valuit, ut paucarum horarum expectatio difficilis admodum non videretur.

Cum vero que ego horis metienda ducebam, pluribus diebus metiri me oportere perspexerim, nullus iam patuit excusationi locus, atque ego, qui defensionis tue curam susceperam, cepi toto animo cogitare quibus te modis, cum plures in mentem venirent, accusarem. Totque offensionum in te genera invenio, ut, si Demosthenem et Ciceronem nostrum cause tue patronos nactus sis, reum

publiquement qu'il ne savait rien, Apollon l'appela le plus sage de tous les sages [247]. Pythagore recommanda à ses disciples qu'ils s'observassent eux-mêmes dans le miroir, non pas à la lumière d'une lampe, mais à la lumière du Soleil [248]. Or qu'est-ce que l'étincelle de la lampe, si ce n'est l'esprit encore insuffisamment instruit ? Qu'est-ce que la lumière du Soleil, si ce n'est l'intelligence la plus instruite ? Donc, lorsqu'on désire observer l'image de son propre esprit, qu'on le compare lui-même non pas aux incultes mais, au contraire, aux plus instruits : ainsi l'on discernera plus clairement combien il y aura de profit et combien de surplus. Dans la nourriture de l'esprit, nous devons imiter les gloutons et les cupides, qui toujours tendent leur esprit vers ce qui reste.

Que rajouter ? Le Maître de Vie dit « Celui qui, après avoir mis la main à la charrue, regarde en arrière, est impropre au royaume de Dieu » [249]. Tu as aussi entendu parler de cette femme qui, parce qu'elle s'était retournée, fut changée en statue [250]. Tu as entendu, derechef, que lorsqu'Orphée se tourna en arrière il perdit Eurydice, à savoir la profondeur de son jugement [251]. Inactif et inutile est le veneur qui régresse au lieu de progresser. Adieu.

INVITATION À L'ÉCRITURE [252]

Laurent de Médicis au Philosophe Platonicien Marsile Ficin, salut.

Alors que je faisais retraite loin d'ici, très aimable Marsile, je t'ai harcelé par mes discours – et j'ai obtenu satisfaction – afin que, durant mon absence, tu ne me fasses attendre trop longtemps tes lettres. Ce que, il est vrai, tu as promis de faire ; pourtant, comme quatre jours ont déjà passé depuis notre séparation et qu'aucune lettre de toi ne m'est encore arrivée, alors que de nombreuses lettres d'autres amis familiers et intimes me sont cependant parvenues, je m'étonne et me désole à la fois de ce que tu tardes à m'écrire. Je croyais vraiment que si la bonne volonté était d'une égale force en nous deux, notre empressement à nous écrire, qui est un devoir d'amour, ne manquerait pas d'être égal. J'ai moi-même commencé tout d'abord par te fournir une excuse, me disant à moi-même en ton nom : « peut-être les études de Philosophie, qui réclament l'homme tout entier, sont-elles la raison pour laquelle les lettres de Marsile ne nous sont pas parvenues ». Et mon amour presque incroyable me poussait à me faire à moi-même, de ta part, la plus honnête de toutes les excuses. Et cette excuse avait à mes yeux tant de valeur qu'une attente de quelques heures encore ne me semblait pas difficile du tout.

Mais comme il m'apparut clairement que ce que je pensais devoir mesurer en heures, il me fallait le mesurer en de nombreux jours, dès lors il ne resta aucune place pour une excuse ; et moi qui avais entrepris de te défendre, je me mis de toute mon âme à réfléchir aux moyens, puisque j'en avais plusieurs me venant à l'esprit, de t'accuser. Je trouve tant de sortes d'offenses contre toi que même si Démosthène et notre propre Cicéron t'étaient acquis pour défendre ta cause, je suis certain que tu serais condamné malgré tout. Si tu ne te repens pas de ce geste

tamen futurum te pro certo habeam. Quod si te facti non penitet – neque enim aliud penitentie signum quam tuas litteras desidero –, scito te communis amoris nostri iudicium subiturum : nam coram huiusmodi iudice causam agere lubet, quo aut aequiorem, aut iustiorem, aut qui verior animi nostri testis esse possit, nullum invenimus. Is tibi trium tantum dierum spatium ad scribendum tribuit, quibus preteritis, te, nisi scripseris, reum futurum pollicetur.

Sed dices tu : « Quid ad Laurentium scribam ? Nihil habeo de Republica, nihil de rebus domesticis » ; neutrum abs te expecto, cum utrunque in te ipso neglexeris, scio te non magis de alienis, quam de propriis curiosum esse. Quid igitur scribendum tibi est ? Quecunque in mentem veniunt. Nihil ex te proficiscitur non bonum, nihil cogitas non rectum : nihil itaque scribi a te postest non nobis utile, non iocundum. Quodque facit ut tuas supra modum litteras desiderem illud est, quod in tuis litteris ita lepos cum gravitate immixtus perspicitur, ut, si lepide, considerentur, omnia leporis plena, si graviter, ita gravia videantur, ut nihil supra.

Quapropter, cum primum tibi scribendi facultas datur, diutius rogo ne differas neque patiare tandiu nos frustra litteras tuas desiderare.

Vale.

Pisis.

GRATIARUM ACTIO

Marsilius Ficinus Laurentio Medici viro magnanimo s. d.

Multa abs te quondam et magna accepi beneficia, Laurenti, nuper vero maximum atque gratissimum, videlicet divi Christophori templum ; sed cur nondum tibi gratias egi ? Quia noveram non mihi, sed tibi illud fuisse collatum. Quicquid enim hac in re factum est, per te est et tui gratia factum. Suspicabar igitur hactenus, nescio quomodo, ne forte tu solus rei huius possessionem aditurus esses, tibi tota soli tradita fuerat. Postquam vero Pisas abisti, cognovi statim quod tibi unico a Reneriis datum fuerat, mihi abs te nunc esse concessum. Ergo nunc primum tibi gratias ago. Ô quantas ? Non quantas Marsilius capit, pusillus homo, sed quantas vir grandior Laurentius. Immo quantas ingentissimus Gigas ille divus Christophorus, tanto ferme Atlante grandior, quanto qui celum capit amplior est quam celum. Nempe Atlas celum, Christophorus celi fabrum

–et je n'attends point d'autre signe de repentance que tes lettres–, sache que tu vas t'exposer à la sentence du tribunal de notre amour mutuel : car il est bon que le procès soit traité de cette manière, en présence d'un juge. Et pour cela, nous ne trouvons personne plus équitable ou plus juste et qui puisse être un témoin plus sincère que notre propre esprit. Ce juge t'accorde un délai de trois jours seulement pour m'écrire, si tu outrepasses ce temps, à moins que tu n'aies écrit, il promet que tu seras condamné.

Mais, diras-tu : « que puis-je écrire à Laurent ? Je n'ai rien à dire à propos de la République, ou des affaires domestiques » ; je n'attends de toi ni l'un ni l'autre puisqu'au fond de toi-même tu ne te soucies ni de l'un ni de l'autre, je sais que tu n'es pas plus curieux des affaires d'autrui que des tiennes propres. Alors que dois-tu donc écrire ? Tout ce qui te vient à l'esprit. Tout ce qui vient de toi est bon, tout ce que tu penses est juste : c'est pourquoi tout ce qui est écrit de ta main peut m'être profitable et agréable. Et ce qui fait que je désire au-delà de la mesure recevoir tes lettres, c'est qu'en elles le charme est si manifestement associé à la gravité [253] que si on les considère avec charme, toutes semblent pleines de charme, et toutes plus graves qu'aucune autre si on les considère gravement.

Aussi, dès que te sera offerte la possibilité d'écrire, je te demande de ne pas différer plus longtemps et de ne pas me faire attendre si longtemps tes lettres.

Adieu.

Pise.

REMERCIEMENTS [254]

Marsile Ficin à Laurent de Médicis, homme magnanime, salut.

J'ai par le passé reçu de toi, Laurent, de nombreuses et grandes faveurs, mais la dernière est la plus grande et la plus généreuse : l'église de Saint Christophe [255] ; mais pourquoi ne t'ai-je pas encore remercié ? Parce que j'avais reconnu que ce n'était pas à moi, mais à toi qu'elle avait été confiée. Car tout ce qui fut réalisé là, le fut pour toi et par gratitude envers toi. Je me doutais donc jusqu'ici, je ne sais comment, que peut-être toi-même allais seul en avoir la jouissance, puisque c'était à toi seul que tout cela avait été confié. Mais après ton départ pour Pise, je compris aussitôt que ce qui avait été offert par Rinieri à toi seul, m'a été accordé aujourd'hui par toi-même. Et donc, maintenant, pour la première fois, je te remercie. Ô combien de remerciements ? Non pas autant qu'en peut recevoir Marsile, homme de peu, mais autant qu'en reçoit Laurent qui est un plus grand homme. Mieux, autant qu'en peuvent recevoir le Géant le plus gigantesque et ce divin Christophe qui est presque plus grand qu'Atlas, autant que celui qui embrasse le ciel est plus vaste que le ciel. On dit, n'est-ce pas ? qu'Atlas a porté le ciel sur ses épaules, et Christophe l'artisan du ciel sur les siennes.

dicitur humeris sustinuisse. Diurnis preterea nocturnisque precibus celestem hunc oro Gigantem, ut patronum meum inter varios civilium negotiorum fluctus iisdem sustineat humeris, quibus patronum suum per maria sustulit.

Vale.

XIII Ianuarii 1473, Florentie.

AMATORIA

Laurentius Medices Marsilio Ficino Platonico s. d.

Credo iam, doctissime Marsili, veram illam esse Plotini (si recte memini) de anima sententiam, que a te in *Theologie* libro posita est, animas scilicet nostras eodem tempore ubique esse. Nam quod compluribus in eo libro rationibus probatur, nunc re ipsa clarius constat, vix enim aliam ad te epistolam obsignaveram, cum reddite mihi sunt optatissime littere tue, eius suavitatis plene, que faciebat ut a me mirifice desiderarentur. Credo equidem absentem te, et legisse nostras litteras, et accusationem tarditatis in scribendo tue isthinc perspexisse, qua monitus diutius ad nos dare litteras non distuleris. Verum quicquid sit, iam non lubet litterarum causas inquirere, satis est eas me litteras accepisse, quibus nihil mihi aut gratius aut iocundius est. Video, quod et ante mihi constabat, nihil a te temere agi ; nam diuturnior expectatio suaviorem ipsam quodammodo suavitatem fecit, ut etiam valde sitientibus evenire solet.

Legens ego tuam epistolam nihil reperio non Marsilianum, si gratiarum ille actiones ex litteris demantur. Non enim hoc gratiarum genus convenire videtur aut amicitie nostre aut ei viro, qui se ita mihi totum tradiderit, ut nihil sibi reliquerit suum. Non si tu ea magnitudine corporis esses, qua divus ille, quem ais, Christophorus pingitur, aliquid tibi superest non meum. Sic tu semel voluisti, sic tibi quondam placuit. Ego vero tam nobile munus et accepi libenti animo, et accepto gaudeo mihique ipsi gratulator. Iam igitur non Marsilii es, sed Laurentii tui, non minus tui, quam tu ipsius. Qua in re, si teipsum tibi reddi vis, scito id ea conditione futurum, ut nullam de te habere possis rationem quin aeque de me ipso eodem tempore habiturus sis. Quos enim immortalis Deus coniunxit, homo non separet. Tu igitur, ut ad gratias redeam, nolim amplius hoc scribendi genere mecum utare. Si enim gratie, quas agis, tue non sunt, nihil omnino nobis tribuis ; si tue, scito superioribus rationibus tecum iampridem te mihi omnia tua tradidisse.

Vale et te ipsum ama, quod si feceris, me quoque amabis. Ita enim non vulgaris noster amor exigit, quod te non latere existimo, cum in eo libro quem

Je prie désormais jour et nuit ce Géant céleste de porter mon protecteur, au milieu des tumultes changeants des affaires civiles, sur ces mêmes épaules, sur lesquelles il porta son propre protecteur à travers les eaux.

Adieu.

13 janvier 1473.

CHOSES QUI CONCERNENT L'AMOUR [256]

Laurent de Médicis au Platonicien Marsile Ficin, salut.

À présent, très sage Marsile, je crois qu'est vraie la sentence de Plotin [257] (si je m'en souviens bien), à propos de l'âme que tu as citée dans ton livre de Théologie, selon laquelle les âmes, les nôtres sans doute, sont partout en même temps [258]. En effet, ce qui a été démontré dans ce livre au moyen d'assez nombreux arguments, est établi plus clairement dans la réalité, car à peine avais-je cacheté une nouvelle lettre pour toi que m'était transmise ta lettre tant attendue, pleine de cette douceur qui me faisait la désirer de façon si étonnante. Je crois que, durant ton absence, tu as lu ma lettre et noté le reproche que je te faisais de tarder dans l'écriture ; averti, tu ne différas pas plus longtemps de me répondre. Quelle que soit la vérité, il ne me plaît pas de chercher les motifs de ta lettre, il me suffit de l'avoir reçue, car rien ne m'est plus agréable et plus charmant. Je vois ce que j'avais aussi constaté auparavant, que tu ne fais rien au hasard ; en effet l'attente prolongée a rendu en quelque manière la douceur elle-même plus douce, comme cela arrive à l'accoutumée à ceux qui ont vraiment soif.

Lisant ta lettre, je ne trouve rien qui ne soit pas Marsile, si du moins tu retranches ces expressions de gratitude. Car cette sorte de gratitude ne paraît pas convenir à notre amitié, ni à cet homme qui est passé si entièrement en moi qu'il n'a rien laissé pour lui-même. Si ta stature n'égalait pas celle dont l'on dépeint ce divin Christophe, comme tu l'appelles, il resterait quelque chose de toi qui ne soit pas mien. Ainsi as-tu voulu une fois, ainsi un jour il t'a plu. Quant à moi, j'ai reçu un cadeau si noble avec un esprit joyeux, je me réjouis de l'avoir accepté, et je m'en félicite. Aussi n'est-ce pas à Marsile que tu appartiens, mais à Laurent, qui n'est pas moins à toi que toi à lui-même. Et dans ce cas, si tu veux être rendu à toi-même, sache que ce sera à cette condition que tu ne puisses tenir compte de toi sans au même moment tenir également compte de moi-même. Car ceux que Dieu immortel a unis, qu'aucun homme ne puisse les séparer [259]. Donc, pour te retourner tes remerciements, je souhaiterais que tu n'uses plus de ce style d'écriture avec moi. En effet, si les remerciements que tu donnes ne sont pas les tiens, tu ne m'as absolument rien accordé ; mais s'ils sont tiens, sache, eu égard aux raisons déjà alléguées, que tout ce qui est à toi, tu me l'as déjà transmis.

Adieu, et aime-toi toi-même ; si tu le fais, tu m'aimeras aussi. La noblesse de notre amour exige ce que tu n'ignores pas, je pense, puisque dans ce livre que tu as

De amore scripsisti, cunctos amoris affectus adeo ex arte posueris, ut nihil in amore inveniatur quod non in eo libro legi possit, nihilque in tuo libro legatur quod in amore non sit. Iterum vale.

Pisis, XII Calendas Februarias 1472.

MIRABILIUM AUCTOR DEUS EST NON HOMO

Marsilius Ficinus Laurentio Medici viro magnanimo s. d.

Quid agam in presentia nescio, Laurenti, admirari me compellunt mirum in modum mire littere tue, exclamare Philosophicus prohibet pudor. Agere gratias innumerabiles hortatur singularis humanitas et magnificentia tua, sed tua rursus dehortatur epistola. Permitte saltem, mi Laurenti, precor, ut summo Deo gratias agam, quod statueris temporibus nostris in cive fortunato affectum humilimum cum excelsa mente, in adolescente privato prudentiam cum potentia, in potente abstinentiam cum licentia, in occupatissimo sapientiam cum eloquentia copulare. Magna in te sunt, Laurenti, proculdubio magna. Et nequis forte adulationis vitium suspicetur, quod a viro et philosophante et amicissimo esse debet alienissimum in te, non ex te, dixi magna. Deus enim omnipotens mirabilia facit solus. Instrumentum Dei es, o bone vir, aptum (scio quid loquor) ad magnifica perpetranda. Tandiu igitur mirabilia feliciter exequeris, quandiu divino parebis artifici. Parebis autem examussim, crede mihi, si sepe eum oraveris, ut ipse tibi qua ratione sis pariturus ostendat. Ostendet certe petenti, qui etiam priusquam petas stimulat ad petendum, et quid et quo pacto sis petiturus ostendit.

Vale feliciter, patrie spes. Sed antequam finem faciam, obsecro te, mi Laurenti, cum per Academiam, que per te florent, tum vero per patriam hanc tuam, que tibi pre ceteris chara est, ut bone valitudinis curam habeas : nisi enim tu bene valeas, non puto his temporibus bene vel Academiam, vel patriam posse valere.

XXI Ianuarii 1473, Florentie.

écrit sur *L'Amour*[260], tu as exposé si habilement tous les affects amoureux que rien ne saurait se trouver dans l'amour qui ne puisse se lire dans ce livre, et rien ne saurait se lire dans ton livre qui ne soit pas dans l'amour.

Derechef, adieu.

12 Calendes de février 1472[261].
Pise.

C'EST DIEU, ET NON L'HOMME, QUI EST L'AUTEUR DES MERVEILLES[262]

Marsile Ficin à Laurent de Médicis, homme magnanime, salut.

À présent je ne sais que faire, Laurent, tes merveilleuses lettres écrites dans un style admirable me forcent à l'admiration et ma pudeur seule me retient de crier au Philosophe[263]. Ton exceptionnelle humanité et ta grandeur d'âme m'engagent à t'adresser mille mercis que ta lettre me décourage d'exprimer. Permets-moi, du moins, je t'en supplie mon Laurent, de remercier Dieu tout-puissant de ce que tu as décidé à notre époque d'unir en un citoyen fortuné une humilité naturelle à une âme élevée ; d'unir dans le jeune homme et l'homme privé la prudence au pouvoir, dans l'homme de pouvoir la retenue à une grande liberté, et dans l'homme d'affaires la sagesse à l'éloquence[264]. Ces grandes qualités sont en toi, Laurent, grandes assurément. Et ne laisse personne suspecter peut-être ici un vice de flatterie, lequel doit être le plus étranger à un homme qui est à la fois un philosophant et un ami très cher : je dis que de grandes qualités sont en toi, mais elles ne trouvent pas leur source en toi. Car de telles merveilles sont l'oeuvre du seul Dieu tout-puissant. Tu es l'instrument de Dieu, ô homme bon, fait – et je sais ce que je dis – pour accomplir de grandes choses. Par conséquent, tu continueras à réaliser avec succès ces ouvrages merveilleux aussi longtemps que tu obéiras au créateur divin. Mais crois-moi, ton obéissance sera véritable si tu l'implores souvent de te montrer par quel moyen lui obéir. Si tu lui demandes, il te le montrera sûrement, lui qui, avant même que tu demandes, t'incite à demander et te montre à la fois que demander et comment le demander.

Adieu, heureux espoir de la patrie. Avant de finir, je te prie, mon Laurent, à la fois au nom de l'Académie qui fleurit à travers toi, et au nom de ta patrie qui t'est chère avant tout, de prendre soin de ta santé : car à moins que tu n'ailles bien, je crois que ni l'Académie ni ta patrie ne peuvent se bien porter en ces temps.

21 janvier 1473.
Florence.

LAUDES LAURENTII MEDICES MIRE

Marsilius Ficinus Nicholao Micheloctio vero viro s. d.

Ô quam difficile est, mi Nicholae, ô quam difficile nunc invidia non pulsari ! Ego forsitan, Nicholae, nisi que Laurentii sunt mea quoque essent, non possem tot, tanta, tam senilia bona adolescenti non invidere. Dic, amice, rogo, quis eloquitur elegantius ? Quis probat acutius ? Quis mulcet dulcius ? Quis concitat vehementius ? Cessistis iampridem Lauro poete, cessistis oratores modo, iamiam Philosophi cedamus. Proh Iupiter, otiosi veterani ab occupatissimo tirone isto tam cito, tam facile, tantopere superantur ! Sed invideant alii alienis et livore rumpantur edaci. Ego meis mirifice gaudeo, atque fruor : meus enim est Laurentius, ob incredibilem humanitatem suam. Ego quoque Laurentii sum, ob singulares animi sui dotes ; magno me emit pretio, hoc est se ipso : ita me Deus amet !

Loquor, Nicholae, quod sentio, nemo magno Cosmo me familiarior fuit, nemo carior. Cognovi in eo sene non humanam virtutem sed heroicam. Agnosco nunc in isto adolescente penitus, agnosco totum illum senem : fenicem video in fenice, in radio lumen. Emicat iam ex Laurentio nostro foras Cosmianus splendor ille multis quotidie modis, lumen ad revelationem Gentium Latinarum, et Florentine reipublice gloriam. De iis hactenus.

Interrogabat autem in epistola Laurentius, cuiusnam ille essent gratie quas ipsi egeram : meine, an alterius ? Responde illi meo nomine, eas esse Dei. Tres enim illas opto Gratias Medici nostro propitias fore, que ab Orpheo describuntur, scilicet Splendorem, Letitiam, Viriditatem ; splendorem, inquam, mentis, letitiam voluntatis, viriditatem corporis et fortune. Aspirant iam ex alto he Gratie Laurentio, ac tandiu aspirabunt, quandiu agnoscet gratis solum a Deo solo se Gratias accepisse.

Vale.

XXI Ianuarii 1473, Florentie.

Éloges admirables de Laurent de Médicis [265]

Marsile Ficin à Niccolo Michelozzi [266], homme véridique, salut.

Ô combien il est difficile, mon cher Niccolo, combien il est difficile désormais de ne pas être agité par la jalousie ! Pour ma part, je ne pourrais pas ne pas jalouser de si nombreuses, grandes et vénérables qualités dévolues à un jeune homme, si ces qualités qui sont à Laurent n'étaient aussi les miennes. Dis-moi ami, je t'en prie, qui parle avec plus d'élégance ? Qui convainc avec plus de pénétration ? Qui châtie avec plus de douceur ? Qui enflamme avec plus d'ardeur ? Poètes, vous lui avez dès longtemps décerné le laurier ; Orateurs, vous venez de le lui donner ; désormais, Philosophes, faisons de même. Oh Jupiter ! Des vétérans oisifs sont vaincus si vite, si aisément et à ce point par une recrue des plus actives ! Mais laissons les uns jalouser ce qui est aux autres, laissons-les se consumer sous l'effet d'une envie dévorante [267]. Pour ma part, je me réjouis et je profite étonnamment de ce qui est mien : en effet, Laurent est à moi, à cause de son incroyable humanité. Et moi aussi, je suis à Laurent, à cause des dons singuliers de son propre esprit ; il m'a acheté à un haut prix, c'est-à-dire au prix qui était le sien : aussi puisse Dieu m'aimer !

Je dis ce que j'éprouve, Niccolo, personne ne me fut plus familier que le grand Cosme, et personne plus cher. Je connus dans ce vieil homme, non pas une vertu humaine, mais une vertu héroïque. Maintenant, je reconnais dans ce jeune homme le vieil homme tout entier [268] : je vois le phénix dans le phénix, la lumière dans le rayon. Déjà depuis notre Laurent brille la splendeur de Cosme quotidiennement selon des modes variés, portant la lumière aux peuples latins et la gloire à la République de Florence [269]. Mais en voilà assez sur ce point.

Laurent, dans sa lettre, demandait à qui étaient ces grâces que j'avais amenées à lui : étaient-ce les miennes, ou celles d'un autre ? Réponds-lui en mon nom que ce sont les Grâces de Dieu. Je souhaite que les trois Grâces décrites par Orphée soient propices à notre Médicis, je veux parler de la Splendeur, de la Joie et de la Vigueur [270] : la Splendeur, dis-je, de l'intelligence, la Joie de l'usage de la volonté, et la Vigueur du corps et de la fortune. Déjà ces Grâces inspirent Laurent depuis les hauteurs du ciel, et elles l'inspireront aussi longtemps qu'il reconnaîtra que les grâces que seul il a reçues, il les a reçues seulement de Dieu.

Adieu.

21 janvier 1473. Florence.

AMATORIA

Laurentius Medices Marsilio Ficino Platonico Philosopho s. d.

Ô falsum meum de te iudicium, verumque illud vulgatum proverbium. Locorum scilicet intervallum, ut ab oculis disiungit, ita nos ab amorum cogitationibus separare. Verum quis hoc credidisset ? Quod ego vix credo cum perspexerim ! Ego binas ad te litteras dedi, tu unam vix epistolam nobis, atque ita paucorum verborum, ut, si ex ea primam salutationem atque ultimam loci et diei particulam demas, nihil fere sit reliqui. At non decet Philosophum loquacem esse ? At non decet mutum ? Id enim nobis Terentius precipit, quod ille a Grecis precepisse traditur, ut « ne quid nimis ». Sed etiam ex his locis video quid in causa sit, cur ego a cogitationibus tuis absum. Cum enim semper ante oculos divum Christophorum, cui edes tua dicata est, habeas, ea ipsius est magnitudo corporis, ut ceterarum omnino rerum tibi prospectum auferat, atque inter te et nos quodammodo faciat eclipsim quandam. Quod tamen tum miror, tum vero quibus verbis te accusem non invenio. Nullum enim est tam asperum, tamque contumeliosum verbum, quin deterior multo sit Marsiliana taciturnitas, qua et fidem tuam et nostram amicitiam fefellisti. Doleo quidem non parum quod fidem fregerit, atque amicitie nostre huiusmodi iniuriam intuleris.

At quod magis mihi molestum accidit illud prorsus est, quod dum tu amorem nostrum frustratus es, ita nos a ceterorum hominum benivolentia alienasti, ut nemo supersit cui fidem deinceps adhibere posse videar. Nihil enim tam perfectum, tam constans, tam verum videbatur quam nostra amicitia, que quidem et tua virtute et temporis diuturnitate a Deo creverat, ut, si quodammodo decoxerit, nulla restet cui credere tuto possimus. Quapropter scito nos ergo te mirum in modum iratos esse. Neque tamen ita iratos, ut, si iocundissime littere tue ad nos perferantur, sua illa incredibili suavitate cunctam animi nostri asperitatem, atque indignationem mulcere non possint. Nam cum Achillis telum in manibus habeas, scito tarditatem in scribendo cuspidem esse, qua vulneras ; litteras vero ita illato vulneri mederi posse, ut, non modo vulnus ipsum, sed omnem penitus cicatricem auferre, ac delere possint.

Vale.

Pisis.

Choses qui concernent l'amour [271]

Laurent de Médicis à Marsile Ficin, Philosophe Platonicien, salut.

Ô combien était faux mon jugement sur toi, et combien était vrai ce proverbe trivialisé : « la distance des lieux, de même qu'elle nous éloigne des regards, de même elle nous sépare des pensées amoureuses » [272]. Qui l'eût cru ? Quant à moi, je crois à peine ce que je vois ! Je t'ai envoyé deux lettres, toi, tu ne nous en as à peine envoyé une, et elle contient si peu de mots que si l'on en enlève le salut du début, le salut de la fin, la mention du lieu et du jour, il ne reste presque rien. Convient-il à un Philosophe de n'être pas loquace ? Lui convient-il de n'être pas muet ? Térence nous enseigne ce précepte qu'il dit avoir appris des Grecs : « rien de trop » [273]. Mais, même à cette distance, je vois la raison pour laquelle je suis absent de tes pensées. En effet, comme tu as toujours devant les yeux le divin Christophe, à qui ton temple est dédié [274], la grandeur de son corps est telle qu'il te prive de toute possibilité de voir autre chose, et produit, pour ainsi dire, entre toi et moi une sorte d'éclipse.

Cependant, tantôt je m'en étonne, et tantôt je ne trouve pas les mots pour t'accuser. Car il n'y a aucun mot, si dur et si outrageant, qui soit pire que la taciturnité de Marsile, par laquelle tu as trompé notre loyauté et notre amitié. Certes, je ne suis pas peu affligé de ce que ton silence a brisé, et de l'injure que tu as portée à notre amitié.

Mais ce qui m'est plus pénible est que, tandis que tu frustrais mon amour, tu m'as aliéné à la bienveillance de tous les autres hommes, au point qu'il n'y ait plus personne, semble-t-il, à qui je puisse maintenant adresser ma loyauté. Car rien ne paraissait si parfait, si constant et si vrai que notre amitié qui avait grandi par ta vertu et par la durée que lui accordait Dieu, de sorte que si elle s'est, pour ainsi dire, volatilisée, aucune amitié ne reste à laquelle nous puissions nous fier sans dangers. Aussi sache que nous sommes irrités contre toi de façon étonnante. Nonobstant, nous ne sommes pas irrités au point que, si une de tes lettres les plus agréables nous parvient, elle ne puisse apaiser, par sa douceur incroyable, toute la dureté et l'indignation de notre âme. Car, puisque tu as dans les mains le javelot d'Achille [275], sache que le retard que tu mets à m'écrire est une pointe par laquelle tu me blesses ; mais que ta lettre doit guérir la blessure que tu m'as infligée, au point de faire disparaître non seulement la blessure elle-même, mais absolument toute cicatrice.

Adieu.

Pise.

AMATORIA : QUOMODO AMANDUS QUISQUE SIT ET QUOMODO LAUDANDUS

Marsilius Ficinus Laurentio Medici viro magnanimo s. d.

Quod me diligas, Laurenti, multis clarissimisque argumentis iamdiu novi. Quod ames, nuper ex hoc uno precipue, quod tanquam zelotypus levissimis falsisque offensiunculis subirasceris ; irascere ut lubet, irascere, zelotype, modo interim incalescas. Simile est ire et amoris incendium : ego enim cum subirascor tibi, quod facio sepe, tunc estuo amoris incendio maxime. Tu quoque flagras non mediocriter, scio quid loquor. Quod siquando tepescere videamur, tum etiam nostra hec tepiditas ferventius fervet quam ceterorum amor.

Ecce nunc, mi Laurenti, tua isthec ira mitior mihi videtur quam ceterorum mansuetudo ; morsus iste tuus suavior suavio. Ô quam suaviter mordes ! Quam acriter oscularis ! Acrimonie miram misces dulcedinem, dulcedini acrimoniam, quod in suavissimis saporibus natura solet ; et quotiens acrimonia tua fortius acescit, totiens aceti malvatici instar dulcius quam dulce redolet.

Verum quid accusas in me, accusator acer, amator acerrime ? Brevitatemne ? At tu in causa es, quod enim brevis sim negotiorum tuorum, quod brevissimus videar amoris erga me tui efficit magnitudo. Accusas taciturnitatem, suspicans eam ab oblivione, oblivionem ab absentia proficisci. Meminisse debes non abesse isthinc Marsilium, si non abest Laurentius in quo est Marsilius, si ubique est eodem tempore animus, quod ipse superioribus diebus tua epistola confirmasti. Quid igitur obstat divus Christophorus, quin te cernam ? Presertim cum diaphanus sit atque perspicuus, et in ipso Christophoro inspiciam Laurentium, quandoquidem per Laurentium ipsum Christophorum video et amplector. Denique vis verum fatear ? Non oppositio Christophori inducit eclipsim, per quam aut cecutiam, aut sileam. Immo tu coruscatione tonitruque tuo caligari, stupere, obmutescere penitus me compellis. Improbe adolescens, ha nimium gaudes victoria, quamvis honesta ! Quid amplius aut tibi, aut reliquis est reliqui ? Tibi quidem ut te ipsum vincas ? Reliquis autem, ut vinci aequo animo patiantur ? Ego certe, ut de me ipso prius loquar, superari abs te ferme tantum gaudeo, quantum ipse gaudes me, ac ceteros superare.

CHOSES QUI CONCERNENT L'AMOUR : COMMENT CHACUN DOIT AIMER, ET COMMENT IL DOIT LOUER [276]

Marsile Ficin à Laurent de Médicis, homme magnanime, salut.

Que tu m'estimes, Laurent, je le sais depuis longtemps, à cause des nombreuses preuves évidentes que tu m'as données. Que tu m'aimes, je m'en suis aperçu récemment à ceci principalement que tu t'es fâché, comme si tu étais jaloux, à la plus légère et la plus fausse des offenses ; et s'il te plaît de te fâcher, fâche-toi, jaloux, pourvu que dans l'intervalle tu brûles de passion. Le feu de la colère et le feu de l'amour sont pareils : en effet, lorsque je me mets en colère contre toi, ce que je fais souvent, alors je brûle d'un feu principalement amoureux [277]. Toi aussi tu t'enflammes d'une passion qui n'est pas ordinaire, je sais ce que je dis. Et si nous paraissons parfois nous attiédir, alors même cette tiédeur bouillonne avec plus d'ardeur que l'amour de tous les autres.

À présent, cher Laurent, voici que ta colère me semble plus douce que la mansuétude de tous les autres ; et ta morsure plus suave qu'un baiser. Ô comme ta morsure est douce ! Ô comme ton baiser est pénétrant ! Tu mêles une douceur admirable à l'acrimonie, et l'acrimonie à la douceur, comme la nature en est coutumière dans les saveurs les plus suaves ; et toutes les fois que ton acrimonie augmente en aigreur, elle exhale une odeur ô combien plus douce, comme le vinaigre de mauve.

Or de quoi m'accuses-tu, accusateur acerbe et amoureux encore plus acerbe ? N'est-ce pas de brièveté ? Mais tu es cause de ma brièveté. La grandeur de tes affaires me rend bref, mais la grandeur de ton amour pour moi fait que je me parais encore plus bref. Tu m'accuses de silence, soupçonnant qu'il provient de l'oubli et l'oubli de l'absence. Tu dois te rappeler que Marsile n'est pas absent si ne l'est pas non plus Laurent, dans lequel est Marsile, à condition que l'âme soit partout en même temps, ce que tu as confirmé toi-même il y a quelques jours dans ta lettre. Pourquoi le divin Christophe fait-il obstacle à ce que je te voie ? Surtout qu'il est diaphane, transparent, et que dans Christophe je vois Laurent, tout comme, à travers Laurent lui-même, je vois et j'embrasse Christophe. Veux-tu que je t'avoue enfin la vérité ? Ce n'est pas l'interposition de Christophe qui produit l'éclipse qui m'empêche de voir ou de parler. Non, c'est toi qui par tes éclairs et tes coups de tonnerre me contraint à l'aveuglement, à la stupeur et au mutisme. Effronté jeune homme, tu te réjouis trop de ta victoire, même si elle est honnête ! Que laisses-tu de plus grand pour toi, ou pour les autres ? Pour toi, puisque tu t'es vaincu toi-même ? Pour les autres, car ils supportent d'une âme égale d'être vaincus ? Quant à moi, certainement, si je m'exprime sur moi-même en premier, je me réjouis d'être dépassé par toi presque autant que tu te réjouis toi-même de l'emporter sur moi et tous les autres.

De ceteris vero quid dicam ? Sol matutinus congregat nebulas. Meridianus Sol nebulas disgregat. Virtus adolescens invidiam concitat, adulta sedat, livorem domat tandem, qui omnem prius vicit opinionem. Invidiam quasi omnem in admirationem convertisti. Laudant multi palam qui hactenus invidebant. Sed quamvis laudator pene nullus de Laurentio mentiatur, nulli tamen hunc exceptis Platonicis legitime laudant. Peripatetici cum Laurentium videant tam feliciter singula profitentem in omnibus eum laudant ; Platonici contra in eo laudant omnia. Nempe cum considerent quam subito artis cuiusque prodeat magister, artes huic non labore quesitas, sed et natura subministratas et a Deo infusas existimant.

Ego igitur personam tuam in me diligo, meam in te amo. Laudo te in arte, artem in te probo. In natura te honoro, naturam in te miror. Te per Deum colo. Veneror per te Deum. Deo itaque soli gloria omnis omnibus, ab evo tribuatur in evum.

Vale.

IOCOSA AD IOHANNEM INVITATIO AD REDITUM, PER DISSIMULATIONEM

Marsilius Ficinus Iohanni Cavalcanti amico unico s. d.

Decreveram hac nocte mane ad te scribere : « Redi, Heros, propera queso, advola obsecro ». Deinde vero maturius consultanti prestare visum est ut meum hoc desiderium dissimularem. Fore enim ut redeas ocius, si me subiratum putes. Ecce, subiratus sum. Quid tandem ? Nunquid movebit indignatio, quem non movebat amor ? Non puto. Ergo quo me vertam nescio, ad precesne an ad iurgia ? Immo quo refugiam nunc inveni. Cordi confidam heroico, quod solet sponte rectius currere quam calcaribus. Sed interim quonam pacto me continebo, quin parumper saltem ita susurrem : « Ha nimium obliviose mei » ?

At cohibebo convitia ac ne tedat te easdem has cantilenas audire sepius, res maiores aggrediar, de rebus scribam publicis. Queris quid agatur in urbe : tractantur gravia, audi, sed aperias nemini. Magni plerique cives « Ô Marsili, aiunt, cur tandiu solus in urbe ? ». « Quia solum incedere nunc me vult qui nunquam sinit esse me solum ». « Nondum redit ergo ? ». « Nondum ».

Que dire des autres ? Le Soleil matinal rassemble les nuages. Le Soleil de midi les disperse. La vertu de jeunesse suscite l'envie, la vertu adulte endort et dompte enfin la jalousie qui auparavant l'emportait sur toute autre opinion. Tu as converti quasiment toute envie en admiration. Aujourd'hui, nombreux louent ouvertement ce Laurent qu'ils jalousaient jusqu'alors. Mais bien que presque aucun de ceux qui louent Laurent ne mentent, cependant aucun ne le loue légitimement, exceptés les Platoniciens. Les Aristotéliciens, comme ils voient Laurent tirer un heureux profit de chaque chose, le louent en toutes choses ; à l'inverse les Platoniciens louent en lui toutes choses. En effet, lorsqu'ils considèrent avec quelle rapidité il est venu à la maîtrise de chaque art, ils estiment que ces arts, il ne les a pas acquis par le travail, mais qu'ils lui ont été inspirés par la nature et répandus en lui par Dieu.

Quant à moi, j'aime ton caractère en moi, et j'aime ma personne en toi. Je te loue dans l'art, et j'apprécie l'art en toi. Dans la nature, je t'honore et j'admire la nature en toi. Par Dieu, je te cultive ; par toi, je vénère Dieu. Aussi est-ce à Dieu seul que toute gloire est attribuée par tous pour l'éternité.

Adieu.

Une joyeuse invitation à Giovanni à revenir, au moyen d'une dissimulation [278]

Marsile Ficin à Giovanni Cavalcanti [279], son unique ami, salut.

Cette nuit, j'avais décidé de t'écrire au matin ceci : « reviens Héros, hâte-toi, je t'en prie, vole vers moi, je t'en conjure ! ». Mais, après plus mûres réflexions, il m'a paru qu'il valait mieux que je dissimulasse mon désir. Car tu reviendrais plus vite, si tu pensais que j'étais fâché. Or je le suis ! Mais quoi à la fin ? Est-ce que l'indignation ne déterminera pas celui que l'amour n'avait pas mû ? Je ne le pense pas. Aussi ne sais-je où me tourner, ni si je dois prier, ou me quereller.

Mais maintenant j'ai trouvé un refuge. Je me fierai à ton cœur héroïque qui, à l'accoutumée, court de lui-même plus droit que lorsqu'il est éperonné [280]. Mais, dans l'intervalle, comment me retiendrai-je, du moins, de murmurer un peu après toi, toi si oublieux de moi ?

Mais je contiendrai mes reproches, afin que cela ne te dégoûte pas d'entendre trop souvent les mêmes refrains, j'aborderai des choses plus importantes, j'écrirai sur des sujets publics. Tu demandes ce qui se passe en ville ? On traite de choses très sérieuses, écoute, mais ne le dis à personne ! Nombre de grands citoyens disent : « ô Marsile, pourquoi es-tu seul depuis si longtemps en ville ? »

« Parce que celui qui jamais ne permet que je sois seul veut désormais que je le sois ».

« N'est-il donc point revenu ? »

« Pas encore ».

Non habeo ad presens aliud, quod ad te scribam. Scripsi ad te urbana negotia. Scribe ad me tu rustica. Hei mihi, erravi ! Ne scribas volo, sed dicas : si colloquemur, loquemur, mi Heros, eadem ; dum scribimus, scribimus de diversis. Ego de memoria, de oblivione Iohannes. Sed nolim dixisse istud. Non oblitus est mei meus, quia neque sui. Immo venit iam obsecutus mihi, ecce venit, occurrite mei huic fortunati pedes, excipite felices ulne !

EPISTOLA GENIALIS DE HEROIBUS

Marsilius Ficinus Iohanni Cavalcanti amico unico s. d.

Accepi a Carolo Marsupino epistolam, cui cum primum respondere aggrederer, vellemque prescribere : « Marsilius Carolo salutem », genius mihi preter sententiam ita flexit calamum, ut « Iohanni » pro « Carolo » scriberem. Accipe igitur epistolam genialem.

Nefas putavit Deus absentem me cuiquam priusquam Heroi scribere arbitror Heroibus favere superos. Quoniam, ut Platoni placet Heroes ex amore deorum sunt geniti. Ego re ipsa expertus sum Philosophos ex heroum amore renasci. Vale.

I. Mai 1473.

QUOD GRATIS FIT, GRATIUS EST QUAM QUOD EX DEBITO

Marsilius Ficinus Iohanni Cavalcanti amico unico s. d.

Non potest manus calamum ducere, nisi ipsa moveatur ab animo. Non poterat his temporibus scribere Marsilius ad Heroem, nisi ante invitatus ab Heroe. Sed unum mihi molestum est pre ceteris, quod ideo scribis ad me, quia promiseris. Ergo pactioni istud tribuo non amori. Amatorias posco litteras, non mercatorias. An es etiam pacto meus ? Scilicet quia ego sum tuus, amore volo sis meus.

Vale.

V Iunii 1473.

À présent, je n'ai rien d'autre à t'écrire. Je t'ai écris à propos des affaires urbaines. Toi, écris-moi à propos des affaires rurales ! Hélas, je me suis trompé ! Je ne veux pas que tu les écrives, mais que tu les dises. Si nous parlons ensemble, mon Héros, nous parlerons des mêmes choses ; tandis que si nous écrivons, nous écrivons sur des sujets différents. À preuve, moi j'écris sur la mémoire, Giovanni, et toi sur l'oubli. Mais je préférerais ne pas avoir dit cela. Mon ami ne m'a pas oublié, car il ne s'est pas oublié lui-même. Mais il vient déjà celui qui a cédé à nos prières, voilà qu'il vient, courez à sa rencontre, pieds fortunés, accueillez-le, bras heureux !

LETTRE SUR LES HÉROS SOUFFLÉE PAR UN GÉNIE [281]

Marsile Ficin à Giovanni Cavalcanti, son unique ami, salut.

J'ai reçu de Carlo Marsuppini [282] une lettre. Alors que je m'apprêtais à lui répondre et que je voulais écrire en tête : « Marsile salue Carlo », un génie détourna ma plume de cette première formule, de sorte que j'écrivais « Giovanni » au lieu de « Carlo ». Par conséquent, reçois cette lettre inspirée par un génie.

Dieu a jugé injuste, alors que j'étais éloigné de toi, que j'écrive à quelqu'un d'autre avant d'écrire à un Héros ; je pense en outre que les puissances supérieures sont favorables aux Héros, puisque, selon l'opinion de Platon, les Héros sont nés de l'amour des dieux [283]. Quant à moi j'ai en toi la preuve que les Philosophes renaissent de l'amour que leur portent les Héros.

Adieu.

1er mai 1473.

CE QUI EST FAIT GRATUITEMENT EST PLUS AGRÉABLE QUE CE QUI EST FAIT PAR OBLIGATION [284]

Marsile Ficin à Giovanni Cavalcanti, son unique ami, salut.

La main ne pourrait guider la plume, si elle n'était elle-même mue par l'âme. Marsile ne pourrait pas, ces temps-ci, écrire à un Héros s'il n'y était pas invité d'abord par le Héros. Mais la chose qui m'est désagréable entre toutes est que tu m'écrives parce que tu l'as promis. Ce que j'attribue à un engagement conventionnel, et non à l'amour. Je réclame des lettres d'amour, et non de change. Ou bien es-tu vraiment mien par contrat ? Parce qu'à vrai dire, moi je suis tien et je veux que tu sois mien par amour.

Adieu. 5 juin 1473.

PROVOCATIO AD SCRIBENDUM

Marsilius Ficinus Iohanni Cavalcanti amico unico s. d.

Amice, quid tandiu certatim silemus ? Quid tandem victori lucri accedet, victo quid damni ? Ego vero in hac silendi pertinacia vinci abs te satius censui, ut in loquendi certamine vincerem. Ita posthac prime tibi in tacendo partes, mihi prime in loquendo dabuntur. Semperne calcaribus indigebis in stadio ? Nunquam tua sponte curres ? Cur mecum tam dure ? Acrius forsitan iocari tecum videor, mi Iohannes. Tu autem agis acerrime, acerrime quoque responde, si placet, modo respondeas, sin minus placet, dulciter sile. Mee certe huic verborum acrimonie cordis affectum melle dulciorem subesse putato.

Vale et tandiu abesto, quam tua res postulat. Satis enim mihi cum res agitur tua.

Nonis Octobris, Charegii.

QUAM NECESSARIE EPISTOLE INTER AMICOS

Marsilius Ficinus Iohanni Cavalcanti amico unico s. d.

Quoniam putabam brevi te Florentiam rediturum, nullas ad te dedi litteras, sperans cito veras audire ac reddere voces. Nunc vero perpetua hec, ut ita dixerim, celi serenitas longiores mihi tuas in Trebianis collibus minatur moras. Sed quis Trebiana suavitate non capiatur ? Hos certe Bacchus amat colles, iis meus captus est Ioannes, hec profecto cur non scripserim hactenus causa est. At tu cur scribis nihil ? « Nihil equidem habeo quod scribam », inquies. Id ipsum saltem, nihil habere te, scribe, quanquam nunquam deest amicis argumentum litterarum. Quid enim amico charius, quam amici vita ? Ergo vicissim qualis valitudo sit, sepe significandum. Ego meam valitudinem declarare non possum, nisi prius ipse tuam. Quippe valeo si tu vales, immo si te valere intelligo.

Vale.

Ex Charegio, XIII Calendas Octobris 1468.

DÉFI D'ÉCRITURE [285]

Marsile Ficin à Giovanni Cavalcanti, son unique ami, salut.

Mon ami, pourquoi rivalisons-nous de silence depuis si longtemps ? Qu'obtient le vainqueur en matière de gains ? Et que perd le vaincu ? Quant à moi, dans ce silence obstiné, j'ai trouvé plus satisfaisant d'être vaincu par toi afin que je sorte vainqueur du combat de mots. Après cela, tu auras le premier rôle du silencieux et moi celui du bavard ! Auras-tu toujours besoin d'éperons pour courir sur le stade ? Ne cours-tu jamais volontairement ? Pourquoi es-tu si dur avec moi ? Peut-être trouves-tu que je te taquine durement, mon Giovanni. Mais tu agis plus durement encore ; aussi, réponds-moi plus durement si cela te plaît, pourvu que tu répondes ! Sinon, dans le cas contraire, reste agréablement silencieux. Songe qu'assurément l'affection de mon cœur, plus douce que le miel, surpasse l'âpreté de mes paroles.

Adieu, reste absent aussi longtemps que l'exigent tes affaires. Puisqu'il s'agit de tes affaires, c'est suffisant pour moi.

Nones d'octobre, Careggi.

QU'ENTRE AMIS UNE CORRESPONDANCE EST NÉCESSAIRE [286]

Marsile Ficin à Giovanni Cavalcanti, son unique ami, salut.

Comme je pensais que tu retournerais bientôt à Florence, je ne t'ai adressé aucune lettre, espérant entendre rapidement le son de ta voix et te faire entendre la mienne en retour [287]. Mais à présent, cette persistante « sérénité du ciel » comme on l'a dit, m'avertit que tu vas t'attarder plus longtemps dans les coteaux de Trebbio [288]. Mais qui peut ne pas succomber au charme de Trebbio ? Bacchus en aime les collines [289], et mon Giovanni est sous leur charme, raison pour laquelle je ne t'ai pas écrit jusqu'à aujourd'hui. Mais toi, pourquoi ne m'écris-tu rien ? Tu me diras : « parce que je n'ai rien à raconter ». Écris-moi au moins que tu n'as rien à dire ; du reste les raisons ne manquent jamais d'écrire à ses amis. En effet, quoi de plus cher à un ami que la vie de son ami ? Il faut donc que les amis se renseignent souvent sur l'état de santé de l'un et l'autre. Je ne puis te révéler l'état de ma santé, tant que je n'ai pas de nouvelles de la tienne. De fait je vais bien si tu vas bien, ou plutôt si je sais que tu vas bien.

Adieu.

De Careggi, 13 Calendes d'octobre 1468 [290].

GRAVIS EST IACTURA TEMPORIS

Marsilius Ficinus Iohanni Cavalcanti amico unico s. d.

Onerosa mihi tam mei quam paterni corporis cura, onerosa absentia tua. Utraque sunt aequo animo toleranda, ne fiant propter impatientiam graviora. Tu siquid humanitatis habes, noli me duplici pressum sarcina, tertio insuper pondere onerare. Oneras autem nimium, nisi libros ad me remittas. Temporis enim iactura me stimulat ut eos sepius exigam. Nulla est gravior iactura quam temporis. Heu, confidentius flagito que forsitan accipere nollem, quem vero vellem accipere, postulare non audeo. Illa me decet habere, hoc me in presentia necessarium est carere. Prudentius est tum carere, decens est implere, tum quid necessarium est pro viribus facere voluntarium. Tua interest illud implere, mea id conari.

Vale, ac dum aliena colis, alienis cole tibi quoque te ipsum.

QUAM IOCUNDE AMICORUM LITTERE

Marsilius Ficinus Iohanni Cavalcanti amico unico s. d.

Quid igitur faciam ? Priorne ego ad te scribam ? An tuas litteras expectabo ? Equidem cum ad alios fere nunquam nisi lacessitus scribere soleam, tibi tamen venire obviam cogor, et prior inire certamen. Nec silere diutius te permittam : non potes enim sine meo langore silere.

Huc me, quid te non fugit, immoderatus impulit estus, isthuc ventus intolerabilis retrahit, adeo ut vix hodie me contineam, quin ad urbem protinus advolem. Potes vero hic me solus aliquot, et illos quidem pauculos dies tuis litteris retinere : nam dum litteris tuis legendis totus incumbam, nec ventorum procellas sentiam, nec fulmina et tonitrus audiam. Sic ergo fit, ut verba sedare ventos et tempestates depellere valeant.

Saluta Ugolinum Verinum tuum, Musarum sacerdotem.

Vale.

XXX Augusti 1468, Marciniani.

PERDRE SON TEMPS EST UNE GRAVE PERTE [291].

Marsile Ficin à Giovanni Cavalcanti, son unique ami, salut.

Les soins qu'exigent mon propre corps autant que celui de mon père me pèsent; ton absence me pèse. Je dois supporter les deux d'une âme égale, de crainte que l'impatience ne les rende plus pénibles encore. Si tu as quelque humanité en toi, ne fais pas peser sur mon âme qu'oppressent déjà ces deux fardeaux, le poids d'un troisième. Or tu le fais peser excessivement, si tu ne me renvoies pas mes livres. C'est en effet la perte de temps qui me fait te les demander si souvent. Aucune perte n'est plus grave que la perte de temps [292]. Hélas, je réclame avec outrecuidance les choses que je ne veux peut-être pas vraiment recevoir, et celles que je veux vraiment, je n'ose les demander. Il convient que j'obtienne les premières, puisque je suis nécessairement privé pour l'instant des dernières. Il est plus prudent tantôt de manquer, il est décent tantôt de satisfaire, et tantôt de faire le nécessaire, dans la mesure de ses forces, pour obtenir ce que l'on veut. Il est de ton intérêt de satisfaire ma première demande ; il est du mien d'entreprendre les secondes.

Adieu et pendant que tu prends soin des biens d'autrui, prends soin des tiens ainsi que de ta personne.

LES LETTRES DES AMIS SONT UNE SOURCE DE JOIE [293]

Marsile Ficin à Giovanni Cavalcanti, salut.

Que dois-je donc faire ? Est-ce à moi de t'écrire en premier ? Ou attendrai-je tes lettres ? Assurément, bien que d'habitude je n'écrive presque jamais aux autres correspondants le premier, à moins d'être exaspéré, je suis obligé d'aller à ta rencontre et, le premier, d'engager la lutte. Je ne devrais pas te permettre de garder le silence si longtemps : car tu ne peux rester silencieux, sans provoquer chez moi un abattement.

L'extrême chaleur estivale, comme tu le sais, m'a entraîné jusqu'ici et un vent insupportable me ramène par là, de sorte qu'aujourd'hui je me retiens à peine de voler tout droit jusqu'à la ville. Tu es le seul à pouvoir, par tes lettres, me retenir ici encore quelques jours : car en lisant tes lettres je m'allongerai de mon entier, je ne sentirai pas les bourrasques du vent, ni n'entendrai les éclairs et les tonnerres. C'est à un point tel que les mots ont la force de calmer les vents, et de repousser les tempêtes.

Mes amitiés à ton cher Ugolino Verino [294], Prêtre des Muses.

Adieu.

30 août 1478 [295]. Marciano.

NEMINI DETRAHENDUM
QUIA DEUS ULCISCITUR

Marsilius Ficinus Iohanni Cavalcanti amico unico s. d.

Homerus propter dive, ut aiunt, Helene vituperationem privatus oculis, quia nunquam errasse cognovit, nunquam vidisse amplius dicitur. Eandem ob causam Stesichorus lumine captus intellexit erratum ; hinc palinodiam, id est contrarium cantum cecinit, dicens : « Non verus sermo ille fuit neque navibus altis existi fugiens neque adisti Pergama Troie » ; his dictis statim visum recuperavit amissum. Socrates preterea, cum deum Amorem vituperasset, in Ilissi fluminis transitu a familiari demone correptus, antequam quicquam pateretur adversi, expiavit se laudavitque rursus Amorem quem ante vituperaverat ; unde evasit incolumis. Ita Stesicorus Homero prudentior fuit, sed utroque sapientior Socrates.

Ego certe Socrate incautior fui ; utinam non sim Stesichoro infortunatior ! Quorsum hęc ? Nempe mensis huius Nonis scripsi ad te mane epistolam, diuturnum silentium tuum improbaturus, in qua indomitum te, et quasi durissimum omnium accusabam, vespere adversa valitudine oppressus sum, necdum convaleo. Quamobrem veritus nequid mihi adversi propter Herois vituperationem immineat, palinodiam, licet brevem, expiandi criminis gratia scribere statui.

Assero igitur non Heroem durum, sed me potius mollem esse, ac molli homini constantem virum sepe ferocem videri. Hec mea palinodia : sit contrarius superiori cantus, sit etiam contraria postulatio. Orabam quippe, ut acerrimas, si placeret, potius quam nullas litteras mitteres. Nunc contra, nullas potius quam acerrimas postulo, non enim instigatione sed consolatione eger animus indiget.

Vale.

Florentie, Idibus Octobris 1468.

HOMO EST ANIMUS. AMANTIS ANIMUS EST IN AMATO

Marsilius Ficinus Iohanni Cavalcanti amico unico s. d.

Ego, Iohannes, sepe quesivi me ipsum : primum pectora mea manibus attrectavi, deinde vultum hunc sepe sum speculatus in speculo, sed neque ibi me tractavisse, neque hic vidisse me unquam asserere potui. Nam quando me ipse

Il ne faut rabaisser personne, car Dieu punit en tirant vengeance [296]

Marsile Ficin à Giovanni Cavalcanti, son unique ami, salut.

Homère, dit-on, perdit la vue pour avoir blâmé la divine Hélène et, parce que jamais il ne reconnut son erreur, l'on dit que plus jamais il ne retrouva la vue. Stésichore [297], aveuglé pour cette même raison, comprit son erreur ; et ensuite il chanta une palinodie, c'est-à-dire un chant de rétractation en disant : « ce récit n'était point vrai, tu ne pris pas la fuite dans ces profonds navires, et tu ne gagnas point Troie ». À peine ces paroles dites, il recouvra la vue qu'il avait perdue. En outre Socrate, alors qu'il avait critiqué le dieu Amour, fut réprimandé par son démon familier tandis qu'il franchissait la rivière Illisis [298] et, avant que quelque malheur ne se déclare, il expia son offense et loua à nouveau Amour qu'il avait blâmé, ce qui lui permit de continuer sain et sauf [299]. Ainsi Stésichore se montra plus prudent qu'Homère, mais Socrate fut plus sage que l'un et l'autre.

Quant à moi, j'ai été assurément moins avisé que Socrate ; mais j'espère que je ne serai pas plus infortuné que Stésichore ! Où veulent en venir ces paroles ? Évidemment à ce que je t'ai écrit une lettre, le huitième de ce mois, au matin, dans l'intention de condamner ton silence persistant ; lettre où je te reprochais de te comporter comme un sauvage et comme le plus dur de tous les êtres, mais, le soir venu, je fus pris d'une fièvre dont je n'ai pas encore relevé. Aussi, ayant craint que quelque mauvaise fortune ne me menace pour avoir offensé un Héros, j'ai décidé de t'écrire une palinodie, même brève, afin d'expier ma faute.

J'affirme donc que tu n'es pas un Héros insensible, mais plutôt que je suis sensible et que souvent, à l'être sensible, la fermeté de l'homme paraît hautaine. Telle est ma palinodie : puisse son chant contredire le précédent, et sa demande contredire aussi la précédente. En effet, je te priais de m'envoyer, s'il te plaisait, des lettres extrêmement dures plutôt que rien du tout. Maintenant, au contraire, je te demande plutôt de ne m'envoyer aucune lettre acerbe : ce n'est point de stimulation, mais de consolation dont mon esprit a besoin. Adieu.

Florence, Ides d'octobre 1468.

L'homme est esprit. L'esprit de l'aimant est dans l'aimé [300]

Marsile Ficin à Giovanni Cavalcanti, son unique ami, salut.

Je me suis souvent cherché moi-même, Giovanni : d'abord j'ai touché ma poitrine avec mes mains puis j'ai souvent observé ce visage dans le miroir, mais je n'ai jamais pu prouver qu'ici c'était moi que j'avais touché, ni que là c'était moi que j'avais vu [301]. Car lorsque je me recherche moi-même, je ne cherche personne

quero, quero utique non alium preter illum ipsum qui querit, ubi idem est omnino Marsilius quesitus et querens. Quis igitur querit ? Qui reperire cupit. Quisnam cupit hoc ? Qui iudicat esse querendum. Quis iudicat ? Solus iudicat animus. Solum igitur animum quero, quando quero meipsum, utpote qui solus ipse sim animus. Hunc ego neque tangi, neque cerni posse confido. Non enim tandiu de illius natura dubitaremus, si sensibus his pateret. Ergo recipi quandoque mentis aciem in seipsam, si forte hac via me cernerem, verum neque ita quod desiderabam omnino sum assecutus. Quippe interiore hoc meo intuitu, neque delector satis, neque quiesco. Qui autem quod investigat consequitur, gaudet protinus et quiescit, non igitur me apud meipsum reperio. Quod si in alio me quesiturus sum, quonam pacto me apprehendam ? Si meipsum non habeo, per quem solum possum capere, quicquid capere possum ? Redi igitur et te, immo me redde mihi. Quando ego id nequeo, redi hodie neque semper venturas differ in horas. Ne patiare, obsecro, plures a nobis dies nigro numerari lapillo. Quot enim isthic tu serenos agis, totidem nos hic nubilos agimus atque nigros.

Vale.

SERIA AD IOHANNEM.
ANIMA POST MORTEM CORPORIS INTELLIGIT ET MULTO CLARIUS QUAM IN CORPORE

Marsilius Ficinus Iohanni Cavalcanti amico unico s. d.

Scripsi nonnullas ad te epistolas, amice optime, in quibus tentavi amatorium quodammodo scribendi genus, quod quidem et nostre familiaritati convenire videtur, et ab honesta illa Socratis Platonisque libertate non est alienum. Nunc autem Platonicorum more post amatorios iocos (talia enim Platonica prohemia sunt) ad seria veniamus. Audi nunc que cum Bernardo Iunio et Bartolomeo Fortino, civibus iustitia excellentibus, aliquando de mente disseruimus.

Duo sunt inter mortales dubia circa mentem precipua : primum est, utrum intellectus seiungi a corpore possit ac deposito corpore vivere atque operari ; secundum, siquid tunc intelligit, utrum clare intelligat necne. Respondebimus ad hec in presentia quam brevissime poterimus, nam hec et similia in *Theologia* nostra *de animorum immortalitate* latissime disputantur.

d'autre en tout cas que celui-là même qui cherche, quand c'est exactement le même Marsile qui cherche et qui est recherché [302]. Qui donc est le chercheur ? Celui qui désire découvrir. Qui en vérité désire cela ? Celui qui juge que quelque chose vaut la peine d'être cherché. Qui juge de cela ? C'est l'esprit seul qui en juge. C'est donc l'esprit seul que je recherche, lorsque je me recherche moi-même, étant donné que je suis ce seul esprit lui-même. Ce dernier, je l'avoue, ne peut être ni touché, ni vu. En effet, nous ne douterions pas de sa nature depuis si longtemps, si elle était accessible à ces sens. Donc j'ai parfois ramené la pointe de mon esprit sur elle-même [303], pour voir si d'aventure je m'apercevais par ce chemin-là, pourtant je n'atteignis pas absolument ce que je désirais. Le fait est que cette intuition plus intérieure de moi-même ne me plaît pas assez, ni ne m'apaise. Pourtant celui qui atteint ce qu'il recherche, se réjouit immédiatement et trouve le repos, c'est donc que je ne me trouve pas moi-même en moi-même. Mais s'il me faut me chercher moi-même en autre chose, par quel moyen me pourrai-je appréhender ? Par quel moyen, si je ne possède pas de moi propre par lequel seul je puis me saisir, de quelque façon que je puisse me saisir ? Reviens donc et rends-toi – ou plutôt rends-moi – à moi. Puisque je ne le peux moi-même, reviens aujourd'hui et ne remets pas toujours à demain. Je t'en prie, ne me laisse pas marquer plusieurs jours d'une pierre noire [304]. Autant ceux que tu passes là-bas sont sereins, autant ceux que nous passons ici sont nuageux et noirs.

Adieu.

MOTS SÉRIEUX À GIOVANNI.

L'ÂME APRÈS LA MORT SAISIT INTELLECTUELLEMENT, ET BEAUCOUP PLUS CLAIREMENT QUE LORSQU'ELLE ÉTAIT DANS LE CORPS [305]

Marsile Ficin à Giovanni Cavalcanti, son unique ami, salut.

Je t'ai écrit quelques lettres, mon plus cher ami, où je m'étais essayé d'une certaine façon au style de l'écriture amoureuse, ce qui effectivement me paraît convenir à notre amitié, et il n'est point étranger à cette liberté honnête que pratiquaient Socrate et Platon. Mais, à présent, après les plaisanteries amoureuses à la façon des Platoniciens (telles sont les entrées en matière platoniciennes), venons-en à des thèmes plus sérieux. Écoute désormais la discussion que nous eûmes un jour au sujet de l'intelligence avec Bernardo Giugni [306] et Bartolomeo Fortini [307], deux citoyens excellents pour leur justice.

Il y a deux questions principales touchant l'intelligence : la première est de savoir si l'intellect peut se séparer du corps et, une fois celui-ci abandonné, vivre et agir ; la seconde de savoir si alors il intellige quelque chose et si cela est clair ou non [308]. Nous allons maintenant y répondre aussi brièvement que possible, car ces questions, et de semblables, ont été très abondamment discutées dans notre *Théologie sur l'Immortalité des Âmes* [309].

Concedimus intellectum multa incorporalia excogitare, Deum videlicet, angelos, animas, virtutes, numerorum proportiones, ideas rationesque rerum universales. Quemadmodum vero non possumus per visum invisibilia cernere, ita neque per corporale aliquod instrumentum incorporalia cogitare, neque per naturam aliquam districtam corpori locoque et tempori res a materia, loco, tempore absolutas petere, querere, invenire, servare. Ac si mens interdum, etiam dum regit corpus, ita se in se colligit, ut speculetur aliqua per seipsam, sequitur ut a corpore separata multo magis faciliusque per seipsam valeat speculari. Si poterit per se operari, per se quoque esse ac vivere poterit. Atque, ut ad questionem alteram descendamus, clarius tunc discernet quecunque intrinsecus offerentur intelligenda, quam sensus nunc que offeruntur extrinsecus sentienda ; et tanto saltem clarius, quanto visus acutior est et velocior quam auditus sensusque reliqui. Ac etiam quanto mens prestantior est quam sensus, et obiectum mentis prestantius est quam sensus obiectum.

Mentem esse sensu excellentiorem non dubitat quisquis illius viribus utitur : videt enim eam sensuum iudicem esse, et tanquam pretiosiorem concedi paucioribus tardiusque et rarius exerceri. Obiecta quoque mentis obiectis sensus esse sublimiora hoc ostendit, quod illa universalia, ampla eternaque sunt. Ista particularia, angusta, mortalia. Accedit ad hec, quod quanto magis exterior sensus intenditur, tanto magis interior sensus remittitur ; atque contra. Qui enim attentius inspicit auditque nonnulla vix interim potest imaginari, et qui vehementer imaginatur, vix cernit vel audit, que tunc extrinsecus offeruntur. Eadem est inter imaginationem intellectumque proportio.

Anima in hoc corpore duo maxima omnium habet impedimenta : alterum quod in plures operationes perturbationesque distrahitur, operationes autem varie se invicem impediunt atque debilitant (difficilimum est enim diversis simul incumbere) ; alterum quod, tum propter infime habitationis huius conditionem, tum propter ministerium corporale ad tempus a Deo hominibus assignatum, actiones inferiores longe prius, attentius sepiusque quam superiores exercet. Unde fit ut quando contemplari incorporalia volumus, ut plurimum debiliter operemur et illa obtuse et quasi in nebula quadam prospiciamus. Verum quando actiones alendi, augendi, sentiendi, imaginandi vel omittentur omnino vel maxime remittentur, tunc usque adeo mentis intuitus acuetur, ut quicquid cernat, clarius hac luce discernat, perspiciet sane anima per seipsam, tunc lucem illam intelligibilem perspicacius quam nunc sensibilem istam per vitreas corporis huius carcerisque fenestras ; intuebitur enim tranquille per serenitatem suam

Nous concédons que l'intellect découvre maints incorporels, comme Dieu évidemment, les anges, les âmes, les vertus, les proportions numériques, les idées et les raisons universelles des choses[310]. Mais, de même que nous ne pouvons discerner l'invisible par la vue, de même nous ne pouvons penser les incorporels à l'aide de quelque instrument corporel, non plus que nous ne pouvons, avec une certaine nature enchaînée au corps, à l'espace et au temps, viser, chercher, trouver et conserver des réalités délivrées de la matière, du lieu, du temps[311]. Mais si l'intelligence, cependant qu'elle dirige le corps, se recueille en elle-même, afin d'observer quelque chose par elle-même, il suit que, une fois séparée du corps, elle peut observer beaucoup plus et beaucoup plus facilement par elle-même[312]. Si elle peut opérer par soi, alors elle peut aussi subsister et vivre par soi. Et pour en venir à la seconde question : l'âme sans le corps discernera alors tout ce qui se présente à sa compréhension de l'intérieur, plus clairement que ne le font les sens face à ce qui se présente de l'extérieur à la sensation ; et, du moins, cette clarté sera d'autant plus grande que la vue est plus aiguë et plus véloce que l'oreille et les autres sens. Et plus l'intelligence aussi prime sur les sens, plus l'objet de l'intelligence l'emporte sur l'objet des sens.

Quiconque use de sa puissance ne saurait douter que l'intelligence est plus excellente que les sens : car il voit que l'intelligence est le juge des sens et qu'elle est pour ainsi dire plus précieuse, de ce qu'elle se concède à un nombre moindre et s'exerce plus lentement et plus rarement. Ceci montre que les objets de l'intelligence sont aussi plus sublimes que les objets sensibles, parce qu'ils sont universels, vastes et éternels, alors que ceux des sens sont particuliers, étroits et mortels. À cela s'ajoute que plus le sens extérieur se tend, plus le sens intérieur se détend ; et inversement. Car celui qui observe et écoute intensément peut à peine imaginer quelque chose pendant ce temps, et celui qui imagine avec force voit et entend à peine ce qui se présente alors au-dehors. Le même rapport existe entre l'intellect et l'imagination.

L'âme dans le corps a deux principaux empêchements : le premier est qu'elle est divisée par de très nombreuses activités et désordres, et ces activités diverses s'entr'empêchent et s'affaiblissent mutuellement (car, il est très difficile de s'appliquer simultanément à diverses choses) ; le second est que tantôt à cause de la condition de cette résidence si basse, tantôt à cause du ministère corporel assigné à l'homme par Dieu pour un temps, l'âme exerce les actions inférieures beaucoup plus tôt, plus attentivement et plus souvent, que les actions supérieures. De là vient que lorsque nous voulons contempler les incorporels, nous le faisons la plupart du temps de manière débile, et les voyons de façon indistincte et comme au-travers des nuages. Mais lorsque les actions de nourrir, de grandir, de sentir et d'imaginer, soit sont laissées absolument, soit se relâchent pour une très grande part, alors l'intuition intellectuelle devient à ce point aiguë que tout ce qu'elle regarde elle le discerne plus clairement sous cette lumière – oui vraiment l'âme verra cette lumière intelligible plus clairement qu'elle ne voit maintenant cette lumière sensible à travers les vitres de ce corps et les fenêtres de cette prison[313] ;

perspicuam perspicacissimamque obiecta excellentissima in divini Solis luce adeo clara, ut Solis huius lux ad eam sit umbra, et quia clarissima, ideo impuris oculis occultissima, puris autem manifestissima. Non intuebitur autem quasi pictas imagines, sed tanquam res veras, quarum res cetere sunt imagines.

Quando per somnum operationes motus exteriorumque sensuum cessant, tunc imaginatio, que reliquiis pascitur sensuum, usque adeo roboratur, ut simulacra pingat intrinsecus tanquam res veras representantia. Quid igitur faciet intellectus, imaginatione admodum efficacior, quando multo magis quam imaginatio somniantis, liber ab impedimentis evaserit, atque in veritate rationeque summa veras omnium rationes inspiciet ? Pinget videlicet tunc in se ipso vera omnia exactissime, immo veris omnibus aliunde pingetur. Sed a quo maxime ? A mente mentium, inquam, lumine luminum. Et quam facile fiet ? Facillime prorsus : subito namque ob naturalem quandam cognationem visibile lumen illuminat perspicuum corporale, cum primum serenum purumque fuerit, formatque ipsum forma sua perque suam formam formis omnium visibilium.

Similiter intelligibile et plusquam intelligibile lumen, id est Deus, intellectualem format perspicuitatem, cum primum serena evaserit, format, inquam, forma sua, hoc est divina, perque ipsam formis intelligibilium omnium. Tantumque statim afficit vitali calore et gaudio, quantum benefico iam affecit fulgore, atque ita vitam tradit a morte liberam, sicuti lucem infundit a tenebris alienam ; et ultra quemlibet temporis terminum infundit lumen in mentem, que iam ex temporis mutatione ad statum eternitatis ascendit. Pascit autem bonitate ad votum semper, et implendo allicit pulchritudine appetitum et implet alliciendo. Ibi saturitas est absque satietate, ubi bonum est absque malo, perque bonum infinitum fit etiam capacitas infinita. Infinitum ergo bonum et pulchrum, innumerabilium fons bonorum atque pulchrorum, allicit et implet pariter in eternum.

en effet, elle contemplera avec tranquillité, à travers la propre transparence de sa sérénité, cette lumière et, de façon plus perspicace, les objets si excellents situés dans la lumière du divin Soleil, au point que la lumière du soleil sensible constitue l'ombre de la lumière divine, car sa clarté est si grande qu'elle est fort cachée aux yeux impurs, mais très manifeste aux yeux purs. Or elle ne contemplera pas ces objets comme des images peintes, mais comme des réalités véritables desquelles toutes les autres choses sont des images.

Quand, durant le sommeil, les opérations et les mouvements des sens externes s'interrompent, alors l'imagination, qui est nourrie par le reste des sens, se fortifie tant et si bien qu'elle peint des simulacres à l'intérieur, comme s'ils représentaient des choses vraies. Donc, que fera l'intellect, lui qui est absolument plus puissant que l'imagination, lorsque, beaucoup plus que l'imagination du dormeur, il s'évadera libre de toute entrave et observera les raisons véritables de toutes choses dans la raison et la vérité souveraines ? Assurément, il peindra en lui-même avec force exactitude tout ce qui est vrai, ou mieux il sera peint par toutes ces vérités venues d'ailleurs. Mais d'où principalement ? De l'intelligence des intelligences, dis-je, de la lumière des lumières. Et avec quelle facilité cela interviendra-t-il ? Très aisément en un mot, et avec soudaineté : car, à cause d'une parenté naturelle entre eux, la lumière visible illumine un corps transparent dès qu'il devient calme et pur, et elle donne forme à sa propre forme et, à travers cette sienne forme, aux formes de toutes les choses visibles.

De même la lumière intelligible, et celle supra-intelligible, c'est-à-dire Dieu, forment la substance transparente de l'intellect, dès qu'il est devenu calme, elles donnent forme, dis-je, à sa propre forme qui est divine et, à travers elle, aux formes de toutes les choses intelligibles. Et elle procure d'autant plus immédiatement une chaleur et une joie vitales à toutes choses que déjà elle affecte d'un éclat bienfaisant toutes choses et, de surcroît, elle transmet une vie libérée de la mort, de même qu'elle répand une lumière étrangère aux ténèbres ; et, au-delà de toute limite temporelle, elle répand la lumière dans l'intelligence par quoi celle-ci s'élève désormais depuis les vicissitudes du temps jusqu'à la stabilité de l'éternité. En outre, toujours la lumière divine nourrit l'intelligence de bonté, selon ses vœux, et, en la comblant de beauté, elle attire à soi son désir et, en l'attirant, soudain la comble. Là est l'abondance sans la satiété, où le bien est sans le mal et où le bien infini devient une capacité infinie. Donc le bien et le beau infinis, source de tous les biens et de toutes les beautés innombrables, attirent et comblent le désir par l'éternité.

CONTRA AVERROËM,
SCILICET QUOD NON SIT UNICUS HOMINUM INTELLECTUS

Marsilius Ficinus Iohanni Cavalcanti amico unico s. d.

Averrois unicum esse opinatus est cunctorum hominum intellectum, eodemque omnes, quicquid usquam intelligunt, intelligere. Hanc opinionem nonnulli rerum novarum avidiores, quam verarum, esse aiunt admodum naturalem. Atque ego confiteor, sed ob hoc tantum eam naturalem voco, quia sicuti res naturales solent, valde mutabilis est et contrario suo destruitur. Eo enim ipso, quod aliquis affirmat contrarium, subito Averrois opinio labefactatur. Cum enim non possint in eodem simul esse contraria, si intellectus in Averroico quodam Philosopho atque in Platonico simul de se ipso contraria sentit (dum illic ait se unicum esse, hic autem plures esse, non unicum), constat plane in illis non unum intellectum esse sed plures.

Nonne in iis que ad intelligentiam voluntatemque pertinent, maxima eodem tempore inter homines diversitas est ? Nam et idem, et eodem tempore alii affirmant, alii negant, alii volunt, alii nolunt. Quid preterea de repugnantibus dicemus habitibus ? Intellectus in alio doctissimus est, indoctus in alio, in illo iustus probusque, in illo iniustus et improbus, in illo felix, miser in illo. Non potest igitur idem esse in omnibus intellectus. Si diversi sunt intellectus, multo magis diverse sunt anime.

Adde quod, si unicus est intellectus semperque fuit, ut ait Averrois, non est verisimile eum ita esse sui ipsius ignarum, ut in omnibus pene hominibus preterquam in solo Averroe se numero multiplicem esse putaverit semper et putet. Quid menti naturalius, quam sui ipsius cognitio ? Cur igitur mens, cum opinionem Averrois cogitat, eam aut nunquam aut vix capere potest, nisi quia falsa opinio est ? Denique quotiens unitatem mentis excogitamus, totiens eam odisse solemus ac mentis numerum cupere, si modo cupimus supervivere. Eadem vero mens sola oderit, si modo odisse potest, unitatem suam, que sola potest et nosse. Non est autem verisimile rem eternam, atque adeo divinam semper sui ipsius naturam aspernari, respuere et odisse.

Quid ultra sermonem protraho ? Satis superque hec in agro tuo Regnano, ego ac tu invicem disputavimus, quando Marsilius hic hospes illic tuus grande illud componebat Theologie volumen.

Vale.

XVI Aprilis, Florentie.

Contre Averroès,
à savoir que l'intellect humain n'est pas unique [314]

Marsile Ficin à Giovanni Cavalcanti, son unique ami, salut.

Averroès a conjecturé qu'il y avait pour tous les hommes un seul intellect, par lequel tous comprennent tout ce qui est compréhensible. Quelques-uns, plus avides de choses nouvelles que véritables, affirment que cette opinion est parfaitement naturelle. Pour ma part, j'en conviens, mais je l'appelle naturelle seulement à cause de ceci : comme les choses naturelles en ont l'habitude, elle est très instable, et détruite par son contraire. En effet, l'opinion d'Averroès est immédiatement renversée par qui affirme le contraire. Car, comme les contraires ne peuvent être simultanément au même endroit, si l'intellect, chez un Philosophe averroïste et chez un Philosophe platonicien, perçoit des contradictions à son propre sujet (le premier affirmant qu'il est unique, et le second qu'il y en a plusieurs), il est clairement établi par ces contradictions qu'il n'y a pas un seul intellect, mais bien plusieurs.

Est-ce qu'il n'y a pas, dans ce qui concerne l'intelligence et la volonté, une très grande diversité entre les hommes au même moment ? Car, au même moment, les uns affirment, les autres nient, la même chose ; les uns la veulent, les autres ne la veulent pas. De plus, que dirons-nous des attitudes opposées ? Dans l'un, l'intellect est très savant, dans l'autre il est ignare ; dans l'un, il est juste et probe, dans l'autre injuste et malhonnête ; dans l'un, il est heureux, dans l'autre misérable. Donc l'intellect ne saurait être le même en tous. Si les intellects sont divers, les âmes le sont beaucoup plus [315].

Ajoute que si l'intellect est unique et a toujours été, comme le dit Averroès, il n'est pas vraisemblable qu'il soit ignorant de lui-même, au point que, dans presque tous les hommes, exception faite du seul Averroès, il devrait toujours avoir pensé qu'il est multiple, et devrait le penser encore [316]. Quoi de plus naturel pour l'intelligence que la connaissance de soi-même ? Aussi pourquoi l'intelligence, lorsqu'elle pense à l'opinion d'Averroès, ne peut-elle jamais, ou à peine, la concevoir, si ce n'est parce que c'est une opinion fausse ? Enfin toutes les fois que nous pensons à l'unité de l'intelligence, nous avons coutume de haïr le jugement d'Averroès et de désirer l'intelligence plurielle, si seulement nous désirons survivre. Mais cette intelligence unique haïrait, du moins si elle peut haïr, sa propre unité, qui seule peut la connaître. Or il n'est pas vraisemblable qu'une réalité éternelle et à ce point divine repousse, rejette, et haïsse toujours sa propre nature [317].

Pourquoi prolonger plus loin ce discours ? Nous discutâmes, toi et moi, chacun à notre tour, de ces choses plus que suffisamment dans ton domaine de Regnano [318], quand Marsile y était ton hôte, et qu'il composait ce gros volume de la *Théologie*.

Adieu.

16 avril, Florence.

THEOLOGI VIGILANT, CETERI SOMNIANT

Marsilius Ficinus Iohanni Cavalcanti amico unico s. d.

Mirantur nonnulli cur tanta observantia Platonem sectemur, qui semper videtur inter paradoxa et portenta versari. Mirari autem, ut arbitror, desinent, si consideraverint sola que divina sunt revera existere, quia neque aliene nature contagione inficiuntur, neque unquam e suo statu mutantur. Corporalia vero haudquaquam esse revera, sed esse videri, cum inficiantur contrariis et iugiter permutentur ; ideoque non vere res sint, sed rerum verarum imagines, aut umbre. Cum autem ceteri Philosophi pene omnes naturalium duntaxat rerum studio dediti, in his tanquam rerum verarum imaginibus somniarent, Plato noster divinis incumbens vel solus vel maxime omnium vigilabat. Itaque tanto satius arbitror Platonem Theologum sequi quam Philosophos ceteros, quanto prestat vigilantibus gubernatoris, quam dormientibus se committere.

Vale.

VERITAS DEI SPLENDOR, PULCHRITUDO, AMOR

Marsilius Ficinus Iohanni Cavalcanti amico unico s. d.

Hoc precipuum divi Platonis, ut *Parmenidis* dialogus et *Epinomis* indicant, studium fuit, ut unum rerum monstraret esse principium, quod et « ipsum unum » propriore vocabulo nominavit. Unam quoque omnium esse voluit veritatem ipsius, scilicet, Unius, hoc est Dei, lumen mentibus omnibus speciebusque infusum, quod et species offerat mentibus, et mentes copulet speciebus.

Unicam igitur veritatem, unius scilicet Dei radium unum colat oportet quicunque Platonicum voluerit studium profiteri ; hic radius per angelos, animas celosque et reliqua corpora transit. Atque, ut in libro *De amore* disseruimus, splendor eius pro natura cuiusque fulget in singulis, gratiaque et pulchritudo vocatur. Et ubi fulget accommodatius, ibi precipue allicitur intuentem, concitat considerantem, rapit et occupat propinquantem cogitque eum venerari splendorem huiusmodi pre ceteris tanquam numen, nihilque aliud anniti quam ut deposita priore natura ipse splendor efficiatur. Quod hinc patet, quoniam amator aspectu tactuve amanti, hominis non est contentus, et clamat nonnunquam :

LES THÉOLOGIENS SONT ÉVEILLÉS, LES AUTRES DORMENT[319]

Marsile Ficin à Giovanni Cavalcanti son unique ami, salut.

Quelques personnes se demandent avec étonnement pourquoi nous suivons Platon avec tant de respect[320], lui qui semble être continuellement entraîné de paradoxes en présages. Mais ils cesseraient, à mon avis, de s'étonner s'ils considéraient que seules les choses divines existent vraiment, parce qu'elles ne sont pas corrompues par le contact avec ce qui n'est pas de leur nature, et qu'elles ne changent jamais leur état. Les corps matériels ne sont pas réels du tout, mais ils le paraissent étant donné qu'ils sont corrompus par des forces contraires et subissent de perpétuels changements ; or c'est pour cela même qu'ils ne sont pas de vraies réalités, seulement les images ou les ombres des vraies réalités. Pendant que presque tous les autres philosophes, adonnés à l'unique étude de la nature, s'endormaient sur ces images des vraies réalités, notre Platon, veillant sur les divines, était le seul éveillé, ou du moins l'était plus que tous. C'est pourquoi je pense qu'il est d'autant préférable de suivre le théologien Platon que tous les autres Philosophes, qu'il vaut mieux confier sa vie à des pilotes vigilants qu'à ceux qui dorment[321].

Adieu.

LA VÉRITÉ DE DIEU EST LA SPLENDEUR, LA BEAUTÉ, L'AMOUR[322]

Marsile Ficin à Giovanni Cavalcanti son unique ami, salut.

Cela fut l'étude primordiale du divin Platon que de montrer, comme le révèlent les dialogues du *Parménide* et de l'*Épinomis*, que le principe des choses est un, qu'il nomma fort à propos par l'expression d'« Un en soi »[323]. Il voulut montrer en outre qu'en toutes choses il n'y a qu'une vérité, à savoir la lumière de l'Un en soi, c'est-à-dire de Dieu, pénétrant tous les esprits et toutes les formes, présentant les formes aux esprits et unissant les esprits à ces formes.

Quiconque veut s'engager dans l'étude de Platon doit honorer la vérité une, à savoir le rayon unique du Dieu un ; ce rayon passe par les anges, les âmes, les cieux et les autres corps. Comme nous l'avons exposé dans le livre *De l'Amour*[324], sa splendeur, conformément à sa nature, brille dans les réalités individuelles, et on l'appelle grâce et beauté[325]. Et où elle brille plus opportunément, là elle attire surtout celui qui fixe son regard sur elle, stimule celui qui l'examine, ravit et prend possession de celui qui s'en approche ; et ce rayon le pousse à révérer cette sorte de splendeur avant toute autre, comme si une volonté divine s'appliquait à rien d'autre qu'à devenir cette splendeur même, une fois délaissée la nature antérieure[326]. Ceci est l'évidence, puisque l'amant n'est pas contenté par la vue et le toucher de son ami et s'exclame continûment :

« Homo hic nescio quid habet quod me urit, atque ego quid cupiam non intelligo ». Ubi constat animum divino uri fulgore, qui in formoso homine micat quasi speculo, atque ab eo clam raptum quasi hamo trahi sursum, ut Deus evadat.

Insanus igitur habendus est et miser, quisquis dum a Deo per visum ad sublimia provocatur, ipse per tactum seipsum demergit in lutum, et, cum ex homine potuerit Deus fieri divinam ipsam per humanam pulchritudinem contemplando, ipse se ex homine bestiam reddit, spiritali vereque pulchritudini corporalem, et umbratilem formam anteponendo.

QUOD IDEE SECUNDUM PLATONEM IN DIVINA MENTE SUNT

Marsilius Ficinus Iohanni Cavalcanti amico unico s. d.

Plato noster in *Timeo*, Timeum Pythagoricum imitans atque comprobans, mundum a Deo genitum asserit. Eiusque generationis causam triplicem introducit : efficientem, finem atque exemplar. Vult enim mundum a potentia Dei bonitatis sue gratia, ad divine sapientie exemplar effectum fuisse. Et, quemadmodum in architecto universi edificii eiusque partium exemplaria sunt, sic in divina quadam intelligentia supra mundum esse universi mundi huius eiusque partium exemplaria, mundumque illum intelligibilem nominat et eternum, hunc vero temporalem atque sensibilem. Exemplaria huius in illo vocat ideas, similitudines illius in hoc imagines atque umbras.

Quamobrem invidos quosdam ridere et licet, et libet qui Platonem vulgo tam inepte predicant, quam inique ideas rationesque rerum universales posuisse, tum a corporibus, tum a divina intelligentia, tum a se invicem separatas, et tanquam nubeculas quasdam per aerem dispersas a vento.

Sed quoniam plurima contra illos adduximus in iis libris quos apud te in agro Regnano composuimus, sufficiat nunc testimonia solum ex *Timeo* Platonis adducere. « Primum consideremus, inquit, quod in questione de universo ante omnia solet investigari, utrum semper fuerit universum hoc sine ullo generationis principio, an genitum sit ab aliquo principio sumens exhordium. Id profecto cernitur tangiturque et corpus est, omnia vero huiusmodi sensus movent, que sensus movent opinione per sensum percipiuntur ; hec vero talia esse constat, ut gignantur et genita sint, quicquid autem gignitur ab aliqua causa, necessario gigni asseruimus. Opificem quidem et patrem mundi invenire difficile, et, cum iam inveneris, predicare vulgo impossibile est. Rursus considerandum est utrum

« Je ne sais ce que cet homme possède qui me brûle, et je ne comprends pas ce que je désire ». Où il est établi que l'âme, brûlant d'un éclat divin qui brille dans la beauté de l'homme comme en un miroir [327], est secrètement ravie à elle-même par cet éclair, tirée comme par un crochet vers le haut pour devenir Dieu [328].

Aussi doit-il être tenu pour fou et misérable celui qui, appelé par Dieu à travers la vision vers les sommets, plonge lui-même dans la fange à travers le toucher [329] ; et comme d'homme il a pu devenir Dieu en contemplant la beauté divine à travers la beauté humaine, d'homme il redevient bête en préférant à la beauté spirituelle et véritable une forme corporelle et ombratile [330].

Que les idées platoniciennes se trouvent dans l'intelligence divine [331]

Marsile Ficin à Giovanni Cavalcanti, son unique ami, salut.

Notre Platon dans le *Timée*, imitant et approuvant Timée le Pythagoricien [332], soutient que le monde a été engendré par Dieu. Pour expliquer sa génération, il introduit une triple cause : efficiente, finale et formelle [333]. En effet, il affirme que le monde a été produit par la puissance de Dieu grâce à sa bonté, conformément au modèle de la sagesse divine. De même que le modèle de l'édifice tout entier et de ses parties est dans l'esprit de l'architecte ; de même c'est dans l'intelligence divine supra-mondaine que se trouve le modèle de ce monde tout entier et de ses parties [334], et il nomme celui-là le monde intelligible et éternel, et celui-ci le monde temporel et sensible. Les modèles du monde sensible dans le monde intelligible, il les appelle les Idées, et les copies des modèles dans le monde sensible les images et les ombres.

Aussi est-il permis et plaisant de rire de ces envieux qui proclament partout avec gaucherie que Platon a établi à tort que les Idées et les raisons des choses étaient séparées tantôt des corps, tantôt de la divine intelligence, tantôt les unes des autres, comme de petits nuages sont dispersés à travers l'air par le vent.

Mais, puisque nous avons produit force arguments contre eux dans ces livres que nous composâmes chez toi à Regnano [335], qu'il suffise maintenant d'amener le témoignage de Platon dans le *Timée*. « Tout d'abord considérons, dit-il, ce qui, dans la question de l'univers est habituellement recherché avant toutes choses, à savoir si cet univers a toujours été sans aucun principe de génération, ou s'il a été engendré par quelque principe posant un début [336]. Assurément le monde sensible, on le voit, on le touche, et c'est un corps. Or toutes les choses de cette sorte émeuvent les sens, et ces choses qui émeuvent les sens sont appréhensibles à l'opinion par l'intermédiaire des sens ; et il est établi que ces choses sont telles qu'elles sont et ont été engendrées ; et nous affirmons que tout ce qui est engendré est nécessairement engendré par quelque cause. Quant à l'auteur et père du monde il est certes difficile de le trouver et, alors qu'on l'a déjà trouvé, il est impossible de le faire connaître publiquement. En revanche, il faut considérer

mundi faber sit imitatus exemplar, idne quod unum idem semper et simile est ? An id quod genitum dicimus ? Atqui si pulcher est mundus et opifex mundi bonus, sempiternum exemplum maluit imitari ; sin secus, quod ne dictu quidem fas est, generatum exemplar est pro eterno secutus. Cum vero et mundus omnium genitorum pulcherrimus sit, et eius auctor causarum omnium optimus, dubium non est quin sempiternum sit secutus exemplum. Sic igitur generatus ad id est effectus, quod ratione, et sapientia sola comprehendi potest, et immutabile permanet. Ex quo efficitur ut necesse sit hunc mundum alterius simulacrum esse ».

Et paulo post : « Dicamus quam ob causam ille rerum auctor generationem, et hoc universum constituit. Bonus erat, bonus autem nulla unquam aliqua de re invidia tangitur. Ergo cum livor ab eo alienissimus esset, omnia sibi quantum fieri poterant similima fieri voluit. Siquis hanc gignendi mundi causam precipuam a prudentibus viris acceperit, rectissime profecto accipiet ».

Et post pauca : « Dicendum est hunc mundum animal esse, idque intelligens revera divina providentia constitutum. Hoc posito, quod sequitur videamus. Ad cuius animalis similitudinem Deus mundum constituit ? Uni cuidam proprieque animalium speciei similem fecisse non arbitramur. Nam si imperfecto animali similis esset factus, pulcher certe non esset ; immo vero illius animalis eum similimum esse ducimus, cuius animalia cetera et singulatim et generatim partes sunt. Illud siquidem viventia omnia que sola mente percipiuntur in seipso complectitur, quemadmodum mundus hic nos et cetera que cernuntur animalia continet. Volens itaque Deus omnium que intelligi possunt pulcherrimo, et undique absoluto mundum hunc similimum reddere animal, unum ipsum efficit aspectui subiectum, animalia cuncta nature sue convenientia intra suum limitem continens. Rectene mundum unum diximus ? An rectius plures innumerabilesve dici oportuit ? Unum profecto, quandoquidem ad unius similitudinem est formatus, quod enim viventia omnia quecunque intelliguntur continet, socium alterum habere non potest. Rursus enim aliud animal quod hec duo contineret esse oporteret, cuius duo hec partes essent. Nec illorum, sed tertii huius mundus iste simulacrum rectius diceretur. Ut igitur hic mundus esset animali absoluto similimus, ex eo quod solus atque unus esset, idcirco neque duo, neque innumerabiles, procreati sunt, sed unus mundus unigenitusque factus est, et erit ».

Sed audi Timeum Pythagoricum, qui Platonis magister extitit similibusque verbis ideas collocavit in Deo : « Mundus, inquit, est eorum que genita sunt optimus, quoniam ab optimo auctore est illo genitus, qui respicit non in manu

ceci : l'artisan du monde a-t-il imité un modèle, et celui-ci est-il toujours unique et semblable ? Ou bien disons-nous qu'il en a suivi un qui a été engendré ? Et si le monde est beau, et l'artisan du monde bon, a-t-il préféré imiter un modèle éternel ; à l'inverse, l'on ne peut pas même oser cette parole, a-t-il suivi un modèle engendré à la place du modèle éternel ? Or comme le monde est la plus belle chose de toutes celles qui ont été engendrées, et son auteur la meilleure de toutes les causes, il n'est pas douteux qu'il ait suivi un modèle éternel. Donc le monde engendré a été achevé selon un modèle que seules la raison et la sagesse peuvent comprendre, et il demeure immuable. De là il résulte que, nécessairement, le monde sensible est un simulacre du monde intelligible »[337].

Et peu après, Platon ajoute : « disons pour quelle cause l'auteur de toutes choses a établi la création et l'univers. Il était bon, et le bien n'éprouve jamais d'envie pour quoi que ce soit. Donc comme l'envie lui était des plus étrangères, il a voulu que toutes choses lui fussent semblables, autant qu'elles pouvaient l'être. Que se soit là la cause principale de l'engendrement du monde, c'est l'opinion des hommes prudents, que l'on peut recevoir en toute sûreté »[338].

Un petit peu après, Platon ajoute : « l'on doit dire que ce monde est un animal vivant et intelligent, constitué par une divine providence[339]. Ceci posé, voyons ce qui suit. À quel animal Dieu a-t-il fait le monde semblable ? À notre avis, il ne l'a pas fait semblable à une espèce particulière d'animaux. Car s'il avait été semblable à un animal imparfait, le monde certainement n'aurait pas été beau ; au contraire, nous déduisons qu'il est semblable à cet animal dont tous les autres animaux, individuellement ou par espèces, sont des parties. Si le monde intelligible embrasse en lui-même tous les vivants perceptibles par la seule intelligence, de même ce monde nous contient, nous et tous les autres êtres vivants qui sont perçus. C'est pourquoi Dieu voulant que de toutes les choses qui peuvent être comprises, ce monde soit semblable à l'animal le plus beau et le plus achevé, il le fit lui-même proche de son regard, contenant tous les êtres vivants appropriés à sa propre nature à l'intérieur de ses propres limites.

Avons-nous raison de dire qu'il n'y a qu'un seul monde ? Ne serait-il pas plus juste de dire qu'il y en a plusieurs, ou d'innombrables ? Assurément il n'y en a qu'un, puisqu'il a été formé à l'image d'un seul : en effet, parce qu'il contient tous les êtres vivants intelligibles, il ne saurait avoir un autre compagnon. Car autrement, il faudrait qu'il y ait un autre animal pour contenir les deux qui en constitueraient les parties. Et ce monde ne pourrait être appelé correctement le simulacre des deux, mais le troisième monde. Afin donc que notre monde fût le plus semblable à l'être vivant absolu, c'est-à-dire seul et unique, ce n'est ni deux mondes, ni des mondes innombrables qui ont été procréés, mais un seul, un seul monde unique a été fait et sera jamais fait »[340].

Mais écoute Timée, le Pythagoricien et le maître de Platon, qui se dresse avec les mêmes termes, et qui a placé les Idées en Dieu : « le monde, dit-il, est la meilleure des choses qui aient été engendrées, puisqu'il a été engendré par le meilleur auteur qui regarda, non vers des modèles faits main, mais vers l'Idée

facta exemplaria, sed in ideam intelligibilemque substantiam. Ad quam quidem, quod factum est, examussim atque perfecte pulcherrimum et inemendabile fit. Perfectus vero est super secundum sensibilia, quoniam illud ipsius exemplar, quod omnia in se continet intelligibilia animalia, nihil exterius aliud reliquit, cum sit terminus intelligibilium absolutissimus, quemadmodum hic mundus est sensibilium ». Hec ille.

Audivimus ideas omnium esse in quodam exemplari vivente eternoque, quod sit intelligibilium omnium prestantissimum et ita undique absolutum, ut nihil intelligibilium sit extra ipsum. Hoc autem nihil aliud potest esse quam Deus. Sed quid illo clarius ? Plato cum dixisset Deum omnia sensibilia ad similitudinem intelligibilium effecisse, subiunxit eum omnia sui ipsius fecisse similia. Quasi idem exemplar sit atque Deus. Quoniam vero quot sunt in hoc mundo rerum species creatarum, tot saltem in Deo sunt idee, id est rationes intelligibiles per quas cuncta creantur, atque create species, quia sunt in materia per se non vivente, vel non vivunt vel vix vivunt. Idee vero, quia sunt in Deo per se vivente, vivunt in Deo. Plato in eodem libro inquit : « Quot et quales mens ideas in ipso vivente inspicit, totidem et tales in hoc mundo species secum cogitavit effingere ».

Hoc Iohannes, sensit Plato, ut audis. Hoc senserunt antecessores successoresque Platonis. Crede Marsilio : qui sentit aliter a veritate dissentit.

CAUSA PECCANDI, SPES, REMEDIUM

Marsilius Ficinus Iohanni Cavalcanti amico unico s. d.

Cur animi, cum divini sint, tam prophane vivunt ? Quia domum regionemque habitant prophanam. Alii propter negligentiam vel ignorantiam delinquunt – neque mirum id quidem, quoad in caliginosa hac mundi fece versamur ; alii propter nimium corporis amorem – neque id quoque mirum : comes enim est et proles anime ; alii quia vel immortalitati vel divine clementie diffidunt – quid mirum, cum in loco mortis malignitatisque vitam ducant – ; alii quia vel divine clementie vel crastine emendationi plusquam par est confidunt.

Tum diffidentia tum confidentia nimia, periculosa est : illa vexat, ista fallit. Summa igitur prudentia est, presenti momento semper uti quam optime possumus. Unicum refugium, Deo se frequentissime commendare. Optima spes, cum hec egeris, meminisse non latere Deum quam duram, quamve periculosam nobis provinciam habitandam et administrandam tradiderit. Infinita bonitos

et la substance intelligible. Ayant été fait exactement et parfaitement d'après l'Idée, ce monde est le plus beau, et il ne saurait être corrigé. Relativement aux choses sensibles, sa perfection est supérieure, puisque son modèle, qui contient en soi tous les animaux intelligibles, ne laisse rien d'autre, il est la mesure absolue des intelligibles, comme ce monde est celle des sensibles »[341]. Ainsi parla Timée.

Nous avons entendu que les idées de toutes choses se trouvaient en un certain modèle vivant et éternel qui, de tous les intelligibles, est le plus excellent, omniprésent et complet, au point que rien n'est intelligible en dehors de lui. Or ce modèle ne peut être rien d'autre que Dieu. Mais quoi de plus clair que cela ? Comme Platon avait dit que Dieu avait produit tous les sensibles à la semblance des intelligibles, il ajouta qu'il avait fait ces derniers semblables à lui-même. Le modèle et Dieu étant pour ainsi dire identiques[342]. Puisque il y a autant dans ce monde de sortes de réalités créées qu'il y a, du moins, d'Idées en Dieu, c'est-à-dire de raisons intelligibles par lesquelles toutes choses sont créées, et notamment les espèces créées, car celles-ci, étant plongées dans la matière qui n'est pas vivante en soi, ne vivent pas, ou vivent à peine. Mais les Idées, parce qu'elles sont en Dieu vivant par soi, vivent en Dieu. Platon dans le même livre dit : « Dieu a produit par le pouvoir de sa pensée autant d'espèces dans ce monde que son intelligence considère d'Idées dans sa propre vie, espèces telles que les Idées »[343].

Voici ce que Platon a exprimé, Giovanni, comme tu l'entends. Les prédécesseurs et les successeurs de Platon furent de la même opinion. Crois Marsile : qui s'exprime autrement s'écarte de la vérité.

LA CAUSE DU PÉCHÉ, L'ESPOIR, LE REMÈDE[344]

Marsile Ficin à Giovanni Cavalcanti, son unique ami, salut.

Pourquoi, alors qu'elles sont divines, les âmes vivent-elles de manière si impie ? Parce qu'elles habitent une demeure et une région profanes. Certaines pèchent par négligence, ou par ignorance – et il n'y a certes rien d'étonnant à cela tant que nous vivons dans cette fange obscure du monde ; d'autres, par un amour excessif du corps (ce qui n'est pas étonnant non plus, le corps étant le compagnon et l'enfant de l'âme) ; d'autres faillent parce qu'elles perdent toute foi, que ce soit en l'immortalité ou en la divine clémence – quoi d'étonnant alors qu'elles mènent leur vie dans une contrée de mort et de méchanceté ; d'autres, parce qu'elles placent plus qu'il ne convient leur espoir en la divine clémence, en la rémission future.

Une trop grande défiance est aussi dangereuse qu'une trop grande confiance : celle-là tourmente, celle-ci induit en erreur. La plus grande prudence est d'user toujours du moment présent du mieux que nous pouvons. L'unique refuge est de se recommander très assidûment à Dieu. Le meilleur espoir, toutes les fois que tu en auras besoin, est de te souvenir que Dieu n'ignore pas combien est pénible et dangereuse la province qu'il nous a confiée pour l'habiter et l'administrer.

finitum longe superat malum. Varios instituit sive castigationis sive penarum gradus atque eos quidem ad bonum vel proprium alicuius vel commune. Gradus autem premiorum plurimos et uberrimos.

QUOS DEUS CONIUNXIT MORIBUS CONIUNGET FELICITATE

Marsilius Ficinus Iohanni Cavalcanti amico unico s. d.

Heri in agro Novolano sacra divi Christophori et Iacobi solemnia instauravimus. « Sacra » dixi, Iohannes, duntaxat ; « festa » certe addidissem, si tu affuisses, sine quo nihil mihi festum. Vide igitur quantum Marsilio tuo charus sis, cui ne celestia quidem, si dicere fas est, absque te chara sint. Et merito : nam qui Iacobum Christophorumque coniunxit in sacris, idem Marsilium et Iohannem coniunxit in vita ; idem quoque, aut certe quam similimus, preest utrisque genius. Statuit nos, arbitror, Deus in terra eadem voluntate moribusque similibus, in celo sub eadem idea paribusque felicitatis gradibus vivere.

Vale nostre navigationis Achates, ac portus denique condimentum.

PRESTANTIOR EST LEGUM CONDITOR QUAM SOPHISTA

Marsilius Ficinus Iohanni Cavalcanti amico unico s. d.

Mirabantur Greci quondam in Carneade vim dicendi, memoriam et acumen ; laudant, ut ais, familiares tui eadem in Iohanne Guidio, eumque, ob similitudinem quandam, Carneadem sepe cognominant. Tu autem hunc ob legum inventionem Lycurgi vocas imitatorem. Queris preterea quenam prestantior laus sit, Carneadisne an Lycurgi similem esse. Carneades disputando lites introduxit, Lycurgus vero dissolvit ; Carneadis argutie sepius inutiles quam utiles. Utiles autem paucis, raro, alicubi. Lycurgi disciplina superutilis, ubique et omnibus necessaria. Denique, quanto satius est bene vivere quam bene loqui et felicem esse quam videri, tanto Lycurgi quam Carneadis facultas prestantior est. Sed accipe ab Herodoto quanta conditoris legum excellentia sit ; is enim scribit, cum primum Lycurgus Apollinis templum ingrederetur, hos versus Pythiam effudisse :

Mais l'infinie bonté l'emporte de loin sur le mal. Dieu a institué soit des châtiments variés, soit des degrés de peines dont certaines pour le bien d'un particulier, ou pour le bien commun. Mais aussi des degrés de récompenses riches et variées.

CEUX QUE DIEU A UNIS PAR UN GENRE DE VIE COMMUN, IL LES A UNIS DANS LE BONHEUR [345]

Marsile Ficin à Giovanni Cavalcanti, son unique ami, salut.

Hier, dans le domaine de Novoli, nous avons célébré à nouveau les cérémonies sacrées de la saint Christophe et de la saint Jean ; j'ai dit « sacrées », Giovanni, seulement j'aurais sans doute ajouté « fêtes » si tu avais été présent, toi sans qui rien ne m'est une fête. Vois combien tu es cher à ton Marsile pour qui même les choses célestes, si l'expression n'est pas sacrilège, n'ont pas de valeur sans toi : car c'est justement celui qui unit Jean et Christophe dans ces consécrations qui unit de même Marsile et Giovanni dans la vie ; le même génie, ou assurément un très ressemblant, nous guide aussi l'un et l'autre. Dieu a décidé, je pense, que nous vivions sur terre guidés par une même volonté et un genre de vie similaire, et au ciel selon une même idée et un égal degré de bonheur. Adieu, Achates de notre voyage [346], notre havre, notre sel en somme.

LE LÉGISLATEUR L'EMPORTE SUR LE SOPHISTE [347]

Marsile Ficin à Giovanni Cavalcanti son unique ami, salut.

Les Grecs admiraient autrefois en la personne de Carnéade [348] le pouvoir du discours, la mémoire et la finesse d'esprit ; et tes amis, comme tu le dis, louent ces mêmes qualités en la personne de Giovanni Guidi [349] et l'appellent souvent Carnéade en raison de cette certaine ressemblance. Or tu invoques quant à toi le fait qu'il imite Lycurgue puisqu'il est l'inventeur de lois [350]. Tu demandes en outre quelle personne mériterait de l'emporter : celle qui serait semblable à Carnéade, ou celle qui ressemblerait à Lycurgue. Par le discours, Carnéade a provoqué des querelles, Lycurgue en revanche y a mis fin ; les arguties de Carnéade sont souvent plus inutiles qu'utiles. Ou utiles à quelques rares individus, en de rares endroits. L'enseignement de Lycurgue est très utile et partout nécessaire à tous. Enfin, autant qu'il vaut mieux bien vivre que bien parler et être heureux que le sembler, autant l'emporte le talent de Lycurgue sur celui de Carnéade. Mais reçois d'Hérodote combien le législateur est excellent, lui qui écrit en effet que lorsque Lycurgue pénétra pour la première fois dans le temple d'Apollon, la Pythie lui prodigua ses vers :

Ethero dilecte Iovi cunctisque, Lycurge,
Celicolis, qui nostra venis ad pinguia templa,
Ambigo quem potius te nunc hominemve Deumve
Vaticiner ; divum potius te spero, Lycurge.

Lege hanc epistolam Priori Pandolfino familiari nostro ; novi hominis ingenium, scio hec eum confirmaturum.

Vale et in Iohannis Guidii benivolentia persevera.

LEGITIMUS AMORIS TERMINUS EST CONSUETUDO

Marsilius Ficinus Iohanni Cavalcanti amico unico s. d.

Interrogas que me potissimum causa induxerit, ut amatorias epistolas nonnullas excogitarem ; sunt, Iohannes, quam plurimi qui de rebus amatoriis loquentes scribentesve ab amoris lege procul aberrant ; error autem huiusmodi tam noxius est quam utilis est recta dilectio, tam etiam multiplex quam multi sunt qui amant. Omnes vero homines amant ; homines dixi, Iohannes, nam qui non diligit hominem non est homo. Ergo non solum in libro quem *De Amore* composui, verum etiam in epistolis meis prefixi amantibus terminum quem usque progrediantur ; quem qui transgreditur cum sui ipsius verus hostis sit, verus aliorum amicus esse non potest.

Legitimum vero in loquendo scribendove terminum solus ille servabit, qui prius in cogitando servaverit ; servabit autem in cogitando qui que vera pulchritudo sit, que non vera quidem, sed vere similitudo cognoverit. Legitimus amandi terminus est consuetudo, hec tribus constat : cogitatione, aspectu atque auditu. Nempe, ut Philosophi omnes definiunt, amor nihil aliud est quam pulchritudinis desiderium. Pulchritudo corporis non in umbra materie, sed in luce et gratia forme, non in tenebrosa mole, sed in lucida quandam proportione, non in pigro ineptoque pondere sed in convenienti numero et mensura consistit. Lucem vero ipsam, gratiam, proportionem, numerum et mensuram, cogitatione, aspectu, auditu, duntaxat attingimus. Hucusque igitur se extendit verus veri amantis affectus. Appetitus autem sensuum reliquorum, cum ad materiam, molem, pondus deformitatemque forme amorive contrariam rapiat, non amor est, sed pruritus quidam ineptus et onerosus nimiumque deformis.

Sed quid ego tamdiu Socratis et Platonis nostri more vulgo potius quam mihi consulo ? Forte quanto magis conabor ne vulgus turpiter amet, tanto magis insanum ingratumque vulgus suspicabitur me nimis amare, quod etiam divinis illis Heroibus Socrati et Platoni, nostris ducibus, dicitur contigisse. Ergo de his hactenus satis superque sit dictum.

Vale.

Lycurgue, élu par Jupiter l'éthéré et les autres habitants du ciel,
qui vint jusqu'à notre riche temple,
J'hésite à présent à te prophétiser plutôt homme ou dieu ;
je crois plutôt que tu es un dieu, Lycurgue [351].

Lis cette lettre à notre ami le premier Pandolfini [352], je connais le caractère de cet homme ; je sais qu'il va confirmer ce que je te dis. Salut, et demeure dans les bonnes grâces de Giovanni Guidi [353].

Le terme légitime de l'amour est l'union [354]

Marsile Ficin à Giovanni Cavalcanti , son unique ami, salut.

Tu me demandes pour quelle raison j'ai été amené à imaginer quelques lettres sur le thème de l'amour ; ils sont nombreux, Giovanni, ceux qui, tandis qu'ils parlent ou écrivent sur les choses de l'amour, s'éloignent considérablement de sa loi ; or une erreur de ce genre est aussi dangereuse qu'est utile une affection conforme à la loi, et il y a autant de formes d'amour qu'il y a d'amants différents. En vérité, tous les hommes aiment ; « les hommes » dis-je, Giovanni, car qui n'aime personne n'est pas un homme. Donc, non seulement dans le livre que j'ai composé sur l'Amour [355], mais encore dans mes lettres, j'ai fixé pour les amants le terme jusqu'auquel ils doivent progresser ; celui qui transgresse ce terme, comme il est à lui-même son véritable ennemi, ne peut être l'ami véritable d'autrui.

À vrai dire, celui-là seul observera en parlant ou en écrivant cette limite légitime qui l'aura d'abord observée en pensant ; or l'observera par la pensée celui qui saura ce qu'est la véritable beauté et celle qui n'est pas vraie mais qui ressemble à la vraie. Le terme légitime de l'amour est l'union, qui consiste en ces trois points : la pensée, la vue et l'ouïe. Évidemment, l'amour (comme le définissent tous les Philosophes) n'est rien d'autre que le désir du beau [356]. La beauté du corps consiste non pas dans l'ombre de la matière, mais dans la lumière et la grâce de la forme, non pas dans la masse ténébreuse, mais dans une claire proportion, non pas dans la pesanteur paresseuse et gauche, mais dans le nombre et la mesure harmonieux. Mais nous n'atteignons cette lumière, cette grâce, cette proportion, ce nombre et cette mesure que par la pensée, la vue et l'ouïe. La vraie passion du véritable amant s'étend donc jusque-là. En revanche, l'appétit des autres sens, étant donné qu'il nous précipite dans la matière, la masse, la pesanteur et une difformité contraire à la beauté ou à l'amour, n'est pas un amour, mais une sorte de prurit stupide, pénible et difforme à l'excès.

Mais pourquoi pour ma part consulté-je si longtemps, à la façon de notre Socrate et de notre Platon, la foule plutôt que moi-même ? Peut-être que j'entreprendrai d'autant plus d'aider la foule à ne pas aimer de manière honteuse que la foule insensée et ingrate me suspectera d'aimer excessivement, ce que l'on dit être arrivé à nos maîtres, ces divins Héros que sont Socrate et Platon.

En voilà donc assez sur ce sujet ; nous en avons dit plus qu'assez.

Adieu.

NEQUE AMOR SINE RELIGIONE NEQUE RELIGIO SINE AMORE LAUDATUR

Marsilius Ficinus Philippo Contronio Lucensi s. d.

Mitto ad te *Amorem* quem promiseram, mitto etiam *Religionem*, ut agnoscas et amorem meum religiosum esse et religionem amatoriam. Sane ita natura comparatum est, ut neque amor honestus sit nisi religiosus, neque religio vera nisi amore suscepta.

Salutat te Angelus Manettus, Ioannoctii oratoris filius, paterne virtutis heres.

DE TOLERANDA INIURIA

Marsilius Ficinus Iohanni Cavalcanti amico unico s. d.

Ais quendam familiarum tuorum a petulantibus quibusdam, contumelia et iniuria nuper affectum fuisse. Qui facit iniuriam, Iohannes, sibi ipsi facit. Animum enim perturbat, et nota mali habitus inficit. Subit infamia, odium, periculum et incommoda. Qui accipit iniuriam non ab inferente sed a seipso accipit. Non enim offenditur animus ipse rationalis, qui homo ipse est, nisi iniuriam illam esse sibi malam existimaverit. Existimatio huiusmodi in nostro arbitrio posita est. Cum igitur nemo nisi a seipso ledatur, nemo de alio quam de seipso debet conqueri ; cogitet ergo, qui queritur, non quomodo alium, sed quomodo se ipsum puniat, hoc est castiget et corrigat. Vidistine unquam catulos quosdam, qui lapidem mordent in eos coniectum, etiam si ab eo percussi non fuerint ? Hi, cum a lapide lesi non fuerint, morsu dentes suos ledunt. Idem faciunt homines imprudentes : illi enim sepe ab asino calce percussi, asinum, immo se pugno percutiunt. Sane imprudentes iniurias multas opinione sua in se recipiunt, que sua natura quasi pile in iactorem resultare consueverunt.

Dices forsitan vindictam non desiderare difficile est. Ne dubita : si homines ignoverint, tamen paulo post Deus iustissimus ulciscetur. Quid commodius, quid gloriosus, quam patronum et ultorem suum habere Deum ? Et tantum boni saltem mereri ab illo expectando, quantum iniurius inferre voluit mali, malumque hoc pacto in bonum convertere. Ô quam pretiosum bonum est tolerantia ! Hanc solam exercuit Socrates Grecorum sapientissimus ; hanc pre ceteris virtutibus exercuit Christus, Vite Magister. Nam ob hanc pene solam exercendam dicitur ad homines descendisse.

NI L'AMOUR N'EST LOUÉ SANS LA RELIGION, NI LA RELIGION SANS L'AMOUR [357]

Marsilio Ficino à Filippo Controni de Lucca [358], *salut.*

Je t'envoie l'*Amour* que je t'ai promis [359]. Je t'envoie aussi la *Religion* [360] pour que tu reconnaisses que mon amour est religieux, et ma religion aimante. La nature est en effet disposée de telle sorte qu'il n'est pas d'amour honnête qui ne soit religieux, ni de religion vraie sans amour pour fondement.

Angelo Manetti, le fils de l'orateur Giannozzo [361] et le digne héritier du talent de son père, te salue.

DE LA CAPACITÉ À SUPPORTER L'OFFENSE [362]

Marsile Ficin à Giovanni Cavalcanti , son unique ami, salut.

Tu dis qu'un de tes proches s'est senti récemment injurié et outragé par certains impudents. Celui qui commet l'offense, Giovanni, la commet contre lui-même. Car elle trouble l'esprit, et, une fois connue, imprime l'habitude du mal. À partir de l'infamie s'insinuent la haine, le danger et les préjudices. Celui qui subit l'injure ne la subit point de l'agresseur, mais de lui-même [363]. En effet, l'esprit rationnel qui est l'homme lui-même ne s'offense point, à moins d'avoir estimé que cette injure lui est mauvaise. Or un tel jugement relève de notre libre arbitre. Donc puisque personne n'est blessé, sinon par lui-même, personne ne doit se plaindre d'un autre que de lui-même ; ainsi que le plaignant songe à la façon dont il punit, c'est-à-dire châtie et corrige, non pas un autre, mais sa propre personne. N'as-tu jamais vu de chiots mordre la pierre à laquelle ils sont attachés, même si celle-ci ne les a pas frappés ? Bien qu'ils n'aient pas été blessés par la pierre, ils se blessent les dents en la mordant. De même se conduisent les impudents : eux qui, lorsqu'un âne en regimbant les heurte, frappent l'âne du poing, ou mieux se cognent eux-mêmes. Assurément, leur propre opinion les détermine à recevoir maintes injures imprudentes, lesquelles pour ainsi dire ont pour habitude, comme les balles, de rebondir vers celui qui les a lancées.

Peut-être rétorqueras-tu qu'il est difficile de ne pas tirer vengeance. Mais ne doute pas de ceci : si les hommes ont pardonné une faute, Dieu dans sa très grande justice, ne tardera pas à se venger. Quoi de plus avantageux, quoi de plus glorieux que d'avoir pour soi Dieu comme protecteur et vengeur ? Ainsi l'on a voulu, du moins, mériter par l'attente le bien dont il est la source (d'autant que retourner l'injure revient à mériter le mal), et de cette façon convertir le mal en bien. Ô quel bien précieux que la patience ! Socrate, le plus sage des Grecs s'exerça à elle seule ; de même que le Christ, Maître de vie, l'a pratiquée plus que tous les autres [364]. En effet, l'on rapporte qu'il est descendu parmi les hommes à cette seule fin.

Tam vituperanda impatientia est, quam laudanda est patientia. Mittamus cetera : impatientia turbat animum, preterita bona delet, presentia inficit, futura impedit. Neque rumori vilis plebecule prestande sunt aures, si invitaverit ad vindictam. Quid plebs ? Polypus quidam, id est animal multipes sine capite. Magnanimi est pre magnitudine sua parvifacere que sunt parva. Parva sunt et brevissima temporalia omnia, quorum quod est preteritum non est amplius, quod est futurum nondum est, quod est presens indivisibile est, et incipit simul ac desinit. Non est fortis qui succumbit iniuriis, sed qui superat. Superat autem qui ita resistit, ut ob earum impetum e suo statu non moveatur.

Hec familiari tuo legito ; dicito etiam, ut a ratione medelam querat, non expectet a tempore. Tempus enim noxius medicus est ; quotidie enim expectatione futuri fallit egrotum, et antequam veteres expellat dolores novos adiungit veteribus, totque quotidie accumulat mala, ut fallaci spe vite deducat ad mortem. Vivendum est autem hodie : qui enim cras vivit nunquam vivit. Si vis hodie vivere, vive Deo, quo heri et cras nihil aliud sunt quam hodie.

Adieu. XXX Martii 1474.

DE CONSTANTIA ADVERSUS FORTUNAM COMPARANDA

Marsilius Ficinus Iohanni Cavalcanti amico unico s. d.

Socrates apud Platonem in eo libro qui *De scientia Theetetus* inscribitur, amicum suum Theodorum Geometram ad ictus fortune fortiter propulsandos, non ferreis, ut plerique solent, armis, sed aureis, hoc pacto munivit. « Impossibile, inquit, est, Theodore, mala penitus extirpare. Necessarium est enim bono aliquid semper esse contrarium. Apud superos quidem mala esse non possunt, sed mortalem hanc naturam, regionemque inferiorem necessario circuunt. Ideo conandum est hinc illuc quam celerrime fugere. Fugere autem dicimus se Deo quam similimum pro viribus reddere. Similem vero hominem Deo reddunt prudentia, sanctitas atque iustitia ».

Quemadmodum vero divinum hoc Platonis nostri preceptum accipi debeat brevibus audies. Sicut animorum nostrorum qui creator est idem et gubernator Deus, ita corporum genitor et gubernator est mundus. Quoniam vero Dei filius animus mundi, membrum est corpus animus noster a Deo tanquam a patre providentie legibus clementer et suaviter agitur, corpus autem nostrum a corpora

Autant faut-il vitupérer l'impatience, autant faut-il louer la patience. Tenons-nous en à l'essentiel : l'impatience trouble l'esprit, détruit les biens passés, infecte et entrave le futur. Et il ne faut pas prêter l'oreille à la rumeur de la vile populace si elle invite à la vengeance. Qu'est-ce que la plèbe ? Une sorte de polype, c'est-à-dire un animal à plusieurs pattes et sans tête. C'est le propre du magnanime, en raison de sa propre grandeur, de faire peu de cas de ce qui est petit. Faibles et éphémères sont toutes choses temporelles, elles dont le passé ne dure pas davantage, dont le futur n'est pas encore et dont le présent est indivisible, à la fois début et fin. Le courageux n'est pas celui qui cède aux injures, mais celui qui les dépasse [365]. Or les surpasse celui qui résiste au point de rester immobile à sa place devant leur assaut.

Lis cette lettre à ton ami ; dis-lui encore de chercher le remède à l'aide de la raison, et non pas de l'attendre du temps. Car le temps est un médecin nuisible ; il trompe en effet le malade chaque jour par l'attente du futur, et, avant d'expulser les anciennes douleurs, il en ajoute de nouvelles aux précédentes, et chaque jour il accumule tant de maux qu'il conduit à la mort par l'espérance trompeuse de la vie. Or il faut vivre aujourd'hui : car celui qui vit demain jamais ne vit [366]. Si tu veux vivre aujourd'hui, vis par Dieu en qui hier et demain ne sont rien d'autre qu'aujourd'hui.

Adieu. 30 mars 1474.

De la constance à développer contre la fortune [367]

Marsile Ficin à Giovanni Cavalcanti [368]*, son unique ami, salut.*

Dans le livre intitulé *Théétète* ou *Sur la Science*, Socrate engage son ami Théodore le Géomètre à se fortifier énergiquement contre les coups repoussables de la fortune en recourant non pas, comme la plupart, à des armes de fer, mais à des armes d'or. « Il est impossible Théodore, dit-il, d'extirper absolument tous les maux, car il est nécessaire qu'il y ait toujours quelque chose de contraire au bien [369]. Chez les dieux, il n'y a point de maux, il est vrai, mais ceux-ci entourent nécessairement cette nature mortelle et cette région inférieure. Aussi faut-il s'efforcer de fuir au plus vite d'en bas vers le haut. Mais par fuir, nous entendons le fait de nous rendre, dans la mesure de nos forces, le plus semblable possible à Dieu [370]. Or un homme se fait semblable à Dieu par la prudence, la pureté et la justice » [371].

Comment il convient de recevoir le divin précepte de notre maître Platon, tu vas l'entendre en peu de mots. De même que Dieu, qui est le créateur de nos esprits, en est aussi le gouverneur ; de même le monde, géniteur des corps, en est également le gouverneur [372]. Or, puisque l'esprit est le fils de Dieu et le corps un membre du monde, notre esprit est animé doucement et agréablement par Dieu comme par son Père, sous l'effet des lois de la Providence ; cependant que

mundi fati viribus, tanquam particula quedam a tota sui mole violento quodam impetu trahitur. Nec in mentem nostram fati vis penetrat, nisi ipsa se sua sponte prius in corpus fato subiectum immerserit. Nemo igitur adeo consilio suo viribus confidat, ut morbos corporis rerumque iacturas devitare omnino posse se speret. Recipiat a corporis peste seipsum animus quisque, et in mentem suam se colligat ; tunc enim vim suam fortuna explebit in corpore, in animum non transibit. Non pugnabit in cassum vir sapiens contra fatum, sed fugiendo potius repugnabit. Fugari non possunt adversa sed fugi. Igitur « hinc illuc », id est ab amore corporis externarumque rerum cura ad animi denique cultum, aufugere a Platone iubemur, aliter enim mala declinari non possunt. Addit « quam celerrime » ob eam arbitror rationem, ut a tenera etate segregare a commertio corporis animum incipiamus, antequam diuturna eius consuetudine submergatur. Per hanc utique fugam Deo similis non immerito redditur animus, quippe cum a corporis contagione liber tanquam Deus evadat. Huiusmodi libertatem virtutibus precipue tribus assequimur : « Prudentia, Iustitia, Sanctitate ». Prudentia quid Deo, quid mundo debeamus agnoscit ; Iustitia quod suum est mundo ; Sanctitas Deo quod suum est tribuit. Itaque vir prudens corpus quidem suum, mundi membrum, mundi ipsius revolutioni concedit quocunque contigerit agitandum. Animum autem, Dei filium, a corporis commertio segregat et divine committit providentie pro arbitrio gubernandum.

Hoc aureum Platonis nostri preceptum si nos, suavissime mi Iohannes, sectabimur, per vastum hunc fortune gurgitem, celesti flamine aspirante, securi et incolumes ad portum feliciter navigabimus.

Vale.

AMICITIA ILLA STABILIS QUE A DEO CONFLATUR

Marsilius Ficinus Iohanni Cavalcanti amico unico s. d.

Veram Platonici Philosophi amicitiam, optime mi Iohannes, stabilem vite duorum unionem definierunt. Vitam vero nos unam in illis esse duntaxat hominibus arbitramur, qui opere uno ad unum finem tanquam eodem calle ad eundem itineris terminum gradiuntur. Stabilem quoque eorum ita demum fore societatem existimamus, cum non unum solum, verum etiam stabile firmumque id fuerit, quod sibi communi quodam inter se officio sectandum proposuerunt.

Verum cum omne hominum studium atque commertium ad id quod bonum putatur semper contendere soleat, bona vero tria esse mortalibus videantur

notre corps est traîné par le corps du monde, sous l'effet de forces fatales, à l'instar d'une parcelle tirée par la masse tout entière à laquelle elle appartient, sous le coup d'une impulsion violente. De surcroît, la force de la fatalité ne pénètre pas notre intelligence, à moins qu'elle ne se soit d'abord elle-même immergée spontanément dans le corps assujetti au destin. Aussi personne ne peut se fier à sa réflexion et à ses forces au point d'espérer pouvoir éviter les maladies de son corps, la perte de ses biens. Mais que chaque esprit s'accueille lui-même loin de la peste corporelle et qu'il se recueille dans sa propre intelligence ; alors certes la fortune répandra sa force sur le corps, mais elle ne traversera pas l'esprit. L'homme sage ne combat pas inutilement contre la fatalité, mais il résiste plutôt par sa fuite [373]. L'adversité ne saurait être mise en fuite, mais il est loisible de la fuir. Aussi Platon nous ordonne-t-il de nous enfuir « d'ici vers là-bas », c'est-à-dire de l'amour des corps et du souci des réalités terrestres vers le culte de l'esprit, sans quoi les maux ne sauraient décliner. Il ajoute « le plus rapidement possible », pour cette raison, à mon avis, qu'à l'âge tendre nous commençons par séparer l'esprit du commerce corporel, avant qu'il ne s'immerge dans son usage durable. En tout cas, cette fuite restitue de façon méritée l'esprit à la similitude divine, puisqu'il se libère comme Dieu de la contagion corporelle. Nous obtenons une telle liberté au moyen principalement de trois vertus : la Prudence, la Justice, la Pureté. La Prudence reconnaît ce que nous devons à Dieu, ce que nous devons au monde ; la Justice attribue ce qui est dû au monde ; la Pureté ce qui est dû à Dieu. Aussi l'homme prudent abandonne-t-il son corps, membre du monde, aux révolutions de ce même monde, partout où il lui arrive de le mouvoir. Mais son esprit, fils de Dieu, il le sépare du commerce corporel et le confie, en vertu de sa capacité à gouverner, à la divine Providence.

Mon très aimable Giovanni, si nous, nous suivons le précepte d'or de notre maître Platon, le vent céleste gonflera la voile de notre navire, et nous franchirons avec bonheur ce vaste gouffre de la fortune, tranquilles et saufs, jusqu'au havre [374]. Adieu.

Cette amitié est solide qui est insufflée par Dieu [375]

Marsile Ficin à Giovanni Cavalcanti, son unique ami, salut.

Mon très cher Giovanni, les Philosophes Platoniciens définirent l'amitié véritable comme l'union durable de deux vies [376]. Or nous, nous sommes d'avis qu'il y a seulement une vie unique quand deux hommes, oeuvrant ensemble vers une seule fin, marchent sur un même sentier jusqu'au terme identique du chemin ; et nous estimons aussi que leur association sera stable à la seule condition que l'objet qu'ils se proposèrent de suivre entre eux comme un devoir commun aura été non seulement unique, mais encore stable et solide.

Mais comme d'ordinaire toute étude et tout commerce humain tendent toujours à ce que l'on pense être bon, il semble qu'il y ait trois biens chez

– bona, inquam, animi, corporis et externa –, aut virtus animi ab illis, aut voluptas corporis, aut divitiarum copia queritur. Horum profecto primum illud certum est et perpetuum, duo reliqua caduca sunt atque mortalia. Quamobrem inter illos solum stabilis vite unio, que vera est amicitia, esse potest qui neque ad divitias cumulandas, neque ad explendas libidines corporis, que omnia fluxu et caduca sunt, sed ad unam stabilemque virtutem animi capessendam atque colendam communi quodam inter se studio, et toto mentis ardore proficiscuntur.

Animi virtutem Philosophorum ille omnium magister et dux Plato noster sapientiam voluit nuncupari ; sapientiam vero esse rerum divinarum cognitionem existimavit. Res autem divinas idem in libris *De republica* non aliter menti nostre innotescere posse quam Deo nos illustrante demonstrat, quemadmodum et corporum formas oculis non aliter quam Sole oculos illuminante videri. Idem igitur Deus est quem videre desideramus, qui aciem mentis, ut intueri possimus, illuminat, qui lucide menti se denique monstrat, monstrando delectat, idem via nobis est Deus, est veritas, est vita. Via quidem, quoniam suis nos radiis ad se convertit et ducit et rapit. Veritas autem, quia verum se nobis ad ipsum conversis ostendit. Vita denique, quoniam animum nostrum ipsius contemplatorem beata illa visione pascit perpetuo et oblectat. Hunc ergo sapientie omnis perennem fontem sitiant oportet omnes, quicunque sapientie gustare liquores suavissimos cupiunt. Sapientiam vero sectentur necesse est omnes qui virtutem animi adipisci desiderant. Quo efficitur ut quicunque animum suum colere instituunt, Deum colere compellantur.

Amicos autem invicem eos in superioribus definivimus, qui simili et pari studio ad virtutem contenderent mutuoque favore suos animos colerent. Cultus animi sola virtute constat, virtus sapientia est, sapientia cognitio divinorum, cognitionem huiusmodi lux nobis divina largitur. Cultus itaque animi Dei ipsius est cultus. Amicitia igitur, cum duorum consensu ad animum virtute colendum nitatur, nihil utique aliud esse videtur quam duorum animorum summa in Deo colendo concordia.

Amantur autem a Deo quicunque Deum pia mente colunt. Ideo non duo quidem soli, sed tres necessario amici sunt semper duo videlicet homines unusque Deus. Deus, inquam, Iupiter hospitalis, Iupiter amicabilis, Iupiter humane vite servator. Quem coluit Plato semper, semper Socrates honoravit, hic vite dux hominum ; hic nos in unum conciliat ; hic indissolubilis est amicitie nodus custosque perpetuus. Hoc Deo quondam conciliatore prisci illi Theologi, quorum memoriam veneramur, sanctam inter se amicitie copulam inisse traduntur. Apud Persas Zoroaster in divinis religiose Philosophie mysteriis assiduum sibi comitem Arimaspem aspirante numine dicitur adscivisse.

les mortels – les biens de l'esprit, du corps et des objets externes –, l'homme cherchant ou la vertu de l'esprit, ou le plaisir du corps, ou l'abondance des richesses. Assurément, le premier de ces biens est indubitablement perpétuel, les deux autres sont caducs et mortels. Aussi l'union durable de la vie, qui est l'amitié véritable, peut seule exister chez ceux qui en viennent ni à accumuler les richesses ni à assouvir les passions corporelles, lesquelles sont périssables et caduques, mais à embrasser et cultiver l'unique et durable vertu de l'esprit avec un zèle commun entre eux et toute l'ardeur de l'intelligence [377].

Cette vertu de l'esprit, le maître et le guide de tous les Philosophes, notre cher Platon, a voulu la nommer la sagesse ; mais une sagesse dont il estime qu'elle est la connaissance des réalités divines [378]. Or, dans les livres de *La République* [379], il démontre que les réalités divines ne peuvent se faire connaître à notre intelligence que sous la forme d'une illumination divine, de même que les formes des corps ne sont visibles à l'œil que si le Soleil l'éclaire. Donc Dieu est celui que nous désirons voir, celui qui illumine la pointe de notre intelligence pour que nous puissions le contempler, celui qui se montre enfin à l'intelligence lumineuse, nous délecte en se montrant et constitue pour nous le chemin, la vérité, la vie [380]. Le chemin, d'abord, puisque, par ses rayons, il nous tourne, nous guide, et nous emporte jusqu'à lui. Et la vérité parce que, une fois tournés vers lui, il se montre à nous dans sa vérité. La vie, enfin, puisque, par cette vision bienheureuse, il récrée et nourrit à perpétuité notre esprit qui le contemple. Aussi faut-il que tous ceux qui désirent goûter aux eaux très suaves de la sagesse s'abreuvent à la source pérenne de toute sagesse. De là, il résulte que tous ceux qui s'engagent à cultiver leur esprit sont contraints de cultiver Dieu. Or, plus haut, nous avons défini les amis à leur tour comme ceux qui, avec un zèle semblable et égal, s'appliquaient à la vertu et cultivaient leur esprit avec une faveur réciproque [381]. La culture de l'esprit réside dans la seule vertu, la vertu est la sagesse, la sagesse la connaissance du divin. La lumière divine nous prodigue cette sorte de connaissance. Aussi cultiver son esprit est-ce cultiver Dieu lui-même [382]. Donc l'amitié, comme elle fait effort, à partir de l'accord de deux hommes, de cultiver l'esprit au moyen de la vertu, n'est rien d'autre, semble-t-il, que la souveraine concorde [383] de deux esprits dans le fait de cultiver Dieu [384].

Et Dieu aime tous ceux qui le cultivent d'une intelligence pieuse. Partant, les amis ne sont pas seulement deux, mais toujours nécessairement trois, à savoir les deux hommes et le Dieu un. Dieu ou, dis-je, Jupiter hospitalier, Jupiter amical, Jupiter sauveur de la vie humaine [385]. Lui que Platon toujours a cultivé, Socrate toujours honoré, il est le guide de la vie des hommes ; il nous fait un ; il est le nœud indissoluble de l'amitié et son gardien perpétuel. On rapporte que ces Théologiens Antiques, dont nous vénérons la sainte mémoire [386], se trouvaient jadis entre eux dans une relation d'amitié avec Dieu comme médiateur. Chez les Perses, l'on dit que c'est sous l'effet d'une inspiration divine que Zoroastre [387] prit comme fidèle compagnon Arimaspis dans l'étude des divins mystères de la Philosophie religieuse [388]. De même, chez les Égyptiens, Mercure Trismégiste

Mercurius Trismegistus apud Egyptios similiter Esculapium. Museum in Thracia Orpheus, illic etiam Aglaophemus Pythagoram. Atheniensis Plato Dionem primo Syracusanum. Dione deinde defuncto Zenocratem. Usque adeo sapientes viri ad celeste inter tuto et placide peragendum, et ducem Deum et comitem hominem necessarium fore arbitrabantur.

Horum ego vestigia superne per celi plagas impressa, etsi minime sequi posse confido, hoc tamen unum mihi iam abunde videor consecutus, ut ad sacre Philosophie studia, exercendam virtutem, veritatem investigandam, optimi viri commoda et iocunda societate non caream. Reor enim Iohannis Cavalcantis et Marsilii Ficini familiaritatem in earum numero, quas paulo ante commemoravimus ponendam esse, ac duce Deo, qui nobis feliciter hanc copulam instituit et conflavit, utrique nostrum ad res agendas, ad vite tranquillitatem, ad divinorum indagationem plurimum conducturam.

POETICUS FUROR A DEO EST

Marsilius Ficinus Antonio Pellocto et Baccio Ugolino s. d.

Cum legeremus ego et Antonius Calderinus una et Bindaccius Ricasolanus, familiares mei, que uterque vestrum in Caroli Marsupini laudes Musarum alumni composuit, consensimus verissimam esse illam Platonis nostri sententiam : « Poesim non ab arte sed a furore aliquo proficisci ». Etsi nihil opus est rationibus, ubi res ipsa in promptu est, dicam tamen quod ratio Platonica persuadet.

Plato de furore divino in *Phedro* et *Ione* disputat, cuius tria potissimum affert signa. Primum, quod artes singulas singuli homines sine Deo, longo vix tempore assecuntur. Legitimi vero Poete, quales fuisse vult Orpheum, Homerum, Hesiodum, Pindarum, omnium artium suis operibus certa quedam inditia, et argumenta inseruerunt. Secundum, quod multa furentes canunt, et illa quidem mirabilia, que paulo post defervescente furore ipsimet non satis intelligunt, quasi non ipsi pronuntiaverint, sed Deus per eos ceu tubas clamaverit. Tertium quod non prudentiores viri, et ab ineunte etate eruditiores optimi evasere Poete. Verum insani potius aliqui –qualem fuisse constat Homerum atque Lucretium– aut rudiores –qualem se fuisse testatur Hesiodus et quales extitisse Ionem et Tynnicum Chalcideum scribit Plato–, qui preter artem subito in rebus poeticis mirandi prodierint. Addit ineptissimos quosdam homines a Musis ideo corripi,

choisit Asclépios [389]. En Thrace, Orphée [390] choisit Musée [391], et là encore Aglaophème [392] Pythagore [393]. Platon d'Athènes choisit d'abord Dion de Syracuse [394], puis, à sa mort, Xénocrate [395]. Partant, ces hommes sages estimaient nécessaire d'avoir Dieu pour guide et un homme pour compagnon afin d'accomplir jusqu'au bout le chemin céleste en paix et en sécurité.

Et quant à moi, même si je ne suis pas très certain de pouvoir suivre les traces de ces hommes illustres imprimées à travers les étendues célestes, il me semble pourtant qu'il est une chose déjà que je poursuis largement pour l'étude de la Philosophie sacrée, à savoir le fait de pratiquer la vertu [396] et de rechercher la vérité sans manquer de la société bienveillante et agréable de l'homme le meilleur. En effet, je considère que l'amitié de Giovanni Cavalcanti et de Marsile Ficin doit se ranger au nombre de celles que j'ai rappelées tantôt, et sous la conduite de Dieu qui a fondé et inspiré l'heureux lien qui nous unit, amitié qui conduira l'un et l'autre à accomplir ce qui est nécessaire à la tranquillité de la vie et à la recherche du divin [397]. Adieu.

La fureur poétique vient de Dieu [398]

Marsile Ficin à Antonio Pelotti [399] *et Baccio Ugolini* [400], *salut.*

Quand mes bons amis, Antonio Calderini [401] et Bindaccio da Ricasoli [402], et moi-même nous lûmes ce que l'un et l'autre vous composâtes à la louange de Carlo Marsuppini, rejeton des Muses, nous nous accordâmes à reconnaître la profonde vérité de cette affirmation de notre cher Platon : « La Poésie trouve son origine non en l'art, mais dans quelque fureur » [403]. Et même si point n'est besoin d'apporter des raisons là où la chose est d'elle-même par trop évidente, néanmoins je vais mentionner ce dont la raison platonicienne est convaincue. Dans le *Phèdre* et l'*Ion*, Platon discute de la fureur divine dont il donne trois signes principaux.

Tout d'abord, sans Dieu, chaque homme éprouve de la difficulté à maîtriser chaque art, même sur la longue durée. À l'inverse, les Poètes légitimes, tels que furent, selon notre philosophe, Orphée [404], Homère [405], Hésiode [406] ou Pindare [407], ont introduit en leurs œuvres des indications et des preuves certaines qui appartenaient à tous les arts [408]. Ensuite, les furieux chantent nombre de choses vraiment merveilleuses que l'instant d'après, une fois la fureur retombée, ils ne comprennent guère eux-mêmes, comme s'ils ne les avaient point prononcées, mais que Dieu s'était fait entendre à travers eux comme au travers de trompettes [409]. Enfin, des hommes plus avisés, des individus plus savants dès leur plus jeune âge, ne sont point pour autant devenus les Poètes les plus parfaits. En vérité, quelques Poètes étaient plutôt insensés – comme le fait est établi au sujet d'Homère et de Lucrèce – ou bien fort incultes – ainsi que Hésiode l'atteste de lui-même [410] et que Platon le raconte à propos de Ion et de Tynnicus de Calchis [411], lesquels soudain, au-delà des règles de l'art, s'avançaient admirablement dans

quia divina providentia declarare vult hominum generi non hominum inventa esse preclara poemata, sed celestia munera ; cuius illud affert signum in *Phedro*, quod nullus unquam, licet diligentissimus et in omnibus artibus eruditus, excelluit in Poesi nisi ad hec accesserit ferventior illa animi concitatio, quam sentimus quando : « Est Deus in nobis, agitante calescimus illo. Impetus ille sacre semina mentis habet ».

Valete.

IIII Martii 1473.

Cura patrie, familie, amicorum

Marsilius Ficinus Francisco Tedaldo s. d.

Bartolus Tedaldus patruus vester, vir doctus et prudens, sepe Socraticum illud habebat in ore. Duo pre ceteris rebus humanis esse curanda, patriam videlicet et familiam. Et merito, civis enim patrie membrum est familia, corpus patris.

Quid igitur totiens, Francisce noster, quid tamdiu peregrinaris ? Sic neque patriam colis, neque familiam satis excolis. Non tantum cogitandum est, ut multa filiis relinquas bona, quantum ut multum bonos : alterum forte extra patriam, alterum certe in patria consequi potes. Lactantii arbitror filii tui diligentie honestatique confidis. Neque ipse quidem diffido. Quid vero de amicis dicam ? Quibus aliquando obsequaris oportet, si vis tibi obsequi, obsequere amicis, immo tibi hodie. Obsequium crastinum inimicis, siquos habes, dona. Sit precor tibi saltem cura mei, cui quidem tam charus es quam quod carissimum.

Vale.

V Martii 1474.

Quis sit verus vir appellandus

Marsilius Ficinus Bartolomeo Fontio et Alexandro Braccio Musarum alumnis s.d.

Si miramini cur Nicholaum Micheloctium peculiari nomine « verum virum » nominem, respondeo quia nihil reperio in eo viro effeminatum, nihil mendax, nihil non virtutis vim pre se ferat, et intra se ferat. Unde nam proficisci id putatis ? Quod nemo reperiatur usquam, qui Nicholao vel minimum quicquam detrahat. Cur sine exceptione laudatur ? Quia sine simulatione diligitur. Et unde istud ?

les matières poétiques. Platon ajoute que les Muses s'emparent de certains hommes très frustes, parce que la divine providence veut montrer au genre humain que les beaux poèmes ne sont point de l'invention de l'homme, mais constituent des dons du ciel [412] – ce dont le Philosophe apporte l'indice dans le *Phèdre* [413], lorsqu'il déclare que, fût-il le plus diligent et le plus érudit dans tous les arts, nul n'a jamais excellé en Poésie, à moins que de telles qualités n'aient été embrasées par ce mouvement très ardent de l'esprit que nous éprouvons quand « la présence de Dieu en nous nous enflamme par sa vivacité. Pareille inspiration contient les semences de l'intelligence sacrée » [414].

Adieu. 4 Mars 1473 [415].

SOIN APPORTÉ À LA PATRIE, À LA FAMILLE, AUX AMIS [416]

Marsile Ficin à Francesco Tedaldi [417], *salut.*

Ton oncle paternel, Bartolo Tedaldi [418], homme docte et prudent, avait souvent à la bouche ce mot de Socrate : « dans les affaires humaines, deux choses nécessitent avant tout qu'on en prenne soin : la patrie, bien sûr, et la famille » [419] ; car c'est avec raison que celui qui appartient à une famille est membre de la patrie et corps du père.

Pourquoi alors, mon Francesco, voyages-tu si souvent à l'étranger et si longtemps [420] ? Tu ne sers pas ton pays de cette manière, ni tu n'honores ta famille comme il le faut. Il ne faut pas tant penser à laisser des biens nombreux à tes fils, qu'à leur offrir souvent de bonnes compagnies : tu peux peut-être trouver les premiers à l'étranger, mais c'est assurément dans ton pays que tu peux trouver les seconds. Je pense que tu te fies à la diligence et l'intégrité de ton fils Lattanzio ; je ne manque pas, moi-même, de lui faire confiance. Mais que dire de tes amis ? Il faut parfois que tu leur obéisses si tu veux t'obéir à toi-même, obéis à tes amis, ou plutôt à toi aujourd'hui. Obéis à tes ennemis demain, si tu en as ; mais je t'en prie, du moins, soucie-toi de moi pour qui tu es aussi cher que le plus cher. Adieu.

5 Mars 1474.

QUI DOIT-ON APPELER UN HOMME VRAI [421] ?

Marsile Ficin à Bartolomeo della Fonte [422] *et Alessandro Bracessi* [423], *rejetons des Muses, salut.*

Si tu te demandes avec étonnement pourquoi je donne à Niccolo Michelozzi le nom spécial d'« homme véritable », je réponds que c'est parce que je ne trouve en lui rien d'effeminé, rien de menteur et, au-dedans comme au-dehors, rien qui ne soit pas vertueux. D'où vient selon toi que l'on ne trouve nulle part quelqu'un pour dénigrer, même très peu, Niccolo ? Pourquoi est-il loué sans exception ?

Quia sine simulatione diligit, et vivit absque mendacio.

Valete, sed cavete ne legat hanc epistolam Nicholaus. Laudare eum absentem statui, ne forte minus vere verum virum laudare viderer.

Salutate Petrum Cenninum nostrum, virum pietate litterisque ornatum.

VI Aprilis 1474.

DE HUMANITATE

Marsilius Ficinus Thome Minerbetto humano viro s. d.

Cur pueri crudeliores sunt quam senes ? Insani quam prudentes ? Hebetes quam ingeniosi ? Quia minus homines, ut ita dicam, sunt quam ceteri. Unde qui crudeles sunt inhumani, efferatique nominantur. Qui enim a perfecta hominis natura, vel propter etatis defectum, vel propter animi vitium corporisve morbum, vel propter adversam syderum dispositionem procul distant, hi ut plurimum humanam speciem tanquam rem aliquam extraneamque vel odere vel negligunt.

Non homo, ut ita loquar, fuit Nero, sed monstrum quoddam pelle homini simile. Si enim revera fuisset homo, ceteros homines tanquam membra quedam eiusdem corporis dilexisset. Singuli namque homines sub una idea, et in eadem specie sunt unus homo. Ob hanc, ut arbitror, rationem sapientes solam illam ex omni virtutum numero hominis ipsius nomine, id est humanitatem, appellaverunt, que omnes homines quadammodo ceu fratres ex uno quondam patre longo ordine natos diligit atque curat.

Ergo, vir humanissime, in officiis humanitatis persevera. Nihil Deo gratius quam charitas. Nullum certius aut dementie inditium, aut miserie portentum, quam crudelitas. Vale.

GRATIA, AMOR, FIDES, AMICITIA

Marsilius Ficinus Naldo Naldio poete s. d.

Volebam, Nalde, te Phebi nunc appellare delitias Poesimque tuam multis, ut par est, laudibus prosequi ; sed venit in mentem haudquaquam Musam decere nisi Musa, et carmina nisi carminibus celebrari. Tacere autem tua penitus nequeo.

Parce qu'il est aimé sans feinte. Et pourquoi est-ce ainsi ? Parce qu'il aime sans feinte, et vit sans mensonge.

Adieu, mais veillez à ce que Niccolo ne lise pas cette lettre. J'ai décidé de le louer quand il n'est pas là, de crainte de paraître louer un homme vrai avec moins de vérité.

Saluez notre Piero Cennini, un homme que parent sa piété et ses lettres.

6 Avril 1474.

DE L'HUMANITÉ [424]

Marsile Ficin à Tommaso Minerbetti [425], un homme humain, salut.

Pourquoi les enfants sont-ils plus cruels que les vieillards ? Et les fous plus que les hommes avisés ? Et les stupides plus que les intelligents ? Parce que les uns sont moins hommes, pour ainsi dire, que les autres. De là que les cruels sont appelés inhumains et sauvages. Car ceux qui s'éloignent de la perfection de la nature humaine, que ce soit en raison d'un défaut de l'âge, d'un vice de l'âme, d'un désordre physique ou d'une configuration astrale défavorable, haïssent le plus la race humaine ou l'ignorent, comme si elle leur était étrangère ou extérieure.

Néron ne fut pas un homme, dirais-je, mais un monstre dans la peau d'un homme. Car s'il avait réellement été un homme, il aurait aimé les autres hommes comme les membres d'un même corps. Tous les hommes singuliers, subsumés sous une même idée, appartenant à une même espèce, forment un seul homme. C'est la raison pour laquelle, je pense, les Sages, parmi tout le nombre des vertus, n'en ont appelé qu'une seule du nom de l'homme : c'est l'Humanité, qui aime tous les hommes et veille sur eux comme s'ils étaient frères [426], nés d'un seul père par une longue succession.

Continue donc, homme de grande humanité, de t'acquitter des devoirs de l'humanité. Rien n'est plus cher à Dieu que la charité [427]. Il n'est pas d'indice de la démence ni de présage de la misère plus certains que la cruauté.

Continue de cultiver l'amitié de Carlo Valguli de Brescia [428] ; car il est un homme d'une humanité extraordinaire, et excelle dans les Humanités aussi bien grecques que latines. Adieu.

GRÂCE, AMOUR, FOI, AMITIÉ [429]

Marsile Ficin au Poète Naldo Naldi [430], salut.

Désormais je voulais t'appeler « les délices de Phébus », et honorer ta Poésie, comme il convient, de nombreuses louanges ; mais il me vint à l'esprit que la Muse ne doit être nullement célébrée sinon par les Muses, et les poèmes

Quid me provocat ad loquendum ? Amor ac fides ; amorem igitur fidemque laudabo, gratia movet amorem, amor fidem procreat. Fides amorem patrem suum fovet, atque hoc fomento ex amore generat amicitiam ; denique amicitiam iam natam alit fides eadem et auget quotidie servatque penitus indelebilem. Unde nam fieri hoc arbitramur ? Quod, cum cetera quanto magis senescunt tanto etiam magis debilitentur, amicitia tamen ipsa quanto vetustior est tanto robustior. Nunquid beneficia multa ultro citroque accepta id agunt ? Nequaquam. Voluntas enim, cum libera sit, libera emitur voluntate, non pretio. Ergo diu probata fides, comprobat amicitiam, solaque fide fit ut benivolentia et antiquissima simul et robustissima sit. Hanc mihi celebrare pre ceteris libet. Doctrina enim cuiusque propria unius est duntaxat, fides vero saltem est duorum : quod enim sapis, tibi ipse sapis ; fidelis autem tibi es et mihi.

Vale, mi Nalde, fide fidelior, et amice omnium antiquissime. Atque in familiaritate Bernardi Oricellarii docti probique viri persevera. Memento quotiens una vel legitimum civem vel felicem virum excogitavimus, totiens te centum virorum millibus Oricellarium, consentiente Marsilio, anteponere consuevisse.

Iterum vale.

VIII Aprilis 1478.

STULTITIA ET MISERIA HOMINUM

Marsilius Ficinus Ricciardo Angelerio Anglariensi, Oliverio Ardouino, Antonio Seraphico conphilosophis suis s. d.

Quid tantum ridebat Democritus ? Quid lugebat Heraclitus ? Alter quidem, ut opinor, stultitiam hominum, alter vero miseriam. Stultitia ridicula, miseria flebilis esse videtur. Stultitia quid aliud est, quam iudicii depravatio ? Miseria quid, nisi appetitus afflictio ex depravatione iudicii proficiscens ? Quis negabit stultos esse homines qui curant aliena, sua negligunt ? Magnifaciunt absentia et nova presentia consuetaque parvifaciunt. Ob assiduam futurorum cupiditatem presentibus non fruuntur. Et cum sistendus sit motus ut quiescas, ipsi, ut quandoque quiescant, novos semper motus et varios inchoant. Sic divitias accumulant, tanquam nunquam morituri ; sic voluptatibus abutuntur, tanquam

nullement si ce n'est par les poèmes. Mais je ne peux absolument me taire à propos de tes oeuvres : ce qui me pousse à parler, c'est l'Amour et la Foi ; aussi je louerai l'Amour et la Foi, car la Grâce meut l'Amour, l'Amour engendre la Foi. La Foi entoure son père l'Amour, et, grâce à la chaleur de ce soutien, elle génère par l'Amour l'Amitié ; enfin la Foi nourrit cette Amitié enfant, elle l'aide à se développer chaque jour, et veille à ce qu'elle demeure absolument intacte. Pourquoi en est-il ainsi, selon nous ? Parce que, lorsque toutes les autres choses deviennent beaucoup plus vieilles, elles deviennent aussi beaucoup plus faibles, alors que l'Amitié, plus elle est ancienne, plus elle est robuste. Sont-ce les nombreux bienfaits, reçus de part et d'autre, qui produisent cela ? Nullement. Car, puisque la volonté est libre, l'amitié est obtenue par une libre volonté, et non au prix d'un salaire. Donc la Foi, approuvée dès longtemps, confirme l'Amitié, c'est seulement par la Foi que la Bienveillance devient à la fois la plus ancienne et la plus robuste. C'est cette Foi qu'il me plaît de célébrer par-dessus tout. Car le savoir de chacun est la propriété de chacun, mais la Foi appartient, du moins, à deux : ce que tu sais, tu le sais pour toi-même ; mais tu es fidèle pour toi et pour moi.

Adieu, mon Naldo, plus fidèle que la Foi, et l'ami le plus ancien de tous. Reste dans l'intimité amicale de Bernardo Rucellai [431], homme docte et probe. Souviens-toi, toutes les fois que nous songeons ensemble à un citoyen des plus légitimes, et à un homme des plus heureux, que, parmi la centaine de milliers d'hommes qui nous vient à l'esprit, tu places habituellement, avec le consentement de Marsile, Rucellai en premier.

Derechef, adieu.

8 avril 1478 [432].

Folie et misère des hommes [433]

Marsile Ficin à Riccardo Angiolieri d'Anghiari [434], *Oliviero Arduini* [435] *et Antonio Serafico, ses confrères en philosophie, salut.*

Qu'est-ce qui faisait tant rire Démocrite ? Qu'est-ce qui faisait pleurer Héraclite ? Pour l'un, je suppose, c'était la folie des hommes, et pour l'autre leur misère [436]. La folie apparaît ridicule, et la misère lamentable. La folie, qu'est-ce d'autre que la corruption du jugement ? Qui niera que ces hommes sont fous qui se soucient des affaires des autres, et négligent les leurs. Ils magnifient les choses absentes et nouvelles, et rapetissent les choses présentes et habituelles. À cause de leur envie constante de ce qui est à venir, ils ne profitent pas de la réalité présente. Bien qu'il faille arrêter le mouvement pour se reposer, eux, ils entreprennent des mouvements toujours nouveaux et variés dans le but de se reposer un jour. Ils accumulent les richesses comme s'ils ne devaient jamais mourir ; ils abusent des plaisirs comme s'ils devaient mourir chaque jour. Passons maintenant à d'autres

quotidie morituri. Missa faciamus alia in presentia ; infinita enim materies nunc nobis occurrit. Illud in primis stultissimum non iudicare non possum, quod multi bestiam quidem suam, immo feram noxiam et indomitam, hoc est corpus, pascunt diligentissime, seipsos autem, id est animum ipsum, quantum in eis est, fame perire permittunt. Et miramur quamdiu ita vivimus, immo quamdiu ita morimur, tamdiu nos miseros esse, quasi possimus alia metere quam que sevimus.

Stultitie fructus est miseria. At quomodo ? Quoniam stulte nimium et corpus alimus et negligimus animum : illud pingue redditur et robustum, ille macer ac debilis. Hinc fit ut animo pre tenuitate imbecillitateque sua, corporalia tum magna tum fortia videantur. Que magna videntur magnopere appetit, que fortia timet summopere. Quocirca tanquam miser, partim cupiditatis ardore, partim timoris horrore, solicitatur.

Alamus, obsecro, augeamusque alimentis spiritalibus spiritum, ut magnus quandoque factus et corporalia tanquam minima parvifaciens, nullam in partem ob corporis impetum e sua sede declinet ! Ascendamus in altam mentis speculam, infimo corporis pulvere derelicto ! Tunc divina propius, humana procul spectabimus. Illa maiora quam consueverint videbuntur, ista minora. Quapropter diligentes illa, et ista negligentes, neque stulti amplius erimus, neque miseri, sed sapientes iam atque beati.

Valete.

STULTITIA ET MISERIA HOMINUM

Marsilius Ficinus Petro Vannio, Cherubino Quarqualio, Dominico Galletto s. d.

Vidistis pictam in gymnasio meo mundi speram et hinc atque illinc Democritum et Heraclitum, alterum quidem ridentem, alterum vero flentem. Quidnam ridet Democritus ? Quod luget Heraclitus ? Vulgus, videlicet animal monstruosum, insanum et miserabile.

Mortales bona quotidie a Deo petunt, sed, ut bene illis utantur, nunquam postulant. Optant ut cupiditates eorum fortuna sequatur, ut autem cupiditas rationem sequatur nihil curant. Minima queque supellectilia student quam pulcherima fieri, animum fieri pulchrum fere nunquam student. Corporalium morborum medelas diligenter exquirunt, morbos animi negligunt. Pacem opinantur cum aliis habere se posse, ipsi tamen secum assidue bellum gerunt. Est enim inter corpus et animam, sensum et rationem pugna perpetua. Amicum sibi

exemples ; en effet une matière infinie se présente à nous. Je ne peux que juger qu'il est le plus fou de tous l'acte qui consiste chez beaucoup à nourrir avec une extrême diligence leur bête, c'est-à-dire le corps, un animal cruel, nuisible et sauvage, et à permettre qu'eux-mêmes, c'est-à-dire leur âme, autant qu'elle est en eux, périsse de faim. Et nous nous étonnons que, pendant que nous vivons ainsi, nous sommes malheureux, comme si nous pouvions récolter autre chose que ce que nous avons semé.

La misère est le fruit de la folie. Mais comment ? Parce que nous gavons de manière déraisonnable le corps, et négligeons l'âme : l'un est rendu gras et robuste, l'autre maigre et débile. De là vient que, pour l'âme, en raison de sa ténuité et de sa faiblesse, les réalités corporelles paraissent tantôt grandes, tantôt fortes. Et les choses qui paraissent grandes, l'âme les désire grandement, et celles qui paraissent fortes, elle les craint encore plus. Pour cette raison, pour son malheur, elle est tourmentée, partie par l'ardeur de la passion, partie par l'horreur de la crainte.

Je vous en prie, nourrissons et accroissons l'esprit par des aliments spirituels, de sorte que devenu grand, et estimant minimes les réalités corporelles, nulle part il ne tombe de son trône sous les assauts du corps ! Montons vers le haut miroir de l'âme, après avoir laissé la poussière insignifiante du corps ! Alors loin des réalités humaines, nous contemplerons de plus près les réalités divines. Celles-ci paraîtront plus grandes que de coutume, et celles-là plus petites. Aussi, diligents envers les unes et négligents envers les autres, nous ne serons pas plus longtemps fous ou misérables, mais désormais sages et heureux.

Adieu.

FOLIE ET MISÈRE DES HOMMES [437]

Marsile Ficin à Piero Vanni, Cherubino Quarquagli [438]*, Domenico Galletti* [439]*, salut.*

Dans mon gymnase, vous avez vu peinte une sphère du monde, avec d'un côté Démocrite et de l'autre Héraclite [440], le premier riant, mais le second pleurant [441]. De qui donc Démocrite rit-il ? De quoi s'afflige Héraclite ? Assurément de ce que la foule, animal monstrueux, est insensée et misérable.

Journellement, les mortels réclament des biens à Dieu, mais jamais ils ne demandent de bien en user. Ils souhaitent que la fortune suive leurs désirs, mais, que le désir suive la raison, ils n'en ont cure. Ils aspirent à ce que tout leur mobilier, même le plus minime, soit le plus beau possible [442], mais ils n'aspirent presque jamais à la beauté de leur esprit. Ils recherchent avec diligence les remèdes des maladies corporelles, mais ils négligent les maladies de l'esprit. Ils croient pouvoir être en paix avec les autres, alors qu'eux-mêmes sont en guerre continuelle avec eux-mêmes. En effet, entre le corps et l'âme, entre le sens et la raison, il y a une bataille perpétuelle. Ils ont la ferme conviction de pouvoir

ex aliorum numero fidum comparare posse confidunt, nullus autem eorum sibi ipse servat fidem. Que probavere reprobant, que voluere nolunt atque contra ; edificiorum partes examussim disponunt, fides in lyra ad unguem temperant, ut autem animi partes motusque concinant nunquam tentant. Lapides viventibus reddunt similes, viventes vero lapidibus ; sapientes ipsos contemnunt, sapientum statuas et nomina venerantur. Aliena profitentur nosse, cum propria nesciant.

Quid preterea dicemus ad hec, amici ? Magistratus homicidium prohibent et ubique instrumenta permittunt ad necem hominum fabricari. Optimam virorum segetem optant, sementem vero virorum, id est pueritiam, non satis excolunt. Semper male vivunt homines hodie, cras solum bene. Ambitionis gratia maleficiis inter se contendunt, commodior ad gloriam via esset mutuis beneficiis decertare. Cum semper loquantur male, bene sperant se audituros ; cum male agant, accepturos bona. Bonorum auctores esse nos predicamus, malorum vero Deum. Culpas nostras in astra reicimus. Quot reperies, qui tanti aestiment hominem quanti pecuniam ? Qui ita se ipsos colant ut agros et cetera colunt ? Qui tanta diligentia familiam educent quanta multi equos et canes et aves ? Qui considerent quam gravis sit temporis iactura ? In ere expendendo parcissimi sumus, in tempore erogando supramodum prodigi. Quot dabis, qui animi sui penuriam recognoscant ? Quisque abundare sapientia se existimat, carere in pecuniis.

Proh dolor ! Maxima querimus in minimis, excelsa in infimis, in malis bona, in rebus volantibus quietem, in dissidentibus pacem, copiam in penuria, in morte denique vitam. Queramus, amici, obsecro, hec eadem que iam querimus. Sed non ibi queramus ulterius, ubi querimus. Insanus nimium et miser est, qui se confidit contrarium in contrario reperturum.

Valete.

Stultitia miseriaque hominum

Marsilius Ficinus Christophoro Landino viro bonitate doctrinaque singulari s. d.

Aristoteles problemata de natura rerum introduxit. Ego nunc de natura hominum apud te problemata moveo. Dic age, cur homines rationales esse se gloriantur et tamen casu vivunt ? Affectant timenteve multa, priusquam satis

s'attacher un ami fidèle parmi leurs semblables, or aucun d'entre eux ne conserve la foi en soi-même. Ce qu'ils ont approuvé, ils le réprouvent, ce qu'ils ont voulu, ils ne le veulent plus [443], et inversement ; ils disposent les parties de l'édifice au cordeau, ils maîtrisent les sons de la lyre à la perfection, mais jamais ils ne tâchent d'harmoniser les parties et les mouvements de l'esprit. Ils rendent les pierres semblables aux vivants et les vivants semblables aux pierres ; ils méprisent les sages eux-mêmes, mais ils vénèrent les statues et les noms des sages. Ils déclarent ouvertement connaître les affaires d'autrui [444], alors qu'ils ignorent les leurs propres.

Qu'ajouterons-nous, mes amis ? Les magistrats prohibent l'homicide et partout ils permettent que se fabriquent des instruments pour tuer des hommes. Ils souhaitent une meilleure moisson humaine, mais ils n'en cultivent pas assez les semences, c'est-à-dire l'enfance. Les hommes vivent toujours mal aujourd'hui, ils vivent bien seulement demain [445]. À cause de l'ambition, c'est à celui qui rivalisera de méfaits avec les autres, mais le chemin de la gloire serait plus convenable s'ils se querellaient pour se rendre de mutuels services. Alors que toujours ils disent du mal, ils espèrent qu'ils entendront du bien d'eux-mêmes ; alors qu'ils font le mal, ils espèrent qu'ils recevront du bien. Nous ne proclamons pas être les auteurs du bien, mais nous affirmons que Dieu l'est du mal [446]. Nous rejetons nos fautes sur les astres. Combien en trouveras-tu qui évaluent l'homme au prix de la richesse ? Qui se cultive soi-même de la même façon qu'il cultive les champs et tout le reste ? Qui éduque sa famille avec un souci aussi important que celui du grand nombre pour les chevaux, les chiens et les oiseaux ? Qui considère comme est grave la perte du temps ? Dans la dépense de l'argent, nous sommes très économes, dans celle du temps nous sommes prodigues outre mesure [447]. Combien en citeras-tu qui reconnaissent la pénurie de leur esprit ? Chacun estime qu'il abonde en sagesse, mais qu'il manque d'argent.

Oh douleur ! Nous cherchons l'essentiel dans l'accessoire, le haut dans le bas, le bien dans le mal, le repos dans l'inconstant, la paix dans la dissension, la richesse dans la pénurie et enfin la vie dans la mort. Mes amis, je vous en prie, persévérons dans nos propres recherches. Mais ne cherchons pas ici plus loin que le lieu où nous cherchons. Il est par trop insensé et misérable celui qui se convainc qu'il trouvera une chose dans son contraire.

Adieu.

FOLIE ET MISÈRE DES HOMMES [448]

Marsile Ficin à Cristoforo Landino [449], homme remarquable par sa bienveillance et son savoir, salut.

Aristote exposa ses questions au sujet de la nature des choses. Pour ma part, je vais te soumettre des problèmes au sujet de la nature humaine [450]. Allons, dis-moi pourquoi les hommes se glorifient de leur raison, alors qu'ils vivent au petit

sciant utrum appetenda timendave sint an contra, eternis et immensis brevissima et minima anteponunt. Cur neque obedire homini volunt neque sapienti parere ? Bestiis tamen vitiisque libentissime serviunt. Quare aliis contendimus dominari, cum nobis ipsi non dominemur ? Quare studio dominandi quotidie in servitutem incidimus ? Et dignitates consequi conamur magis, quam ut dignitatibus digni sumus ? Preterea cum videamus bestias a bestia non posse recte absque hominis custodia regi, quonam pacto arbitramur homines ab homine absque Dei consilio et auxilio posse feliciter gubernari ? Quidnam facit nos in tam superflua rerum copia querulos et egenos ? Quid facit ut multis invideamus, cum mortalium conditio misericordia digna sit potius quam invidia ? Cur bonorum tam facile obliviscimur, nunquam vero malorum ? Et cum contraria contrariis expellantur, quid mala malis curare tentamus ? Quid sepe speramus ad gloriam per infamiam pervenire ?

Virtutem in alio admiramur ; nos autem ut admirandi videamur nitimur, potius quam ut simus. displicet vitium alienum ; vix autem cogitamus quo pacto nobis aliisque nequaquam displiceamus. Claudimus aures veritati, mendacio patefacimus. Quid de illis dicam, qui alicuius vel hominis vel rei amore capti, se ipsos odio habent, se deserunt, ut aliud consequantur ? Ô dementes, ô miseri, cum aliena per aliud quam per vos ipsos apprehendere nequeatis, quonam pacto si amisistis interiora, exteriora unquam apprehendetis ? Quid bona procul queritis, peregrini, cum prope sint, immo intra vos sint ? Admirari et hoc, Landine, sepe soleo, qua ratione mortem unam duntaxat timeamus, eam videlicet que finis est moriendi, quotidianas vero mortes nequaquam ? Nempe quolibet momento corporis temperatio variatur, et vita preterita desinit. Denique, ut mihi videtur, quoniam falso virtutes, vitia vero revera exercemus, idcirco, quantum in nobis est, falso felices, revera miseri evademus.

Hec risit Democritus, hec deploravit Heraclitus, curare voluit Socrates, curare postest Deus. Ô quam miserum animal homo est, nisi aliquando evolet super hominem, commendet videlicet seipsum Deo, Deum amet propter Deum et cetera propter ipsum. Hec unica problematum illorum solutio est, requiesque malorum.

Vale.

bonheur la chance[451] ? Ils recherchent et redoutent maintes choses, avant de savoir assez si elles doivent être abordées ou redoutées, ou si, à l'inverse, ils préfèrent l'éphémère et l'accessoire à l'éternel et l'immense. Pourquoi ne veulent-ils pas prêter l'oreille à l'homme ni obéir au sage, esclaves qu'ils sont le plus volontiers du monde des bêtes et des vices ? Pourquoi nous efforçons-nous de dominer les autres[452], alors que nous ne nous dominons pas nous-mêmes ? Pourquoi dans notre passion de dominer tombons-nous journellement en servitude[453] ? Et pourquoi entreprenons-nous d'obtenir des dignités plus que de nous rendre dignes d'elles ? En outre, alors que nous voyons que, sans la surveillance de l'homme, les bêtes ne sauraient être correctement dirigées par une autre, comment pouvons-nous penser que les hommes puissent être gouvernés par un autre heureusement, sans le conseil et le secours de Dieu[454] ? Qu'est-ce qui nous rend si plaintifs et si indigents dans l'abondance du superflu ? Qu'est-ce qui fait que nous sommes jaloux du grand nombre, alors que la condition des mortels est plutôt digne de miséricorde que de jalousie ? Pourquoi sommes-nous si aisément oublieux du bien, mais jamais du mal ? Et, alors que les contraires se repoussent mutuellement, pourquoi tentons-nous de soigner le mal par le mal ? Pourquoi espérons-nous souvent de parvenir à la gloire par le détour de l'infamie ?

Nous admirons la vertu chez autrui, mais nous, nous nous efforçons de paraître admirables plutôt que de l'être. Les vices de l'autre nous déplaisent ; mais c'est à peine si nous songeons comme nous ne plaisons aucunement à nous-mêmes et aux autres[455]. Nous fermons nos oreilles à la vérité, nous les ouvrons au mensonge. Que dire de ceux qui, pris d'un amour de quelque chose, homme ou objet, se prennent eux-mêmes en haine et s'abandonnent pour suivre un autre ? Ô déments, ô misérables ! Puisque vous ne pouvez prendre un objet étranger par aucun autre canal que vous-mêmes, comment, si vous avez abandonné votre intériorité, appréhenderez-vous un jour l'extériorité ? Étrangers, pourquoi cherchez-vous au loin le bien, alors qu'il réside à proximité, ou mieux à l'intérieur de vous[456] ? Et souvent, Landino, j'ai pour habitude de m'étonner de ceci : pourquoi craignons-nous seulement une mort, celle qui est le terme du mourir, mais nullement les morts quotidiennes ? À n'importe quel moment, n'est-ce pas, le juste équilibre du corps est modifié et la vie écoulée cesse[457]. Enfin, à ce qu'il me semble, puisque nous pratiquons les vertus faussement, mais les vices réellement, pour cela, nous sortirons de la vie faussement heureux, mais réellement misérables.

Voilà ce que Démocrite railla, ce qu'Héraclite pleura, ce que Socrate voulut guérir et ce que Dieu peut guérir. Ô combien l'homme est un animal misérable[458], s'il ne s'envole un jour au-dessus de l'humain, c'est-à-dire s'il ne se recommande à Dieu ; aime Dieu pour Dieu et tout le reste pour lui-même. Telle est l'unique solution de ces problèmes et la trêve des maux.

Adieu.

EXHORTATIO AD MODESTIAM ET STUDIA LITTERARUM

Marsilius Ficinus Iuliano Medici viro magnanimo s. d.

Etsi is est amor erga te meus, ut iudex in rebus tuis, immo meis, perfectus esse non possim, dicam tamen, Iuliane, quod sentio, postquam rogas. Primum quidem laudo prudentiam tuam, quod tuo ingenio non confidas sed consultas seniorem. Scis enim quam multum quisque ob naturalem amorem sibi ipse placeat. Deinde in epistola tua laudo naturalem quandam suavitatem. Videris mihi, pictorum quorundam instar, oculorum tuorum venustatem orisque leporem, quemadmodum intuitu linguaque semper exprimis, ita modo calamo expressisse.

Perge igitur, Iulian e omnium suavissime, perge, queso. Lustra diligenter hortos, ut cepisti iam, Tusculanos. Nam si Tullianos flores exercitatione annua lambes, nectareum mel denique fundes.

Si tua tibi commendare liceret, Andream Cambinum tibi plurimum commendarem.

Vale.

QUOD AMICUS EST IN AMICO

Marsilius Ficinus Iuliano Medici viro magnanimo s. d.

Dic age, Iuliane, precor : siquis te dormiente diligenter in re tua vigilaverit, succensebisne illi, quod te non excitaverit importunus ? An debebis potius ? Debebis certe non parum. Debes et mihi qui te iacente seriis interim negotiis tuis interfui, consului, favi. « At cur non accersisti, inquies, me, cum posses ? ». Etiam si putavissem te illinc abesse, non accersissem, ne tibi forte molestior essem. Sed revera ingens in te amor meus iamdudum figuram tuam animo impressit meo. Atque, ut me extra me in speculo nonnunquam, ita te sepissime intra me in meo corde speculor. Aderat insuper tunc Laurentius frater tuus, alter tu et natura et voluntate. Itaque, cum Iulianum hunc meum perspicue, et intus extra perspicerem, eum illinc abesse cogitare non poteram.

Nulla igitur negligentia sed amore nimio factum est, ne te aut tunc ad res agendas advocarim, aut postea quid actum esset reddiderim certiorem. Advocari vis alias, dulcissime Iuliane ? Des operam oportet ut minus ameris. Arduum istud

EXHORTATION À LA MODESTIE ET À L'ÉTUDE DES LETTRES [459]

Marsile Ficin à Julien de Médicis, homme magnanime, salut.

Même si mon amour envers toi est tel que je ne puis être un juge parfait quand il s'agit de tes affaires ou plutôt des miennes, cependant, Julien, je dirai ce que j'en pense puisque tu me le demandes. D'abord donc, je loue ta prudence, parce que tu ne te fies pas à ton talent propre mais consultes quelqu'un de plus âgé. Car tu sais quelle haute opinion chacun se fait naturellement de soi-même par amour propre [460]. Ensuite je loue dans ta lettre une certaine douceur naturelle. Il me semble, qu'à la manière de certains peintres, tu as réussi à rendre au moyen de ta plume la beauté de tes yeux et le charme de ta bouche, comme tu le fais toujours avec ton regard et ta façon de parler.

Continue donc, Julien, toi le plus doux des hommes ; je te prie de continuer. Parcours avec soin les jardins de Tusculum [461], comme tu as déjà commencé de le faire. Car si tu t'exerces à butiner les fleurs de Tullius pendant une année, tu produiras un jour en abondance un miel doux comme du nectar.

S'il était permis de te recommander quelqu'un, je te recommanderais particulièrement Andrea Cambini [462].

Adieu.

QU'UN AMI EXISTE EN SON AMI [463]

Marsile Ficin à Julien de Médicis, homme magnanime, salut.

Je t'en prie, dis-moi Julien : si quelqu'un a veillé attentivement sur tes affaires pendant ton sommeil, lui en voudras-tu parce que cet importun ne t'a pas réveillé ? Ou lui en seras-tu redevable ? Tu lui devras assurément beaucoup. Tu me dois, à moi aussi qui, lorsque tu étais alité, me suis impliqué dans tes affaires importantes, y ai veillé, les ai fait prospérer. « Et pourquoi, demandes-tu, ne m'as-tu pas fait appeler, alors que tu en avais la possibilité ? » Même si je t'avais cru absent, je ne t'aurais pas fait mander afin, peut-être, de ne pas te causer plus d'ennui. Mais à dire vrai l'immense amour que je te porte a imprimé, depuis longtemps déjà, ton image en mon âme. Et de même que j'observe quelquefois dans le miroir un moi hors de moi, de même en mon coeur je t'observe très souvent à l'intérieur de moi [464]. En outre, était présent à ce moment-là ton frère Laurent, cet autre toi-même tant par la nature que par la volonté. C'est pourquoi, comme je reconnaissais très nettement ce Julien qui est le mien à la fois en moi et hors de moi, il m'était impossible de concevoir son absence.

Ce n'est donc pas par négligence, mais par excès d'amour que j'ai fait alors en sorte de ne pas t'appeler pour régler tes affaires, ni de te rendre ensuite des comptes plus précis de ce qui avait été fait. Veux-tu, une autre fois, être appelé, très cher Julien ? C'est nécessairement t'appliquer à être moins aimé. Ce qui serait

quidem et forsitan impossibile. Danda enim opera prius erit ne sis Iulianus. Tunc exues amorem, cum te exues. Quid igitur in posterum faciam ? Vocabone te alias ? Nequaquam, ut arbitror. Satis iampridem, satis Cupido nos et invicem et ad se convocavit u trosque.

Vale.

SALUS AMICI AB AMICO

Carolus Marsupinus Marsilio Ficino Platonico s. d.

Salve, solus mea salus ! Tamdiu enim sanus salvusque sum, quamdiu tecum sum. Ac tum denique vivere mihi videor, cum tecum vivo. Quotiens absum, totiens perii. Vide ergo, mi Marsili, ne me deserendo hominem perdas, immo amicum occidas. Hac semper atque illac circumcursas. Nunc deorsum corpora curas. Nunc sursum animas custodis. Ego interim milies intereo.

Si tantam charitatem habes, quantam certe habes, cur, amabo, tuum charum Carolum hic manendo non curas ? Animus enim eger est tuo discessu corpusque egrotum. Una salus, ut redeas. Hic quartus iam dies est, ex quo me reliquisti : quatuor cum geminaveris, promissa servato.

Vale.

DIVINATIO DE AMICO

Marsilius Ficinus Carolo Marsupino suo Salutem

Tu quoque ter quaterque salve ! Videbar mihi hac aurora dormiens brevissimam quandam orationem legere, in qua talis esset verborum sententiarumque contextus, qualem ego semper pro viribus observavi, itaque ambigebam meane an aliena legerem. Surgenti paulo post e lecto reddita mihi est epistola tua, ex qua subito re ipsa cognovi quod in libro *De immortalitate animi* disputaveram : matutina somnia sepe nonnihil vaticinii continere. Vidi, Marsupine, Marsilium in tua pupilla hodie Marsilio pulchriorem. Sed hec nunc missa faciamus. Talis denique epistola est, ut compellat me pedibus potius quam manibus, ac voce potius quam litteris respondere.

Saluta Taddeum Ugolinum virum religiosum.

assurément difficile et peut-être impossible ; car il faudrait d'abord t'appliquer à n'être point Julien. Au moment même où tu rejettes l'amour, c'est toi-même que tu rejettes. Que devrai-je donc faire à l'avenir ? Ne t'appellerai-je pas la prochaine fois ? En aucune manière, je pense. Voici assez longtemps que l'amour nous a appelés l'un à l'autre, et l'un et l'autre à lui.

Adieu.

LA SANTÉ D'UN AMI DÉPEND DE SON AMI [465]

Carlo Marsuppini [466] *au Platonicien Marsile Ficin, salut.*

Salut à toi, mon seul salut ! Car je ne suis sain et sauf qu'aussi longtemps que je suis avec toi. En outre, il me semble que je suis enfin vivant lorsque je vis avec toi. À chaque fois que je m'absente, je dépéris. Donc, mon Marsile, prends garde de ne pas, en me délaissant, anéantir un homme, ou mieux tuer un ami. Tu cours toujours par monts et par vaux. Tantôt tu prends soin des corps ici-bas ; tantôt tu veilles là-haut sur les âmes. Pendant ce temps, je me meurs de mille morts.

Si tu as une charité aussi grande que celle que je te sais avoir indubitablement, pourquoi, si tu l'aimes, ne prends-tu pas soin de ton cher Carlo en demeurant ici ? Car ton départ rend mon âme malade, et mon corps souffrant. Mon seul salut, reviens ! Il y a déjà quatre jours que tu m'as quitté ; quand tu auras doublé ce chiffre, tiens ta promesse.

Adieu.

PRÉDICTION CONCERNANT UN AMI [467]

Marsile Ficin à Carlo Marsuppini : salut.

Sois salué trois fois, quatre fois même ! Ce matin, à l'aurore, dormant encore, il me sembla que je lisais un très bref discours dans lequel l'enchaînement des mots et des phrases était tel que j'avais toujours veillé qu'il fût, dans la mesure de mes forces ; aussi n'étais-je point certain que les mots que j'avais lus fussent les miens, ou ceux d'un autre. Peu après m'être levé de mon lit, l'on me remit ta lettre, dans laquelle je reconnus soudain en acte ce dont j'avais disputé dans mon livre sur l'*Immortalité de l'Âme* : qu'un sommeil matinal contient souvent quelque chose de prophétique [468]. Aujourd'hui Marsuppini, vois dans ta pupille un Marsile plus beau que ce Marsile ! Mais laissons cela à présent. En somme, telle est ta lettre qu'elle me pousse à te répondre avec les pieds plutôt qu'avec les mains, et de vive voix, plutôt que par lettre.

Mes salutations à Taddeo Ugolini, homme religieux.

Quantum possit desiderium amicorum

Marsilius Ficinus Laurentio Medici viro magnanimo s. d.

Theologi statum metiuntur eternitate, naturales Philosophi motum tempore, amantes tempus affectu. Quo enim maius est desiderium, eo tempus possessionis quidem brevius, expectationis autem longius opinantur. Quantum ergo tu me ames, ex eo precipue tuis litteris declarasti, quod diei unius silentium « diuturnum silentium », et litteras meas, que velocissime advolarunt, « expectatissimas » appellasti. Quantum ego te vicissim amem illud nunc declaret volo, quod epistola tua mihi decies iam legenti ita brevis apparet, ut eodem pene momento et salvere iubeat et valere. Repugnantia hec duo sunt in amore. Ceteri cum dicuntur valere salvi esse intelliguntur, amantes cum « vale » audiunt male audiunt, immo malum. Efficis ergo ut gaudeam quando « salve » inquis, simul quoque ut doleam quando iubes « vale ». Iubes autem simul, ut mihi videris utrunque. Scriberem certe plura, forte etiam meliora. Verum, repugnantibus his affectibus, tua causa distractus, neque amplius in presentia scribere possum neque melius. Salve tu quoque simul et vale.

XXI Martii 1474, Florentie.

Laudare prestat benivolentiam quam ingenium

Marsilius Ficinus Angelo Politiano Poete Homerico s. d.

Acceperam calamum, Angele, ut tuam istam Homericam Musam miris in celum laudibus quoad possem extollerem ; repente autem sic interpellavit me Cupido : « Quid agis, inepte Ficine ? Semperne in laudibus Muse versaberis ? Me lauda, Philosophe, si vis absque adulationis suspitione laudare, si Musam celebras Politianam, Angelum solum celebras ; si Cupidinem, Angelum una atque Marsilium. Ego enim communis vestrum Amor sum, utrunque colo, ab utroque color ». Hec, Angele, deus ille mihi, sed ego illi inquam : « Verax est Musa Politiana, nunquam mentiri me compulit. At tu, periure Amor, me cogis mentiri quotidie. Ita heri delitias Politianas amabam, ut iurarem eas in posterum vehementius amare non posse ; sic hodie rursus amo, ut iurem me heri eas non satis amasse, utque simul affirmem non posse cras ardentius amare quam hodie ;

À QUEL POINT LE DÉSIR DES AMIS PEUT ÊTRE GRAND [469]

Marsile Ficin à Laurent de Médicis, homme magnanime, salut.

Les Théologiens mesurent la stabilité par l'éternité ; les Philosophes naturels le mouvement par le temps ; les amants le temps par le sentiment. Car ils sont d'avis que le désir est d'autant plus grand que le temps de la possession est plus bref, et que l'attente est plus longue. Alors, à quel point tu m'aimes, tu l'as déclaré tout particulièrement dans ta lettre en appelant un silence d'un jour « long silence », et mes lettres « les plus longuement attendues » alors qu'elles ont volé très rapidement jusqu'à toi. À quel point je t'aime en retour, je veux te le montrer à présent ainsi : ta lettre, que j'ai déjà lue une dizaine de fois, me paraît si brève qu'elle me semble me donner le bonjour et me dire « adieu, porte-toi bien » presqu'au même moment. En amour, l'on trouve deux fois cette contradiction. Quand on dit aux autres « adieu », ils comprennent que cela voulait dire « porte-toi bien » ; mais quand les amants entendent « adieu », ils l'entendent mal, et y voient au contraire un mal. Tu obtiens donc ce résultat que je me réjouis lorsque tu me dis « bonjour », en même temps que je souffre lorsque tu me dis « adieu ». En tout cas, il me semble que tu me dis les deux en même temps. Je devrais certainement t'écrire plus et mieux aussi. Mais distrait à cause de toi par ces sentiments contradictoires, je ne puis écrire davantage pour l'instant, ni mieux. À toi aussi – et en même temps ! – bonjour et adieu.

Le 21 mars 1474, Florence [470].

QU'IL VAUT MIEUX LOUER LA BIENVEILLANCE QU'UN GÉNIE [471]

Marsile Ficin à Ange Politien, Poète homérique, salut.

J'avais pris ma plume, Ange, afin, autant que je le pouvais, de porter jusqu'aux nues par de merveilleuses louanges cette tienne Muse homérique ; mais soudain Cupidon m'interpella en ces termes : « Ficin ! que fais-tu, insensé ? T'appliqueras-tu donc toujours à louer les Muses ? Loue-moi, Philosophe !, si tu veux louer sans être suspecté de flatterie, car si tu honores la Muse de Politien, tu n'honores qu'Ange ; mais si tu honores Cupidon, tu honores en même temps Ange et Marsile. Je suis, en effet, l'amour que vous avez en commun ; je me dévoue à l'un et à l'autre, et l'un et l'autre m'êtes dévoués ». Voilà ce que me dit ce dieu, Ange, mais voici ce que je lui dis : « la Muse de Politien dit la vérité, et ne m'a jamais acculé au mensonge. Alors que toi, perfide Amour, tu me pousses à mentir chaque jour. Aussi vrai que j'aimais hier les charmes de Politien, j'estimais que je ne pouvais à l'avenir les aimer plus passionnément que cela ; aussi vrai qu'aujourd'hui j'aime à nouveau, j'estime qu'hier je ne les aimais pas assez et j'affirme en même temps que demain je ne pourrai aimer plus ardemment

"cras" istud quotidie me similiter deludit. Semper adultus est meus amor, quis credat ? Semper et adolescens. Adolescat tamen, ut placet, modo non senescat. Sed audi, Cupido. Non Venus Amoris huius mater est sed Calliope ; fovet hunc Musa sedulo, crescit assidue, crescat hoc fomento iugiter et periurus sit. Non est hoc vitium in Amore ».

Sic igitur, Angele, communem Amorem nostrum Musamque tuam colere una et debeo et volo. Tu Musam ipsam adora, Amoris et glorie matrem.

XXI Martii 1473.

QUOS AMOR FALLAT, QUOS NON FALLAT

Marsilius Ficinus Nicholao Micheloctio vero viro s. d.

Scripsi, Michelocti, ad Laurentium Medicem et Angelum Politianum litteras hodie nescio quomodo amatorias, ut nihil mirum sit si videantur ineptiores : nam ineptus amor. Vis me tertio ineptire ? Et vis et volo, sed paucis.

Ego, Nicholae, nihil habeo maius quam quod amo, nihil melius quam quod amor et a viris amore dignissimis. Possum nonnunquam ob amorem forte loqui minus vere, sed de amore non possum nisi vera loqui. Neque tamen me decipit amor, ubi antea iudicavi quam amavi. Amor iudicium sequens excecat, non precedens. Amor interdum nihil videt, interdum nimis videt. Quorsum hec ? Tu intelligis. Nam amatoria calles in primis, vir omnium amantissimus.

Commenda me et Iohannem Cavalcantem meum Laurentio Medici. Et curate valitudinem eius diligentissime : est enim publica vita.

Vale.

XXI Martii 1473, Florentie.

COMMENDATIO AB EGESTATE ET DIGNITATE

Marsilius Ficinus Mattheo Palmerio Theologo.

Etsi certo scio literatos viros apud Palmerium, Musarum palmam, commendatione non indigere, ut tamen officio amicitie satisfaciam, commendo tibi quam plurimum Lucam Geminianensem, preceptorem quodam una cum

qu'aujourd'hui. Ce "lendemain" m'abuse de la même manière chaque jour. Que mon amour a toujours grandi, qui le croirait ? Toujours grandissant, qu'il grandisse toutefois comme il lui plaît pourvu qu'il ne décline pas ! Mais écoute, Cupidon : la mère de cet Amour n'est pas Vénus mais la Muse Calliope qui l'entretient avec soin [472], qui l'accroît continuellement. Qu'il s'accroisse grâce à cet aliment et demeure perfide : ce n'est pas un crime quand il s'agit d'amour » [473]. Ainsi donc, Ange, j'ai le devoir et la volonté de me dévouer à la fois à notre Amour mutuel et à ta Muse. Quant à toi, adore cette même Muse, mère de notre Amour et de ta gloire.

Le 21 mars 1473.

Ceux que l'amour abuse, et ceux qu'il n'abuse pas [474]

Marsile Ficin à Niccolo Michelozzi homme vrai, salut.

J'ai écrit aujourd'hui, Michelozzi, deux lettres à Laurent de Médicis et à Ange Politien, qui, je ne sais comment, parlent d'amour dans une manière telle qu'il ne m'étonnerait pas qu'on les trouve trop déraisonnables ; et de fait, l'amour est déraisonnable. Veux-tu que je perde la tête une troisième fois ? Tu le veux et moi de même à condition que cela soit bref.

Moi, Niccolo, je considère que rien n'est plus important que le fait d'aimer, que rien n'est meilleur que le fait d'être aimé, et de l'être par les hommes les plus dignes de cet amour. Il m'arrive peut-être parfois de ne pas tout à fait dire la vérité par amour, mais au sujet de l'amour je ne puis rien dire qui ne soit vrai. Toutefois, l'amour ne me déçoit pas lorsque je l'ai jugé avant d'aimer [475]. L'amour aveugle le jugement qui le suit, non celui qui le précède. Parfois l'amour ne voit rien, parfois il voit trop. Et cela, à quelle fin ? Tu le sais bien ; car en matière d'amour, tu es le plus expert d'entre les plus grands amants.

Recommande Giovanni Cavalcanti et moi-même à Laurent de Médicis. Et prends le plus grand soin de sa santé, car il est la vie de l'État.

Adieu.

Le 21 mars 1473, Florence.

Une recommandation justifiée par le besoin et le mérite [476]

Marsile Ficin au Théologien Matteo Palmieri [477].

Même si je sais avec certitude que les lettrés n'ont pas besoin de recommandation auprès de Palmieri, palme parmi les Muses, cependant, pour m'acquitter des devoirs de l'amitié, je te recommande tout particulièrement Luca de San Gimignano qui fut autrefois mon professeur [478], qui m'enseigna avec

Comando in grammatica meum, huic ego tantum debeo quantum loqui ex arte prestantius est quam casu verba inania fundere. Huic et tu duabus de causis favere debes, et quia indiget, et quia meretur. Indigenti benefacere misericordis officium est, merenti autem iusti ; scio te misericordem et iustum esse solere.

Vale.

CUM BENE OMNIA REGANTUR A DEO, OMNIA IN MELIUS ACCIPIENDA

Marsilius Ficinus episcopo Campano poete.

Nunquid et tu, Campane, rides unquam mortalium arrogantiam ? Quam ego sepe rideo et utinam ita devitem ut redarguo. Neque pueri senum consilia neque rustici sapientum cogitationes attingunt. Homo tamen, terrenum animal, audet divine nature rationem sepe superbius, quam decet aucupari et providentie illius finem auspicari. Et quod deterius est, mortales quilibet in quavis etate inter epulas etiam atque scorta licentius divina mysteria tractant. De quibus absque divino lumine loqui Pythagoras iure prohibuit. Nemo, Campane, divina percipit nisi divinus. Recte enim Paulus Apostolus : « Que Dei sunt nullus nisi spiritus Dei cognovit ». Nemo rursus de divinis amplius mentitur quam qui metitur ad unguem. Sic enim Deus apud Isaiam ait : « Comprehendam sapientes in astutia eorum », et alibi : « Deus novit sapientum cogitationes vanas esse ».

Satis igitur esse debet homini nosse pulcherrimam hanc mundi unius machinam ab uno quodam sapientissimo architecto pendere et gubernari. Atque ab ipso bono non posse proficisci quicquam nisi bonum, et quae ab eo proficiscuntur non posse ab ipso aliter gubernari quam bene. Itaque in melius accipienda sunt omnia. Qui ita divina intelligit atque diligit, is est natura divinus, arte bonus, spe letus, premio felix.

Vale felix.

DE STULTITIA HOMINUM ET QUE SIT VERA SCIENTIA

Marsilius Ficinus Panetio Pandothio.

Angelus Politianus noster Panetium suum Marsiliane, immo Platonice discipline hodie commendavit. Ego autem, etsi novis amicis comediam, veteribus

Comandi la grammaire, et à qui je dois moi-même autant que le langage éloquent l'emporte sur un débordement hasardeux de paroles vaines. Tu dois lui être favorable pour deux raisons : d'abord parce qu'il en a besoin, ensuite parce qu'il le mérite. Être bon envers ceux qui en ont besoin, c'est un devoir de compassion, mais envers ceux qui le méritent, c'est un devoir de justice ; et je sais que tu as coutume d'être compatissant et juste.

Adieu.

PUISQUE TOUTES CHOSES SONT BIEN GOUVERNÉES PAR DIEU, IL FAUT TOUTES LES ACCEPTER COMME UN MIEUX [479]

Marsile Ficin à l'évêque Campano, Poète [480].

Est-ce que toi, Campano, tu ne ris jamais de l'arrogance des mortels ? Je le fais souvent, et je dénonce cette arrogance pour l'éviter moi-même. Les enfants ne tiennent pas compte des conseils de leurs aînés, ni les rustres des pensées des sages. Pourtant l'homme, animal terrestre, ose souvent, avec plus d'orgueil qu'il ne convient [481], épier les raisons de la divine nature, et chercher à deviner les fins de la Providence. Et, ce qui est pire, des mortels de tous âges, dans des banquets et même aux bordels, discutent avec licence des mystères divins. À bon droit, Pythagore interdisait d'en parler sans une lumière divine [482]. Personne, Campano, ne perçoit le divin, s'il n'est divin. En effet, l'apôtre Paul a dit justement : « Ce qui est en Dieu, nul ne le connaît, si ce n'est l'Esprit de Dieu » [483]. Derechef, personne ne s'exprime plus faussement sur les choses divines, que celui qui les mesure à son aune. Dans *Isaïe*, Dieu parle ainsi : « Il surprend les sages dans leurs propres ruses » [484], et ailleurs : « Dieu connaît les pensées des sages, il sait qu'elles sont vaines » [485].

Aussi, il doit être suffisant à l'homme de savoir que la machine si belle de ce monde unique est gouvernée par un seul architecte très savant, et en dépend. Et du bien lui-même, rien ne peut procéder d'autre que le bien, et ce qui procède du bien ne saurait être gouverné par lui autrement que bien [486]. C'est pourquoi, toutes choses doivent être reçues comme un mieux. Qui comprend et aime les choses divines ainsi est lui-même par nature divin, bon dans la pratique de l'art, joyeux dans l'espérance, heureux dans la récompense.

Adieu heureux homme.

DE LA FOLIE DES HOMMES, ET QUELLE EST LA SCIENCE VÉRITABLE [487]

Marsile Ficin à Panezio Pandozzi [488].

Aujourd'hui, notre cher Ange Politien a recommandé son Panezio à la discipline de Marsile, ou plutôt de Platon. Même si j'ai pour coutume de composer pour les nouveaux amis une comédie, et pour les anciens une satire,

Satyram canere soleo, Panetio tamen Satyram hodie canam. Volo enim amicitiam nostram exoriri simul et consumari.

Considera, mi Paneti, quam perverse vivamus. Nam haud facile exaudimus infames. Ipsi vero exaudiri speramus a Deo dum improbi vivimus. Ha dementes nimium et iniusti ! Deum non mores mutare conamur. Persuadere volumus aliis bona et nobis ipsi non persuademus. In ore bonum gestamus, in pectore malum. De virtute loquentes lyre instar sonum proprium non audimus. Malos medicos imitamur, qui sanitatem quam aliis pollicentur ipsi sibi non prestant. Presta, amabo, mihi aures, amice, parumper. Ego te et gratis et paucis oratoriam et musicam geometriamque docebo. Tibi ipsi quod honestum est persuade, tempera motus animi, vim tuam actionesque metire. « At difficile nimium istud », inquies ; non erit difficile admodum, Paneti, si tam avide cupies bene vivere quam cupis vivere.

LIBERALITATIS LAUS, ELEMOSYNE LAUS

Marsilius Ficinus Laurentio Medici viro magnanimo.

Dicam, mi Laurenti, quod sentio, etsi forte videtur execrabile dictu ; sed revera non est execrabile quod est verum, nihil enim sacratius veritate. Dicam ergo quod sentio libere. Deus, Laurenti, Deus ipse venalis est ! At quo nummo potissimum Deus emitur ? Quo ipse ceteros emit, hoc est charitate quadam in pauperes liberali. Deus enim amore immenso gratis largitur omnibus omnia solisque dat pauperibus. Nam omnes, quamvis ditissimi videantur, omnino inopes sunt ad Deum. Merito hac sola virtute Deum emimus, quoniam hac sola eum verissime imitantur. Nemo sapiens aut fortis aut temperans se iactat emulari Deum. Umbre sunt he virtutes divinarum virtutum, solus homo in pauperes liberalis exacte hunc imitatur. Eadem enim in dando non est liberalitas hominis atque Dei. Ô felicem nimium mercatorem, qui exiguo pretio se hostibus, id est vitiis, redimit simulque emit homines atque Deum ! Nunquam erit pauper qui hominum Deique dives est. Qui in summis divitiis sepe considerat quid est pauperem esse, nunquam evadet infimus qui constitutus in summo clementer prospicit infima. Nihil melius efficit unquam pusillus homo quam cum humiliter ascendit in altum. Nihil maius vir magnus agit quam cum magnifice descendit ad imum. Cetere virtutes utenti solum ut plurimum prosunt, liberalitas utenti prodest

c'est pourtant une satire que je composerai pour Panezio, car je veux que notre amitié soit portée à la perfection au moment même où elle naît.

Considère, mon Panezio, à quel point est perverse notre vie. Car nous autres infâmes ne prêtons pas facilement l'oreille. Et malhonnêtes que nous sommes, nous espérons pourtant que Dieu nous écoute. Ah, que notre vie est déraisonnable et irrespectueuse du droit ! Nous essayons de changer Dieu, mais pas notre mode de vie. Nous voulons persuader autrui de bien agir, et nous ne nous en persuadons pas nous-mêmes. Nous avons le mot « bien » à la bouche, et le mal au fond du coeur. Lorsque nous parlons de vertu, nous n'en entendons pas, comme c'est le cas pour la lyre, le son propre. Nous imitons ces mauvais médecins qui ne donnent eux-mêmes aucun signe de la santé qu'ils promettent aux autres. J'aimerais que tu m'écoutes un instant, mon ami. Je t'enseignerai, et pour rien, un peu d'art oratoire, de musique et de géométrie. Persuade-toi de ce qui est honnête, tempère les mouvements de ton esprit, mesure ta puissance et tes actions [489]. Tu diras que « c'est trop difficile ». Ce ne le sera absolument pas, à condition que ton désir de vivre bien soit aussi avide que celui de vivre [490].

ÉLOGE DE LA LIBÉRALITÉ, ÉLOGE DE L'AUMÔNE [491]

Marsile Ficin à Laurent de Médicis, homme magnanime.

Je te dirai, cher Laurent, mon sentiment, même si cela semble une parole odieuse, car, en réalité, n'est pas odieux ce qui est vrai : en effet, rien n'est plus sacré que la vérité [492]. Je te dirai donc mon sentiment librement. Dieu, Laurent, Dieu lui-même est à vendre ! Mais avec quelle monnaie Dieu est-il principalement acheté ? Avec celle dont lui-même achète tout le reste, à savoir avec cette charité libérale envers les pauvres [493]. En effet, Dieu en son amour infini répand gratuitement toutes choses sur tous, mais il donne aux seuls pauvres ; car tous, si riches paraissent-ils, sont absolument indigents par rapport à Dieu [494]. Avec raison nous achetons Dieu par cette seule vertu, puisqu'elle seule nous permet de l'imiter de la façon la plus véritable. Personne, sage, courageux ou tempérant, ne se vante d'être l'émule de Dieu. Ces vertus sont les ombres des vertus divines, et seul l'homme libéral envers les pauvres imite exactement Dieu [495]. De même, dans le don, il n'y a pas d'un côté la libéralité de l'homme et de l'autre celle de Dieu. Trop heureux le marchand qui, à faible prix, s'affranchit des ennemis, c'est-à-dire des vices, et achète à la fois les hommes et Dieu ! Jamais il ne sera pauvre celui qui est riche des hommes et de Dieu. Celui qui, au sommet de la richesse, considère souvent ce que c'est que d'être pauvre, jamais il ne tombera au plus bas, puisqu'établi au sommet il regarde avec indulgence vers le bas [496]. Un homme de faible envergure ne fait rien de meilleur que lorsqu'il monte vers le haut avec humilité [497]. Un grand homme ne réalise rien de plus grand que lorsqu'il descend généreusement vers le bas. Toutes les autres vertus, la plupart du temps, profitent à celui qui en use, mais la libéralité profite à l'usager et à tous les autres ;

ac ceteris, et quanto latius quam relique virtutes suum officium propagat, tanto prestantior iudicatur. Bonum enim quanto amplius, tanto divinius. Ac si pessimum est maleficium, quia contra naturam boni generisque humani societatem est, necessario beneficium esse optimum arbitramur. Cetere virtutes concitare invidiam nonnunquam possunt, sola hec semper et amorem accendit et odium invidiamque prorsus extinguit. Que quidem tunc maxime officio suo utitur, quando homini subvenit tum propter fortunam egeno, tum propter virtutem bene merenti.

Sere igitur, mi Laurenti, sere, inquam, felix agricola, ut iampridem cepisti, bono animo aridam hanc humanam terram, que tibi tandem non frugibus solum, verum etiam lacte affluet atque melle. Quamvis enim homo dicatur ab humo, diversa tamen in serendo ratio est hominis atque humi. Qui in humum inopem semina proicit, iacturam facit seminum. At qui in hominem inopem, certe serit utilitater. Atque, ut pollicitus est, qui non mentitur, centum pro uno reportat, et, idquod pretiosus est, pro centum seminibus unum Deum. Quorsum hec? Cum audissem te his sacris diebus multa, ut abunde soles et plusquam soles, clementer in pauperes erogasse, nolui in charitate laudanda nimium parcus esse, in qua tu exercenda liberalis et, ut ita dicam, prodigus extitisti.

XII Aprilis 1474, Florentie.

NULLA VIRTUS BENIGNITATE AMABILIOR

Marsilius Ficinus Nicholao Micheloctio vero viro s. d.

Si lachrimare mulierum est, ô Michelocti, ego me esse fateor pre ceteris muliebrem. Ingenium nobis molle Thalia dedit. Laurus autem noster mollissimum reddidit. Lachrimo equidem sive teneriore quodam gaudio, sive alio nescio quo miro affectu, quotiens considero (considero autem sepe) quantum Laurentius noster erga Deum pius sit, quantum misericors erga pauperes, quantum beneficus erga omnes. Verum quanto magis aliis beneficus est, tanto magis quodammodo est Marsilio suo maleficus, siquidem beneficiis, immo maleficiis istis suis me pene miseru

m miris modis quotidie fascinat et illaqueat. Ac dum ceteris lachrimas amovet, mihi movet lachrimas. Et cum ardentius a me amatur, tunc discedit longius. Admone, vir amantissime, Laurum, ut que amavit amet. Et cum primum licet tam prope accedat presentia quam prope accessit amore.

XII Aprilis 1474.

et plus elle propage son office plus largement que les autres vertus, plus on l'estime plus excellente[498]. En effet, plus le bien est large et plus il est divin[499]. Si le pire est l'action criminelle, parce qu'elle va à l'encontre de la nature du bien et de la société du genre humain, nous considérons nécessairement que la bonne action est la meilleure. Les autres vertus peuvent susciter quelquefois la jalousie, mais celle-là seule toujours allume l'amour et éteint absolument la haine et l'envie[500]. Au vrai, cette vertu remplit principalement son office quand elle secourt l'homme tantôt dans la détresse à cause de la fortune, tantôt bien méritant à cause de la vertu.

Aussi, mon cher Laurent, sème, sème de bon coeur, dis-je, heureux cultivateur, comme tu as commencé dès longtemps, cette aride terre humaine, et elle abondera à la fin non seulement de céréales, mais encore de lait et de miel[501]. Car, quoique le mot 'homme' provienne de 'humus'[502], toutefois la semaison de l'homme se distingue de celle de l'humus. Celui qui projette les semences sur un sol pauvre les sacrifie en vain[503]. Mais celui qui sème en un homme pauvre, il le fait, c'est certain, utilement[504]. Et comme l'a promis celui qui ne ment pas, il rapporte cent pour un[505] et, ce qui est plus précieux, pour cent semences un seul Dieu. Où tend ce discours ? Comme j'avais entendu que, lors des derniers jours saints, tu avais eu la compassion de beaucoup donner aux pauvres, et plus que de coutume, je n'ai pas voulu être trop économe en faisant l'éloge de ta charité[506], dans la pratique de laquelle tu t'es montré libéral et, pour ainsi dire, prodigue.

12 Avril 1474. Florence.

AUCUNE VERTU N'EST PLUS AIMABLE QUE LA BONTÉ[507]

Marsile Ficin à Niccolo Michelozzi, homme vrai, salut.

Si les larmes sont le propre des femmes, Michelozzi, alors j'avoue que je suis plus féminin que les autres hommes. Thalie m'a donné ce tempérament sensible[508]. Mais notre Laurent l'a rendu plus sensible encore. Je pleure, quant à moi, avec une assez tendre joie ou je ne sais quelle étonnante émotion, à chaque fois que je considère (et je le fais souvent) combien notre Laurent est pieux envers Dieu, combien il est compatissant envers les pauvres et obligeant envers tous. Mais plus il est bienfaisant pour autrui, plus il est, d'une certaine manière, malfaisant pour son Marsile ; puisque par ses bienfaits, ou plutôt par ses méfaits, il fascine et séduit étrangement le pauvre homme que je suis. Et lorsqu'il évite à autrui de pleurer, c'est moi qu'il émeut jusqu'aux larmes. Et quand je l'aime avec plus d'ardeur, c'est alors qu'il s'éloigne plus loin encore. Toi qui es le plus aimable des hommes, rappelle à Laurent d'aimer ce qu'il a aimé. Et, dès que possible, que sa présence le rapproche autant que l'amour l'a rapproché.

12 Avril 1474.

VERUS AMICUS NON EGET ABSENTIA UT MAGIS DESIDERETUR

Marsilius Ficinus Iuliano Medici viro magnanimo s. d.

Cum superioribus diebus morali quadam oratione in nocturnis sacris amicos tuos ad peccatorum penitentiam et lachrimas provocasses, alii eiulabant, alii plangebant pectora palmis. Antonius autem Poeta Tuscus quasi exanguis exanimisque dicitur cecidisse. Paulo post in Mugellanos montes te subito contulisti, ut, quemadmodum Antonium illum ferme presentia tua perdideras, ita Marsilium hunc tuum absentia perderes.

Ha parum officiose vir ! Hostibus olim crudelissimis pepercisti, nunc vero non parcis amicis ! Forsitan statuisti dies aliquot rusticari, ut ad nos desideratior redeas, et post rusticationem urbanior videaris. Quippe qui scias appetitum ab indigentia et admirationem a novitate proficisci solere. Sed nihil aut tibi aut mihi, ô astute Medices, isthac opus est medicina. Quid enim urbanitate urbanius videri potest ? Quid, ut ita dicam, desideratius desiderio ? Mitte has medelas, oro, et egris valde molestas et medico non necessarias. Illi, amice, illi propter absentiam magis desiderentur, qui propter diuturnam presentiam minus in dies desiderantur. Nobis autem quotidie salso liquore tuo nostra hec sitis non tam extinguitur quam accenditur. Saltem dum isthic cum Angelo nostro moras trahis, Marsilium, Iuliane, tuum ore voluta tuo. Vel lambe hunc, Iuliane, vel mande. Morderi malo a Iuliano quam expui.

Vale.

QUIS DIVES INIUSTUS SIT, QUIS IUSTUS

Marsilius Ficinus Angelo Politiano Poete Homerico s. d.

Deus aquam universam aquaticis singulis, terram terrenis voluit esse communem. Solus homo, infelix animal, que Deus coniunxerat separavit. Imperium suum, quod natura fuerat amplum, cohibuit in angustum. « Meum » in orbem introduxit et « tuum » dissensionis totius malique initium. Quapropter non iniuria Pythagoras statuit inter amicos, Plato inter cives omnia esse communia. Ergo divites illi iniusti penitus habendi sunt, qui ob superbiam obliviscuntur Dei divitiarum omnium largitoris. Pauperum quoque se Dominos faciunt et pecuniarum se possessores appellant, cum a pecuniis ipsi possideantur. Contra

UN AMI VÉRITABLE N'A PAS BESOIN DE S'ABSENTER POUR SE FAIRE DÉSIRER DAVANTAGE [509]

Marsile Ficin à Julien de Médicis, homme magnanime, salut.

Comme, par le discours moral prononcé ces jours derniers lors de célébrations nocturnes, tu avais amené tes amis à regretter leurs fautes et à verser des larmes, les uns poussaient des cris de douleur, les autres de leurs mains se frappaient la poitrine [510]. Quant au Poète toscan Antonio, livide et inanimé, il se mourrait dit-on. Peu après tu te réfugias subitement dans les montagnes de Mugello [511], si bien que, de même que tu avais presque causé par ta présence la mort d'Antonio, de même tu provoquais par ton absence celle de Marsile.

Ah, homme sans complaisance ! Tu épargnas autrefois tes plus cruels ennemis, et à présent tu n'épargnes pas même tes amis ! Peut-être as-tu décidé de rester quelques jours à la campagne pour qu'à ton retour chez nous tu sembles plus désiré encore et plus urbain après ce séjour rustique, puisque tu sais que l'appétit naît habituellement du besoin et l'admiration de la nouveauté. Mais ni moi ni toi, rusé Médicis, n'avons besoin de cette médecine-là. Car que peut-on rencontrer de plus urbain que l'urbanité même ? Et quoi, pour ainsi dire, de plus désiré que le désir même ? Jette, je t'en prie, ces remèdes-là qui nuisent beaucoup aux malades et dont le médecin n'a pas besoin. Il y a ceux, mon ami, qui nous manquent beaucoup parce qu'ils sont absents, et qui du fait de leur présence constante sont de jour en jour moins désirables. Mais ma soif est moins étanchée qu'éveillée chaque jour par la potion salée de ta présence. Pendant que tu fais durer là-bas ton séjour, notre Antonio, occupe au moins ton Marsile avec tes mots. Caresse-le, ou alors dévore-le. Je préfère être mordu par Julien que rejeté par lui.

Adieu.

QUEL HOMME RICHE EST INJUSTE, LEQUEL EST JUSTE [512]

Marsile Ficin à Ange Politien, Poète homérique, salut.

Dieu voulut que toutes les eaux fussent communes aux créatures aquatiques, et toute la terre aux créatures terrestres. Seul l'homme, malheureux animal, a séparé ce que Dieu avait uni [513]. Il confina son empire, qui par nature était vaste, dans d'étroites limites. Il introduisit sur terre le « mien » et le « tien », origine de toute dissension et de tout malheur. C'est la raison pour laquelle Pythagore décida à bon droit qu'entre amis, et Platon qu'entre citoyens, tout devait être mis en commun [514]. Il faut donc considérer que ces riches sont profondément injustes qui sont, par orgueil, oublieux de Dieu, généreux dispensateur de toute richesse [515]. Ils s'improvisent maîtres des pauvres et s'appellent eux-mêmes propriétaires d'une fortune, alors que ce sont eux qui sont possédés par l'argent. Sont justes

vero iusti sunt et felices qui in summis divitiis constituti se Dei ministros, pauperum tutores, pecuniarum distributores existimant.

Fortunate nimium adolescens, qui tales nuper nactus es patronos ! Ego tales nactus sum iamdiu. Et miraberis, Angele, si propter absentiam Iuliani mei mestissimum esse me dixero ? Profecto nisi me nunc discessu illius quasi insipidum Mattheus Francus suis condiret salibus, aut forte non satis bene mihi ipse olerem, aut certe ad suavissimos Medicis Iuliani flores adoresque subito adventarem. Omnino autem vix me, Politiane, hic triduum continebo.

IURISCONSULTI BONITAS ET DIGNITAS

Marsilius Ficinus Angelo Nicholino, Octanis insignis iurisconsulti filio, insigni paterne artis heredi s. d.

Pictor qui arte sua inique utitur, non necessario ob hoc malus pictor est, sed malus homo. Idcirco neque bonus pictor idem atque homo bonus. Sane quia multum inter bonitatem interest, atque picturam. Atque in ceteris artibus eodem pacto. At vero iurisconsultus qui lege utitur non legitime, et malus iurisconsultus est et malus homo ; legitimus ergo iurisconsultus homo est civisque legitimus, tanta est inter iuris civilis peritiam virique virtutem affinitas.

Qui nummum, rem revera vilissimam e terre visceribus effossam, adulterat, humana lege iubente, ut scis, censura severissima plectitur. Qui ergo legem ipsam, rem pretiosissimam celitusque missam, adulterat, quanta a divina lege rigiditate punitur ? Probo igitur te, mi Angele, quod utaris lege legitime. Perge, queso. Sperne alto animo minas et illecebras ; non deseret te Deus omnipotens, legis auctor et magister, finis et premium. Perge, amice, ne dubita, divitias apud Deum incorruptibiles cumulabis. Magna quoque apud homines iurisconsulti dignitas est. Hic publicus civium Patronus, hic commune civitatis oraculum, hic divine mentis et voluntatis interpres.

Vale.

au contraire, et heureux, ceux qui, parvenus aux plus hautes richesses, considèrent qu'ils sont les serviteurs de Dieu, les protecteurs des pauvres et doivent distribuer leur argent.

Quel jeune homme chanceux tu es, d'avoir rencontré récemment de tels protecteurs ! Moi-même en ai rencontré de tels il y a longtemps. Seras-tu étonné, Ange, si je te dis que je suis profondément affligé par l'absence de mon cher Julien ? Assurément, maintenant qu'il est parti, si Matteo Franco [516] ne m'assaisonnait de ses sels, moi qui suis comme insipide, il se pourrait que ma propre odeur ne me satisfît plus, ou bien, certainement, je rejoindrais subitement les fleurs et les parfums les plus doux de Julien de Médicis ! Pour tout dire, Politien, c'est à peine si j'arrive à me confiner ici trois jours durant.

La bonté et l'honorabilité du jurisconsulte [517]

Marsile Ficin à Angelo Niccolini [518], fils du remarquable Jurisconsulte Ottone, héritier remarquable de l'art de son père, salut.

Un peintre qui se sert injustement de son art n'est pas nécessairement un mauvais peintre à cause de cela, mais il est un homme mauvais. Ce n'est pas pour autant qu'un bon peintre est la même chose qu'un homme bon. Parce qu'il y a assurément de nombreuses différences entre la bonté et la peinture. Comme entre les autres arts d'ailleurs. Mais un jurisconsulte qui se sert de la loi illégitimement est non seulement un mauvais jurisconsulte mais encore un homme mauvais ; le jurisconsulte légitime est donc un homme et un citoyen légitime, tant est étroite la relation entre la pratique du droit civil et la vertu de l'homme.

Quiconque falsifie de la monnaie, une chose qui n'a vraiment aucune valeur, extraite des entrailles de la terre, est puni comme tu le sais par la censure humaine la plus dure, comme la loi l'ordonne. Dès lors, celui qui falsifie la loi elle-même, chose la plus précieuse qui soit et qui nous est envoyée du Ciel, de quel châtiment est-il frappé par l'inflexible loi divine ? C'est pour cela que je t'approuve toi, mon Angelo, qui te sers de la loi comme il faut. Continue, je t'en prie. Dédaigne d'une âme haute les menaces et les appâts ; le Dieu tout-puissant, auteur et maître des lois, leur fin et récompense, ne t'abandonnera pas. Continue, mon ami ; sois sûr que tu jouiras, auprès de Dieu, de richesses incorruptibles portées à leur comble. Grande est aussi l'honorabilité du jurisconsulte auprès des hommes. Il est le protecteur public des citoyens, l'oracle commun de la cité, l'interprète de la pensée et de la volonté divines.

Adieu.

DIGNITAS SACERDOTIS

Marsilius Ficinus Paci Sacerdoti, iuris canonici Professori s. d.

Sepe ego et Ricciardus Angellerius, insignis Theologus, una de Sacerdotis dignitate disseruimus. Conclusimus denique, quemadmodum bono angelo nihil post Deum melius, malo nihil peius. Ita nihil in terris honesto Sacerdote pulchrius esse, turpi vero nihil turpius. Ille religionis hominumque salus, iste pestis. Quid est Sacerdos legitimus, nisi Deo dicatus animus ? Angelus vicem Dei gerens apud homines. Vivens Dei templum. Qui sacerdotii dignitatem recte consideraverit, Sacerdotio non abutetur. Cogitemus ergo quid est legitimum Sacerdotem esse. Hoc enim ferme est esse Deum. Sacerdos quidem est temporalis quidem Deus. deus vero est Sacerdos eternus.

Vale.

NON CUILIBET DANDI SUNT SACRI ORDINES

Marsilius Ficinus Mariano Episcopo Cortonensi s. d.

Venit ad te Bastianus Salvinus Amitinus noster, tertium sacrorum ordinum mysterium postulaturus atque, ut arbitror, accepturus.

Tu vero, qui hominem non nosti ac scis sacratum canibus dandum non esse, fortasse dices : « Oportet eum, ô Marsili, qui tanto munere functurus sit, litteratum esse, pium erga Deum, erga homines vero iustum. Adolescentem istum fore talem quis testatur, vel fide iubet ? ».

Respondeo tibi, venerande pater, Socratis illud : « Sicut vas, ita hominem sono cognosci ». Itaque ad obvium quendam et tacentem inquit : « Loquere, hospes, ut te videam », utpote qui solum animum esse hominem iudicabat. Preterea si Zopyri artem haberes, adderem forsitan, ut indolem eius considerares. At vetat Vite Magister hominem secundum faciem iudicari. Fideiussorem queris ? Habes Marsilium. Vis locupletiorem ? Volaterranus Episcopus fideiubet. Apud utrunque adolescens est educatus.

La dignité de prêtre [519]

Marsile Ficin au Prêtre Pace [520], Professeur de droit canonique, salut.

Souvent Riccardo Angiolieri [521], Théologien insigne, et moi-même avons échangé nos conceptions à propos de la dignité de Prêtre. Nous en arrivâmes enfin à la conclusion que, de même qu'après Dieu il n'y a rien de meilleur qu'un bon Ange et rien de pire qu'un mauvais, de même rien sur terre n'est plus beau qu'un Prêtre honnête et rien n'est plus honteux qu'un prêtre indigne. Le premier est le salut de la religion et de l'humanité, le second leur fléau. Qu'est-ce qu'un Prêtre légitime, sinon une âme vouée à Dieu ? Un Ange, tenant lieu de Dieu, accomplissant son oeuvre auprès des hommes. Un vivant temple de Dieu. Celui qui aura considéré comme il se doit la dignité de la prêtrise n'abusera pas de son Sacerdoce. Réfléchissons donc à ce que c'est qu'être un Prêtre légitime. De fait, c'est presque être Dieu. Il est vrai que le Prêtre est une sorte de Dieu temporel. Alors que Dieu est un Prêtre éternel.

Adieu.

Que les ordres sacrés ne doivent pas être offerts à n'importe qui [522]

Marsile Ficin à l'Évêque Mariano de Cortone, salut.

Sebastiano Salvini [523], mon neveu, est venu jusqu'à toi dans l'intention de te demander d'entrer dans le troisième ordre des mystères sacrés, et il est, je pense, sur le point d'y être admis.

Toi qui ne connais pas l'homme, mais qui sais que ce qui est sacré ne doit pas être offert à des chiens [524], peut-être diras-tu : « ô Marsile, il faut que celui qui est destiné à remplir une telle fonction soit instruit, pieux envers Dieu, et même juste envers les hommes. Que ce jeune homme soit disposé à être tel, qui me l'attestera ou s'en portera garant ? ».

Je te réponds, Révérend Père, ces mots de Socrate : « comme la vaisselle, l'on reconnaît un homme au son qu'il fait ». C'est pourquoi à celui qui se présente à lui et reste silencieux, il dit: « Parle, étranger, que je te voie ! », parce qu'il considérait que l'âme seule était l'homme [525]. Outre cela, si tu possédais l'art de Zopyrus [526], j'ajouterais peut-être que tu devrais prendre en considération ses qualités naturelles. Mais le Maître de vie nous interdit de juger un homme d'après son apparence [527]. Tu demandes un garant ? Tu as Marsile. Tu en veux un qui ait plus d'autorité ? L'Évêque de Volterra se porte garant. Le jeune homme fut élevé par chacun de nous deux.

Nulla consonantia magis delectat quam cordis et lingue

Marsilius Ficinus Laurentio Medici viro magnanimo s. d.

Mittit ad te Bastianus Foresius poema suum *De triumpho virtutum contra vitia*, opus tanto hoc titulo dignum. Lege, Laurenti, Poema et elige Poetam : nam in eius quoque animo virtutes de vitiis triumphant. Nulla vel dissonantia magis offendit, vel consonantia magis delectat, quam cordis et lingue.

De officio civis

Marsilius Ficinus Petro Nero s. d.

Dic, Petre, cur febris, cum Bernardum patruum tuum invasisset, subito me accedit ? An forte quia tam proximi sumus, ut non potuerit canicula in alterum flammas evomere quin accenderet alterum ? Utinam cito convaleat, ut Marsilius convalescat, immo ut et melius Florentia valeat ! Que si medicos semper tales haberet qualem hunc habet et Medicem, nunquam graviter egrotaret. Recte enim isti officio civis utuntur, sine quo bona valitudo patrie non servatur.

Est autem civis officium considerare civitatem esse tanquam animal unum ex civibus tanquam partibus constitutum. Ac partem toti, non totum parti, servire debere. Quando enim partis tantum commodum queritur, utriusque, scilicet tam partis quam totius, commodum prorsus amittitur. Quando vero totius queritur bonum, bonum utriusque servatur. Igitur meminisse debet civis, nihil sive boni sive mali alicui civitatis membro posse contingere, quin propter connexionem quandam ad cetera membra pertineat atque totum ; nihil rursus toti civitatis corpori evenire posse, quin mox ad singula animalis huius membra pertineat. Nemo igitur in hac urbana familia dicat « meum hoc et illud tuum » : omnia enim in hoc ingenti animali quodammodo communia sunt. Sed dicat « meum hoc et illud » non possessione quidem propria, sed affectu potius atque cura.

Patriam quisque tanquam parentum parentem amet et colat. Privatus antiquis probatisque legibus obediat tanquam Deo. Non enim absque Deo huiusmodi leges constituuntur. Magistratus meminerit non aliter se legibus quam privatum magistratibus esse subiectum. Intelligat se a Deo, cum iudicat, iudicari. Platonis preceptum semper ante oculos habeat, ut non se ipsum, sed civitatem, non partem

NULLE HARMONIE NE PLAÎT DAVANTAGE QUE CELLE DU CŒUR ET DE LA LANGUE [528]

Marsile Ficin à Laurent de Médicis, homme magnanime, salut.

Bastiano Foresi [529] t'envoie son poème intitulé le *Triomphe des vertus sur les vices*, oeuvre qui mérite de porter ce titre. Lis ce Poème Laurent, et élis ce Poète : car dans son esprit aussi les vertus triomphent des vices. Aucun désaccord n'est plus offensant que celui du coeur et de la langue, et aucune harmonie que celle-ci ne donne plus de plaisir.

DU DEVOIR DU CITOYEN [530]

Marsile Ficin à Piero Nero [531], salut.

Dis-moi Piero pourquoi la fièvre, alors qu'elle avait envahi ton oncle Bernardo, s'est-elle emparée subitement de moi ? Est-ce parce que nous sommes si proches que la canicule ne pourrait vomir ses flammes sur l'un de nous, sans qu'elle s'empare de l'autre ? Puisse-t-il se rétablir au plus vite de sorte que Marsile se rétablisse, ou plutôt que Florence aille mieux ! Si elle avait toujours d'aussi bons médecins qu'elle en a dans les Médicis [532], jamais elle ne souffrirait de maux graves. En effet, ceux-là remplissent leur devoir de citoyen droitement, sans quoi la bonne santé de la patrie n'est pas préservée.

Il est en effet du devoir du citoyen de considérer que la cité est une sorte d'être vivant singulier, formé des citoyens qui en constituent pour ainsi dire les parties [533]. Et que la partie doit servir au tout, et non le tout à la partie. Quand en effet c'est le profit d'une seule partie qui est recherché, il va sans dire que le profit, autant de chacune des parties que du tout, est absolument perdu. Quand, en revanche, l'on recherche le bien de tous, le bien des uns et des autres est préservé. Le citoyen doit donc se souvenir que rien de bon ou de mauvais ne peut atteindre tel membre de la cité sans que, par un certain enchaînement, cela ne s'étende aux autres membres, puis au tout ; et qu'inversement rien ne peut arriver au corps entier de la cité sans que bientôt cela ne s'étende à chaque membre de son être. Que personne donc ne se permette de dire, dans cette famille qu'est la cité : « ceci est à moi » et « cela est à toi » [534], car tout est, dans ce vaste organisme, en quelque sorte commun. Mais qu'on dise : ceci et cela est à moi, non parce qu'on le possède en propre, mais plutôt parce qu'on l'aime et qu'on en prend soin [535].

Que chacun aime et soigne sa patrie comme l'aïeul de ses parents. Que le simple particulier obéisse aux lois antiques et approuvées comme à Dieu. Car les lois ne sont pas constituées de cette manière sans le concours de Dieu ; que le magistrat se souvienne qu'il n'est pas autrement soumis aux lois que ne l'est le particulier aux magistrats. Qu'il comprenne qu'alors qu'il juge, il est jugé par Dieu. Qu'il ait toujours sous les yeux ce précepte de Platon qu'il faut tourner

civitatis aliquam duntaxat, sed universam respiciat. Sciat denique, optimum in celesti patria huic servari locum, qui terrenam patriam ad celestis exemplar pro viribus disposuerit. Communi enim mundi regi nihil gratius quam commune bonum.

Hec et similia ad civem legitimum pertinentia scire te arbitror et servaturum spero, cum doctrina prudentiaque non careas, ac preterea magistrum habeas hac in re domi sufficientem, de cuius virtutibus alias.

Vale.

Iohannes Cavalcantes noster se tibi commendat.

QUID EST BENE VIVERE

Marsilius Ficinus Hieronymo Pasqualino suo s. d.

Queris quid sit bene vivere ? Utilius queri nihil potest. Est autem bene vivere verum intelligere, consultare bene, velle bonum, agere bona. Primum sapientie est, secundum prudentie, tertium iustitie, quartum perseverantie. Primum a Deo est, secundum a primo, tertium a Deo simul atque homine, quartum est a tertio. Qui ita vivunt, vivunt homines ; qui vivunt aliter, animalia vivunt.

Vale, ac vive homo.

VOTA NON SUNT SPERNENDA

Marsilius Ficinus Francisco Marescalcho Ferrariensi, egregio conphilosopho suo, s. d.

Librum *De Christiana religione* nondum absolvi, Francisce, quia dum emendarem hoc Augusto in febrem incidi atque diarriam. Minabatur id forte mihi Saturnus hoc amo, qui et in mee nativitatis ascendente Aquario ab initio fuerat et his temporibus est in Cancro, domo mee nativitatis sexta.

Missa nunc faciamus celestia –sunt enim qui talia parvifaciant–, ad supercelestia veniamus. Quod ergo mihi in hoc morbo contigit, audi. In tantam, Marescalche, debilitatem quandoque prolapsus sum, ut salutem pene iam desperarem. Meditabar igitur quecunque annis triginta magna legissem, siquid forte mihi occurreret quod egrum animum consolaretur. Scriptores humani,

son attention non sur soi-même mais sur la cité, non sur une certaine partie de la cité seulement, mais sur l'ensemble [536]. Enfin qu'il sache que le lieu le plus élevé de la patrie céleste est réservé à celui qui a fait de son mieux pour ordonner la patrie terrestre selon l'exemple de la céleste. Car rien n'est plus agréable au roi commun du monde que le bien commun [537].

Je crois que tu connais ces préceptes et de similaires concernant le citoyen légitime, et j'espère que cela te servira puisque tu ne manques ni d'instruction ni de prudence. Tu as en outre à la maison un magistrat qui en sait suffisamment sur le sujet, et dont je reparlerai des vertus.

Adieu.

Notre Giovanni Cavalcanti se recommande à toi.

Ce que c'est que vivre bien [538]

Marsile Ficin à son Girolamo Pasqualini [539]*, salut.*

Tu demandes ce que c'est que vivre bien ? Aucune question ne peut être plus utile. En vérité vivre bien, c'est comprendre ce qui est vrai, suivre les bons conseils, vouloir le bien et accomplir de bonnes actions. La première attitude est le fait de la sagesse, la seconde de la prudence, la troisième de la justice et la quatrième le fait de la persévérance. La première vient de Dieu, la seconde de la première, la troisième de Dieu et de l'homme ensemble, et la quatrième de la troisième.

Ceux qui vivent de la sorte, vivent en hommes ; ceux qui vivent autrement vivent comme des animaux.

Adieu, et vis comme un homme [540].

Il ne faut pas mépriser les prières [541]

Marsile Ficin à Francesco Marescalchi de Ferrare [542]*, confrère philosophe remarquable, salut.*

Je n'ai pas encore achevé le livre sur la *Religion chrétienne*, Francesco, car au mois d'août, pendant que je le corrigeais, j'ai contracté une fièvre et une diarrhée [543]. Peut-être Saturne m'en menaçait-il cette année : au moment de ma naissance, il était dans le signe ascendant du Verseau, et alors aussi dans le Cancer, ma sixième maison [544]. Mais laissons maintenant les corps célestes – car ils comptent peu –, venons-en aux choses supra-célestes. Donc écoute, Marescalchi, ce qui m'arriva durant cette maladie : un jour, j'avais glissé dans une telle faiblesse que je désespérais presque de guérir. Aussi, je méditais sur les grandes oeuvres que j'avais lues ces trente dernières années, pour voir si, par hasard, quelque chose se présenterait pour consoler mon âme malade.

exceptis Platonicis, nihil penitus conferebant ; Christi autem opera multo magis quam Philosophorum verba consolabantur. Feci insuper dive Marie vota signumque salutis aliquod postulavi. Respiravi subito aliquantum ac manifestum in somniis nuntium salutis accepi. Non igitur Esculapio gallum, sed Christo Matrique animum corpusque debeo. Omnia semper accipienda in melius, Marescalche. Quid si Deus hoc inter morbum signo admonere me voluit, ut acriori posthac ingenio studioque doctrinam Christi confirmem. Presertim cum paucos post dies etiam ab ardore urine voto fuerim liberatus.

Audi, si placet, et aliud mirabile atque verum. Pater meus Ficinus, chirurgicus Florentie suo seculo singularis, ductus olim fuit a rustico quodam nomine Pasquino ad curandum filium eius Tommam, caput gravissime vulneratum. Medicus inspecto incurabili vulnere, puerum paulo post proculdubio periturum existimans, recessit inde tanquam non rediturus. Parentes infirmi a medico destituti divam Mariam pro nati sanitate supplices obsecrarunt. Igitur eadem qua illi orabant hora Ficino in itinere sub quercu vel oscitanti vel certe levissime dormienti mulier quedam visa est aspectu admodum veneranda ita eum compellans : « Quid ingratus erga Deum es, Ficine ? Que ab eo gratis accepisti, non das gratis ! » ; respondit ille : « Panem do quotidie mendicantibus ». Subiunxit illa : « Artis quoque tue munera egentibus abunde largire ! ». Post triduum rediit ad Medicum rusticus ille, orans ut ad filium curandum reverteretur. Quod quidem valde miratus est Ficinus : nam obiisse illum arbitrabatur. Accessit gratis tum preterito somnio, tum voto parentum admonitus. Narravit enim rusticus que vota et qua hora fecisset. Denique puer preter spem Medici artemve medendi sanus evasit.

Ex eo tempore Ficinus sepe pro salute eorum qui cure sue commissi sunt vota Marie fecit feliciterque successit. Quamobrem amicos tuos admone ne spernant vota : nam neque Aristoteles quidem in generi morbo contempsit.

XI Septembris 1474, Florentie.

NOBILITAS, UTILITAS ET USUS MEDICINE

Marsilius Ficinus Tomme Valorio egregio Physico s. d.

Legi apud Homerum : « vir medicus multis aliis aequabitur unus », et merito. Nam medendi facultatem donum esse Dei potius quam hominum inventum sacre Hebreorum littere docent : « Honora medicum, nam propter necessitatem creavit

À l'exception des Platoniciens, les auteurs humains ne m'apportaient aucun secours ; mais les oeuvres du Christ me soulageaient beaucoup plus que les paroles des Philosophes. En outre, je fis des prières à la divine Marie, et je demandai quelque signe de guérison. Aussitôt, je me mis à respirer assez fortement, et, dans un songe, je reçus un messager qui annonçait ma guérison. Je ne dois pas un coq à Esculape [545], mais mon corps et mon âme au Christ et à sa Mère [546]. Il faut recevoir toutes choses comme un bien, Marescalchi. Si, durant ma maladie, Dieu a voulu m'avertir par ce signe de quelque chose, c'est afin que j'établisse à l'avenir la vérité de la doctrine chrétienne avec un zèle et un talent plus énergiques. Quelques jours après, comme j'avais prononcé une prière semblable, je fus aussi libéré du feu de mon urine.

Écoute, s'il te plaît, cet autre fait merveilleux et véritable. Mon père, Ficino, chirurgien réputé à Florence à son époque, fut un jour appelé par un paysan du nom de Pasquino pour soigner son fils Tommaso grièvement blessé à la tête. Après qu'il eut examiné la plaie qui était incurable, le médecin estima que l'enfant périrait bientôt sans l'ombre d'un doute, et il partit comme s'il ne devait jamais revenir. Les parents de l'enfant abandonné par le médecin prièrent en suppliant la divine Marie pour la guérison de leur fils. À l'heure même où ils priaient, Ficino s'était arrêté en chemin, et dormait sous un chêne, pris par la paresse ou un sommeil très léger, quand soudain lui apparut une femme, à l'aspect très vénérable, qui l'apostropha ainsi : « Pourquoi es-tu si ingrat à l'égard de Dieu, Ficino ? Ce que tu as reçu gracieusement de lui, tu ne le donnes pas gracieusement ! » Il répondit : « je donne chaque jour du pain aux indigents ». Elle rétorqua : « Donne aussi généreusement à ceux qui sont dans le besoin les présents de ton art ! » Trois jours plus tard, le paysan revint chez le médecin et lui demanda de retourner soigner son fils. Ce qui étonna profondément Ficino : car il était persuadé que l'enfant était mort. Il y retourna, gracieusement, averti par le songe récent et les prières des parents. En effet, le paysan lui avait raconté quelles prières il avait faites et à quelle heure. Enfin le garçon, au-delà de ce que pouvaient espérer le médecin et l'art de la médecine, recouvra la santé.

Et depuis ce temps-là, Ficino fit souvent des prières à Marie pour le salut de ceux qui avaient été confiés à ses soins, et il obtint d'heureux succès. C'est pourquoi, avertis tes amis de ne pas mépriser les prières, car pas même Aristote ne les méprisa quand son fils fut malade [547].

11 septembre 1474 [548]. Florence.

NOBLESSE, UTILITÉ ET USAGE DE LA MÉDECINE [549]

Marsile Ficin à Tommaso Valeri [550]*, Médecin remarquable, salut.*

J'ai lu chez Homère qu'« un seul homme médecin est l'égal de plusieurs autres hommes » [551], et c'est juste. En effet, les Écritures sacrées des Hébreux enseignent que la faculté de soigner est un don de Dieu, plutôt qu'une invention

eum Altissimus». Gentiles preterea huius artis auctores deos fuisse volunt. Iidem, Apollinem, Esculapium; singulares quoque medicos divinis honoribus prosecuti sunt: delubra enim Chironi, Machaoni, Podalirio, Hippocrati, Hermagore dicaverunt. Confirmavit hec Hippocrates in epistola ad Abderitas, medicinam esse dicens deorum munus atque esse liberam, neque se pro eius usu unquam mercedem acceptavisse. In epistola etiam ad Philemonem ait: «Medicina vaticinio propinqua est: harum enim duarum artium unus est parens Apollo», scilicet qui progenitor noster est, hic et futuros morbos predicit et eos qui adversa valitudine affecti sunt curat. Hinc Pythagoras, Empedocles, Apollonius Theaneus non tam herbis quam carminibus morbos curasse traduntur. Et Magi sacris rationibus orationibusque purgandum esse egrotantis animum priusquam corpus existimabant. Quia videlicet huiusmodi ars et divinitus accepta est, et divinitus exercetur. Atque animus ex Deo, corpus pendet ex animo. Nonne Raphaelem Archangelum Hebrei volunt huius artis opus exercuisse? Mittamus reliquos; Christus ipse tanquam generis humani Medicus, egros egrotosque, quotcunque offerebantur, curabat discipulisque medendi tradidit potestatem. Hanc igitur artem utpote nobilissimam reges meditari et exercere quondam nequaquam dedignabantur. Quales fuerunt Sabor et Ginges Medorum reges. Sabid rex Arabum, Mithridates Persarum rex, rex Egyptiorum Hermes, Mesues regis Damasci nepos. Volunt nonnulli et Avicennam fuisse Cordube principem. Democritus, Timeus Locrus, Plato, Aristoteles, Philosophi illustrissimi, in hac arte scripserunt innumerabilesque alii Philosophi non ignobiles.

Quanta medicine nobilitas sit, ferme quantum patitur epistola dictum est. Quanta vero utilitas ex eo perspicimus, quod artes que ad bene vivendum diriguntur absque huius auxilio parum prodesse videntur. Non enim bene vivere possumus nisi vivamus, neque brevissimo hoc vite tempore in quavis facultate multum proficere nisi valeamus bene, neque facile multum apud homines Deumve mereri nisi diu sobriique vivamus. Omnem vero huiusmodi facultatem diligentia medicine suppeditat. Uti autem hac arte oportet summa tum erga Deum pietate, tum erga homines charitate. Quemadmodum Lucas Evangelista Cosmusque et Damianus divini Medici exemplo nos docuerunt. Est enim bonorum omnium auctor Deus, et legitimus medicus quasi deus aliquis inter homines. Eos namque in vitam a morte restituit et tanquam Deus colitur, vel a regibus et sapientibus cum egrotant.

Quod acumine, doctrina, experientia opus sit Medico cuncti fatentur; quod etiam gravitate diligentiaque in deliberando dubitat nemo. Sed postquam mature consultum est nulli arti, ut Hippocrates Abderitanis ait, magis quam huic mora

des hommes: « Honore le médecin, car le Très-Haut l'a créé par nécessité ». De surcroît, les Gentils affirment que ce sont les dieux qui furent les auteurs de cet art. Les mêmes entourèrent d'honneurs divins Apollon, Esculape [552], et aussi des médecins exceptionnels: ils dédièrent des sanctuaires à Chiron [553], Machaon, Podalirius [554], Hippocrate et Hermogore. Hippocrate le confirme dans sa *Lettre aux Abdéritains*, lorsqu'il dit que la médecine est un cadeau des dieux, qu'elle est libre, et n'a jamais accepté une récompense pour son utilité [555]. Dans une *Lettre à Philémon*, il écrit que « la Médecine est proche de la prophétie, car ces deux arts ont un seul père: Apollon », qui est évidemment notre ancêtre, lui qui prédit les maladies futures, et guérit ceux qui ont été affectés d'une maladie fâcheuse [556]. De là que Pythagore, Empédocle et Apollonius de Tyane aient guéri, rapporte-t-on, les maladies non pas tant avec des herbes, qu'avec des chants [557]. Et les Mages estimaient qu'il fallait purger, avec des discours et des oraisons sacrées, l'âme des égrotants avant leur corps [558]. La raison en est qu'un art de cet acabit a été reçu de la part des dieux, et s'exerce par une inspiration divine. Car, l'âme dépend de Dieu, et le corps de l'âme. L'Archange Raphaël n'a-t-il pas pratiqué cet art, selon les Hébreux [559] ? Laissons de côté tous les autres médecins ; le Christ lui-même, pour ainsi dire le médecin du genre humain, soignait les souffrants et les malades, quel qu'en soit le nombre qui se présentait à lui, et il transmit le pouvoir de guérir à ses disciples [560]. Autrefois, les rois ne dédaignaient nullement méditer et pratiquer cet art si noble : tels furent Sabor et Gingès, rois des Mèdes, Sabid, roi des Arabes, Mithridates, roi des Perses [561], Hermès, roi des Égyptiens [562], Mésues, neveu du roi Damascius [563]. Certains affirment aussi qu'Avicenne était le prince de Cordoue. Démocrite, Timée de Locres, Platon, Aristote, Philosophes des plus illustres, écrivirent sur cet art, comme d'innombrables autres Philosophes inconnus [564].

Combien grande est la noblesse de la médecine, cette lettre l'a dit, autant qu'il est permis. Voyons maintenant combien son utilité est majeure, dans la mesure où tous les arts, qui sont dirigés vers le bien-vivre, paraissent être peu bénéfiques sans l'aide de la médecine. Car nous ne pouvons bien vivre, si nous ne vivons ; et, dans le très bref instant de la vie, nous ne pouvons beaucoup progresser dans une faculté, si nous ne sommes pas en bonne santé ; et nous ne pouvons pas facilement et beaucoup mériter des hommes ou de Dieu, si nous ne vivons pas longtemps et dans la tempérance. Or le souci de la médecine pourvoit à toute faculté. Mais il convient d'user de cet art souverain tantôt avec piété à l'égard de Dieu, tantôt avec charité à l'égard des hommes, tout comme l'Évangéliste Luc et les divins médecins Cosme et Damien nous l'enseignèrent par leur exemple [565]. En effet, Dieu est l'auteur de tous les biens, et le Médecin légitime est comme un Dieu parmi les hommes. Il les restitue de la mort à la vie : ainsi est-il adoré comme Dieu, même par les rois et les sages lorsqu'ils sont égrotants.

Que le Médecin ait besoin de pénétration d'esprit, de connaissance et d'expérience, tous l'accordent. Qu'il ait encore besoin dans la délibération de sérieux et d'exactitude, personne n'en doute. Mais après que l'on a examiné le cas à propos, comme le dit Hippocrate aux Abdéritains [566], à aucun art plus qu'à

obesse potest. Non tamen minus, immo magis periculosum est, ut Glauconi Galienus inquit, prevenire et prepedire naturam. Multos enim, ait, hoc errore, id est temeritate Medicorum naturam vel impedientium vel precipitantium, quotidie perdi. Quem quidem errorem facilius devitabit, qui suo ingenio non confidet. Nam Hippocrates Democrito scribit, se in ipsa iam senectute constitutum, nondum medicine finem attigisse. Galienus etiam ait, cum nonagenarius esset, tunc demum pulsus tenere naturam.

In primis meminisse debet Medicus auctorem sanitatis Deum esse, instrumentum Dei esse naturam ad sanitatem efficiendam vel conservandam, Medicum utriusque ministrum, ut artifici non vires sed materiam preparet et impedimenta dimoveat. Qui, si importune movere vel sistere materiam velit, sepe male utrunque agit et naturam impedit, que bene exequeretur utrunque.

Sed audiamus hac de re divinum Platonem nostrum in *Timeo* ex mente Pythagoreorum ita loquentem : « Omnium vero motuum optimus ille est qui in semet ex se ipso fit. Nam et mentis et totius ipsius motioni cognatissimus est. Qui vero ab alio fit deterior. Deterrimus autem motus, quando iacens et quietem agens corpus ab aliis secundum partes movetur. Quapropter purgationum constitutionumque omnium corporis, que exercitatione gymnastica fit, saluberrima est. Proxime ad hanc accedit vectio facilis, sive navi seu quovis alio vehiculo peragatur. Tertia commotionis species tunc demum, cum summa cogit necessitas, utilis, aliter vero nullo modo sane mentis homini suscipienda, Medicorum illa purgatio est que pharmacis, id est solutivis medelis, fieri solet. Morbi enim, nisi periculosissimi sint, pharmacis irritandi non sunt. Omnis namque morborum constitutio animalium nature quodammodo similis est. Quippe animalium compositio ab ipso generationis exordio certis temporum curriculis terminatur. Idque et genus universum patitur et animal unumquodque ab ortu fatale vivendi spatium in seipso, exceptis necessariis passionibus, continet. Etenim trianguli, id est qualitates proportionales, ab ipso initio singulorum vim possidentes, usque ad certum tempus sufficienter ad usum vite coherent, ultra id vita nemini prorogatur. Idem quoque constitutionis modus langoribus convenit. Quos, siquis citra fatalem temporis cursum pharmacis amputare contenderit, ex parvis ingentes, ex paucis multi evadere consueverunt. Quapropter diligentia victus corrigendi et gubernandi sunt morbi prout cuique

la médecine le retard ne porte préjudice. Toutefois, il n'est pas moins, c'est-à-dire qu'il est beaucoup plus, dangereux, comme le dit Galien à Glaucon, de devancer et d'entraver la nature. Car maintes vies, dit-il, se perdent chaque jour à cause de cette erreur, à savoir la présomption des médecins qui entravent ou hâtent le processus naturel. Il évitera facilement cette erreur celui ne se fiera pas à son propre talent. En effet, Hippocrate écrit à Démocrite que, même s'il est maintenant dans la vieillesse, il n'a pas encore atteint au terme de la médecine [567]. Galien dit aussi qu'il lui fallut attendre d'être nonagénaire pour saisir enfin la nature du pouls.

Le Médecin doit se souvenir avant tout que Dieu est l'auteur de la santé [568], que la nature est l'instrument de Dieu pour produire et conserver la santé, et que le Médecin est le ministre des dieux, de sorte qu'il ne fournit pas artificiellement des forces, mais prépare la matière et écarte les embarras. Et s'il veut inopportunément modifier, ou arrêter, la matière, il fait les deux mal, et il empêche la nature, qui accomplirait l'une et l'autre opérations bien.

Mais écoutons à ce sujet notre divin Platon qui, dans le *Timée*, à partir de la pensée des Pythagoriciens, s'exprime ainsi: «de tous les mouvements, le meilleur est celui qui advient en lui-même et à partir de lui-même. Car il est le plus naturel au mouvement de l'intelligence et de l'univers lui-même. Mais le mouvement causé par un agent extérieur est plus mauvais, et il est très mauvais quand un corps étendu est mû quant à ses parties par d'autres agents extérieurs, tandis que le tout reste au repos. Aussi, de toutes les façons de purifier et d'organiser un corps, la gymnastique est, sous le rapport de l'exercice, la plus salutaire. Immédiatement après viennent les transports faciles, soit que l'on se déplace en navire, soit dans n'importe quel autre véhicule. La troisième espèce de mouvement est utile seulement en cas d'extrême nécessité. Mais autrement, il ne faut d'aucune manière administrer cette purgation médicale à un homme sain d'esprit, car elle est faite à l'ordinaire de drogues et de médicaments laxatifs. En effet, les maladies, à moins d'être très dangereuses, ne doivent pas être excitées par des drogues. Car toute constitution des maladies est en quelque sorte semblable à la nature des êtres vivants. Le fait est que la structure des êtres vivants est, depuis le commencement même de leur génération, limitée par une carrière de temps déterminé. Le genre universel y est soumis, et chaque être vivant, depuis la naissance, contient en lui un intervalle de vie fixé, à moins qu'un accident inévitable ne survienne. De fait, les triangles, c'est-à-dire les qualités proportionnelles qui possèdent, depuis le début, la puissance de chaque être, s'agrègent pour assurer un usage suffisant de la vie, jusqu'à un temps déterminé au-delà duquel la vie n'est prolongée pour personne. Le même mode constitutif convient aussi aux maladies. Si quelqu'un s'applique à en couper, à l'aide de drogues, le cours fixé de temps, alors les maladies mineures deviennent habituellement énormes, et, de rares, elles deviennent nombreuses. Aussi les maladies doivent-elles être corrigées et gouvernées en faisant attention au mode de vie, dans la mesure où le loisir en est donné à chacun, et qu'il n'est pas difficile

datur otium, neque difficile infestumque malum pharmacis instigandum ». Hec Plato.

Galienum nostrum Florentinus populus, quod hac regula uteretur, sepe commendat. Ego etiam Laurentium Martellinum, verum Medicum, hanc ob causam summopere laudo. Tommam quoque Valorium, nisi ad eum scriberem, valde laudarem.

Vale et Antonium Benivenium, bonum Physicum, bene saluta. Salutat vero te Hieronymus Amatius, comes noster in medicine cithareque studio valde iocundus.

Tempus parce expendendum

Marsilius Ficinus Laurentio Medici viro magnanimo s. d.

Salve milies, mea post Deum salus ! Nefas esse putabam, cum primum manus calamum ducere posset, ad alium priusquam ad Patronum meum unicum scribere. Quid igitur potissimum scribam ? Scriberem certe nunc ad te, si liceret, severiora quam soleam. Non semper arbusta iuvant humilesque myrice. Sed quid obstat, Marsili, quominus in presentia liceat. Quandoquidem ad eum scripturus sis, qui non modo permittit, verum etiam iampridem litteris suis id tibi precepit ?

Laurenti, in hac mea infirmitate nihil acrius animum affligebat quam inutiliter transacti temporis recordatio ; nihil rursus restabat quod me aliquantum consolaretur preter eorum memoriam que didiceram, quamvis non multa didicerim. Solo enim divino veritatis pabulo revera divinus animus oblectatur, alitur, augetur. Cetera volantium nugarum deliramenta immortalem non implent mentem, naturali quodam instinctu eterna et immensa poscentem. Obsecro te igitur, charissime mi Patrone, per eternum Deum, ut pretiosissimum temporis huius quam brevissimi nummum parce prudenterque expendas, ne quando frustra te prodigalitatis irreparabilisque iacture peniteat. Iactura temporis Theophrastum annos octuaginta natum frequenter deducebat ad lachrimas ; iactura temporis magnum Cosmum natum annos plures quam septuaginta sepe me presente graviter suspirare coegit. Obice, queso, inanibus curis, supervacuis ludis, negotiis non necessariis Socraticum illud : « Abite procul hinc hostes sacrilegi, abite quam primum animi mei fures, ne a me ipse abire compellar ». Furantur hec paulatim tibi teipsum et captivum ducunt virum magnum, virum natum ad imperandum. Redime te, queso, ab hac misera captivitate, dum potes ; solum autem potes hodie, hodie primum tui iuris esto. Non est, crede mihi, sapientis dicere « vivam ». Sera nimis vita est crastina : vive hodie.

d'exciter une maladie dangereuse avec des drogues »[569]. Telles sont les paroles de Platon.

Le peuple Florentin se confie souvent à notre Galien, parce qu'il use de cette règle. Moi aussi, pour cette raison, je loue avec le plus grand soin Lorenzo Martellini, un véritable médecin. Je louerais aussi Tommaso Valeri grandement, si je ne le lui écrivais pas déjà.

Adieu, et salue bien Antonio Benivieni[570], médecin adroit. Girolamo Amazzi[571], notre compagnon si agréable dans l'étude de la médecine et de la cithare te salue.

Le temps doit être dépensé avec parcimonie[572]

Marsile Ficin à Laurent de Médicis, homme magnanime, salut.

Mille fois salut, toi qui es mon salut après Dieu ! Dès que ma main pouvait manier la plume, je pensais qu'il était injuste d'écrire à un autre, avant que d'écrire à mon unique Patron. Qu'écrirais-je principalement ? Assurément, je t'écrirais à présent, si cela était permis, des choses plus sérieuses que de coutume. Les arbustes et les humbles tamaris ne servent pas toujours[573]. Mais qu'est-ce qui t'en empêche, Marsile, maintenant que le loisir est donné d'écrire, puisque celui à qui tu voudrais écrire, non seulement t'en accorde la liberté, mais, dans ses propres lettres, depuis longtemps, te le recommande ?

Dans ma faiblesse, rien, Laurent, n'affligeait plus sûrement mon âme que le souvenir du temps passé inutilement ; rien ne restait en arrière pour me consoler passablement, sauf la mémoire de ce que j'avais appris, bien que je n'aie pas appris beaucoup. En effet seule la nourriture divine récrée, nourrit et fait croître l'âme divine[574]. Tout le reste, c'est-à-dire les divagations des vaines nuées ne rassasient pas l'intelligence immortelle, qui, par une sorte d'instinct naturel, réclame des choses éternelles et immenses. Aussi je te prie, très cher Patron, par le Dieu éternel, de dépenser la parcelle la plus précieuse de temps, aussi brève soit-elle, avec prudence et parcimonie, de crainte qu'un jour tu ne te repentes en vain de ta prodigalité et de ta perte irréparable[575]. Souvent, la perte de temps poussait aux larmes Théophraste, alors âgé de quatre-vingts ans[576] ; souvent, la perte de temps faisait, en ma présence, soupirer profondément le grand Cosme, alors âgé de plus de soixante-dix ans. Je t'en prie, oppose-toi aux soucis inanes, aux divertissements superflus, aux activités inutiles, et, comme le disait Socrate : « Éloignez-vous ennemis sacrilèges, éloignez-vous pour une bonne fois voleurs de mon âme, afin que je ne sois plus poussé moi-même à m'éloigner de moi ». Peu à peu, ces ennemis te dérobent à toi-même, et conduisent captif le grand homme, l'homme né pour commander. Affranchis-toi, je t'en prie, de cette misérable captivité pendant que tu le peux – or tu le peux seulement aujourd'hui, aujourd'hui, pour la première fois, ne dépends que de toi-même. Crois-moi, ce n'est pas sagesse que de dire : « demain, je vivrai ». Demain, il sera trop tard ; vis aujourd'hui[577].

Facile est, Laurenti, quod posco. Non est difficile horam unam recte utiliterque transigere ; utere, precor, quotidie hora una bene, hoc est ad mentem liberalibus disciplinis alendam ac tantillum temporis feliciter tibi ipse vive. Reliquum, si libet, vive aliis : nam et aliis, ut scis, sepe vivas oportet, si vis tibi vivere. Sed utrunque Dei gratia facito. Nempe adeo Dei gratia primum, deinde tui aliorumque gratia es procreatus. Ludis autem iocisque raro parumper indulge ; nam et ad maiora, vel potius ad maxima – scio quod loquor – te Deus instituit. Et huiusmodi falsa oblectamenta coruscationis instar tam celeriter evanescunt, ut, dum videntur oriri, in contrarium convertantur. Sed noli mihi cras ulterius polliceri, polliceris quod neque habes neque te scis habiturum. Si cras tantum comederis biberisve, nonne triduo peribis, amice ? Pereat cras istud hodie, pereat quamprimum, ne tu pereas. Nihil crastino isthoc fallacius : fefellit omnes quos terra protulit homines !

Heu, quid agis, inepte Ficine ? Ecce vel contrahet supercilia Laurentius, vel ridebit. Utrunque malum. Immo utrunque bonum. Novi enim Medicis ingenium : a bono non proficiscitur nisi bonum. Ego autem non tam Laurentium quam Marsilium ceterosque mortales hac epistola moneo. Omnes hoc morbo gravissime laboramus : « cras istud fiet ». Vix presens tempus habemus : nam ita leviter habemus, ut parumper retinere non valeamus. Futurum autem nihil est, futurum igitur nullus habet. Ô dementes, ô miseri ! Spes nostras in nihilum iacimus. Atque thesauro, semper quem possidemus, abutimur, uti autem illo recte volumus, quem minime possidemus, abutimur. Uti autem illo recte volumus, quem minime possidemus. Sic omnes ferme ad interitum egrotamus. Non igitur Galienus vel Hippocrates petendus est, sed Esculapius et Apollo. Bene vale hodie, si cras valueris, valebis nunquam.

Sed volo hoc sigillo hanc epistolam obsignari : neque audias unquam adulatores neque obtrectatores ullos exaudias, quibus maxima queque domus abundat. Illi tibi oculos mentis eruere, isti manus tuas, id est amicos, amputare conantur. Mendacium tandem Deus ipse perdet, veritatem vero tuebitur. Soli Deo confide, Laurenti ; ego quoque confido Deo.

Iterum, hodie bene.

Vale.

Ce que je te demande, Laurent, est facile. Il n'est pas difficile de dépenser une heure correctement et utilement ; je t'en conjure, utilise chaque jour une heure de manière bonne, c'est-à-dire pour nourrir ton intelligence d'études libérales, et cette portion de temps vis-la pour toi avec félicité. Le reste, si cela t'agrée, vis-le pour les autres : car, comme tu le sais, souvent il te faut vivre pour les autres, si tu veux vivre pour toi. Mais, pour la grâce de Dieu, fais les deux. Le fait est que tu as été procréé d'abord pour la grâce de Dieu, et ensuite pour la grâce de toi-même et des autres [578]. Malgré tout, montre-toi indulgent parfois, ici ou là, à l'égard des jeux et des divertissements : en effet, Dieu t'a établi pour de très grandes choses, ou plutôt pour les plus grandes, je sais de quoi je parle. Les faux plaisirs, à l'instar de ce qui brille, s'évanouissent aussi vite qu'ils se changent en leur contraire, à l'instant où l'on les voit. Ne promets rien plus loin, rien pour demain, car tu promets ce que tu n'as pas, non plus que tu ne sais ce que tu auras. Si c'est seulement demain que tu manges, ou que tu bois, est-ce que tu ne périras pas dans trois jours, mon ami ? Que ce demain périsse aujourd'hui, qu'il périsse avant que toi tu ne périsses ; rien n'est plus fallacieux que ce demain : il a trompé tous les hommes que la terre a portés au jour !

Hélas, pourquoi te comportes-tu si maladroitement, Ficin ? Voici que Laurent froncera ses sourcils, ou éclatera de rire. L'un et l'autre sont mauvais ; ou plutôt les deux sont bons. En effet, je connais le talent des Médicis : du bien rien ne procède, sinon le bien. Or, dans cette lettre, je n'avertis pas tant Laurent que Marsile et tous les autres mortels. Tous nous sommes lourdement accablés sous cette maladie : la procrastination [579]. C'est à peine si nous tenons le temps présent : car, nous le tenons si légèrement que nous n'avons pas le pouvoir de le retenir un instant. Et le futur n'est rien, aussi nul homme ne le possède. Ô insensés, ô misérables, nous jetons nos espérances dans le néant ! Et toujours nous dissipons les trésors que nous possédons ; et nous voulons utiliser parfaitement les trésors que nous ne possédons absolument pas. Ainsi nous sommes malades presque jusqu'à la destruction. Aussi ne faut-il pas quérir Galien ou Hippocrate, mais Esculape et Apollon. Porte-toi bien aujourd'hui ; si tu veux bien te porter demain, jamais tu ne te porteras bien.

Mais je veux signer cette lettre d'un sceau : tu ne dois ni écouter les flatteurs qui sont partout, ni prêter l'oreille aux détracteurs, dont toutes les grandes maisons sont remplies. Ceux-là s'efforcent de t'arracher les yeux de ton intelligence ; ceux-ci de t'amputer de tes mains, c'est-à-dire de tes amis. Le mensonge, Dieu lui-même à la fin le détruira, mais la vérité, il la protégera. Ne te fie qu'à Dieu, Laurent ; moi aussi je ne me fie qu'à lui.

Derechef, porte-toi bien aujourd'hui.

Adieu.

HOMO SINE RELIGIONE BESTIIS EST INFELICIOR

Marsilius Ficinus Benedicto Coluccio Pistoriensi Rhetori s. d.

Hortaris ut in religionis defensione, quemadmodum cepi, assidue pergam. Conabor id quidem pro viribus, Benedicte. Non quia religio huiusmodi defensoribus egeat. Stat enim invitis hostibus semper regente Deo, qui semper apud omnes Gentes vult honorari. Sed quia tunc solum feliciter vivere, immo tunc solum vivere mihi videor, cum de divinis scribo aut loquor aut cogito. Reor equidem genus humanum, cultu divino sublato, fore cunctis animalibus infelicius. Mitto continuam multiplicemque inermis et imbecillis et semper egrotantis corpusculi curam ; inquisitio ipsa rationis, que videtur nos brutis prestantiores efficere, ipsa, inquam, propter preteritorum penitentiam, futurorum metum, presentium anxietatem, malorum cognitionem, insatiabilem innumerabilium rerum cupiditatem, si divina spes amoveatur, proculdubio reddit brutis miseriores.

Beati celestes, qui tanquam in luce cuncta cognoscunt ! Secure bestie, que tanquam in tenebris nihil prorsus intelligunt ! Anxii miserique homines, qui in media quadam nebula versantur, titubant et vexantur ! Sola nobis divina lux ob pietatis meritum et clementie donum veritatem potest beatitudinemque largiri.

Vale.

RESPONSIO AD EPISTOLAM DE TEMPORE PARCE EXPENDENDO

Laurentius Medices Marsilio Ficino Philosopho Platonico s. d.

Periocunda mihi fuit epistola tua, que ita preteriti temporis iacturam in nobis arguit, ut non omnino inutile otium fuisse nostrum videatur. Factum est enim privata parvi temporis iactura, ut ea ex te precepta emanarint, que non nobis modo, sed iis omnibus prodesse possint, qui eodem morbo laborant.

Declaraveras tu quidem sepe mentem ergo nos tuam. Verum mecum ipso sepius hanc tuam epistolam voluntati videris omne aliud amicitie officium superasse, sive quod primas in amore erga nos partes obtineas ac longe ceteris in amicitia prestes, sive quod ea amicitie munera abunde prestare valeas, que ceteri nequeant. Ceteri nempe, qui nos benivolentia prosecuntur, aut divitiis iuvare possunt aut honoribus aut voluptatibus, que quidem omnia ita in fortune potestate

UN HOMME SANS RELIGION EST PLUS MALHEUREUX QUE LES BÊTES [580]

Marsile Ficin à Benedicto Coluccio [581]*, Rhéteur de Pistoia, salut.*

Tu m'exhortes à aller jusqu'au bout dans ma défense de la religion, comme j'ai commencé de le faire avec assiduité. Je m'y emploierai autant que j'en ai la force, Benedetto. Non pas parce que la religion manque de défenseurs : en effet, malgré les ennemis, elle se maintient toujours debout sous la direction de Dieu, qui toujours chez toutes les nations veut être honoré. Mais parce que c'est à ce moment-là seulement que, me semble-t-il, je vis heureux, mieux, que je vis tout court, lorsque j'écris, parle ou pense à propos des choses divines. Le fait est que je crois que le genre humain, si l'on ôtait le culte divin, serait plus malheureux que tous les animaux. Je laisse de côté le souci continu et varié d'un corpuscule sans défense, faible et toujours égrotant ; quant aux recherches de la raison, qui paraissent nous rendre supérieurs aux brutes elles-mêmes, à cause du regret du passé, de la crainte du futur, de l'inquiétude du présent, de la connaissance des maux, et du désir insatiable de choses innombrables, si l'espérance en Dieu s'éloignait, ces recherches, dis-je, nous rendraient indubitablement plus misérables que les brutes.

Heureux les célestes qui connaissent pour ainsi dire toutes choses dans la lumière ! Tranquilles les bêtes qui, dans les ténèbres, ne comprennent pour ainsi dire rien ! Inquiets et malheureux les hommes qui se trouvent entre les deux, titubent et sont ballottés dans les nuages ! Seule la lumière divine peut, en retour des mérites de notre piété et des dons de notre clémence, nous prodiguer la vérité et la béatitude.

Adieu.

RÉPONSE À LA LETTRE SUR LA DÉPENSE PARCIMONIEUSE DU TEMPS [582]

Laurent de Médicis à Marsile Ficin, Philosophe Platonicien, salut.

Ta lettre m'a été très agréable, qui dénonçait en nous la perte du temps passé, de sorte que notre oisiveté ne nous a pas paru absolument inutile. En effet, concernant la perte privée d'un peu de temps, il s'est avéré que ces préceptes, qui émanaient de toi, non seulement peuvent nous profiter, mais aussi à tous ceux qui sont affligés de la même maladie.

Certes, tu nous avais souvent ouvert ton esprit. Mais, dans cette lettre, tu sembles très souvent avoir dépassé tout autre devoir de l'amitié par bonne disposition à notre endroit, soit que, dans l'amour envers nous, tu obtiennes la première part et l'emporte de loin sur tous les autres en amitié, soit que les dons abondants de ton amitié aient la force de dépasser ce que les autres peuvent offrir. Le fait est que tous les autres, qui nous entourent de leur bienveillance, peuvent nous assister à cause des richesses, des honneurs, ou des plaisirs qu'ils en retirent, mais tous ces dons ont été placés dans les mains de la fortune, si bien que nous

constituta sunt, ut nihil firmius habeamus nihilque constantius quam eorum imbecillitatem ac mobilitatem, quod et tu sepe docuisti et nos sepius experti sumus. Tu vero iis abundas preceptis atque eo amicitie genere nobiscum agis, ut facile appareat, sicut nemini amicorum virtute cedis, ita reliquos in amore superare. Facis hoc tu quidem naturali quadam beneficientia tua. Facis insuper, quod te non fugit hac conditione datas esse ab immortali Deo hominibus virtutes, ut quam plurimos iuvent, neque adduci potes, ut divina hac liberalitate abutaris.

Letatus sum mirum in modum quod pristinam recuperaveris valitudinem. Letarer multo magis, si tuis litteris assequerer ut pristina mihi animi valitudo redderetur ; quod non equidem despero, tum tuis gravissimis preceptis, tum quod (ut nosti) ego non malignitate, sed facilitate potius nature ac consuetudine quadam deliro.

Tue vero partes sunt que et Apostoli, ut arguas, increpes, obsecres, et, quod me huiusmodi rebus moveri intelligis, ne desistas iis omnibus nobiscum stimulis uti, quibus magis prostratam mentem nostram erigi posse existimas. Hoc unum a te contendo atque expecto, quod nemo te aut libentius vult, aut sapientius monet. Gratulor iterum tibi mihique quod te incolumem sospitemque immortalis Deus nobis reddiderit ; neque ego minus quam tu admonitus sum discrimine vite tue. Idem enim fatum et tuis oculis tenebras et nostris lucem eripuisset : nihil enim magis vitam nostram illustrare potest tuis gravissimis atque amantissimis admonitionibus tuaque iocundissima consuetudine, quibus extinctis, extincta est prorsus vite pars altera nostre, atque illa quidem pars extra quam quicquid est ne hilum quidem est. Hoc ego periculo admonitus te et libentius utar et sepius ; et quando ea est humana conditio, ut exemplis potius moveatur quam rationibus, ego et te et tempore hac lege utar : tempore, ut nullum cras habituro ; te vero, ut homine cui ne punctum quidem temporis superest metu mortis liberum.

Vale et valitudinem cura.

Florentie, X Calendas Octobres 1474.

NEMINI RECTE VOLENTI OMNINO AD BONUM INTERCLUSUS EST ADITUS

Marsilius Ficinus Nicholao Micheloctio vero viro s. d.

Solent, Michelocti, qui quempiam confutant, non aliter quam contradicendo refellere. Laurentius autem Medices cum mihi assentitur maxime, tunc maxime

n'avons rien de plus ferme, rien de plus constant que leur faiblesse et leur inconsistance – ce que tu as souvent enseigné, et que, plus souvent, nous avons expérimenté. Mais toi tu es la source de tant de préceptes, et tu agis à notre endroit avec un style d'amitié tel qu'il apparaît aisément que, de même que tu ne le cèdes à aucun de mes amis en vertu, de même tu les dépasses tous en amour – et ceci, au vrai, tu le fais par une sorte de disposition au bien naturelle. De plus, tu le fais, parce qu'il ne t'échappe pas que ces vertus ont été données aux hommes par le Dieu immortel, à cette condition qu'ils aident le plus d'individus possible, et tu ne peux être amené à abuser de cette libéralité divine.

Je me réjouis sans mesure que tu aies recouvré ton ancienne santé. Je me réjouirais beaucoup plus si, d'obtenir de tes lettres, l'ancienne santé de mon âme m'était rendue ; ce dont je ne désespère pas, à cause du très grand sérieux de ton enseignement, et parce que (comme tu le sais) je ne délire pas par une mauvaise disposition, mais plutôt par une complaisance naturelle et une espèce d'habitude.

Mais les parties de ton discours sont telles que, à la façon d'un Apôtre[583], tu exposes, blâmes, et pries, et tu as saisi que j'étais ébranlé par cette sorte de disposition ; aussi ne renonce pas à user avec nous de tous ces aiguillons par lesquels tu estimes que notre âme prostrée peut être davantage redressée. De toi, je ne sollicite et n'attends que cette unique chose, parce que personne ne veut plus volontiers que toi, ni n'avertit plus sagement. Derechef, je te félicite et me félicite de ce que le Dieu immortel nous ait restitués sains et saufs ; et moi, pas moins que toi, je n'ai été frappé par le danger qui pesait sur ta vie. Car un même destin a chassé les ténèbres de tes yeux, et la lumière des miens : en effet, rien ne peut davantage illuminer notre vie que tes recommandations si profondes, si affectueuses, et que ton intimité si agréable, et, si ces dernières devaient disparaître, c'est une autre partie de notre vie qui disparaîtrait absolument, cette partie en-dehors de laquelle tout ce qui est n'est en fait rien. Quant à moi, averti par ce danger, je me suis rappelé que je devrais plus volontiers et plus souvent te fréquenter ; et, puisque la condition humaine est telle qu'elle est plus déterminée par l'exemple que par la raison, je m'engage par ce pacte à profiter davantage de toi et du temps : du temps, parce qu'il n'y aura plus de lendemain[584] ; et de toi, parce que tu es un homme pour qui pas même un point de temps ne demeure libre de la crainte de la mort.

Adieu, et soucie-toi de ta santé.

Florence, 10 octobre 1474.

L'ACCÈS AU BIEN N'EST FERMÉ À AUCUN HOMME DE BONNE VOLONTÉ[585]

Marsile Ficin à Niccolo Michelozzi, homme vrai, salut.

À l'ordinaire, Michelozzi, ceux qui réfutent quelqu'un ne le font pas autrement qu'en se contredisant. Or Laurent de Médicis est le plus en accord avec

confutat : nempe dum epistolam meam, qua iacturam in eo preteriti temporis arguo, artificiosissime laudat, ne punctum quidem etatis sue videtur inutiliter expendisse. Quod si Patronus, Nicholae, noster in negligentia talis est, ut fuisse diligens videatur, qualem evasurum putas, si diligentior esse voluerit et potuerit ? Ut hoc quidem velit, eum precor : ut autem possit, Deum obsecro. Quanquam non tam opus est obsecrare Deum ut possit quam ut velit. Tum quia nulli recte volenti omnino ad bonum interclusus est aditus. Tum quia Deus honestam voluntatem potius quam verborum obsecrationes exaudit.

Vale, atque exhortare ad diligentiam Laurentium, ut brevi tantum doctrina superet Latinos, quantum auctoritate cives suos sine controversia superat.

IMITATIO POTIOR EST QUAM LECTIO

Marsilius Ficinus Laurentio Medici viro magnanimo s. d.

Quemadmodum harmonia dum presens auribus nostris illabitur vehementius afficit quam dum preterita cogitatur, ac prelium cum spectatur nos acrius movet quam cum narratur, sic egregia illustrium virorum opera ardentius ad virtutem inflammant exactiusque formant quam Oratorum Philosophorumque de moribus disputantium verba. Ita enim natura comparatum est, ut res ipse multo maiorem quam earum nomina vim habeant. Atque ipsa rerum veritas efficacius animum moveat quam quod verisimile est vel falsum. Quamobrem Socraticorum morum imitatio ad virtutem plures veriusque instruxit, quam Aristotelis de moribus disciplina. Et Christus solus exemplo ad honestam sanctamque vitam pluribus magisque profuit quam verbis Oratores omnes atque Philosophi.

Laudo igitur te, mi Laurenti, quod lectionem quidem moralem non spernas. Lectioni tamen imitationem tanquam rem vivam longe preponas, presertim cum senem illum senatusconsulto Patrem patrie iudicatum tibi iampridem proposueris imitandum : magnum Cosmum dico, avum tuum, Patronum meum, virum ante

moi, et c'est alors qu'il me réfute le plus : car, pendant qu'il loue très adroitement ma lettre où j'argumente sur sa perte de temps passé, pas même un point de sa propre vie ne paraît avoir été dépensé inutilement. Si notre Patron, Niccolo, est tel que, dans la négligence, il paraisse avoir été diligent, quelle sorte d'homme deviendrait-il, penses-tu, s'il voulait et pouvait être diligent ? Je le prie de le vouloir, certes : mais, pour qu'il le puisse, je supplie Dieu. Cependant, il n'est pas tant besoin de prier Dieu pour qu'il le puisse, que pour qu'il le veuille. Car l'accès au bien n'est fermé à aucun homme de bonne volonté ; et parce que Dieu exauce plutôt la volonté vraie que les suppliques verbales.

Adieu, et exhorte Laurent à la diligence, de sorte que, rapidement, il surpasse par sa science les Latins, autant qu'il dépasse sans conteste ses citoyens par son autorité.

L'IMITATION EST PLUS PUISSANTE QUE LA LECTURE [586]

Marsile Ficin à Laurent de Médicis, homme magnanime, salut.

De même que l'harmonie nous affecte avec plus de force quand elle se glisse immédiatement dans nos oreilles, que lorsqu'elle est recueillie une fois passée, et de même qu'une bataille, quand on la voit, nous émeut avec beaucoup plus de vivacité, que lorsqu'on nous la raconte, de même les actes remarquables des hommes illustres allument avec plus d'ardeur l'amour de la vertu, et y forment avec plus d'exactitude que les paroles des Orateurs et des Philosophes qui disputent sur les bonnes moeurs. La nature veut que les choses mêmes aient plus de puissance que leurs noms. Et la vérité elle-même des choses émeut plus efficacement le coeur que ce qui est vraisemblable ou faux. Aussi, l'imitation de la conduite socratique instruisit un plus grand nombre et plus sûrement que la doctrine aristotélicienne sur les mœurs [587]. Et seul le Christ par son exemple a été utile au plus grand nombre pour mener une vie juste et sainte, et ce plus que tous les Orateurs et les Philosophes par leurs discours.

Donc je te loue, mon cher Laurent, de ne pas mépriser les lectures morales, mais plus encore de placer loin devant la lecture l'imitation de la chose pour ainsi dire vivante : surtout lorsque, dès longtemps, tu t'es proposé d'imiter ce glorieux vieillard, déclaré Père de la patrie par senatus-consulte : je parle de Cosme le Grand, ton grand-père et mon Patron, homme prudent au-dessus des autres, pieux à l'égard de Dieu, juste et magnanime à l'égard des hommes, modéré pour lui-même, tout à fait diligent pour sa famille, et regardant avec beaucoup plus de soin encore les intérêts de la République ; lui qui vécut non seulement pour lui, mais pour Dieu et la patrie, et dont l'esprit parmi les hommes n'avait pas d'égal ni en matière d'humilité, ni en matière d'excellence.

Pour ma part, Laurent, j'ai eu le bonheur de philosopher avec lui durant plus de douze années, et il était aussi précis dans la discussion que prudent et courageux dans le gouvernement. Assurément, je dois beaucoup à notre Platon, mais, je l'avoue, je ne dois pas moins à Cosme. En effet, Platon m'avait montré

alios prudentem, erga Deum pium, erga homines iustum atque magnificum, in seipso temperatum, in re familiari admodum diligentem ac multo accuratius in Republica circumspectum ; qui non sibi solum sed et Deo et patrie vixit, cuius animo nihil inter homines humilius, nihil rursus excelsius.

Ego, Laurenti, una cum illo annos plures quam duodecim feliciter philosophatus sum, tam acutus erat in disputando, quam prudens et fortis in gubernando. Multum equidem Platoni nostro debeo, sed Cosmo non minus debere me fateor. Quam enim virtutum ideam Plato semel mihi monstraverat, eam quotidie Cosmus agebat. Mitto nunc cetera huius viri bona, tam avarus parcusque temporis erat Cosmus quam Mida pecunie. Et cum parcissime suos dies expenderet horasque impense dinumeraret, homo momentorum avarissimus frequenter iacturam deplorabat horarum. Denique Solonem Philosophum imitatus, cum per omnem vitam vel in summis negotiis egregie philosophatus esset, illis tamen diebus quibus ex hac umbra migravit ad lucem quam maxime philosophabatur. Itaque postquam Platonis librum *De uno rerum principio* ac *De summo bono* legimus, sicut tu nosti, qui aderas, paulo post decessit tanquam eo ipso bono, quod disputatione gustaverat, re ipsa abunde iam potiturus.

Vale, et sicut Deus Cosmum ad ideam mundi formavit, ita te ipse, quemadmodum cepisti, ad ideam Cosmi figura.

Durate et vosmet rebus servate secundis

Marsilius Ficinus Francisco Salviato Archepiscopo Pisano s. d.

Dedi ad te preterita estate epistolam qua exhortabar plurimum ut confideres, affirmans te non esse ad parva vel mediocria natum. Parva quidem pro merito preter animum eo tempore possidebas. Ecce iam favente Deo consecutus es mediocria. Que enim ceteris pene omnibus videntur maxima, Salviato meo, mediocria sunt. Magna igitur posthac, siqua Marsilio immo Deo fides adhibenda est, te manent. Vaticinari similiter adhuc et libet et licet. Nempe divina providentia, cum te Pisanum Archepiscopum creavit, vatem me declaravit. Utri ergo nostrum magis congratulandum sit ambigo. Tibine tanquam Archepiscopo, an mihi tanquam vati, forte utrique pariter. Nam, cum amicorum omnia communia sint, sive ego vaticinor tibi, sive tu regnas, ego tecum regno.

Vale felix et cura, precor, valitudinem tuam diligentissime : sic enim video Sacerdotium Florentinum iandiu exanime brevi respiraturum.

Quam vehementer et quam frequenter Iohannes Cavalcantes noster hac de re mecum congratuletur capere non potest epistola : cape animo.

Iterum vale felix.

cette idée des vertus que Cosme chaque jour accomplissait. Je passe sous silence maintenant toutes les autres qualités de cet homme. Cosme était aussi avare et économe de son temps que Midas de son argent[588], et bien qu'il dépensât ses jours avec une extrême parcimonie, et comptât rigoureusement les heures, homme très avare de chaque moment, il déplorait fréquemment la perte de temps. Enfin, suivant l'exemple du Philosophe Solon, alors que, durant toute sa vie, il avait philosophé remarquablement même dans les affaires les plus délicates, cependant, dans ces jours où il passa de l'ombre à la lumière, il philosophait encore le plus possible[589]. Aussi, après que nous eûmes lu le livre de Platon sur l'*Un principe de toutes choses*[590] et le *Souverain Bien*[591], comme tu le sais car tu étais là, Cosme décéda peu après, comme si désormais il buvait en abondance ce bien même qu'il avait goûté dans la discussion.

Adieu, et de même que Dieu créa le Cosmos conformément à une idée du monde[592], de même, figure-toi toi-même, comme tu as commencé de le faire, d'après l'idée de Cosme[593].

SOYEZ ENDURANTS, ET GARDEZ-VOUS POUR LES CHOSES FAVORABLES[594]

Marsile Ficin à Francesco Salviati[595]*, Archevêque de Pise, salut.*

L'été dernier, je t'ai envoyé une lettre où je t'exhortais à avoir beaucoup plus confiance en toi, et j'affirmais que tu n'étais pas né pour de petites ou de moyennes choses. À ce moment-là, tu possédais de petites choses proportionnellement à ton mérite, exception faite de ton esprit. Voici que déjà, avec la faveur de Dieu, tu as atteint à des réalités moyennes qui, pour presque tous les autres, paraissent très grandes, mais sont moyennes pour mon Salviati. Donc ensuite, s'il faut prêter quelque foi à Marsile, ou mieux à Dieu, de grandes choses t'attendent. Il est encore plaisant et permis de prophétiser ainsi. Le fait est que, lorsque la divine providence t'a créé Archevêque de Pise, elle m'a proclamé prophète. Je ne sais lequel de nous deux doit être le plus congratulé : est-ce toi en tant qu'Archevêque, ou moi en tant que prophète ? Probablement les deux. En effet, comme toutes choses sont communes entre amis[596], si je prophétise, je prophétise pour toi, et si tu règnes, je règne avec toi.

Sois heureux, et soucie-toi, je t'en prie, de ta santé avec le soin le plus extrême : car, je vois que le Sacerdoce de Florence, dès longtemps inanimé, se remettra en peu de temps.

Cette lettre ne peut exprimer avec quelle passion et quelle fréquence notre Giovanni Cavalcanti se félicite avec moi de cet événement : conçois-le par l'esprit. Derechef, porte-toi bien, et sois heureux.

DIVINITAS ANIMI AB INVENTIONE

Hactenus in tuo quodam Christiane religionis templo religiose admodum locutus sum, tecum religiosissime Laurenti. Et ita per Deum locutus, ut esse opus epistola non adverterim. Hodie primum, sacris peractis sermonibus templo egressus, agnovi iam epistole auxilio indigere. Surge igitur mea, surge epistola ! Adesdum, hodie Pisas salutem ad eum feras oportet, per quem Florentia salva est.

Marsilius Ficinus Laurentio Medici suo salutem

Ô rem valde miram, immo et nimis ineptam ! Undenam hoc, optime Laurenti ? Cepi paulo ante, ut mihi quidem videbar satis belle. Nunc repente post « salutem » omnis inventio deficit. Marsili, forte summa hec salus est, preter « salutem » nihil penitus reperire. At vero non est salus, ut arbitror, inventione privari. Nihilne igitur ulterius inops tecum epistola feres ? Immo adhuc paucis te volo. Ecce enim inveni interim aliud nescio quid ferendum, quamvis fortasse ridiculum hoc ipsum. Unde quod nihil inveniam. Siste, epistola, pedem, accipe rursus et istud. Invenio tertium : quod ex eo inventionem modo agnovi deficere, quia multa quondam soleam reperire. Sed ne propera. Accipe prius, si placet, et quartum : quod ex copia sepe inopia, tanquam ex habitu quodam privatio recognoscitur. Visne et quintum ? Verte Dialectica vices : quod ex inopia, tanquam privatione copie, quasi habitus ipsius, oritur appetitus et augetur. Sed ecce pullulat nescio quomodo in presentia sextum. Quod appetitus, cum naturalem ab inopia trahat originem, semper est pauper. Nunquam tamen, quod septimum dici potest, humanus animus inops, qui etiam ex inopia copiam generat, ex inventionis privatione texit inventionem, ex tenebrosis terre sinibus effodit argenti candorem aurique fulgorem. Hec profecto est terra viventium in qua Dei bona videntur ; terra, inquam, animi sempiterna, cuius indeficiens fructus est motusque perpetuus. Hanc ergo terram excolamus, nos millies rogat epistola. Hec nobis fruges uberrimas incorruptibilesque et suavissimas suggeret.

Sed nolo graviori sarcina dorsulum epistolii premere. Vale iam, epistola procax. Ac post « salutem » Medicem et iube valere feliciter, et roga redire.

DIVINITÉ DE L'ÂME À PARTIR DE L'INVENTION [597]

Jusqu'ici, très religieux Laurent, j'ai parlé avec toi, dans ton temple, du *De la Religion chrétienne* [598], de manière tout à fait religieuse. Et parlant ainsi à travers Dieu, je n'ai pas remarqué la nécessité de t'écrire une lettre. Aujourd'hui, pour la première fois, alors que je sortais du temple, après avoir accompli l'office sacré, j'ai reconnu que j'avais désormais besoin du secours d'une lettre. Aussi lève-toi ma lettre, debout ! Aujourd'hui, il faut que tu apportes le salut de Pise à celui par qui Florence est sauve.

Marsile Ficin à Laurent de Médicis : son salut.

Ô chose vraiment étonnante, et même complètement déplacée ! D'où cela vient-il, mon très bon Laurent ? L'instant d'avant, je commençais d'assez belle manière, me semblait-il. Maintenant soudain, après mon « salut », toute invention me fait défaut. Peut-être le salut est-il le sommet de Marsile et, excepté ce « salut », il n'y a absolument rien à trouver. Mais ce n'est pas un salut, à mon avis, que d'être privé d'invention. N'apporteras-tu rien de plus avec toi, lettre indigente ? Au contraire, je te veux encore pour quelques mots. En effet, voici que, dans l'intervalle, j'ai trouvé quelque chose d'autre, je ne sais comment, à apporter, bien que peut-être cela soit ridicule. D'où vient que je ne trouvais rien ? Arrête ta marche, ma lettre, et reçois ceci. J'ai trouvé une troisième chose : je sais seulement que l'invention me fait défaut, car je suis coutumier, à certains moments, de trouver maintes choses. Mais ne te hâte pas. Reçois avant, s'il te plaît, une quatrième chose : souvent, c'est à partir de l'abondance que l'on reconnaît la pauvreté, comme la privation à partir de la possession. En veux-tu une cinquième ? Fais tourner les termes de la Dialectique : à partir de la pauvreté comme de la privation, le désir d'abondance comme de possession naît et augmente. Mais voici que, je ne sais comment, une sixième chose se développe à présent. Que le désir, puisqu'il tire son origine de la pauvreté, est toujours pauvre. Cependant jamais – c'est la septième chose – l'âme humaine n'est pauvre, elle qui, même à partir de la pauvreté, produit de l'abondance, tisse de l'invention à partir du manque d'invention, extrait, du sein ténébreux de la terre, la blancheur de l'argent et l'éclat de l'or. Telle est assurément la terre des vivants, où les biens paraissent être de Dieu ; terre sempiternelle, dis-je, de l'âme, dont le fruit est inépuisable, et le mouvement perpétuel. Aussi, cultivons cette terre mille fois, nous demande la lettre. Elle nous fournira des récoltes très abondantes, incorruptibles, et des plus suaves.

Mais je ne veux pas presser le dos de cette lettre d'une garniture trop lourde. Adieu maintenant, lettre impudente. Et après le « salut », ordonne au Médicis d'être heureux, et dis-lui de revenir.

NOVUM OPUS NIMIUM PLACET OPIFICI

Marsilius Ficinus Angelo Politiano s. d.

Epistola hec ad Laurentium et nascens et statim nata mihi, ut fieri solet, nimis blandiebatur. Sed paulo post considerata minus placuit. At, qualiscunque sit, Medicis est. Ego autem tanquam iustus suà cuique reddo. Tu, siquid ad manus tuas his annis ex Pedagogorum scriptis pessimum venerit, Laurentio legito ; mox illi meam leges epistolam, ut ad pessimum comparata minus offendat. Sed heus tu ! Lege, obsecro, eleganter, partim quidem voce suavi, partim ore rotundo ; ita demum vel forte fuco deceptus aliquantulum ille laudabit vel certe dicet : « Misit saltem Marsilius aliquid : ineptos servos malo quam pigros, pigros quoque quam nullos ».

Quod Iohannem Petrum Patavinum mihi commendas libenter accipio. Hunc enim commendat etiam Philosophia mihi, siquidem tam natura quam studio Philosophus esse videtur.

Vale.

DE PERSEVERANTIA

Marsilius Ficinus Iohanni Altovito s. d.

Qui nos vel collo vel manibus apprehendunt, corpus trahunt, qui oculis sensum, qui auribus et auditu animum atque mentem. Tu modo auribus animum nostrum comprehendisti. Tot enim ac tanta de elegantia constantiaque tua Iohannis Cavalcantis nostri verbis iam auribus meis insonuerunt, ut neque potuerim me neque voluerim continere quin te valde diligerem et amarem. Amoris nostri signum in presentia sit hec epistola, que constantiam quidem tuam probet et ad perseverantiam exhortetur : altera enim absque altera esse nequit.

Neque satis apud prudentes probandus esse videtur quem nondum satis fortuna probaverit. Neque probatus ab ea satis est nisi qui ad finem usque perseveravit. Quantum bonum perseverantia sit hoc indicat, quod cetere virtutes bona pollicentur, perseverantia prestat. Que quidem quanto difficilior est, tanto ceteris laudabilior. Sed ne terreat difficultas : nam brevissimi sunt omnes virtutis humane labores. Premium sempiternum. Adde quod ardens clare mentis propositum obscura illustrat, frigida calefacit, mollit dura, domat indomita.

Vale.

UNE ŒUVRE NOUVELLE PLAÎT TROP À SON AUTEUR [599]

Marsile Ficin à Ange Politien, salut.

Cette lettre à Laurent, au moment où je l'écrivis et immédiatement après, me fut, comme à l'ordinaire, agréable. Mais l'ayant considérée peu après, elle me plut moins. Or, quelle que soit sa qualité, elle appartient à Médicis. Et, comme le juste, je rends à chacun son bien [600]. Toi, si ces dernières années quelque chose de très mauvais est venu dans tes mains des écrits des pédants, lis-le à Laurent ; et lis-lui ensuite ma lettre, afin que, comparée à la mauvaise, elle l'offense moins. Holà ! Toi, lis-la, je t'en prie, élégamment, en partie avec la voix suave, en partie avec un débit coulant [601] ; ainsi enfin, déçu peut-être par les apprêts, soit il louera ma lettre un petit peu, soit certainement il dira : « du moins, Marsile a-t-il envoyé quelque chose : je préfère les serviteurs maladroits aux serviteurs paresseux, et je préfère même les paresseux à ceux qui ne font rien du tout. ».

J'accepte avec plaisir que tu me recommandes Giovanni Piero de Padoue. En effet, la Philosophie aussi me le recommande : oui, il brûle d'être Philosophe, tant par sa nature que par ses études. Adieu.

DE LA PERSÉVÉRANCE [602]

Marsile Ficin à Giovanni Altoviti [603], salut.

Ceux qui nous prennent par les mains ou par le col attirent notre corps ; ceux qui capturent nos yeux attirent nos sens ; ceux qui s'emparent de nos oreilles et de notre ouïe attirent notre esprit et notre pensée. Et toi, tu as embrassé mon esprit par l'entremise de mes oreilles. J'ai déjà tant et tant entendu parler de ta distinction et de ta constance par notre Cavalcanti, que je n'aurais la possibilité ni la volonté de contenir la grande estime et l'amour que je te porte. Que, pour l'instant, l'on trouve une marque de notre amour dans cette lettre qui apporte assurément la preuve de ta constance et qui t'exhorte à la persévérance, puisque l'une ne peut être sans l'autre.

Il ne semble pas suffisant aux prudents de devoir approuver celui que la fortune n'a pas encore suffisamment éprouvé [604]. Et elle ne l'a pas suffisamment éprouvé, sauf s'il a persévéré jusqu'au bout. On voit à quel point est avantageuse la persévérance à ce que les autres vertus promettent de bonnes choses lorsque la persévérance, elle, nous les procure. Et ces choses, plus il est difficile de les atteindre, plus elles méritent d'être estimées davantage que toutes les autres. Que la difficulté ne t'effraie pas : car tout ce que l'on endure en fait de vertus humaines est très bref. Et la récompense dure éternellement. Ajoute que la résolution ardente d'un brillant esprit illumine ce qui est obscur, réchauffe ce qui est froid, assouplit ce qui est dur et domine l'indomptable.

Adieu.

PRUDENTIS EST NIHIL PRETER SALUTEM ANIMI BONAMQUE CORPORIS VALITUDINEM EXOPTARE

Marsilius Ficinus Andree Cambino suo s. d.

Sunt, Andrea, multi mortalium usque adeo cupidi, ut multa diversaque quotidie, immo et innumerabilia tanquam insatiabiles cupiant. Cambinus meus, utpote qui prudens moderatusque est nihil, ut arbitror, aliud optat preter salutem animi ac bonam corporis valitudinem. Salve igitur simul et vale.

DE MUSICA

Marsilius Ficinus Antonio Canisiano viro docto atque prudenti s. d.

Queris, Canisiane, cur tam frequenter Medicine simul et Musice studia misceam : « Quidnam, inquis, commertii pharmacis est cum cithara ? ».

Astronomi, Canisiane, forsitan duo hec ad concursum Iovis et Mercurii Venerisque referrent. Opinantes ab Iove medicinam, a Mercurio et Venere musicam proficisci. Platonici autem nostri ad unum Deum, scilicet Apollinem, referunt. Quem prisci Theologi Medicine inventorem ac cithare pulsande regem existimaverunt. Hunc in libro *Hymnorum* Orpheus vitalibus radiis sanitatem vitamque largiri cunctis arbitratur morbosque propellere. Preterea fidibus canoris, id est motibus viribusque suis, omnia temperare : « Hypate », id est gravi voce, hiemem ; « Neate », id est acuta, estatem ; « Dorionibus », id est vocibus mediis, ver autumnumque producere. Cum ergo idem sit Musice dux Medicineque repertor, quid mirum utramque artem sepe ab eisdem hominibus exerceri ? Accedit quod anima corpusque naturali quadam proportione invicem consonant ; rursus, partes anime invicem, partes quoque corporis invicem. Quam quidem consonantiam etiam harmonici febrium humorumque circuitus motusque pulsus ipsius imitari videntur. Partium anime consonantiam – ut Plato et Aristoteles asserunt, et nos sepe experti sumus – gravis Musica servat atque restituit. Concentum vero partium corporalium Medicina. Cum igitur corpus et anima inter se, ut diximus, congruant, eiusdem facile esse potest concentum partium anime ac partium corporis colere etiam. Hinc Chyron utramque exercuit facultatem. Hinc David Propheta animam corpusque Saulis delirantis lyra traditur curavisse. Quod quidem et in ceteris tam corporis quam anime morbis fieri posse Democritus et Theophrastus affirmavere. Pythagoras autem et

L'HOMME PRUDENT NE SOUHAITE RIEN HORS DU SALUT DE SON ESPRIT ET DE LA BONNE SANTÉ DE SON CORPS [605]

Marsile Ficin à son cher Andrea Cambini [606], salut.

Nombreux sont les mortels, Andrea, qui sont cupides au point de convoiter chaque jour de nombreuses choses différentes ; mieux, ils en désirent d'innombrables comme s'ils ne devaient jamais être satisfaits. Comme il est naturel de la part d'un homme qui est prudent et modéré, mon Cambini, à mon avis, ne désire rien d'autre hors le salut de son esprit et la bonne santé de son corps. Je te dis donc à la fois salut et porte-toi bien.

DE LA MUSIQUE [607]

Marsile Ficin à Antonio Canigiani [608], homme docte et prudent, salut.

Tu me demandes, Canigiani, pourquoi si souvent je mêle simultanément l'étude de la Médecine et de la Musique : « qu'est-ce que le commerce de la pharmacie a à voir avec la cithare ? ».

Les Astronomes, Canigiani, renvoient peut-être ces deux activités à la conjonction de Jupiter avec Mercure et Vénus. Ils considèrent que la médecine provient de Jupiter, et la Musique de Mercure et Vénus. Quant à nos Platoniciens, ils réfèrent ces deux disciplines à un seul Dieu : Apollon, dont les anciens Théologiens estimèrent qu'il était l'inventeur de la médecine et le roi de la vibrante lyre [609]. Orphée [610], dans son livre des *Hymnes* [611], soutient qu'Apollon, au moyen de ses rayons vitaux, prodigue la santé, la vie, et chasse les maladies. En outre, avec le son mélodieux des cordes, c'est-à-dire avec leur vibration et leur puissance, il tempère toute chose : avec l'« Hypate » [612] (le son grave) l'hiver ; avec la « Nète » (le son aigu) l'été [613] ; avec le « Dorien » (les sons moyens), il produit l'automne et le printemps. Aussi, puisque le guide de la Musique et l'inventeur de la Médecine sont un même Dieu, quoi d'étonnant à ce que l'un et l'autre arts soient exercés souvent par les mêmes hommes ? À cela s'ajoute que l'âme et le corps consonnent l'un avec l'autre sous l'effet d'une naturelle proportion [614] ; comme c'est le cas en retour des parties de l'âme entre elles et des parties du corps entre elles. Et les cycles harmonieux des fièvres et des humeurs, ainsi que les mouvements du pouls lui-même, paraissent participer de cette concordance. Comme Platon et Aristote [615] le soutinrent, et comme souvent nous en avons fait l'essai, la Musique solennelle maintient et restaure la consonance des parties de l'âme [616]. Tandis que la Médecine rétablit l'harmonie des parties du corps. Donc, puisque le corps et l'âme, ainsi que nous l'avons dit, concordent entre eux, il est aisément possible de cultiver l'harmonie des parties de l'âme et des parties du corps pour un même homme. De là vient que Chiron [617] pratiqua l'une et l'autre discipline ; de là que le Prophète David, dit-on, soigna avec sa lyre l'âme et le corps de Saül délirant [618]. En outre, Démocrite et Théophraste

Empedocles et Asclepiades medicus re ipsa etiam demonstraverunt. Neque mirum id quidem : nam cum cantus sonusque ex cogitatione mentis et impetu phantasie cordisque affectu proficiscatur atque una cum aere fracto et temperato aereum audientis spiritum pulset, qui anime corporisque nodus est, facile phantasiam movet afficitque cor et intima mentis penetralia penetrat. Corporis quoque humores et membra sistit et movet. Quod quidem ostendit Timotheus, quando Alexandrum regem sonis excitavit in furorem, deinde repressit. Mitto Pythagore Empedoclisque miracula, qui lasciviam, iram, furorem graviore Musica subito cohibebant. Rursus aliis modulis torpentes animos excitabant. Mitto etiam que de Orpheo, Arione, Amphione narrantur.

Verum, ut ad propositum redeamus, prima Musica in ratione consistit, secunda in phantasia, tertia in sermone ; hanc sequitur cantus, cantum digitorum motus in sono, sonum totius motus corporis in gymnastica vel tripudio. Videmus igitur anime musicam gradatim ad omnia corporis membra deduci. Quam etiam Oratores, Poete, Pictores, Sculptores, Architecti in suis operibus imitantur. Cum ergo tanta inter anime corporisque musicam communio sit, quid mirum, ab eodem homine tam corpus quam animam temperari ? Denique qui a Pythagoricis, Platonicis, Mercurio, Aristoxeno, tam animam quam corpus mundi et animalium singulorum musicis rationibus constare didicerit. Atque a sacris Hebreorum litteris acceperit Deum omnia in numero, pondere, mensura, disposuisse. Is neque mirabitur harmonia animalia pene omnia rapi neque Pythagoram, Empedoclem, Socratem etiam in senectute pulsantes citharam accusabit. Sed parum eruditum Themistoclem illum, qui lyram sibi oblatam in convivio recusavit, fuisse fatebitur. Pertinere enim musicam ad doctos, qui Musarum cultores sunt, in dialogo *Alcibiade* Plato noster ostendit, dicens Musas esse musice duces, atque ab eis musicam appellari. Reicit autem Plato ubique melodiam querulam aut levem, quia vel fractum animum reddat vel lascivum et iracundum : solam vero gravem eligit et constantem, tanquam saluberrimam spiritus, anime, corporis medicinam.

Ego autem, ut de Marsilio tuo aliquid dicam, eo consilio post Theologie vel Medicine studia gravioribus fidibus cantibusque frequenter incumbo, ut cetera sensuum oblectamenta penitus negligam, molestias anime corporisque expellam, mentem ad sublimia Deumque pro viribus erigam auctoritate Mercurii

affirmèrent qu'il pouvait en aller de même dans d'autres cas, tant au sujet des maladies de l'âme que du corps [619]. Quant à Pythagore, Empédocle et le médecin Asclépiade, ils démontrèrent la chose dans la réalité. Et il n'y a point lieu de s'étonner puisque le chant et le son émanent de la réflexion de l'intelligence, du mouvement de la fantaisie et de l'affection du cœur et, une fois l'air battu et mis en mesure, ils frappent l'esprit aérien de l'auditeur – à savoir le nœud du cœur et de l'âme –, ils meuvent facilement la fantaisie, touchent le cœur et pénètrent les sanctuaires intimes de l'intelligence. Ils arrêtent et mettent en mouvement également les humeurs et les membres du corps. Timothée en attesta quand, au moyen de sons, il poussa le roi Alexandre à la fureur, puis le ramena au calme. Je passe sur les miracles de Pythagore [620] et d'Empédocle qui empêchaient subitement la lascivité, la colère et la fureur à l'aide d'une Musique solennelle. En revanche, recourant à de mesures autres, ils réveillaient les esprits torpides. Je passe sur ce que l'on raconte d'Orphée, d'Arion et d'Amphion [621].

Revenons plutôt à notre propos. La première musique réside dans la raison, la seconde dans la fantaisie, la troisième dans la langue ; puis suit le chant et, après lui, le mouvement des doigts au rythme des sons ; et enfin le mouvement du corps tout entier dans la gymnastique ou la danse. Ainsi voyons-nous la musique de l'âme s'étendre graduellement à tous les membres corporels ; et c'est cette musique que les orateurs, les poètes, les peintres, les sculpteurs et les architectes, imitent en leurs œuvres. Donc, puisqu'il y a une si grande communion entre la musique de l'âme et la musique du corps, quoi d'étonnant à ce qu'un même homme équilibre le corps autant que l'âme ? Enfin, quiconque a appris des Pythagoriciens, des Platoniciens [622], de Mercure [623] et d'Aristoxène [624], que l'âme autant que le corps du monde, et chacun des êtres vivants, consistent en des proportions musicales, et quiconque a appris des saintes Écritures des Hébreux que Dieu a disposé toute chose selon le nombre, le poids et la mesure, celui-ci ne s'étonnera point de ce que presque tous les êtres vivants soient pris par l'harmonie, non plus qu'il ne blâmera Pythagore, Empédocle, et aussi Socrate en sa vieillesse, d'avoir joué de la cithare. Mais il avouera du même coup qu'était peu savant ce Thémistocle [625] qui, lors d'un banquet, refusa la cithare qui lui était proposée. Notre cher Platon, dans *Alcibiade* [626], a montré combien la musique concerne les doctes qui cultivent les Muses, notamment en rappelant que les Muses sont l'origine de la Musique, et que c'est d'elles que la musique tire son nom. Mais Platon rejette partout les mélodies plaintives ou légères, parce qu'elles brisent l'esprit, ou l'amollissent et l'irritent [627]. Il prescrit seulement la musique solennelle et harmonieuse, pour ainsi dire la médecine la plus salutaire pour l'esprit, l'âme et le corps.

Quant à moi, pour dire quelque chose de ton ami Marsile, après mes études en Théologie et en Médecine, j'ai la sagesse de me tourner souvent vers les sons et les chants solennels, afin de négliger tous les autres charmes sensibles, de chasser les désagréments de l'âme et du corps et d'élever mon intelligence, selon ses forces, vers les sommets et vers Dieu, confiant dans l'autorité de Mercure et de Platon, lesquels disent que la musique nous a été donnée par Dieu afin de dominer

Platonisque fretus, qui musicam nobis a Deo concessam dicunt ad domandum corpus, temperandum animum Deumque laudandum. Quod pre ceteris Davidem et Pythagoram precepisse scio et consecutos existimo.

Vale.

Verissima laus est que laude digna est

Marsilius Ficinus Iohanni Aurelio Ariminensi s. d.

Laudas Lyram, Aureli, nostram carminibus laude dignis. Ego carmina tua vicissim Lyra laudabo. Sed ut laude digna. Ut tu vera loquaris. Ego vero canam, uterque nostrum verissime laudet ! Verissima enim laus est que laude digna est.

Vale.

Feliciter amatur qui a viro amatur amore dignissimo

Marsilius Ficinus Bernardo Bembo Venetorum Oratori s. d.

Opinabar, Bernarde, me sic amare Marsilium ut magis eum aliquando amare non possem. Quoniam quisque sui gratia singula, in singulisque seipsum, seque ipsum summopere diligit. Sed heri mea hec me feliciter nimium fefellit opinio. Tunc enim primum ardentius quam consueveram amare me cepi, cum primum certissime agnovi abs te ardenter amari, viro pre ceteris amore dignissimo. Tantum equidem Bernardo tribuo, ut quanti ab illo fieri me intelligo, tanti me faciam. Quis igitur mihi magis unquam placere potest quam ille, per quem magis in dies mihi ipse placeo ? Utinam tibi placeam. Bernarde, semper, ut prudentium nulli displiceam ! Ergo amori huic in me tuo quid gratie referam ? Amorem : cetera ut plurimum alieno pretio comparantur. Amor autem, cum in libera voluntate sponte nascatur ideoque sit liber, nullo unquam pretio aut emitur aut venditur nisi seipso.

Vale. Felix.

7 Martii 1474. Florentie.

le corps, de tempérer l'esprit et de louer Dieu. Je sais que David et Pythagore privilégièrent l'enseignement de cette voie à tout le reste, et je pense qu'ils ont atteint leur but.

Adieu.

L'ÉLOGE LE PLUS SINCÈRE EST CELUI QUI EST DIGNE D'ÉLOGE [628]

Marsile Ficin à Giovanni Aurelio de Rimini [629], salut.

Tu loues notre lyre, Aurelio, en des vers dignes d'éloge. Je louerai en retour tes vers en m'accompagnant à la lyre. Mais puisse ma lyre être digne d'éloge, de sorte que ce que tu en dis soit vrai ! Puissé-je chanter sincèrement, et que chacun de nous loue l'autre le plus sincèrement ! Car l'éloge le plus sincère est celui qui est digne d'éloge.

Adieu.

IL EST HEUREUSEMENT AIMÉ CELUI QUI EST AIMÉ PAR L'HOMME LE PLUS DIGNE D'AMOUR [630]

Marsile Ficin à Bernardo Bembo [631], Orateur vénitien, salut.

Je pensais, Bernardo, que j'aimais tellement Marsile que je ne pourrais un jour l'aimer davantage. Puisque chacun aime chaque chose singulière par auto-complaisance, et s'aime lui-même dans chaque chose, c'est lui-même que chacun aime le plus. Mais hier cette opinion m'est heureusement apparue dans toute sa fausseté. En effet, je commençais alors à m'aimer avec plus d'ardeur qu'à l'accoutumée, lorsque je reconnus que j'étais très certainement aimé d'un amour ardent par toi, l'homme le plus digne d'amour par-dessus tous les autres. Car, j'accorde une si grande valeur à Bernardo que je me donne autant de valeur que celle que je pense qu'il me donne. Aussi qui jamais peut me plaire davantage que celui par qui moi-même, de jour en jour, je me plais davantage ? Puissé-je te plaire toujours, Bernardo, afin de ne déplaire à nul d'entre les sages !

Et moi, à cet amour que tu as pour moi, que puis-je renvoyer en remerciement, sinon de l'amour ? Toutes les autres choses, la plupart du temps, sont acquises à un prix qui leur est étranger. Mais l'amour, puisqu'il naît spontanément dans une volonté libre, il est par conséquent libre, il n'est jamais acheté ou vendu à aucun autre prix que lui-même.

Adieu. Sois heureux.

7 mars 1474, Florence.

De lege et iustitia

Marsilius Ficinus Laurentio Medici viro magnanimo s. d.

Promisi Nonis, si recte memini, Martiis Laurentio Pisis Florentiam redeunti, cum in Pisanum agrum alias se conferret, ad eum aliquid me scripturum. Ergo, qui soleo semper ad amicos scribere quia velim, in presentia scripturus sum quia debeam. Iustum est promissa servare. Sic enim lege iubetur. Accipe igitur iustam legitimamque epistolam. Immo, ut rectius loquar, quotiens volo, totiens et debeo : sed amoris lege rursus quando debeo tunc et volo, sed legis amore. Unde iustam accipies hodie voluntariamque epistolam. Secernere vel a iusto voluntarium vel a voluntario iustum neque licet cuiquam neque libet amicis ; ecce et debes et vis, Marsili, nunc aliquid ad Medicem scribere. Verum quid scribes potissimum et quo numine fretus ? Ô salus hominum, ô regina mundi, Iustitia, tu causam mihi iampridem scribendi dedisti, tu, queso, nunc materiam suggere, ut quam libenter te fide iubente promiseram, tam feliciter te adiuvante persolvam.

Divina illa lex, qua mundus constat et gubernatur, nostris mentibus, dum creantur, inextinguibile lumen legis illius naturalis accendit, ad quam boni malive refertur examen. Ab hac naturali lege, que divine scintilla quedam est, scripta lex proficiscitur, scintille eiusmodi radius.

Tres autem he leges, divina, naturalis, scripta singulos homines quid sit iustitia docent, ut nullus peccantibus ferme relictus sit excusationi locus, quasi deliquisse omnino propter ignorantiam videantur. Profecto mentis oculis tria hec lumina monstrant iustitiam nihil aliud esse quam voluntatis habitum, sic a ratione directum et roboratum, ut minis illecebrisque contemptis non aliter agere statuat quam divinitas, natura civilitasque dictaverit. Quidnam divinitas precipit, nisi ut in Deum, a quo habemus omnia, omnem cogitationis aciem, voluntatis votum, operationis vim, opera merita referamus ? Natura quoque quid aliud docet, nisi ut pecuniam corpori, corpus anime, animam rationi, rationem Deo subiciamus ? Denique civilitas monere videtur, ut cives singuli esse se quedam civitatis membra meminerint. Ideoque decere patriam quidem tanquam universum corpus eorum, cives autem tanquam corporis eiusdem membra diligere. Quamobrem ille sine controversia vir iustus habebitur, qui Deum tanquam Patrem et Dominum pietate incomparabili venerabitur. Affectus motusque suis diligentissime moderabitur, homines fraterna diliget charitate, se ipsum in Deo, homines diliget in seipso, Deo pro viribus inherebit, secum alios quoad poterit divinitati

SUR LA LOI ET LA JUSTICE [632]

Marsile Ficin à Laurent de Médicis, homme magnagnime.

J'ai promis à Laurent, à son retour à Florence depuis Pise aux Nones de Mars [633], si j'ai bonne mémoire, que je lui écrirais quelque chose lorsqu'il se transporterait à nouveau vers Pise. Moi qui ai pour habitude de toujours écrire aux amis parce que je le veux, désormais je vais écrire parce que je le dois. Il est juste d'accomplir sa promesse. En effet, la loi l'ordonne ainsi. Aussi, reçois une juste et légitime lettre. Ou plutôt, pour m'exprimer plus correctement, chaque fois que je veux écrire, je le dois aussi : mais par la loi de l'amour, quand je dois alors écrire, je le veux aussi, mais par l'amour de la loi. Par conséquent, tu recevras aujourd'hui une lettre juste et volontaire. Séparer le volontaire du juste, ou le juste du volontaire, n'est permis à personne, et ne plaît pas aux amis ; voici donc que tu dois et que tu veux, Marsile, écrire quelque chose à Médicis. Mais qu'écriras-tu principalement, et avec l'appui de quelle puissance divine ? Ô salut des hommes ! Ô Justice reine du monde ! Dès longtemps tu m'as donné la raison d'écrire, maintenant, je t'en prie, fournis la matière, pour que j'accomplisse aussi heureusement avec ton aide ce que j'avais promis avec plaisir, quand tu m'ordonnais la fidélité.

Cette loi divine [634], par laquelle le monde se maintient et est gouverné, allume dans nos intelligences, pendant qu'elles sont créées, la lumière inextinguible de la loi naturelle, à laquelle se réfère l'examen du bien et du mal. De cette loi naturelle, qui est une étincelle divine, provient une loi écrite, qui est le rayon de cette étincelle.

Or ces trois lois : divine, naturelle, et écrite, enseignent à chaque homme ce qu'est la justice ; de sorte que, pour les pécheurs, il ne reste presque aucune place pour l'excuse, comme s'ils paraissaient avoir fauté entièrement par ignorance. Assurément, ces trois lumières montrent aux yeux de l'intelligence que la justice n'est rien d'autre que l'état de la volonté, qui est ainsi dirigée et fortifiée par la raison, si bien que, méprisant les menaces et les séductions, elle décide d'agir non autrement que ce que la divinité, la nature, et la civilité ont dicté. Qu'est-ce que la divinité recommande, sinon de nous reporter vers Dieu, par qui nous recevons toutes choses : toute pénétration de la pensée, toute marque de la volonté, toute force d'action et toute oeuvre de mérite ? De même, la nature, que nous enseigne-t-elle d'autre, si ce n'est de soumettre l'argent au corps, le corps à l'âme, l'âme à la raison, la raison à Dieu ? Enfin, la civilité paraît avertir chaque citoyen de se souvenir qu'il est un membre de la cité [635] et, par conséquent, qu'il convient de chérir la patrie comme si elle était son corps, et les citoyens comme s'ils étaient les membres de ce corps [636]. C'est pourquoi, sera considéré juste sans conteste l'homme qui vénérera Dieu comme son Père et son Maître avec une piété incomparable [637]. Il modèrera avec le soin le plus extrême ses passions et ses émotions ; il chérira les hommes d'une charité fraternelle ; il s'aimera lui-même en Dieu, et aimera les hommes en lui-même ; il s'attachera à Dieu selon ses forces ; et, aussi loin qu'il pourra, il fera que les autres atteignent avec lui à la

coniunget. Proinde iusti officium est cuique quod est suum tribuere : Maioribus honorem atque reverentiam, aequalibus domesticam quandam consuetudinem, inferioribus opem atque consilium. Preterea, cum in magistratibus constitutus est, legem ipsam tanquam Deum ante oculos semper habere. Se vero non legis dominum sed fidum interpretem diligentemque ministrum existimare. In qua quidem administranda delicta aequitate quadam et sine perturbatione puniat. Virtutibus absque invidia pro dignitate premia reddat. Neque proprium cogitet sed commune. Neque proprio confidat ingenio, sed senes pios prudentesque viros in omnibus consulat. Illud quoque apud eum maneat alta mente repostum : « Vos quibus rector maris atque terre ius dedit magnum necis, atque vite, ponite inflatos tumidosque vultus : quicquid a vobis minor extimescit, maior hoc vobis Dominus minatur ; omne sub regno graviore regnum est ».

Quid iustitia sit, quis iustus, quid iusti officium satis sit dictum. Quantus preterea iuste actionis sit fructus, hinc perspicue declaratur, quod neque domus neque civitas neque exercitus neque commertium prorsus ullum vel bonorum hominum vel malorum absque iusta distributione, que fit pro meritis, consistere potest. Que quidem, si usque adeo mundi machine necessaria est, ut hac sublata mundus sit protinus ruiturus. Certe quantum sit vite hominum necessaria dici non potest. Nempe si desit hominibus, sive congregentur in unum, a se invicem cito perdentur, sive disiuncti vixerint, a feris passim lacerabuntur.

Ô perpetuum humani generis vinculum ! Ô saluberrima nostrorum medicina morborum ! Ô publica civitatis anima, Iustitia vita beata, Iustitia vita celestis, aurei seculi mater atque regina, Astrea sublimis, que thronos sideros habitas, terrenas sedes ! Diva, ne deseras, obsecramus, ne in ferreum seculum miseri prolabamur ! Habita, precamur, habita semper, celeste numen, mentes humanas, celestis patrie cives, ut celestium vitam, et in presentia quoad possumus imitemur et in posterum penitus consequamur.

Vale.

De anima

Marsilius Ficinus Francisco Tedaldo suo s. d.

Lactantius Tedaldus tam charus mihi familiaris quam tibi filius, opusculum nobis tuo nomine reddidit, in quo Occidentalium Philosophorum disputationes de anima recensentur. Ac tandem ab illis quid hac de re Marsilius Ficinus sentiat queritur. Etsi non nostrum inter hos tantas componere lites, tamen quid sentiam,

divinité. Ainsi donc, c'est le devoir du juste que d'attribuer à chacun ce qui lui est dû[638] : aux Anciens honneur et respect ; aux égaux une intimité familière ; aux inférieurs un appui et un conseil. En outre, lorsqu'il a été établi à des magistratures, il devra toujours avoir devant les yeux la loi elle-même comme si c'était Dieu. Il ne devra pas s'estimer le maître de la loi, mais son interprète fidèle, et son ministre diligent[639]. Dans l'administration de la justice, qu'il punisse les délits avec équité et sans passion. Qu'il accorde aux vertus des récompenses en fonction des mérites, et sans jalousie aucune. Qu'il ne songe pas à son intérêt propre, mais à l'intérêt commun. Qu'il ne se fie pas à son propre talent, mais qu'il consulte en tout des hommes sages, pieux et prudents. Que cela demeure inscrit dans les profondeurs de son intelligence[640] : « Vous, à qui le maître de la terre et de la mer a donné le droit souverain de vie et de mort, déposez vos visages gonflés et boursouflés d'orgueil ; la peur qui vient de vous épouvante toute chose, mais le Seigneur vous menace d'une peur plus grande ; toute autorité est soumise à une autorité plus puissante »[641].

Sur ce qu'est la justice, le juste et le devoir du juste, nous en avons assez dit. Combien importe le fruit d'une action juste se montre clairement, en ce que ni une maison, ni une cité, ni une armée, ni quelque commerce entre des hommes bons ou mauvais, ne sauraient s'établir, sans une juste répartition, conformément au mérite[642]. Au vrai, ceci est à ce point nécessaire à la machine du monde que, si on l'ôtait, le monde irait à sa ruine complète. Assurément, son importance pour la vie humaine est si grande qu'on ne saurait la dire. En effet, si la justice faisait défaut aux hommes, soit ils s'assembleraient en un même lieu, et périraient aussitôt chacun à leur tour, soit ils vivraient séparés, et seraient de tous côtés déchirés par les bêtes sauvages.

Ô éternel lien du genre humain ! Ô médecine très salutaire de nos maladies ! Ô âme publique de la cité, la justice est la vie heureuse, la justice est la vie celeste ! Ô Mère et Reine de l'Âge d'or, Astrée sublime[643], toi qui habites les trônes sidéraux ! Déesse, nous t'en conjurons, n'abandonne pas les séjours terrestres, de crainte que, misérables, nous ne glissions dans l'Âge de fer ! Habite, nous t'en prions, habite toujours, puissance céleste, les hommes qui sont les citoyens de la patrie céleste[644], de sorte que, dans le présent, nous imitions, autant que nous le pouvons, la vie céleste, et que dans l'avenir nous l'atteignions absolument.

Adieu.

De l'Âme[645]

Marsile Ficin à son cher Francesco Tedaldi, salut.

Lattanzio Tedaldi[646], qui m'est aussi cher comme ami qu'il l'est pour toi comme fils, nous a retourné en ton nom l'opuscule où les discussions des Philosophes occidentaux sur l'âme sont recensées. Mais désormais l'on demande à Marsile Ficin quelle est son opinion sur le sujet. Bien qu'il ne nous appartienne pas de régler des questions qui suscitent un tel désaccord entre les Philosophes,

postquam rogant, latissime explicabunt libri *De Immortalitate Animorum* a nobis compositi, qui brevi, ut spero, ad vos mittentur. Interim ad eam disputationis partem, quam potissimum expetunt brevissime respondebo.

Primum quidem scio animam meam substantiam esse, alioquin substantiam perfecte comprehendere et definire non possem. Non possem vel esse aliquid prestantius accidente, vel quantum accidens a substantia deficiat iudicare atque metiri. Scio non esse corpoream et mortalem : non enim incorporea et immortalia caperem atque a corporalibus mortalibusque discernerem. Scio esse rationalem, alioquin de illa ceterisque rebus rationes afferre nescirem ; scio, quamvis rationis sit particeps, non tamen rationem ipsam, ut quidam existimant, esse. Nam et in rerum rationibus assignandis a veritate et in rebus agendis a ratione aberrare non possem. Potius igitur a ratione aberrat, qui animam esse rationem affirmat quam qui negat. Proinde ratio aut substantia est aut qualitas. Si substantia, ratio secundum essentiam est summa, absoluta ac penitus infinita. Qualis non anima sed solus est Deus. Si qualitas est, accidens virtusque anime potius quam anima esse videtur. Animam vero, que substantie corporis formando movendoque in partes contrarias atque sistendo libere dominatur, qualitatesque quodammodo contrarias vicissim induere potest, nemo qualitatem accidensque esse audeat affirmare. Quo enim pacto vel accidens vel occidens dici potest ? Que per omnia tam substantiarum quam accidentium genera speciesque aeque discurrit. Reflectitur quoque in seipsam tum affectu tum cognitione atque idcirco etiam vita, utpote que sibimet hereat, non subiecto ; sine corporeo instrumento totiens agit, quotiens attingit eligitque incorporalia eaque a corporeis recte discernit. Inclinationi corporali sepe repugnat neque quiescit in corpore. Denique quanto longius se a corpore sevocat, tanto efficacius intelligit ac melius feliciusque se habet.

Anima igitur est substantia incorporea rationalis et immortalis corpori regendo accommodata. Hanc antecedere corpus multi inter Platonicos arbitrantur. Peripatetici contra. Ego autem Occidentales istos quos laudas Philosophos, etsi non declaras, reor tamen Peripateticos esse. Nam de anima, ut inquis, post epulas disputaverunt, utpote qui corpus quidem prius recreandum quam animum procreandum existimaverint. Ego, etsi ante epulas animulam huius epistolii procreavi, tamen cum istis de creationis ordine sentio.

Vale ac da operam ut disputationibus istis frequenter intersis : sic enim corpus simul coles et animam.

cependant, puisqu'on interroge ce que je pense, les livres que j'ai composés *Sur l'immortalité des âmes* l'expliqueront très largement [647], lesquels, je l'espère, vous seront envoyés très vite. Dans l'intervalle, je vais répondre très brièvement sur cette partie de la discussion qu'on réclame principalement.

D'abord, je sais que mon âme est une substance : autrement, je ne pourrais parfaitement comprendre ni définir la substance. Je ne pourrais juger ni mesurer si quelque chose est supérieur à l'accident, ou si l'accident se sépare de la substance. Je sais que mon âme n'est ni corporelle ni mortelle : si ce n'était pas le cas, je ne comprendrais pas les choses incorporelles et immortelles, et je ne les distinguerais pas des corporelles et des mortelles. Je sais aussi qu'elle est rationnelle : sinon, je ne pourrais produire des arguments rationnels à son sujet, ou sur d'autres choses. Je sais, bien qu'elle participe de la raison, qu'elle n'est pas pour autant la raison elle-même, comme certains le croient. S'il en était ainsi, je ne pourrais m'éloigner ni de la vérité dans l'assignation de raisons aux choses, ni de la raison dans l'accomplissement des affaires. Aussi s'écarte-t-il plus de la raison celui qui affirme que l'âme est la raison que celui qui le nie.

De même, la raison est ou une substance, ou une qualité. Si la raison est une substance, elle est selon l'essence, elle est la plus haute perfection, et elle est absolument infinie [648]. Or l'âme ne peut être telle, car seul Dieu est ainsi. Si la raison est une qualité, il s'agit plus d'un accident et d'une puissance de l'âme que de l'âme elle-même, semble-t-il. Mais cette âme, qui commande librement au corps en formant la substance, en le mouvant dans des parties contraires, en l'arrêtant, et qui peut revêtir pour ainsi dire des qualités tour à tour contraires, cette âme donc, personne n'ose affirmer qu'elle est une qualité et un accident. En effet, comment peut-elle être appelée accident, ou périssable ? Elle qui décourt équitablement à travers tous les genres et les espèces de substances et d'accidents. Elle se retourne aussi vers elle-même, tantôt par sentiment, tantôt par connaissance, et, par conséquent, elle est aussi la vie, puisqu'elle est fixée à elle-même sans être assujettie ; toutes les fois qu'elle agit sans l'instrument corporel, elle atteint et choisit les incorporels, et les distingue correctement des corporels. Souvent, elle résiste à l'inclination du corps, et elle ne trouve pas le repos dans le corps. Enfin, plus elle se détache longuement du corps, plus elle comprend efficacement, et meilleure et plus heureuse elle est.

Aussi l'âme est-elle une substance incorporelle, rationnelle et immortelle, appropriée à la direction du corps [649]. Parmi les Platoniciens, nombreux estiment qu'elle précède le corps [650]. Mais les Péripatéticiens sont contre [651]. Pour ma part, ces Philosophes occidentaux que tu loues, même si tu ne le déclares pas, je pense qu'ils sont toutefois des Péripatéticiens. Car, comme tu le dis, ils discutèrent de l'âme après un banquet, comme s'ils estimaient que le corps devait être récréé, avant que l'âme puisse procréer. Quant à moi, même si j'ai procréé la petite âme de cette lettre avant le banquet, cependant, je suis d'accord avec eux sur l'ordre de la création.

Adieu, et veille à participer fréquemment à ces discussions : ainsi tu cultives simultanément le corps et l'âme.

Iohannes Cavalcantes noster se tibi commendat. Tu autem Philosophis istis me commenda.

CONSOLATIO IN AMICI OBITU

Marsilius Ficinus Florentinus Bernardo Bembo Venetorum Oratori s. d.

Dic age, Bernarde, si licet, quid in amici obitu luges ? Mortemne, an mortuum ? Si mortem, luge, Bernarde, tuam. Nempe quam certus es obiisse illum, tam certus es te moriturum. Immo te mori. Quolibet enim momento vita preterita interit. Si mortuum, malumne an bonum ? Si malus erat, bonum tibi est familiarem eiusmodi amisisse. Bonis vero tuis dolere non debes. Si bonus fuit, quod ego potius arbitror, cum a bono prudenterque ametur, bonum certe illi est seorsum a continua morte corporis vivere. Tantis autem amici bonis invidere non decet.

Doles forsitan quod amicum tuum sicuti consueveras amplius nusquam cernas ? Nonne amicus tuus is erat duntaxat, qui te amabat ? Quis amabat, nisi ipse qui te cognoscebat animus ? Animum vero ipsum neque aliter tunc quam nunc videbas, neque nunc minus quam tunc vides. Absentiam forte culpabis. At animi, cum locum non impleant, non tam situ fiunt quam cogitatione presentes. Quando illum non cogitas, dolere non potes ; quando autem cogitas, quod efficis pro arbitrio, statim in presentiam revocas. Nunquam igitur queri de absentia debes, nisi forte illud nobis obicias, quod animo nunc tuo in corpore clauso soluti illius animi consuetudo non congruat. Segrega, Bernarde, si potes, a corpore mentem. Crede mihi, subito congruet. Sin minus potes, ne dubita, paulo post, velis nolisve, congruet. Quod enim vivimus, si ad voluntatem nostram conferatur, quam brevissimum est ; si ad etatem mundi, punctum ; si ad etatem Dei, etiam puncto minus.

Vale atque vive Deo, qui, cum solus infinita sit vita, mortem mortisque merorem solus a suis cultoribus longe propellit.

LEGITIMI IURISCONSULTI PARTES

Marsilius Ficinus Petro Philippo Perusino illustri Iurisconsulto s. d.

Legum facultatem Astronomi Iovi solique attribuunt, quibus nihil in celis est pulchrius. Quid igitur in terris pulchrius est aequo aequitatis legumque

Notre Giovanni Cavalcanti se recommande à toi. Mais toi recommande-moi à ces Philosophes.

Consolation pour la mort d'un ami [652]

Le Florentin Marsile Ficin à Bernardo Bembo, Orateur vénitien, salut.

Dis-moi, Bernardo, qu'est-ce qui t'afflige dans le mort d'un ami ? Est-ce la mort ou le défunt ? Si c'est la mort, lamente-toi sur la tienne, Bernardo. Car aussi sûrement qu'il est mort, il te faudra mourir [653]. Ou plutôt tu meurs. En effet, à n'importe quel moment, ta vie écoulée est morte. Si c'est le défunt que tu pleures, est-ce parce qu'il était méchant, ou parce qu'il était bon ? S'il était méchant, il est bon d'être débarrassé d'un familier de cette sorte. Tu ne devrais pas souffrir de ce qui t'arrive de bon. Si le défunt fut bon, ce que je crois davantage, puisqu'il fut aimé prudemment par un homme bon, assurément il est bon pour lui de vivre détaché de la mort continuelle du corps [654]. Il n'est pas convenable d'envier les si grands bienfaits de ton ami.

Peut-être souffres-tu parce que tu ne vois plus ton ami comme tu en avais l'habitude ? N'était-il pas ton ami, celui qui t'aimait seulement ? Qui t'aimait, sinon l'âme même qui te connaissait ? Mais tu ne voyais pas son âme différemment alors qu'à présent, et tu ne la vois pas moins à présent qu'alors. Tu te plaindras peut-être de son absence. Mais comme les âmes n'occupent pas d'espace, elles accèdent à la présence non pas tant dans quelque lieu particulier que dans la pensée. Quand tu ne penses pas à lui, tu ne peux pas souffrir ; mais quand tu penses à lui, ce que tu fais quand tu en as envie, tu le rappelles immédiatement à la présence. Tu ne dois jamais te plaindre de son absence, à moins peut-être que tu nous objectes ceci : qu'une âme désormais libérée du corps n'a pas pour habitude d'en rencontrer une encore prisonnière du sien. Sépare, Bernardo, l'âme du corps, si tu le peux. Crois-moi, ton âme rencontrera immédiatement la sienne. Si tu ne le peux, ne doute pas qu'elles se rencontrent un peu plus tard, que tu le veuilles ou non. La vie que nous vivons, si on la compare à notre volonté, est très brève ; si on la compare à l'âge du monde, elle n'est qu'un point ; et même moins qu'un point, si on la compare à l'âge de Dieu. Salut, et vis en Dieu, puisque lui seul est la vie infinie, et que lui seul éloigne la mort et le chagrin qu'elle cause à ses fidèles.

Le rôle d'un jurisconsulte légitime [655]

Marsile Ficin à Pier Filippo Perugino, illustre Jurisconsulte, salut.

Les Astronomes attribuent la capacité de légiférer à Jupiter et au Soleil [656], dont la beauté est sans pareille dans les cieux. En effet quoi de plus beau qu'un

interprete ? Iniquo contra quid turpius ?

Desideras, arbitror, legitimi iurisconsulti effigiem et indolem intueri. Ô quam pulchrum spectaculum, quam mirabile ! Huius anima est Dei cultus, spiritus patrie legis cura, cerebrum iudicium perspicax, oculi linguaque doctrina. Pectus memoria tenax. Cor recta voluntas. Manus recte voluntatis effectus. Pedes perseverantia. Totum aequitas, atque gravitas. Sed quid ego verbis iurisconsulti ideam effingo ? Petrus Philippus, dum pictorum more seipsum in Francisco Soderino eius discipulo pinget, idee ipsius re ipsa veram similitudinem assequetur. Nempe talem esse Petrum Philippum, etsi adulationis suspitio asserere prohibet, cogit tamen veritas confiteri. Talem quoque Soderinum fore Preceptor studet. Discipuli indoles et initia indicant. Pater eius Tommas Soderinus clarissimus eques ardenter exoptat. Hieronymus Amatius noster illius amantissimus proculdubio pollicetur. Marsilius Ficinus sperat Deumque precatur.

VELOCITER COMPARATUR QUOD ARDENTER DESIDERATUR

Marsilius Ficinus Iohanni Altovito s. d.

Cupit animus tuus ardenter, ut scribis, ad nos volare ; si non habet alas, neque potest volare neque cupere debet quod non potest. Si habet, quod ego potius arbitror, cum primum concupivit, advolavit, eternis siquidem et spiritalibus alis neque tempus obstare potest neque locus : iam igitur habes, nisi me ratio fallit, quod tota mente petebas. Sed utinam tam magnum mihi sit quod habes, quam tibi et comparanti facile et possidenti charum, ut non minus re ipsa Marsilius quam Iohannes aestimatione possideat.

Vale.

Iohannes Cavalcantes noster se tibi commendat.

FONTES POTIUS QUAM RIVULOS SECTARI DEBEMUS

Marsilius Ficinus Florentinus Iohanni Petro Patavino s. d.

Sunt multi nostris seculis non Philosophi sed philopompi, qui sensum Aristotelicum se tenere superbe nimium profitentur, cum tamen Aristotelem ipsum raro admodum, atque parumper loquentem, et tunc quidem non Grece

équitable interprète de l'équité et des lois ? Quoi de plus laid, au contraire qu'un interprète inique ?

Je crois que tu désires considérer le portrait et le caractère d'un jurisconsulte légitime. Ô quel bel et admirable spectacle ! Son âme est le culte de Dieu ; son esprit, le soin apporté à la loi de la patrie ; son cerveau, un jugement perspicace ; ses yeux et sa langue, une doctrine. Sa poitrine, une mémoire tenace. Son coeur, une volonté droite. Ses mains, l'exécution de la volonté droite. Ses pieds, la persévérance. L'ensemble, l'équité et la dignité. Mais que signifie que je dépeigne l'idée du jurisconsulte par les mots ? Lorsque Pier Fillipo, à la façon des peintres, se peint lui-même en la personne de son disciple Francesco Soderini, il parvient à une vraie ressemblance avec son idée dans la réalité même. Assurément, même si le soupçon de flatterie m'interdit d'alléguer que Pier Filippo est tel, la vérité cependant pousse à reconnaître que si. Son Précepteur souhaite aussi que Soderini soit tel. Les disciples révèlent le caractère et les prédispositions de leur maître. Son père, Tommaso Soderini [657], chevalier très illustre, le désire ardemment. Notre Girolamo Amazzi, grand ami de ce dernier, le promet. Marsile Ficin place ses espoirs et ses prières en Dieu.

ON OBTIENT VITE CE QU'ON A DÉCIDÉ AVEC ARDEUR [658]

Marsile Ficin à Giovanni Altoviti, salut.

Ton âme désire ardemment, d'après ce que tu m'écris, voler jusqu'à moi ; mais si elle n'a pas d'ailes, elle ne peut voler et elle ne doit pas désirer ce dont elle est incapable. Si elle a des ailes, ce que je préfère croire, elle n'aura pas sitôt désiré ardemment volé qu'elle aura déjà pris son envol, puisque à ses ailes éternelles et spirituelles ne peuvent faire obstacle ni le temps, ni le lieu : tu possèdes donc déjà, à moins que je ne me trompe, ce à quoi tu aspirais de toute ton âme [659]. Puisse ce que tu possèdes être pour moi aussi estimable qu'il t'a été facile de l'obtenir et précieux de le posséder, de sorte que Marsile le possède de fait non moins que Giovanni le possède en reconnaissant sa valeur.

Adieu.

Notre Giovanni Cavalcanti se recommande à toi.

NOUS DEVRIONS PLUTÔT REMONTER À LA SOURCE QUE SUIVRE LES RUISSEAUX [660]

Marsile Ficin au Florentin Giovanni Piero de Padoue [661], salut.

Ils sont nombreux, de notre génération, qui ne sont pas des Philosophes, mais des philopompes déclarant avec une suffisance extrême comprendre la manière de voir aristotélicienne, alors qu'ils n'ont entendu que rarement et insuffisamment la langue d'Aristote lui-même – et encore seulement un Aristote

propria exprimentem immo barbare aliena balbutientem audiverint, ideoque minime intellexerint. Hi cum in foro inter pueros garriunt scire nonnihil vulgo videtur. Si domi eos prudenter interroges, paucam in Physicis, pauciora in Mathematicis, paucissima in Metaphysicis scire deprehendes. Huiusmodi homines etiam in septuagesimo etatis anno pueri sunt, expertes non eloquentie solum, sed Grammatice ; neque res naturales aut divinas, immo barbaras quasdam dictiones anxie nimis excogitant, quas invicem inepte permisceant et confundant. Unde Sophiste leviculi digna puerorum circulis in medium adducunt, potius quam corona virorum. Ita locuntur, ut ex eorum sermone Philosophiam contemnas. Ita vivunt, ut ex eorum vita Philosophiam vituperes. Quamobrem eos Plato noster merito non maritos Philosophie sed adulteros nuncupavit, ex quibus filii non legitimi, id est opiniones absurde, inter Philosophos oriantur.

Probo igitur te, amice, quod pueriles horum ineptias et vana studia non emuleris, qui neque fontes hauriunt, sed rivulos lambunt, neque veritatis lucem, sed opinionis umbram stulte sectantur. Scito te ita demum ad veritatem proxime accessurum, si errantium vestigia diligentissime devitaveris.

Commenda me Bernardo Bembo nostro, Venetorum Oratori clarissimo.

Vale.

Peripateticus non ut philosophus est pecuniam appetit, sed ut homo

Marsilius Ficinus Laurentio Medici viro magnanimo s. d.

Oliverium Ardouinum insignem Peripateticum commendarem tibi non mediocriter, nisi Aristoteles suus eum tibi plurimum commendaret. Si Aristoteles, qui pecuniam felicitati necessariam iudicavit, libros suos absque nummis componere potuisset, etiam Peripateticus iste Aristotelica sine nummis posset interpretari. Intelligis ergo quid velit : Oliverius Peripateticus est non Cynicus ! « At non est, inquies, Philosophi hec appetere ». Sit ita sane. Verum non ut Philosophus est hec postulat, sed ut homo. Utrum vero Philosophi sit pecuniam petere, postquam concesseris disputabimus.

Vale.

Salutat te Laurentius Bonincontrus Miniatensis, Poeta astronomicus Astronomusque poeticus.

qui ne s'exprimait pas dans sa langue grecque, mais balbutiait au contraire dans une langue barbare et étrangère [662] – et qu'ils n'en comprennent, pour cette raison, pas grand chose. Quand ils parlent pour ne rien dire sur la place publique parmi de jeunes gens, il semble à la foule qu'ils en savent long. Si tu les interrogeais chez eux avec habileté, tu découvrirais qu'ils ne savent pas grand chose de la Physique, encore moins des Mathématiques et de la Métaphysique. Les hommes de ce genre, quand bien même auraient-ils soixante-dix ans, ne sont que des enfants, non seulement dépourvus d'éloquence, mais encore nuls en Grammaire [663] ; ils ne peuvent concevoir ni les choses naturelles, ni les choses divines, mais seulement, et encore avec beaucoup de peine, certains propos barbares qu'ils mélangent et confondent bêtement les uns avec les autres. De là vient que de vains sophistes amènent des discussions dignes des cercles d'enfants, plutôt que des assemblées d'hommes. Ils s'expriment de telle sorte que leur discours ferait à lui seul mépriser la Philosophie. Ils vivent d'une manière telle qu'à voir leur vie l'on censurerait la Philosophie. C'est pour cette raison que notre Platon les a appelés, non pas les époux, mais les maris adultères de la Philosophie, desquels naissent parmi les Philosophes d'illégitimes fils, autrement dit des opinions absurdes [664].

Je t'approuve donc, mon ami, de ne pas chercher à imiter les inepties puériles et les vaines études de ceux qui ne puisent pas aux sources, mais qui lapent l'eau des ruisseaux, qui ne poursuivent pas la lumière de la vérité, mais sottement l'ombre de l'opinion. Sache que ce n'est qu'en évitant scrupuleusement de marcher sur les traces de ceux qui errent, que tu t'approcheras au plus près de la vérité.

Recommande-moi à notre Bernardo Bembo, le plus illustre Orateur des Vénitiens.

Adieu.

Un péripatéticien ne convoite pas l'argent en tant que philosophe, mais en tant qu'homme [665]

Marsile Ficin à Laurent de Médicis, homme magnanime, salut.

Je te recommanderais sans modération le remarquable Péripatéticien Oliviero Arduini, si son ouvrage sur Aristote ne l'avait pas déjà si bien fait. Si Aristote, qui a jugé que l'argent était nécessaire au bonheur [666], avait pu composer ses livres sans argent, alors un Péripatéticien pourrait bien interpréter les oeuvres d'Aristote sans argent. Tu comprends par conséquent ce que veut Oliviero : il est Péripatéticien, non pas Cynique [667] ! Tu dis qu'il n'est pas digne du Philosophe de convoiter ces choses. Mais ce n'est pas en tant que Philosophe qu'il te demande de l'argent, mais en tant qu'homme. Si c'est oui ou non digne du Philosophe que de demander de l'argent, nous en discuterons une fois que tu auras cédé à sa demande.

Adieu.

Lorenzo Buonincontri de San Miniato [668], le Poète astronomique et l'Astronome poétique, te salue.

COMMENDATIO A FORTUNA QUONDAM FELICI, INNOCENTIA, SCIENTIA

Marsilius Ficinus Donato Azarolo s. d.

Commendo tibi Marsupinos quam plurimum, homines satis quidem fortunatos olim, nunc autem heu ! nimis infortunatos. Iniustos, ut arbitror, nunquam. Carolum pre ceteris tibi commendat ex alto pater eius, Carolus Poeta. Audi, si placet, parumper et, si potes, exaudi : obsecrat, ecce, te cum per sapientiam humanitatemque tuam, tum vero per divinam clementiam, saltem ne adolescentem doctum ac penitus innocentem, unicam patris spem, hodie deseras ! Non decet Musam fieri mendicam et innocentiam miserabilem.

Fer igitur opem, patrone Musarum alumno, absque tua auxilio perituro.

XIIII Aprilis 1474, Florentie.

QUA RATIONE SIT QUISQUE LAUDANDUS

Marsilius Ficinus Laurentio Medici viro magnanimo s. d.

Scribis ut in te laudando posthac partior esse velim. Et ita scribis, ut, dum freno me cohibere videris, calcaribus acerrime stimulas ad laudandum. Sed me in presentia continebo. Non licet ultra.

In epistolis, Laurenti, quas ad te scripsi hactenus, semper te ita laudavi ut admonerem simul atque exhortarer. Admonui equidem semper ut a Deo te habere omnia recognosceres, ei gratias ageres, ei te sedulo commendares. Exhortatus sum ut pergeres. Nam principium vel voluntatis est vel sortis, perseverantia vero virtutis. Laudavi vero te nonnunquam, tanquam absentem, in epistolis ad Nicholaum liberius. Tu eas, velim nolimve, legis, atque ita erga Nicholaum tuum es affectus, ut que ad eum scribuntur scribi ad Laurentium arbitreris. Magis ergo amor erga Nicholaum tuus in me iudicando te decipit, quam me in te iudicando amor erga te meus. Ego Laurentium magis adhuc amo quam laudem, et iudicavi antea quam amarem.

Vale.

XV Aprilis 1474, Florentie.

UNE RECOMMANDATION JUSTIFIÉE PAR UNE FORTUNE FAVORABLE, PAR L'INNOCENCE ET LA SCIENCE [669]

Marsile Ficin à Donato Acciaiuoli[670], *salut.*

Je te recommande tout particulièrement les Marsuppini, hommes qui autrefois étaient assez fortunés et qui à présent sont en revanche des plus infortunés, hélas ! Mais jamais injustes, à ce que je crois. Le poète Carlo te recommande spécialement du fond du coeur son fils Carlo. S'il te plaît, écoute-le un instant, et si tu peux, porte-lui une oreille attentive : voilà qu'il te supplie, d'abord en vertu de ta sagesse et de ton humanité ; ensuite au moins en vertu de la divine clémence de ne pas rejeter aujourd'hui ce docte adolescent, l'innocence même et l'unique espoir de son père ! Il n'est pas convenable qu'une Muse en arrive, quant à l'innocence, à la mendicité et à la misère.

Aide donc, ô Patron des Muses, cet enfant qui risque de périr sans ton aide.

Le 14 avril 1474. Florence.

POUR QUELLE RAISON LOUER QUELQU'UN [671]

Marsile Ficin à Laurent de Médicis, homme magnanime, salut.

Tu m'écris que je devrais à l'avenir être plus modéré lorsque je fais ton éloge. Et tu l'écris d'une telle façon, qu'alors que tu sembles me brider par le frein, tu m'incites par de tels éperons à te louer plus vivement encore. Mais, pour l'heure, je me contiendrai. Je ne dois pas aller au-delà.

Dans les lettres que je t'ai écrites, Laurent, j'ai toujours jusqu'ici fait ton éloge afin de te conseiller et en même temps de t'encourager. Je t'ai assurément toujours conseillé de reconnaître que tout ce que tu possèdes, tu le tiens de Dieu, de lui en rendre grâce et de te recommander à lui de bonne foi. Je t'ai encouragé à persévérer. Car c'est le fait de la volonté ou du sort que de commencer, mais le fait de la vertu que de persévérer. Certes, je t'ai quelquefois, comme si tu étais présent, loué librement dans mes lettres à Niccolo[672]. Tu les as lues, que je le veuille ou non, et tu as tant d'affection envers ton Niccolo que tu estimes que les lettres qui lui sont adressées le sont à Laurent. L'amour que tu portes à ton Niccolo t'induit par conséquent davantage en erreur lorsque tu me juges, que ne me trompe mon amour envers toi lorsque c'est moi qui te juge. J'aime encore plus Laurent que je ne le loue, et mon jugement était fait bien avant de l'aimer.

Salut.

Florence, le 15 avril 1474[673].

NEMO SINE AMORE DE AMORE BENE LOQUITUR

Marsilius Ficinus Nicholao Micheloctio vero viro s. d.

Ad me scripsisti epistolam amatoriam, Nicholae, et quasi plusquam amatoriam : nemo, Nicholae, nisi amator, amatoria tam belle scribit. Epistole tue pro me respondeat totus ille liber quem olim *De Amore* composui. Scribo forsitan nimis pauca, quia in penitentia nimis multa cogito.

Salutavi amicos tuos, ut iubes ; salutationes huiusmodi non satis admittunt. Salvere malunt presentia tua, quam tuo nomine salutari.

Vale.

XVI Aprilis 1474, Florentie.

PRECEPTA AD MEMORIAM

Marsilius Ficinus Banco Arithmetre s. d.

Si reminiscentia valere cupis bonorum, da operam ut obliviscare malorum ; opere pretium est in Letheum fluvium demergere vilia, ut pretiosa retineas. Fuge, Banche, perturbationum impetum, fuge multiplicium negotiorum cogitationumque tumultum. Visne utiliter cogitare ? Cogita paucissima et que cogitant paucissimi. Hoc illud Pythagore est : « Populares vias declinato, ito per diverticula ». Quid temere circumvagamur ? Sagacitate et electione opus est ; in exiguo cespite latet lepus ; patent ubique mala, in angustum redactum est quod bonum est. Vis ne rerum bonarum pollere memoria ? Diligenter curato, ut eius quod ediscendum est certam intelligas rationem : ratio enim est indissolubile veritatis et memorie vinculum. Ob hoc forsitan Plato noster inquit : « Quod bene intellectum est semel, oblivioni omnino tradi nunquam posse ». Ea quoque memoria tradenda sunt que non solum utilia sint, sed et iocunda. Nam alimenta que suavissimum saporem afferunt facilius in naturam nostram transeunt atque convertuntur. Et quo avidius quid haustum est, eo diutius retinetur. Adde his quod observandum omnino Aristoteles et Simonides arbitrantur, ut certus quidam in ediscendis ordo vel insit vel saltem excogitetur ; ordo in proportione quadam et connexione consistit. In iis autem que ordinata serie digesta sunt, siquid unum acceperis, reliqua continuo necessaria quadam vel nature vel artis continuatione secuntur. Ipsa quoque mentis intentio, si vel in unum quiddam dirigitur vel in pauca tamquam unum, vehementius agit quam si in plurima distrahatur ; omnis

Personne sans amour ne parle bien d'amour [674]

Marsile Ficin à Niccolo Michelozzi, homme vrai, salut.

Tu m'as écrit une lettre d'amour, Niccolo, et pour ainsi dire davantage qu'une lettre d'amour: il n'y a qu'un amoureux, Niccolo, pour écrire si joliment ses lettres d'amour. Que le livre entier que j'ai autrefois composé sur l'amour soit, de ma part, la réponse à ta lettre ; j'écris peut-être trop peu, c'est parce que je me repens de beaucoup trop de mes pensées.

J'ai salué tes amis, comme tu l'as demandé ; mais ils n'accueillent pas bien ce genre de salutations. Ils préfèrent te saluer lorsque tu es présent qu'être salués en ton nom.

Adieu,

Florence, le 16 avril 1474.

Préceptes pour la mémoire [675]

Marsile Ficin à Banco, Arithméticien, salut.

Si tu désires fortifier la mémoire des bonnes choses, applique-toi à oublier les mauvaises ; il vaut la peine de plonger dans le fleuve du Léthé les choses sans valeur, pour ne retenir que les précieuses. Fuis, Banco, l'assaut des passions, fuis le tumulte des affaires et des pensées multiples. Veux-tu penser utilement ? Pense très peu de choses, et celles que très peu pensent. C'est ce qu'affirme Pythagore : « Écarte-toi des routes populaires et va par des chemins détournés » [676]. Pourquoi se répandent-ils de tous côtés au hasard ? La sagacité et le choix sont nécessaires ; le lièvre se cache dans une herbe peu étendue ; les maux sont visibles partout, tandis que le bien est réduit à un espace étroit. Veux-tu avoir une mémoire très puissante pour les bonnes choses ? Soucie-toi attentivement de comprendre la raison certaine de ce qu'il faut apprendre par coeur. En effet, la raison est le lien indissoluble de la vérité et de la mémoire. C'est pour cela peut-être que notre Platon dit que « ce qui, une fois, a été bien compris ne peut jamais être complètement livré à l'oubli » [677]. On doit aussi confier à la mémoire des choses qui, non seulement sont utiles, mais encore agréables. En effet, les aliments qui comportent une saveur des plus agréables passent plus facilement dans notre propre nature, et sont mieux convertis. Et plus une chose a été avalée avec avidité, plus elle est retenue. Ajoute à cela ce qu'il faut absolument noter, selon Aristote et Simonide : dans ce qui est à apprendre, il y a un ordre précis, ou du moins un ordre est déduit [678] ; ordre qui consiste en une certaine proportion et connexion. Parmi ces choses qui ont été réparties en une série ordonnée, si l'on en prend une, il y a nécessité à ce que toutes les autres suivent immédiatement, par continuité soit naturelle soit artificielle. De plus, l'intention de l'intelligence, si elle est dirigée soit vers une chose unique, soit vers peu de choses, comme si elles en formaient une seule, agit avec plus d'intensité que si elle est tirée en sens divers par une foule

autem partium continuatio atque ordo in unum quiddam, tam ipsum totum, quod ex iis constituitur, quam ipsam animi intentionem inducit.

Observandum insuper ut sepenumero que didicimus meditemur : sic enim alimenta animi concoquuntur et quasi convertuntur in animum. Confert etiam quamplurimum, siquis eleganti oratione cantuque suavi que memorie mandavit sepe recenseat. Voluptas enim rerum condimentum est, amoris esca, incitamentum ingenii, voluntatis pabulum roburque memorie. Conducit multum et admiratio : nam ob hanc attentior factus animus altius penetralibus suis rerum notas inurit. Quamobrem pueri, cum propter novitatem rerum admirentur magis, retinent quoque diutius. Forte etiam cogitant pauciora quam viri, adde et multo tranquilliora. Sed de hoc alias.

Siquam in hac re fides medicis adhibenda est, aloe sepe purgandum est cerebrum odoribusque cinnamomi et maiorana fovendum. Hoc equidem non vitupero, sed purgationem anime multo magis probo. Purganda enim hec primum a malis est, ut impleatur bonis.

Bene vale, hoc est animam bene ale. Ales autem bene non si quam plurimis, immo si quam electissimis hanc alueris.

Virtutum definitio, officio, finis

Marsilius Ficinus Antonio Calderino s. d.

Petis, Antoni, sepe iam, ut virtutes tibi definiam ; expectas forsitan a me minutissimas illas Peripateticorum Stoicorumque partitiones. Calderine, non ita Platonici nostri solent. Nempe virtutis vis in unione potius quam in divisione consistit. Ideo Pythagorici unitatem ad bonum, multitudinem ad malum pertinere arbitrabantur. Definiam ergo brevissime, presertim cum virtutes exercere satius admodum sit quam nosse.

Virtus est habitus animi electione ad beatitudinem conferens. Virtutum duo sunt genera. Alie in intellectu. In appetitu vero sive rationali, sive irrationali sunt alie. Ille speculative vocantur, iste morales. Ille quidem speculative, quia speculando comparantur et comparate versantur in speculando. Iste vero morales,

de choses ; l'enchaînement des parties et l'ordre entier conduisent à l'unité chaque élément comme le tout lui-même qui en est constitué, et il mène aussi à l'unité l'intention de l'esprit [679].

Il faut noter en outre que nous méditons souvent sur ce que nous avons appris : ainsi les aliments de l'esprit sont-ils digérés et, pour ainsi dire, convertis en esprit. C'est une très grande contribution également si, ce qui a été confié à la mémoire, on le recense souvent dans un style élégant et un chant suave. Car la volupté est le condiment des choses [680], elle est la nourriture de l'amour, l'aiguillon du génie, l'aliment de la volonté, et la force de la mémoire. L'admiration aussi fait beaucoup : à cause d'elle l'esprit est rendu plus profondément attentif, et il grave les caractères des choses dans les sanctuaires les plus reculés. C'est pourquoi les enfants, comme ils admirent plus de choses à cause de leur nouveauté, retiennent aussi plus longtemps. Peut-être aussi pensent-ils à moins de choses que les adultes, et, ajoutons-le, à des choses plus sereines. De ceci, nous parlerons une autre fois.

Si l'on doit prêter foi au médecin sur ce sujet, souvent le cerveau doit être purgé avec de l'aloës [681] et réchauffé avec les parfums de la cinnamone et de la marjolaine [682]. Le fait est que je ne blâme pas cela, mais je recommande davantage la purgation de l'âme. En effet, elle doit être d'abord purgée des maux, pour qu'elle se remplisse des biens.

Porte-toi bien, c'est-à-dire nourris bien ton âme. Or tu la nourriras bien, non pas si tu la nourris avec beaucoup de mets, mais si tu la nourris avec des mets très choisis.

13 Août 1458 [683].
Figline.

DÉFINITION, OFFICE ET FIN DES VERTUS [684]

Marsile Ficin à Antonio Calderino [685], *salut.*

Tu réclames souvent que je te définisse les vertus ; et peut-être attends-tu de moi que je les détaille par le menu à la façon des Péripatéticiens et des Stoïciens [686]. Calderino, tel n'est pas notre ordinaire à nous les Platoniciens. Évidemment l'essence de la vertu réside dans l'union plus que dans la division. De là que, selon les Pythagoriciens, l'unité concerne le bien et le multiple le mal [687]. Donc ma définition sera très brève, vu que surtout il est plus satisfaisant de pratiquer les vertus que de les connaître.

La vertu est la disposition de l'esprit contribuant par choix à la béatitude. Il y a deux genres de vertus. Les unes sont dans l'intellect. Mais les autres dans le penchant soit rationnel, soit irrationnel. Les premières sont dites spéculatives, les secondes morales [688]. Les premières sont ainsi nommées parce qu'elles sont procurées par la spéculation et, une fois obtenues, sont appliquées dans la spéculation. Mais les secondes sont dites morales parce qu'elles s'acquièrent par

quia more et consuetudine acquiruntur atque acquisite in moribus et operum usu consistunt. In eo genere sunt sapientia, contemplatio divinorum, scientia, que est cognitio naturalium, prudentia, hoc est notitia rerum privatim et publice recte administrandarum, ars denique, que est recta efficiendorum operum regula. In alio genere sunt iustitia, que sponte suum unicuique tribuit, fortitudo preterea, que ad opera honesta promptior abicit a nobis timoris impedimentum, temperatia denique, que libidinum mollitiem, quod alterum honestorum impedimentum est, repellit. Liberalitas autem et magnificentia iustitie comites sunt atque virtutes alie similiter aliarum. Et, ut summatim dicam, speculativa virtus nihil aliud est nisi acquisita claritas, intellectus moralis autem nihil aliud nisi fervor stabilis appetitus ab intellectus claritate succensus.

Meminisse vero oportet nihil in humanis virtutibus electione pretiosus esse, pro qua emenda Plato in libris *De Republica* censet cetera omnia esse vendenda. Obsunt enim illi omnia, prodest nihil, qui nescit discernere a malis bona et a bonis mala secernere. Volumusne electionis consequi facultatem ? Consulamus in omnibus seniores probatioresque viros. Tempus igitur pre ceteris consulamus. Quid enim inter temporalia tempore antiquius et probatius ? Consulemus autem tempus, si preteritorum eventus sepe et multum consideraverimus. Preteritum enim magister est presentis atque futuri. Consideratio quoque futuri presentia docet. Difficillimum est enim presentia recte administrare, nisi actionis cuiusque finem et exitum cogitaveris. Cogita quantum decet, reliquum relinque Deo. Quicquid sequitur, tanquam a Deo factum proba. Qui enim divinam gubernationem improbat, reprobatur a Deo. Quoniam vero Deus principium finisque omnium est, ideoque nos Deo non nobis nati sumus, que in superioribus narrabantur eatenus virtutes sunt, quatenus a nobis colendi, imitandi consequendique Dei gratia exercentur. Cultus itaque Dei virtutum virtus est. Consecutio autem Dei premium est virtutum.

ANIME NATURA ET OFFICIUM. LAUS HISTORIE

Marsilius Ficinus Iacobo Bracciolino, Pogii Oratoris filio, paterne artis heredi s. d.

Platonici veteres urbana Platonis natalitia quotannis instaurabant. Novi autem Platonici, Braccioline, et urbana et suburbana nostris temporibus celebrarunt. Suburbana quidem apud magnanimum Laurentium Medicem in agro Charegio culta in libro nostro *De Amore* narrantur. Urbana vero Florentie sumptu regio

l'usage et l'habitude et, une fois acquises, elles consistent en la morale et l'exercice des travaux. Dans le premier genre se rangent la sagesse, la contemplation des réalités divines, la science, qui est connaissance des réalités naturelles, la prudence, c'est-à-dire le savoir de la correcte administration des réalités publiques et privées, l'art enfin qui est la droite règle d'accomplissement des oeuvres. Dans le deuxième genre se trouvent la justice qui attribue spontanément à chacun son bien [689], puis le courage qui, plus prompt aux travaux honnêtes, rejette loin de nous les entraves de la peur, la tempérance enfin qui repousse la mollesse des plaisirs, laquelle est l'autre obstacle aux actions honnêtes. La libéralité et la magnanimité sont les compagnes de la justice [690], de même que les autres vertus ont les leurs. Pour résumer, la vertu spéculative n'est rien d'autre que la clarté acquise de l'intellect et la vertu morale n'est pas autre que l'effervescence durable du penchant embrasé par la clarté intellectuelle.

Or il faut se souvenir que, parmi les vertus humaines, rien n'est plus précieux que le choix, pour l'acquisition duquel Platon est d'avis, dans la *République* [691], qu'il faut vendre tout le reste. En effet, toutes choses font obstacle, rien n'est utile, à celui qui ne sait discerner le bien du mal ni distinguer le mal du bien. Voulons-nous atteindre la faculté de choix ? Consultons en toutes choses les hommes plus âgés et plus considérés. Consultons donc avant tout le temps. Car, parmi les réalités temporelles, quoi de plus antique et de plus respecté que le temps ? Or nous consulterons le temps si nous avons beaucoup et souvent pris en compte les événements du passé. En effet, le passé est le maître du présent et du futur. La considération du futur instruit aussi le présent. Car il est très difficile d'administrer correctement le présent, si l'on n'a pas pensé à la fin et à l'issue de chaque action. Pense autant qu'il convient et abandonne le reste à Dieu. Tout ce qui échoit, approuve-le comme l'oeuvre de Dieu. En effet, celui qui désapprouve le gouvernement divin est réprouvé par Dieu. Or puisque Dieu est le principe et la fin de toutes choses [692] et, par conséquent, que nous sommes nés pour Dieu, et non pour nous-mêmes [693], ces vertus dont il était question plus haut sont telles, dans la mesure où nous les pratiquons pour honorer, imiter et rejoindre Dieu. Aussi le culte de Dieu est-il la vertu des vertus. Et l'attente de Dieu est la récompense des vertus [694].

NATURE ET DEVOIR DE L'ÂME ; ÉLOGE DE L'HISTOIRE [695]

Marsile Ficin à Jacopo Bracciolini [696]*, fils de l'Orateur Poggio, héritier de l'art paternel, salut.*

Les anciens Platoniciens avaient décidé de fêter chaque année en ville l'anniversaire de la naissance de Platon par un repas [697]. Les Bracciolini, ces nouveaux Platoniciens, l'ont célébré à notre époque à la ville et à la campagne à la fois. Les festivités campagnardes, qui avaient lieu il est vrai chez le magnanime Laurent au domaine de Careggi, sont relatées dans notre livre *Sur l'Amour*. En revanche, c'est à Florence que des festivités urbaines somptueuses, royales,

celebravit Franciscus Bandinus, vir ingenio magnificentiaque excellens. Ubi tu et Bindaccius Ricasolanus et Iohannes Cavalcantes noster aliique Academici multi discubuerunt. Ego quoque interfui. Atque ex multis et variis, que in eo convivio disputavimus, illud in primis mecum ipse sepe meditor ac tibi libenter hodie recensebo, quod ante epulas de anime natura conclusimus.

Nihil enim magis ad hominem pertinet quam que de anima disputantur. Sic et Delphicum preceptum illud impletur « nosce te ipsum » ; et cetera omnia sagacius, que vel super animam vel infra animam sunt, investigantur. Quo enim pacto capere alia abunde possumus, nisi animam ipsam, per quam capienda sunt alia, capiamus ? An non abutitur anima qui intueri eam non studet, per quam et cuius gratia intueri cuncta desiderat ? Anima rationalis, quemadmodum omnes ibi convenimus, in orizonte, id est confinio, eternitatis et temporis posita est, quoniam inter eterna et temporalia naturam mediam possidet et tanquam media rationales vires actionesque habet ad eterna surgentes ; habet quoque vires operationesque declinantes ad temporalia. Merito, cum ex diversis naturis inclinationes diverse nascantur, eo ipso quod animam videmus tum ad eterna tum ad temporalia vergere, eam ex utrisque naturis constitutam esse cognoscimus. Partem quidem illam anime superiorem Plato noster in regno Saturni, id est in mentis et providentie, inferiorem autem in regno Iovis, id est vite fatique, locavit. Quapropter anima Iani bifrontis instar vultum geminum habere videtur, aurum scilicet et argenteum ; illo Saturnia, hoc Iovalia respicit. Aspiciendo autem iudicat atque appetit. Eterna amare prestat quam iudicare : difficillime iudicantur bene, male amari nunquam possunt, dummodo ardenter amentur que nunquam nimis, immo neque satis amantur. Temporalia iudicare satius est admodum quam diligere. Iudicantur ut plurimum satis belle, sed ut plurimum turpiter diliguntur. Profecto iudex rei iudicande formam in se transfert, amator vero se transfert in amati formam. Satius est inferiora ad nos attollere iudicando, quam nos ad illa amando deicere. Satius est ad superiora nos per amorem erigere, quam illa ad nos demittere per iudicium.

Vale. Sed antequam finem faciam rogo te, mi Braccioline, ut ab incepto componendarum historiarum studio non desistas. Nam stylum orationis tue historici laudant et res ipsa est ad vitam non modo oblectandam, verum etiam moribus instituendam summopere necessaria. Siquidem que per se mortalia sunt immortalitatem ab historia consecuntur, que absentia sunt per eam presentia

furent célébrées par Francesco Bandini, homme de talent à la noblesse d'esprit incomparable. Lorsque toi-même, Bindaccio Ricasoli, notre Giovanni Cavalcanti et de nombreux autres académiciens vous attablèrent, j'étais là moi aussi. Et de tous les sujets variés dont nous avons disputé durant ce banquet, celui qu'avant tout autre je médite souvent en moi-même et que je te rappellerai volontiers chaque jour, et sur lequel nous avions conclu avant le festin, portait sur la nature de l'âme.

En effet, rien n'est plus important pour un homme que les discours sur l'âme. Ce qui satisfait le précepte de Delphes « connais-toi toi-même » [698] ; et tout le reste nous l'examinons, que ce soit ce qui est au-delà de l'âme ou ce qui est en-deçà, avec la plus fine pénétration. Car par quel moyen pouvons-nous suffisamment comprendre quoi que ce soit d'autre, sinon en comprenant l'âme elle-même par laquelle tout le reste est compris ? Et n'abuse-t-il pas l'âme celui qui ne s'applique pas à la contempler, elle par et grâce à quoi l'on désire tout contempler ? D'une certaine manière, nous convenons tous ici que l'âme rationnelle a sa place à l'horizon, c'est-à-dire à la limite entre l'éternité et le temps [699], puisqu'elle possède une nature médiane entre les réalités éternelles et les réalités temporelles ; et comme elle participe de l'une et l'autre, elle a en elle les puissances de la raison et les moyens d'action pour s'élever jusqu'aux réalités éternelles, mais aussi des puissances et des activités pour la faire décliner jusqu'aux réalités temporelles [700]. Puisque de natures diverses naissent diverses inclinations, nous voyons que l'âme incline tantôt vers l'éternel, tantôt vers le temporel, et pour cette raison nous reconnaissons justement que l'une et l'autre nature la constituent [701]. Notre Platon situe la partie supérieure de l'âme dans le royaume de Saturne, c'est-à-dire de l'intelligence et de la providence, et la partie inférieure dans le royaume de Jupiter, c'est-à-dire de la vie et du destin [702]. Aussi l'âme, à l'instar de Janus, semble avoir un double visage, l'un d'or et l'autre d'argent [703] ; le premier regarde vers le saturnien, le second vers le jovial [704]. Mais ce regard comporte aussi le jugement et le désir. Il vaut mieux aimer les choses éternelles que les juger, car on les juge très difficilement, mais jamais on ne peut mal les aimer ; pourvu qu'elles soient aimées ardemment, jamais elles ne sont trop aimées, ni suffisamment. Par contre, il est préférable de juger les réalités temporelles plutôt que de les aimer. On les juge au plus assez bien, mais on les aime au mieux honteusement. Assurément, le juge transfère en lui-même la forme de l'objet à juger, tandis que l'amant se transfère lui-même dans la forme de l'aimé. Il est préférable d'élever à nous les choses inférieures en les jugeant, plutôt que de nous abaisser vers elles en les aimant. Il vaut mieux nous dresser vers les choses supérieures à travers l'amour, que de les renvoyer à nous à travers le jugement.

Adieu. Mais avant de terminer, je te demande, mon Bracciolini, de ne pas renoncer à ta passion pour l'histoire dont tu as déjà commencé de faire un livre. Car les historiens louent ton style oratoire [705], et le sujet lui-même est nécessaire à la vie, non seulement pour la distraire, mais aussi pour l'éduquer à la morale [706]. Oui, ce qui est en soi mortel atteint l'immortalité par l'histoire ; ce qui est absent

fiunt, vetera iuvenescunt. Iuvenis cito maturitatem senis adequat. Ac si senex septuaginta annorum ob ipsarum rerum experientiam prudens habetur, quanto prudentior qui annorum mille et trium millium implet etatem ! Tot vero annorum millia vixisse quisque videtur, quot annorum acta didicit ab historia.

Vale iterum.

TRES VITE DUCES ET UNA VITE OPTIMA RATIO

Marsilius Ficinus Laurentio Francischio s. d.

Tres sunt humane vite duces. Prima est ratio diu diligenterque examinata, secunda experientia rerum diuturna consuetudine confirmata, tertia auctoritas antiquorum, eorum scilicet qui tales sint, ut neque ab alio facile decipi potuerint neque ipsi voluisse alios decipere videantur. Magis enim attendendum est quid egerit quisque quam quid dixerit : bene loqui multorum est, bene agere paucorum. Optima vero videndi ratio est ut cogites conerisque quam maxime potes secundum mentem vivere, hoc est enim semper feliciterque vivere, in mente siquidem status et tranquillitas reperitur ; qui de mente cadit ad inferos labitur.

Noli obnixe studere ut diu in corpore vivas, nihil est enim, si ad eternitatem conferas, in corporalibus rebus diu. Adde quod in ipsa corporis vita a multis ac vilissimis superamur, vitaque corporis pena est, et mors animi nuncupanda. Hoc unum conare pre ceteris, quod in *Gorgia* Plato noster iubet, ut id temporis quod tibi hic a Deo est assignatum quam optime vivas ; sic sempiterne miserie supplicia devitantur. Et eterne felicisque vite fundamenta divino quodam auxilio iaciuntur.

Vale.

RATIO DOCENDI, LAUDANDI, VITUPERANDI

Marsilius Ficinus Laurentio Lippio Rhetori s. d.

Quoniam legisti Grecos Rhetores et Latinos, arbitror te ita discipulos tuos instruere, ut semper meminerint non quod libeat, sed quod liceat auditoribus persuaderi debere. Nam qui quod iustum est suadet, facilius et felicius persuadet, quippe cum in causa sua iustitiam habeat patronam.

par elle devient présent ; ce qui est ancien rajeunit. Un homme jeune promptement égale la maturité du vieil homme ; et si un homme de soixante dix ans est réputé prudent à cause de son expérience du réel, combien s'avère plus prudent celui qui couvre une durée de mille ou trois milles ans [707] ! Ainsi chacun paraît avoir vécu autant de milliers d'années qu'il a consacré de temps à étudier les faits historiques.

Derechef adieu.

LES TROIS GUIDES DE LA VIE ET UN EXCELLENT PRINCIPE DE VIE [708]

Marsile Ficin à Lorenzo Franceschi [709], salut.

Il y a trois guides de la vie humaine. Le premier est la raison, examinée longuement et consciencieusement ; le second est l'expérience garantie par un long usage ; le troisième l'autorité de ces anciens qui étaient tels, il va sans dire, que personne n'a pu sans conteste être déçu par eux et qu'eux-mêmes ne semblaient pas vouloir décevoir autrui. En effet, attends davantage de ce qu'un homme a fait que de ce qu'il a dit : les belles paroles sont le propre de la multitude, les beaux actes de quelques hommes seulement [710]. Mais le meilleur principe de vie est de penser et d'entreprendre de vivre le plus possible en accord avec la pensée, c'est-à-dire vivre toujours heureux puisque c'est dans la pensée que se trouvent la stabilité et la tranquillité ; quant à celui qui abandonne la pensée, il tombe en enfer.

Garde-toi d'aspirer obstinément à vivre longtemps dans le corps, car une longue vie dans le monde corporel n'est rien si tu la compares à l'éternité. Ajoute à cela que dans cette vie du corps, l'on est dominé par toutes sortes de vilenies. La vie du corps est un châtiment qu'il faut plutôt appeler « mort de l'âme » [711]. Il te faut plus que tout accomplir ce que notre Platon commande de faire dans le *Gorgias* [712], à savoir que tu vives le mieux possible ce temps qui t'a été assigné ici-bas par Dieu : ainsi échappe-t-on aux supplices d'une éternelle misère. Et ainsi sont jetés, avec l'aide de Dieu, les fondements d'une vie éternellement heureuse.

Adieu.

LE PRINCIPE DE L'ENSEIGNEMENT, DE L'ÉLOGE ET DU BLÂME [713]

Marsile Ficin à Lorenzo Lippi [714], Rhéteur, salut.

Puisque tu as lu les Rhéteurs Grecs et Latins, j'en déduis que tu as instruit tes disciples à toujours se souvenir que les auditeurs doivent se persuader non pas avec ce qui plaît, mais avec ce qui est permis. Car celui qui conseille ce qui est juste persuade plus aisément et heureusement, surtout lorsque dans sa plaidoirie il a la justice comme défenseur.

Meminerint se iustos esse oportere. Cuius enim vita non probatur, oratio reprobatur. Opera vehementius quam verba movent, maxime movet alios qui ipse movetur maxime ; omnino autem offendit aures qui aliter canit ore, aliter pulsat lyram. Divina Musica est rectus cogitationum, verborum actionumque concentus. Meminerint, quando laudaturi quempiam vituperaturive sunt, amplissimam esse rerum, locorum temporumque naturam, itaque neminem posse adeo sapientem bonumque esse, quin possit alter sapientior ac melior reperiri. Neminem rursus tam insipientem tamque malum, quin locus pateat insipientiori atque peiori : parce ergo laudandum sed et parcius vituperandum. Laudando preterea exhortentur et moneant. Nemo pestilentior homicida quam adulator, qui, quantum in se est, interficit animum. Laudent ergo virtutes Deumque virtutum largitorem potius quam personas. Illud quidem pii Philosophi est, hoc autem adulatoris. Vituperent vitia non personas : illud amici est, hoc inimici ; non hominem, sed vitia oderint. Ergo cogitent non quomodo ledant hominem, sed quomodo vitia diluant. Studeant magis ut boni sint quam ut docti : scientia invidiam gignit, bonitas occidit invidiam. Bonitas et hominibus utilior et Deo gratior quam scientia ; est etiam stabilior : cuius enim obliviscimur rei alicuius, quam brevi didicimus, quam mores amittimus, quos laboriosa et diuturna consuetudine comparavimus. doctrina per se ad breve tempus parumve confert, bonitas in eternum et ad consequendum Deum.

Consule igitur discipulis tuis, ut more Socratico doctrinis humanis utantur ad expellendas sensuum nebulas et animum serenandum. Tunc enim a divino sole menti veritatis radius illucescet, aliter vero nunquam. Hoc unicum utile studium est. Qui aliter agit, frustra misereque laborat.

Sic te, Lippi, tui discipuli honorabunt. Pythagoram Socratemque, preceptores divinos, non libri sed discipuli illustrarunt. Immo vero libri, sed vivi, liber est discipulus carens anima, discipulus est liber vivens. Laurenti, que a Deo veritatis omnis magistro gratis didicisti, gratis doce. Scientiam natura liberam, nefarium est fieri mercenariam. Laudo eum qui absque verecundie rubore multa didicerit, atque illa sine invidia doceat. Quicquid in discipulis exundat, redundat in preceptorem. Doce, queso, libenter. Tot enim anime filios habemus, quot et discipulos, quod si genitores filios corporis cum voluptate generant, cur non et docti cum voluptate filios anime procreent ? Prebe te ipsum morum bonorum exemplum. Sanctimonia vite doctrinam efficit venerandam, iuniores seniorum facile mores ebibunt. Sacrilegi habendi sunt qui iuniorem, immo et quorumlibet

Que tes disciples se souviennent qu'il faut être juste. En effet, le discours de celui dont la vie n'est pas approuvée est réprouvé [715]. Les actes émeuvent avec plus de véhémence que les paroles, et l'orateur qui s'émeut le plus lui-même émeut très fortement les autres [716] ; alors que qui chante d'une façon et joue de la lyre d'une autre offense les oreilles. La Divine Musique est la directrice des pensées, l'harmonie des paroles et des actions. Qu'ils se souviennent, quand ils sont sur le point de louer ou de blâmer quelqu'un, que la nature des temps, des lieux et des actes, est très vaste, et que personne ne saurait être à ce point sage et bon qu'il ne soit possible d'en trouver un autre plus sage et meilleur ; et derechef, personne n'est si insensé et si mauvais qu'une place ne s'ouvre à un plus insensé et pire. Aussi faut-il louer avec parcimonie, et blâmer avec plus de retenue encore. En outre, dans l'éloge qu'ils exhortent et avertissent. Personne n'est un meurtrier plus funeste que le flatteur, lui qui, autant qu'il est en son pouvoir, massacre l'esprit [717]. Donc qu'ils louent les vertus et Dieu le diffuseur des vertus, plutôt que les personnes. En effet, cela est le propre d'un Philosophe pieux, mais ceci d'un flatteur. Qu'ils vitupèrent les vices, non les personnes – cela est le propre de l'ami, ceci de l'ennemi ; qu'ils ne haïssent pas l'homme, mais les vices. Donc qu'ils songent à la manière non pas de blesser, mais à la façon de diluer les vices. Qu'ils travaillent davantage à être bons que doctes [718] : la science engendre la jalousie, la bonté tue la jalousie ; la bonté est plus utile aux hommes et plus agréable à Dieu que la science, elle est aussi plus stable : nous oublions plus vite quelque chose appris rapidement, que nous ne perdons les principes moraux acquis par un usage pénible et quotidien. La doctrine en soi se rapporte à un temps bref et de faible valeur, mais la bonté se consacre à l'éternité et à l'atteinte de Dieu.

Aussi, à la façon de Socrate, conseille à tes disciples d'user des doctrines humaines afin de repousser les nuages des sens et rasséréner l'esprit. Alors le rayon de la vérité, issu du divin Soleil, éclairera l'intelligence, mais jamais d'une autre manière. Voici l'unique utilité de l'étude. Qui agit autrement travaille en vain et pitoyablement.

Ainsi tes disciples, Lippi, t'honoreront. Ce ne sont pas des livres, mais ce sont leurs disciples qui ont fait briller les divins précepteurs Pythagore et Socrate. Mieux que cela, ils sont des livres, mais des livres vivants [719] ; le livre est un disciple à qui l'âme fait défaut, mais le disciple est un livre vivant. Lorenzo, ce que tu as appris gratuitement de Dieu, maître de toute vérité, enseigne-le gratuitement. Il est criminel que la science libre par nature devienne mercenaire. Je loue celui qui, sans excessive retenue, a appris nombre de choses et les enseigne sans jalousie. Tout ce qui se répand abondamment dans les disciples déborde dans le précepteur. Je t'en prie, enseigne sans répugnance. Car, nous avons autant de fils spirituels que de disciples, et si les pères engendrent des fils avec le plaisir du corps, pourquoi les doctes ne procréeraient-ils pas aussi des fils avec le plaisir de l'âme ? Montre-toi toi-même un exemple de bonnes moeurs. La pureté de la vie rend vénérable la doctrine. Les plus jeunes se nourrissent aisément des moeurs les plus anciennes. Il faut tenir pour sacrilèges ceux qui corrompent un plus jeune, ou pis les esprits de quiconque, par leurs paroles ou

animos verbis moribusve inficiunt. Denique Pythagoram et Alabandensem Apollonium imitari, qui Indorum Philosophorum ritu non adolescentes quoslibet, sed feliciter natos et optime educatos in disciplinam suam admittebant. Non enim decet Musas fieri aut lascivie ministras, aut iniquitatis arma.

Vale et saluta Albertinum Cremonensem, Philosophum verum, id est doctrine et honestatis exemplar.

COGNITIO ET REVERENTIA SUI IPSIUS OMNIUM OPTIMA

Marsilius Ficinus hominum generi salutem, id est cognitionem et reverentiam sui ipsius dicit.

Cognosce te ipsum, divinum genus mortali veste indutum ! Nuda, queso, te ipsum, segrega quantum potes, potes autem quantum conaris, segrega, inquam, a corpore animam, a sensuum affectibus rationem ! Videbis protinus purum segregatis terre sordibus aurum, videbis lucidum disiectis nubibus aerem ; revereberis tunc, crede mihi, teipsum tanquam divini Solis radium sempiternum. Neque audebis coram te ulterius turpe quicquam aut vile vel aggredi vel cogitare. Nihil penitus latere potest Deum, per quem solum patent quecunque usquam patent. Nihil tuorum latet mentem vivam semper, Dei ubique viventis statuam. Si venerandus antiqui regis aspectus verecundiam gignit, reverere semper et ubique admirandam Dei regis omnium mentisque corporalium regine presentiam. Merito igitur divinus Pythagoras iussit : « Reverere te ipsum ». Qui coram seipso vilia cogitare non erubescit et animam natura divinam patitur servo suo corpori servire, divinamque hanc margaritam submergit in lutum, is certe videtur quanti ipse pretii sit ignorare, neque consideravit divinum illud oraculum : « Minuisti eum paulo minus ab angelis » et que secuntur. Rursus : « Ego dixi : Dii estis et filii Excelsi omnes ».

Heu vestri nimium ignare mentes ! Heu pectora ceca ! Surgite iam, precor, ex hoc profundiore somno, resipiscite quandoque, obsecro ! Si enim resipiscitis, feliciter respirabitis. Quid humi tandiu spectatis, divi ? Celum suspicite, celestis patrie cives, incole terre ! Homo quidem terrena stella est circumfusa nube, stella vero celestis homo. Magnum quiddam es, ô anima, si te parva non implent ; optimum quoque, si displicent tibi mala ; pulcherrimum, si horres turpia ; sempiternum, si temporalia parvipendis. Postquam talis es, si reperire te cupis, quere, obsecro, ibi te ipsam, ubi sunt talia. Magna vero ibi sunt solum, ubi nullum

leurs moeurs. Enfin, il convient d'imiter Pythagore et Apollonius d'Alabanda, lesquels, selon le rite des Philosophes Indiens, n'admettaient pas n'importe quels jeunes gens en leur école, mais uniquement ceux à la naissance favorable et à l'éducation la meilleure [720]. Car il ne sied pas que les Muses deviennent les ministres de la lascivité, ou les armes de l'iniquité.

Adieu, et salue Albertino de Crémone [721], un vrai Philosophe, c'est-à-dire un exemple de savoir et d'honnêteté [722].

LA CONNAISSANCE ET LA RÉVÉRENCE DE SOI SONT MEILLEURES QUE TOUT [723]

Marsile Ficin parle du salut du genre humain, c'est-à-dire de la connaissance et de la révérence de soi.

Connais-toi toi-même [724], genre humain revêtu d'un manteau mortel ! Je t'en prie, dénude-toi, sépare autant que tu le peux [725] (et tu peux autant que tu entreprends), sépare, dis-je, l'âme du corps, la raison des affects sensibles [726] ! Une fois rejetées les saletés terrestres, aussitôt tu verras l'or pur, une fois dispersés les nuages, tu verras le ciel lumineux ; alors, crois-moi, tu te révèreras toi-même comme le rayon éternel du divin Soleil. Et tu n'oseras plus en ta présence entreprendre ou penser quelque chose d'infâme ou de vil [727]. Rien ne peut cacher entièrement Dieu, lui par qui seul se révèle tout ce qui se révèle quelque part. En toi rien ne cache l'intelligence, statue [728] toujours vivante de Dieu partout vivant. Si l'aspect vénérable d'un roi antique engendre le respect, révère toujours et partout la présence admirable de Dieu, roi de toutes choses, ainsi que celle de l'intelligence, reine de toutes les réalités corporelles. Aussi est-ce à juste titre que le divin Pythagore a ordonné : « Révère-toi toi-même » [729]. Mais celui qui, en présence de lui-même, ne rougit pas de penser à des choses viles, celui qui tolère que l'âme, divine par nature, serve un corps qui lui est serf, et qui immerge cette divine perle dans la fange [730], assurément celui-là paraît ignorer combien il vaut et il n'a pas pris en considération l'oracle divin : « vous l'avez fait un peu moins que les Anges », etc [731]. Et derechef : « J'ai dit, vous êtes des dieux, et tous vous êtes les fils du Très-Haut » [732].

Hélas, intelligences par trop ignorantes ! Hélas, coeurs aveugles [733] ! Je vous en prie, réveillez-vous maintenant de ce sommeil très profond, revenez à vous un jour, je vous en conjure ! Car, si vous revenez à vous, vous vivrez heureux. Pourquoi regardez-vous si longtemps de cette manière, habitants de la terre [734] ? Contemplez plutôt le ciel, divins citoyens de la patrie céleste [735] ! Certes, l'homme est une étoile terrestre enveloppée de nuages, mais une étoile est un homme céleste. Ô âme, tu es grande, quand les réalités moindres ne te comblent pas ; tu es excellente aussi, quand le mal te déplaît ; tu es la plus belle, quand tu crains la honte ; tu es éternelle, quand tu méprises le temporel [736]. Puisque telle tu es, si tu désires te retrouver, je te prie de te rechercher toi-même là où se situent de telles choses. En vérité, la grandeur se tient là seulement où nul lieu n'impose de fin par

locus imponit limite finem ; optima, ubi nihil contingit adversi ; pulcherrima, ubi nihil est dissonum ; sempiterna, ubi defectus est nullus. Quere te igitur extra mundum ; verum, ut et queras te et reperias extra, extra vola, immo extra respice. Es enim extra, dum mundum ipsa complecteris. Sed esse te putas in infimo loco mundi, quia teipsam quidem non cernis super ethera pervolantem, sed umbram tuam corpus vides in infimo. Perinde ac si puer aliquis super puteum constitutus esse se in fundo putei arbitretur, dum in se ipsum aciem convertit, sed suam quasi in fundo prospicit umbram. Aut si avis in aere volans credat se in terra volare, dum umbram suam videt in terra.

Ergo, relictis umbre huius angustiis, revertere in teipsam : sic enim reverteris in amplum. Immensam esse scito in spiritu amplitudinem, in corpore vero infinitam, ut ita loquar, angustiam – quod quidem ex hoc prospicere potes, quod numeri, qui spiritali nature propinquant, sine fine crescunt, non tamen sine fine decrescunt. Magnitudo autem corporalis contra terminum quidem habet augumenti, quamvis terminum decrementi non habeat.

Vale.

DE DIVINITATE ANIMI A RELIGIONE

Marsilius Ficinus Francisco Bandino s. d.

Ceteri cum ad Marsilium Ficinum et Iohannem Cavalcantem, unicum eius Achatem, scripturi sunt, geminas scribunt epistolas, putantes, ubi duo vident corpora, duas quoque voluntates inesse. Bandinus autem, qui Linceis oculis, ut ita dicam, introspicit, unicam ad unicum scripsit epistolam ; in ea Marsilium appellat immortalem atque divinum, utpote qui non in carne hominis huius veste figat intuitum, sed interiorem hominem intueatur, animum scilicet ipsum, qui hominibus a Deo tributus est immortalis atque divinus. Ô quam perspicax es, Bandine, qui subito intuitu cernas quod ego primum per longas ambages decem annis investigavi, deinde composui hac de re quinquennio octo decemque libros. Quorum initium divinitatem anime, quam ipse perspicere iam mihi videris, incipit his verbis paulatim significare : « Cum genus humanum propter inquietudinem animi imbecillitatemque corporis et rerum omnium indigentiam duriorem quam bestie vitam agat in terris, si terminum vivendi natura illi eundem penitus atque ceteris animantibus tribuisset, nullum animal esset infelicius homine. Quoniam vero fieri nequit ut homo, qui Dei cultu propius cunctis mortalibus accedit ad Deum, beatitudinis auctorem, omnino sit omnibus infelicior, solum autem post mortem corporis beatior effici potest, necessarium

sa limite ; l'excellence où rien d'adverse ne survient, la beauté où rien n'est dissonant ; l'éternité où il n'y a nul défaut. Donc cherche-toi au-dehors du monde ; et, afin de te chercher et de te trouver, envole-toi au-dehors, au-dehors du monde et, mieux, regarde-le du dehors. En effet, tu es au-dehors, pourvu que toi-même tu embrasses le monde. Mais tu crois résider dans le lieu le plus bas du monde, parce qu'au vrai tu ne te discernes pas volant au-dessus de l'éther, mais tu vois ton ombre, le corps, dans le lieu le plus bas. Comme si un enfant placé au-dessus d'un puits estimait qu'il est au fond de ce puits tandis qu'il tourne son regard vers lui-même, alors que c'est pour ainsi dire son ombre qu'il aperçoit au fond. Ou comme si un oiseau volant en l'air croyait qu'il vole à terre, cependant qu'il voit son ombre sur terre.

Donc, une fois abandonnés les défilés de l'ombre [737], retourne-toi vers toi-même : ainsi tu retourneras vers le grand. Sache qu'immense est la grandeur dans l'esprit, mais que l'étroitesse dans le corps est pour ainsi dire infinie – ce que tu peux constater dans la mesure où les nombres, qui voisinent les natures spirituelles, croissent sans fin et pourtant ne décroissent pas sans fin. Or la grandeur corporelle en revanche possède une limite à l'expansion, quoiqu'elle n'en possède pas pour la diminution [738].

Adieu.

De la divinité de l'âme et de la religion [739]

Marsile Ficin à Francesco Bandini [740], salut.

Lorsque les autres veulent écrire à Marsile Ficin et Giovanni Cavalcanti, son unique Achates [741], ils écrivent deux lettres, estimant que là où ils voient deux corps, il y a aussi deux volontés. Mais Bandini, qui voit au-dedans des choses avec, pour ainsi dire, les yeux de Lyncée, a écrit une seule lettre pour un seul. Dans cette lettre, il appelle Marsile immortel et divin, puisqu'il ne fixe pas son regard sur la peau qui enveloppe la chair humaine, mais regarde l'homme intérieur, à savoir l'âme immortelle, qui a été attribuée par Dieu et les divins aux hommes. Ô Bandini, comme tu es perspicace, toi qui, en un coup d'oeil, distingue ce que moi j'ai d'abord recherché à travers de longs détours durant dix ans, et dont j'ai fait ensuite le sujet de mes dix-huit livres [742]. Le début de ces livres commence par montrer progressivement la divinité de l'âme, que tu sembles déjà percevoir pour moi. En voici les termes : « Étant donné l'inquiétude de son esprit, la faiblesse de son corps et son indigence totale, l'homme mène sur la terre une existence plus pénible que celle des bêtes. Si donc la nature avait fixé à la vie de l'homme et à celle des autres vivants un terme absolument identique, il n'y aurait pas d'animal plus malheureux que l'homme. Mais puisqu'il n'est pas possible que l'homme qui rend un culte à Dieu et qui, de ce fait, est plus proche que tous les autres mortels de ce Dieu source de béatitude, soit le plus malheureux de tous, et étant donné qu'il ne peut être rendu plus heureux qu'après la mort du corps, il paraît

esse videtur animis nostris ab hoc carcere discedentibus lucem aliquam superesse ». Sed de his satis.

Tu vero perge, Bandine, res singulas, ut facis, quantum potes introspice. Sic enim nunquam decipieris, qui superficiem aspicit, umbras tantum videt et somnia. Centrum est cardo rerum atque substantia. Polliceris honorare nos, cum primum potueris ; iamdiu divum Platonem eiusque cultores magnifice honorasti. Nunc quoque honoras, dum polliceris, veridicus enim vir, qualis est Bandinus, cum pollicetur, prestat officium.

Vale.

Consolatio in alicuius obitu

Marsilius Ficinus Antonio Allio Theologo, Episcopo Volaterrano, consolationem divinam dicit.

Si liceret consolari eum, qui ceteros consolari possit et soleat, scriberem ad te nunc epistolam in fratrum tuorum migratione consolatoriam. Nam consolabor igitur Antonium, sed precabor. Obsecro te, venerande pater, per Deum ipsum, vitam viventium, ut neque tam cogites terrenam tuorum mortem quam celestem eorum vitam. Neque tam voluntatem tuam sequaris quam divinam, cui quidem facile consentire unica pietas est, vera sapientia et summa felicitas. Que ceteris necessaria adversaque eveniunt, ei voluntaria et prospera fiunt, qui cum gubernatoris omnium voluntate consentit.

Sed quid ego ineptus medicinas offero Hippocrati ? Medice cura teipsum, immo te Deo commicte curandum : nullum est enim, ut ipse optime nosti, remedium contra mortis terrene venenum, nisi et celestis et supercelestis vite fervens amor et consideratio frequens.

Vale.

XXVIII Aprilis 1474, Florentie.

Contra mendaces et impios detractores

Marsilius Ficinus Bernardo Pulcio s. d.

Scis fratrem tuum maximo tibi dedecori esse, quod mendax et instabilis ab omnibus habeatur ; negare non possum eum esse mendacem, qui contra maiestatem divinam, que infinita veritas est, venenosam linguam calamumque tam impie tamque insolenter exercet. De illo igitur nihil verius quam quod sit mendax homines predicant. Sed cur instabilem hunc hominem non invenio, qui tam pertinaciter in suo proposito stabilis est, ut in ipsa sua instabilitate et malignitate iam consenuerit. Vel emenda vitia fraterna, si potes, quanquam

nécessaire que, lorsque nos âmes quittent cette prison, il leur reste une certaine lumière »[743]. Mais brisons-là.

Toi Bandini, continue, autant que tu le peux, à voir dedans chaque chose singulière. Ainsi, tu ne seras jamais trompé, car qui s'en tient à la surface ne voit qu'ombres et songes[744]. Le centre est le point capital, et la substance des choses. Tu promets de nous honorer dès que tu pourras, mais tu as honoré dès longtemps le divin Platon, et ses adorateurs. Tu nous honores déjà tandis que tu promets, car, lorsqu'un homme véridique tel que Bandini promet, il remplit son devoir.

Adieu.

Consolation pour la mort de quelqu'un[745]

Marsile Ficin dit une consolation divine à Antonio degli Agli[746]*, Théologien et Évêque de Volterra, salut.*

S'il était convenable de consoler un homme capable de consoler autrui et coutumier de la consolation, je t'écrirais à présent une lettre de consolation sur le trépas de tes frères. Je ne consolerai donc pas Antonio, mais je le supplierai. Je t'implore, Révérend Père, par Dieu lui-même, vie de ce qui vit, de ne point tant penser à la mort terrestre des tiens, qu'à leur vie céleste. De ne pas tant suivre ta volonté que la volonté divine, à laquelle un consentement aisé est la seule piété, la vraie sagesse et le suprême bonheur[747]. Les événements qui, pour autrui, sont nécessaires et défavorables deviennent volontaires et favorables à celui qui consent à la volonté du souverain universel.

Mais serais-je assez maladroit pour offrir des remèdes à Hippocrate ? Médecin, prends soin de toi par toi-même, ou plutôt confie-toi aux soins de Dieu[748] : car il n'est point de remède, comme tu le sais fort bien, contre le poison de la mort terrestre hors de l'amour fervent et de la fréquente considération de la vie céleste et de la vie supra-céleste. Adieu.

28 avril 1474. Florence.

Contre les menteurs et les détracteurs impies[749]

Marsile Ficin à Bernardo Pulci[750]*, salut.*

Tu sais que ton frère est un objet de honte pour toi[751], car tous le considèrent comme menteur et inconstant ; et je ne peux nier qu'il soit un menteur, lui qui exerce sa langue et sa plume vénéneuses avec autant d'impiété et d'insolence contre la majesté divine, qui est la vérité infinie. À son sujet donc, les gens n'affirment rien de plus vrai quand ils le traitent de menteur[752]. Mais pourquoi ne trouvé-je pas cet homme changeant, lui qui est si opiniâtrement constant dans son projet que déjà il a vieilli dans sa propre instabilité et malignité ? Corrige, si tu le peux, les vices de ton frère (bien qu'il soit difficile de guérir une maladie si

curare tam veterem morbum difficilimum est, et tam nefarium vitium forsitan impossibile : nunquam enim surrexit demon, qui, cum rebellasset a Deo semel dicitur corruisse. Vel saltem feras aequo animo, postquam et Deus eius convitia tolerat, forte quia scit Deus hunc nescire quid garriat. Non obscurant, amice, virtutes tuas fraterna vitia sed illustrant : albedo enim tua ob eius nigredinem candidius emicat. Noli igitur in bonis moribus minus ipse stabilis esse quam frater in malis, ut tam bene agas bona quam belle ille mala.

Vale.

CONTRA MENDACES ET IMPIOS DETRACTORES

Marsilius Ficinus Bernardo Oricellario viro prestanti s. d.

Noli nimium turbari, Bernarde, si ille adversus omnes tam turpiter latrat : latrat enim canis ille pro natura et consuetudine sua ; tunc latrare desinet eiusmodi rabula, cum desinet vivere, nisi forte etiam post mortem latratu Cerberum comitetur. Sed dic, oro, Bernarde, quid latratus eius cuiquam obesse potest ? Immo homines vigilantiores cautioresque reddit. Et cum vulgatissimum sit eum semper probis vel propter invidiam vel propter dissimilitudinem solere detrahere, ille probatissimus vir habebitur, quem ille maxime improbaverit ? Ego certe ab iniquo verbis mallem quam re ipsa vituperari. Vituperat autem re ipsa iniquus, quem verbis laudat, nam ei amicus ac similis iudicatur. Detractor quisque prius sibi ipse quam ceteris necessario detrahit, subit enim invidi et maledici crimen. Ô quantum abutitur lingua qui ad malum utitur ! Polluant maledictis os suum maledici, nos nostrum vicissim ne polluamus ! Si fetores abominamur, scire debemus nihil peius olere quam in ore detergende sunt sordes : sermo fetens putride mentis est signum. Cavendum est igitur diligenter ne improborum contagione inficiamur. Non est curandum quid de nobis homunculi, sed quid viri, neque tantum quid viri, quantum quid veritas ipsa loquitur. Siquid obicitur falsi, contemne veritati confisus ; siquid veri, ad emendationem tuam adversarii convitiis utere. Noli ad levissimam susurri vulgaris auram vel prosperam vel adversam ullam in partem verti. Divinus animus nulla ex re alia pendere debet quam ex Deo. At tu frustra conaris istum perditum emendare, neque exaudit demens rationes neque audit : nunquam parcet probis viris impius iste,

ancienne, et peut-être impossible de soigner un vice si abominable : en effet, jamais ne se releva le démon qui, alors qu'il se révoltait contre Dieu, s'effondra, dit-on, au même moment [753]). Ou du moins, supporte d'une âme égale les fautes de ton frère, comme Dieu tolère l'ensemble de ses vices, peut-être parce qu'il sait que cet homme ignore de quoi il parle en coassant. Ami, les vices de ton frère n'obscurcissent pas tes vertus, mais les illuminent : en effet ta blancheur brille plus clairement à cause de sa noirceur. Aussi, ne sois toi-même pas moins stable dans les bonnes moeurs que ton frère l'est dans les mauvaises, de sorte que tu agisses bien autant que lui agit mal.

Adieu.

Contre les menteurs et les détracteurs impies [754]

Marsile Ficin à Bernardo Oricellario [755]*, homme remarquable, salut.*

Ne sois point troublé, Bernardo, si ce chien aboie hideusement après tous : en effet il aboie en raison de sa nature et de son habitude ; ensuite un braillard de cette sorte cesse d'aboyer quand il cesse de vivre, à moins qu'il n'accompagne aussi par son aboiement le Cerbère après la mort [756]. Mais, dis-moi, je t'en prie, Bernardo, pourquoi son aboiement pourrait-il nuire à quelqu'un ? Bien au contraire, il rend les hommes plus vigilants et plus prudents. Et puisqu'il est très répandu que toujours il a l'habitude de décrier les justes, soit à cause de sa jalousie, soit à cause de sa dissemblance, l'homme le plus estimé tiendra-t-il compte de celui qu'il a désapprouvé au plus haut point ? Quant à moi, assurément, je préférerais être blâmé par les paroles d'un homme injuste plutôt que par la réalité même. Or un homme inique blâme par sa réalité même celui qu'il loue par ses paroles, car l'on estime qu'il est son ami et pareil à lui. Chaque détracteur se dénigre nécessairement lui-même, avant de dénigrer les autres, car il s'expose à l'accusation de jalousie et de médisance. Ô combien il abuse grandement de la langue celui qui en use pour le mal ! Qu'ils souillent leur propre bouche en proférant ces médisances [757] ; en revanche nous ne souillons pas les nôtres ! Si nous avons en horreur la puanteur, nous devons savoir que rien ne sent pire que, dans une bouche, des ordures qu'il faut nettoyer : un discours qui pue est l'indice d'une intelligence putride. Il faut prendre garde de manière scrupuleuse à ne point être infecté par la contagion des individus malhonnêtes. Il ne faut point se soucier de ce que les homoncules disent de nous, mais de ce que déclarent les hommes, et pas tant de ce qu'ils disent que de ce que la vérité elle-même profère [758]. Si quelque chose de faux t'est objecté, méprise-le, n'accordant de confiance qu'à la vérité ; si c'est quelque chose de vrai, utilise les reproches de ton adversaire pour ta propre correction. Ne te tourne point vers le souffle du chuchotement vulgaire, ou vers quelque parti prospère ou adverse. L'esprit divin ne doit dépendre d'aucune autre réalité que de Dieu. Et tu entreprends en vain de corriger cette âme perdue, un dément n'écoute favorablement la raison, ni ne lui prête l'oreille : jamais cet impie n'épargnera les honnêtes hommes, lui qui jamais n'a respecté

qui nunquam pepercit Deo. Quonam pacto potest insanus, qui Deum odit, homines ullos, qui Dei imagines sunt, diligere ? Rogas me ut eum quibuscunque possum rationibus corrigam : littus arare me iubes ! Nemo infestius, nemo rursus ineptius contra res divinas invehitur quam iste homuncio quem emendare me rogas ; puniendus est potius Thersites iste quam castigandus. Proh nefas ! Impune invectivas multas ore venenoso evomuit contra Deum. At quo ore ? Quod ab ipso Deo laudandi Dei gratia est creatum !

Non habeo in quo seculum hoc nostrum, Bernarde, accusem, nisi quod portentulum istud impium produxit. Gloriosum bellum Iovi quondam a Gigantibus indictum fuisse narratur, ignominiosum summo Deo his temporibus a Pigmeis. Commendas mee discipline monstrulum miserabile, et certe, si cerebrum haberet ac vires, valde humano generi noxium. Hoc Hercules propter contemptum pretermisisset, Marsilius respuit propter fetorem.

Vale felix, et iube alias leviora.

QUID EST FELICITAS, QUOD HABET GRADUS, QUOD EST ETERNA

Marsilius Ficinus Laurentio Medici viro magnanimo s. d.

Cum ego ac tu nuper in agro Charegio multa de felicitate ultro citroque disputavissemus, tandem in sententiam eandem duce ratione convenimus, ubi tu novas quasdam rationes, quod felicitas in voluntatis potius quam intellectus actu consistat, subtiliter invenisti. Placuit autem tibi ut tu disputationem illam carminibus, ego soluta oratione conscriberem. Tu iam eleganti poemate tuum officium implevisti, ego igitur nunc aspirante Deo munus meum exequar quam brevissime.

Tria bonorum humanorum genera numerantur. Bona videlicet fortune corporisque et animi. Fortune bona sunt pecunie, honor, benivolentia, dominatio. Atque, ut a primis incipiamus, pecunia non est summum bonum, ut opinatus est Mida, non enim propter se ipsam sed propter corporis vel animi commoda comparatur. Neque honor et benivolentia, ut Augustus solebat dicere ; quia in alterius arbitrio sunt et sepe non sentiuntur a nobis, sepissime preter meritum et impenduntur et amittuntur. Neque dominatio, ut voluit Cesar, quoniam quanto pluribus dominamur tanto acrioribus vexamur curis, plura subimus pericula, pluribus servimus hominibus atque negotiis, plures hostes habemus.

Bona corporis sunt robur, sanitas, pulchritudo. Robur sanitasque non est summum bonum, ut Milo Crotoniates existimasse videtur, minimis enim

Dieu ! Comment un fou qui hait Dieu peut-il aimer des hommes qui sont l'image de Dieu ? Tu me demandes de le redresser avec tous les principes que je puis : tu m'ordonnes de labourer le sable [759] ! Personne de plus hostile, personne de plus inepte, ne s'est emporté contre les choses divines, que cet homoncule que tu me pries de corriger – ce Thersite doit plutôt être puni que corrigé [760]. Ô impiété ! Il vomit impunément maintes invectives contre Dieu de sa bouche venimeuse. Avec quelle bouche ? Avec celle-là même qui a été créée par Dieu pour louer Dieu !

Je n'ai point à accuser notre siècle de quoi que ce soit, Bernardo, si ce n'est d'avoir produit cette petite monstruosité sacrilège. On raconte qu'autrefois les Géants déclarèrent une vaine guerre à Jupiter [761], mais à notre époque des Pygmées mènent un combat ignominieux contre le Dieu souverain. Tu recommandes à mon enseignement ce monstre misérable. Assurément, s'il avait un cerveau et de la vigueur, il serait fort nuisible au genre humain. Hercule a dû épargner cet être par mépris, Marsile, lui, le repousse à cause de sa puanteur. Adieu, et ordonne la prochaine fois des choses plus légères.

CE QU'EST LA FÉLICITÉ, QU'ELLE COMPORTE DES DEGRÉS, QU'ELLE EST ÉTERNELLE [762]

Marsile Ficin à Laurent de Médicis, homme magnanime, salut.

Alors que récemment, dans ma propriété de Careggi, nous avions tous deux discuté en profondeur de maints aspects de la félicité, nous sommes enfin tombés d'accord, en parvenant, guidés par la raison, à une identité de vue, quand tu as subtilement trouvé de nouvelles preuves que la félicité consiste dans l'action de la volonté, plutôt que dans celle de l'intellect [763]. Or il t'a plu de mettre cette discussion en vers et de m'inviter à l'écrire en prose. Toi, tu as déjà accompli ton devoir par un élégant poème [764], donc à mon tour maintenant. Sous l'inspiration de Dieu, je m'acquitte de ma tâche aussi brièvement que possible.

On dénombre trois genres de biens humains [765]. Il s'agit évidemment des biens relevant de la fortune, du corps et de l'esprit. Les biens relevant de la fortune sont l'argent, l'honneur, la bienveillance et la domination. Et, pour commencer par le début, l'argent n'est point le souverain bien, comme Midas le crut, car, ce n'est point de lui-même qu'on se soucie, mais des avantages qu'il procure au corps ou à l'esprit [766]. L'honneur et la bienveillance ne le sont point davantage, malgré ce qu'Auguste était coutumier de dire [767], puisqu'ils sont à la discrétion d'autrui et que souvent nous n'en avons pas conscience, et que le plus souvent ils sont obtenus ou refusés indépendamment du mérite [768]. Ni la domination, comme le voulait César [769], car, plus l'on domine des gens et plus l'on est persécuté par des soucis pénibles ; plus l'on se soumet à des dangers, plus l'on est esclave des hommes et des responsabilités, et plus l'on compte d'ennemis [770].

Les biens du corps sont la robustesse, la santé et la beauté. La robustesse et la santé ne sont point le souverain bien, comme semble l'avoir estimé Milon de Crotone [771], car nous sommes exposés à la plus légère des offenses. Pas plus

offensiunculis subicimur. Neque pulchritudo, quam Scepticus gloriabatur Herillus, nemo enim, quamvis pulcherrimus sit, hoc ipso contentus vivit, et aliis potius bonum est pulchritudo quam pulchris.

Anime bona alia sunt irrationalis partis anime, alia rationalis sunt. Irrationalis partis sunt acumen sensuum eorumque voluptates. Aristippus censuit in ambobus summum esse bonum. Nos in neutro felicitatem consistere arbitramur, non in acumine, tum quia in hoc a multis bestiis superamur, tum quia offendere nos solet acutus sensus non minus quam iuvare. Non in sensuum voluptatibus, nam ardor eas antecedit, comitatur suspitio, penitentia sequitur, multis longisque doloribus una emitur brevisque voluptas. Ac tamdiu voluptatis huiusmodi vehementia durat, quamdiu durat corporis indigentia – puta eousque potus suavitas quousque sitis –, indigentia vero omnis molestia quedam est. Voluptas ergo sensus, quia sepe contrario suo, id est dolori, miscetur, neque pura veraque voluptas est neque sufficiens. Ac siquis dixerit nonnullas esse sensuum voluptates que indigentiam non sequantur, respondeo eas usque adeo debiles esse, ut nullus in eis beatitudinem collocet. Neque audeat quispiam in habitu quodam ex acumine oblectamentisque sensuum composito beatitudinem ponere : habitus enim huiusmodi fallax, volatilis, inquietus. Vilia oblectamenta non implent animum, naturali quodam instinctu sublimiora petentem.

Rationalis partis anime bona alia naturalia dicuntur, ut acumen, memoria et prompta voluntatis audacia. In his felicitas non consistit, bene enim utentibus bona sunt, male vero mala. Alia rationalis anime bona sunt acquisita, ut morales virtutes et speculative. Nunquid in moribus est felicitas, quod Stoici et Cynici arbitrantur ? Nequaquam, operationes enim moralium virtutum, ceu temperantie fortitudinisque, negotiose et laboriose sunt. In labore autem non est finis ille quem querimus, sed in quiete : negotiamur enim ut otiemur et bellum gerimus ut in pace vivamus. Preterea mores non propter se queruntur unquam, sed tanquam medicine quedam ad purgationem tranquillitatemque animi referuntur. Non est autem in tranquillitate Epicurea finis ultimus. Refertur enim animi tranquillitas ad speculationem veritatis, ceu serenitas aeris ad Solis lumen.

Num ergo in speculativis virtutibus, qualis est contemplatio veritatis, beatitudo versatur ? Certe in his ipsis. Sed alia est contemplatio, ut ita loquar, subcelestium, alia celestium, alia supercelestium. Democritus in prima speculatione finem statuit. Anaxagoras in ea quiescere noluit, quia celestia prestantiora sunt quam subcelestia, sed contentus esse nolebat speculatione

que ne l'est la beauté que glorifiait le sceptique Hérille [772]. Personne, si beau soit-il, ne se satisfait de cela seul, et la beauté constitue davantage un bien pour autrui que pour soi [773].

Les biens de l'âme sont les uns irrationnels, les autres rationnels [774]. Les irrationnels sont les ruses des sens et les passions qui en découlent. Aristippe [775] conçut que le souverain bien résidait dans les deux. Quant à nous, nous estimons que la félicité ne réside ni dans l'un ni dans l'autre. Ni dans les ruses des sens, d'une part parce qu'en cette matière nous sommes dépassés par nombre de bêtes, et d'autre part parce que l'acuité des sens d'ordinaire nous blesse autant qu'elle nous délecte [776]. Ni dans les passions sensuelles, car l'ardeur les précède, le soupçon les accompagne, la pénitence les suit, et un seul et bref plaisir est acheté au prix de nombreuses et longues souffrances [777]. Et la véhémence de cette sorte de plaisir dure aussi longtemps que dure le besoin du corps – songe combien est douce la boisson aussi longtemps que dure la soif –, mais tout besoin est une espèce de chagrin. Donc le plaisir sensuel, parce que souvent il se mêle à son contraire, à savoir la douleur, n'est ni un plaisir pur et véritable, ni un plaisir suffisant [778]. Mais si quelqu'un objecte certains plaisirs sensuels qui ne résultent pas du besoin corporel, je réponds que ceux-là sont si faibles que nul ne saurait trouver la béatitude en eux, et que personne n'oserait ranger la béatitude en cet état composé des ruses et des divertissements des sens, dans la mesure où cet état est trompeur, inconstant et inquiet. De vils divertissements ne comblent point l'esprit qui, par une sorte d'impulsion naturelle, recherche des réalités plus hautes.

D'autres qualités de la partie rationnelle de l'âme sont dites naturelles, comme la pointe de l'intellect, la mémoire et la prompte audace de la volonté. La félicité ne réside pas dans ces dernières, car, selon l'usage bon ou mauvais que l'on en fait, elles sont bonnes ou mauvaises. D'autres qualités de la partie rationnelle, comme les vertus morales et spéculatives, sont acquises. Est-ce que la félicité réside dans les bonnes mœurs, comme le pensent les Stoïciens et les Cyniques [779] ? Nullement, car la pratique des vertus morales, comme celle de tempérance ou de courage, sont source d'accaparement et de labeur. Or ce n'est pas dans le labeur que réside la fin que nous cherchons, mais dans le repos : nous nous affairons afin d'être oisifs, et nous faisons la guerre afin d'être en paix [780]. En outre, les bonnes mœurs ne sont point recherchées pour elles-mêmes, mais sont comparées pour ainsi dire à la médecine, se rapportant à une sorte de purge et de tranquillité de l'esprit [781]. Ce n'est pas davantage dans la tranquillité épicurienne que réside le souverain bien [782]. En effet, la tranquillité de l'esprit se rapporte à la contemplation de la vérité, comme la transparence de l'air à la lumière du Soleil.

La béatitude réside-t-elle alors dans les vertus spéculatives, telle que la contemplation de la vérité [783] ? Certainement. Mais, pour ainsi dire, une chose est de contempler le monde sub-céleste, une autre le monde céleste, une autre le monde supra-céleste. Démocrite établit sa limite à la première contemplation. Anaxagore ne voulut pas s'en tenir là, parce que le monde céleste est plus excellent que le monde sub-céleste ; mais il n'entendait pas non plus se satisfaire

celestium. Unde, inquit, ad illorum contemplationem genitum se fuisse, celumque esse suam patriam affirmavit. Quod quidem Aristoteles reprobavit, quia supercelestium consideratio dignior admodum videatur atque beatitudo sit summus actus summe potentie circa obiectum summum.

Verum alia est horum consideratio, quam consequi potest animus corpore clausus, alia quam solutus. Aristoteles putavit hominem qui primam habeat esse felicem, noster Plato negavit, quoniam divinorum consideratio in hac vita intellectus ambiguitatem voluntatisque anxietatem semper habet admixtam. Quamobrem apud Platonem beatitudo vera ad animam pertinet a corpore separatam divina considerantem. In divinorum genere angeli ponuntur atque Deus. Avicenna et Algazel affirmare videntur, in angelorum consideratione animam fore beatam. Id duabus rationibus Platonici confutant. Ratio prima huiusmodi est. Intellectui nostro conditio hec innata est, ut rei cuiusque requirat causam rursusque cause causam. Ideo non cessat unquam inquisitio intellectus, nisi eam causam reperiat cuius nulla sit causa, sed ipsa sit causa causarum, id autem solus est Deus. Secunda ratio talis. Voluntatis affectus nullo satiatur bono, quatenus putamus bonum preterea aliud superesse : solo igitur eo bono satiatur, ultra quod nihil est boni. Quid autem hoc aliud nisi Deus ? Quapropter in solo Deo quiescere potest intellectus inquisitio et voluntatis affectus. In Deo igitur solo hominis beatitudo consistit. Quod quidem inde provenit, quod nulla res alibi quam in propria causa potest quiescere. Et quia Deus solus est propria anime causa, ideo anima in solo quiescit Deo. Sed hec latius in *Theologia de immortalitate animorum* disseruimus.

Ceterum duo sunt anime actus circa Deum. Videt enim Deum per intellectum ac Deo cognito gaudet per voluntatem. Visionem Plato vocat « ambrosiam », gaudium « nectar », intellectum vero et voluntatem geminas « alas », quibus in Deum tanquam patrem et patriam revolemus. Idcirco puras, inquit, animas, cum in celum evolaverint in divina mensa ambrosia et nectare vesci. Gaudium in ea felicitate est prestantius visione. Quia quanto magis est apud Deum in hac vita meremur amando quam inquirendo, tanto maius in illa vita premium amori quam inquisitioni tribuitur.

Meremur autem amando multo magis quam indagando multis de causis. Prima : quia nemo in hac vita vere cognoscit Deum. Vere autem amat Deum quoquo modo cognitium qui spernit cetera propter Deum. Secunda : quemadmodum deterius est odisse Deum quam ignorare, sic melius amare quam nosse.

d'une simple spéculation sur les réalités du ciel, car il dit que lui-même avait été engendré pour contempler le monde supra-céleste et soutint que le ciel était sa première patrie [784]. Ce qui suscita la réprobation d'Aristote [785], parce que la considération des réalités supra-célestes lui paraissait de beaucoup plus digne et que la béatitude, selon lui, était le souverain acte de la souveraine puissance autour de l'objet souverain.

Or une chose est la considération des réalités supra-célestes dont est capable l'esprit emprisonné dans le corps, une autre celle dont il est capable libéré du corps. Aristote estima que l'homme qui possède la première sorte de considération est heureux, mais notre Platon le nia, puisque la considération des réalités divines en cette vie comporte toujours un mixte d'ambiguïté de l'intellect et d'inquiétude de la volonté. Aussi chez Platon la béatitude véritable concerne-t-elle l'âme qui, séparée du corps, considère les choses divines [786]. Sous cette catégorie, l'on range les anges et Dieu. Avicenne et Al Ghazali affirment, semble-t-il, que dans la considération des anges l'âme trouverait le bonheur [787]. Les Platoniciens réfutent cet argument pour deux raisons. La première est celle-ci : la disposition innée de notre intellect est de rechercher la cause de chaque réalité et, derechef, la cause de la cause. Par conséquent, l'investigation de l'intellect jamais ne cesse ; à moins qu'il ne trouve cette cause dont il n'est point la cause, mais qui est elle-même la cause des causes, à savoir Dieu seul [788]. La seconde raison est que la passion de la volonté n'est rassasiée par aucun bien, tant que nous pensons qu'existe un autre bien supérieur : donc elle n'est rassasiée que par ce bien au-delà duquel il n'y a plus de bien [789]. Or quel est-il, sinon Dieu ? Aussi est-ce seulement en Dieu que peuvent se reposer l'investigation de l'intellect et la passion de la volonté. Ainsi seul en Dieu réside la béatitude humaine. De là résulte que, au vrai, aucune chose ne saurait se reposer ailleurs que dans sa propre cause. Et puisque Dieu seul est la cause propre de l'âme, il s'ensuit que l'âme se repose en Dieu seul. Mais nous avons largement disserté sur ce thème en notre *Théologie de l'Immortalité des Âmes* [790].

Du reste, il y a deux actes de l'âme par rapport à Dieu. En effet, elle voit Dieu par l'intermédiaire de l'intellect et, dans la connaissance de Dieu, elle se réjouit par la volonté [791]. Platon nomme la vision « ambroisie », la joie « nectar », et l'intellect et la volonté les « deux ailes » grâce auxquelles nous retournons en volant vers Dieu, lequel est pour ainsi dire notre père et notre patrie [792]. C'est pourquoi, dit-il, les âmes pures lorsqu'elles ont volé vers le ciel se nourrissent d'ambroisie et de nectar à la table divine [793]. Mais dans cette félicité, la joie l'emporte sur la vision. Car, autant en cette vie, nous sommes davantage méritants auprès de Dieu par l'amour que par l'investigation ; autant dans l'autre vie plus grande est la récompense accordée à l'amour qu'à l'investigation.

Nous méritons beaucoup plus par l'amour que par la recherche, pour maintes raisons. La première : parce que personne en cette vie ne connaît vraiment Dieu [794]. Or il aime vraiment Dieu, même si ce dernier est inconnaissable [795], celui qui méprise tout le reste à cause de Dieu. La seconde : de même qu'il est plus mal de haïr Dieu que d'en être dans l'ignorance ; de même il est mieux de l'aimer

Tertia : cognitione Dei possumus male uti, scilicet ad superbiam. Amore eius male uti non possumus. Quarta : qui Deum prospicit, nihil ob hoc tribuit Deo, qui autem eum amat et seipsum et quicquid possidet Deo tribuit. Amanti ergo se Deus tribuit potius quam scrutanti. Quinta : perscrutando Deum paulum longo vix tandem tempore proficimus, amando brevissimo plurimum ; ob id enim citius propinquiusque et firmius amor quam cognitio mentem cum divinitate coniungit, quia vis cognitionis in discretione consistit magis amoris autem vis magis in unione. Sexta : amando Deum non solum maiorem percipimus voluptatem quam perscrutando, verum etiam meliores efficimur.

His rationibus concludere possumus premium quod amori debetur maius esse, quam quod humane inquisitioni accommodatur. Amanti convenit ut re amata fruatur et gaudeat, is enim est finis amoris. Inquirenti autem ut videat. Gaudium igitur in homine felice superat visionem.

Preterea videre querimus ut gaudeamus, non autem ut videamus gaudere. Causam assignare possumus ob quam videre velimus, causam vero ob quam velimus gaudere aliam preter ipsummet gaudium assignare nequimus. Quasi propter seipsum desideretur. Non cupimus ipsum videre simpliciter, sed talia et tali quodam pacto videre ut gaudeamus. Nullum gaudium natura ipsa respuit unquam, respuit tamen aliquam interdum cognitionem ; immo etiam, si arbitramur multum fore molestam, ut oblectatio non cognitionis tantum, verum etiam vite sit condimentum, quo sublato omnia videntur insipida. Plenius est gaudium quam cognitio, non enim quisquis cognoscit idem simul et gaudet, quisquis autem gaudet necessario et cognoscit. Natura sicut deterius existimat dolere quam ignorare, ita melius gaudere quam nosse. Et sicut dolorem semper et ubique propter se fugit, et omnia propter ipsum tanquam summum malum, ita voluptatem sequitur propter se et alia propter ipsam, quasi summum bonum. Cum vis cognitionis, ut supra diximus, in quadam discretione consistat, vis autem amoris in unione, propius unimur Deo per amatorium gaudium, quod nos transformat in amatum Deum, quam per cognitionem. Et sicut non qui videt bonum, sed qui vult fit bonus, sic animus non ex eo quod Deum considerat, sed ex eo quod amat fit divinus, quemadmodum materia non quia calorem, ignis evadit. Ratio hec ex eo confirmatur, quod cum anima non sit ipsum bonum, ideoque bonum ipsi extra sui naturam sit querendum, sequitur ut conversio voluntatis, que extra protenditur in obiectum, verius ipso bono statuatur quam notio intellectus

que de le connaître. La troisième : nous pouvons mésuser de la connaissance de Dieu, notamment pour en tirer orgueil. Nous ne pouvons mésuser de l'amour que nous avons pour lui. La quatrième : celui qui a Dieu devant les yeux ne concède rien pour cela à Dieu, alors que celui qui l'aime concède à Dieu et lui-même et tout ce qu'il possède. Aussi Dieu s'accorde-t-il davantage à l'amant qu'au scrutateur. La cinquième : en scrutant Dieu, l'on progresse à peine ou très peu et au prix d'un long effort ; en l'aimant l'on progresse beaucoup et en un laps de temps très réduit. En effet, si l'amour unit l'intelligence avec la divinité de façon plus rapide, plus proche et plus ferme que la connaissance, c'est parce que la puissance cognitive consiste plutôt dans les distinctions, alors que celle de l'amour est plutôt de l'ordre de l'union [796]. La sixième : en aimant Dieu, non seulement nous éprouvons une félicité plus grande qu'en le scrutant, mais nous devenons encore meilleurs [797].

Aussi pouvons-nous conclure que la récompense due à l'amour est plus grande que celle procurée par l'investigation humaine. Il convient que l'amant obtienne la fruition et la jouissance de la chose aimée, c'est-à-dire la fin de son amour. Mais il convient à l'investigateur qu'il voie. Aussi la joie dépasse-t-elle dans la félicité humaine la vision.

En outre, nous cherchons à voir pour nous réjouir, et non à nous réjouir pour voir. Nous pouvons assigner une cause à notre volonté de voir, mais, à notre volonté de joie, nous ne pouvons assigner d'autre cause que celle de la joie elle-même. Comme si elle se désirait elle-même. Nous ne désirons pas simplement voir, mais voir des réalités telles, et de telle façon, que nous nous réjouissions. Jamais la nature ne rejette aucune joie, mais elle rejette parfois malgré tout une certaine connaissance ; ou plutôt cette joie est non seulement le divertissement de la connaissance, mais encore l'assaisonnement de la vie, dont la privation rendrait les choses insipides. Or la joie est plus pleine que la connaissance, car quiconque connaît ne se réjouit pas simultanément, mais quiconque se réjouit connaît nécessairement. De même que la nature estime qu'il est pis de souffrir que d'être dans l'ignorance, de même il est mieux de se réjouir que de connaître. Et de même que la nature partout et toujours fuit la douleur et toutes les choses qui en ressortent comme le souverain mal ; de même elle poursuit le plaisir pour soi et les autres choses qui en participent comme le souverain bien. Puisque la puissance cognitive, comme nous l'avons dit plus haut, consiste en certaines distinctions, mais le pouvoir de l'amour en l'union, nous sommes unis plus proprement à Dieu par la joie d'amour qui nous transforme jusqu'au Dieu aimé que par la connaissance. Et de même que ce n'est point celui qui voit le bien, mais celui qui le veut, qui devient bon ; de même l'esprit devient divin, non pas de ce qu'il considère Dieu, mais de ce qu'il l'aime, ainsi que le bois prend feu non pas parce qu'il considère la chaleur, mais parce qu'il entre en contact avec elle. De cela, l'on a la confirmation suivante : puisque l'âme n'est point le bien lui-même, et que, par conséquent, le bien doit être recherché au-delà de sa propre nature à elle, il découle que la conversion de la volonté se tend vers un objet au-delà qui est plus véritablement établi dans le bien lui-même que la connaissance intellectuelle qui

que manet intus. Intellectus enim modo quodam imaginario obiectum capit. Voluntas essentiali instinctu transferre se nititur in obiectum. Appetitus in essentia fundatur, latissimusque et perpetuus est, quecunque enim sunt, semper aliquid appetunt. Cognitio per acceptas imagines agit, paucorum est et intermissa. Possessio igitur boni per appetitus naturam magis substantialis est per cognitionis intuitum. Si Deus mentem a voluntate seiungeret servaretque naturam utramque seorsum, mens quidem priorem speciem retinere forsitan videretur. Esset enim adhuc forma quedam rationalis, voluntas speciem forte mutaret. Esset enim appetitus aliquis carens rationis electione. Sed mens nullo prorsus bono ulterius frueretur, esset enim tanquam animal absque gustu, nihil sibi placeret, nihil probaret, neque alteri cuiquam neque sibi assentiretur. Voluntas tamen adhuc suis quibusdam bonis pro viribus frueretur. Frui igitur summo bono ad voluntatem potius quam ad intellectum pertinere videtur.

Merito voluntati convenit finis motus, id est felicitas, quoniam ad eam spectat motus initium. Intellectus enim cum notam pro natura rerum qui pro natura sua res ipsas intelligat, res ad seipsum quodammodo videtur attrahere, ideoque non proprie movere dicitur animam. Voluntas cum res appetat eo modo consequi quo sunt in seipsis, trahit animam ad externa, ideoque motus initium est voluntas. Finis autem motus universalis extrinsecus est, qui denique tanquam forma quedam anime sese iungit. Anima per voluntatem hoc fine maxime fruitur. Quia merces laboranti debetur. Cura vero stimulusque circa consequendum bonum malumve vitandum est in affectu. Voluntas non modo quia magis meretur quam intellectus apud Deum, idcirco magis Deo fruitur, verum etiam quoniam ad eam beatitudinis distinctio pertinet. Quanto enim quis ardentius amat, tanto evadit beatior, ideo ad ipsam spectat felicitatis ipsius substantia. Quid dicemus ad hoc ? Quod cum multo plures amare Deum ardenter possint quam clare cognoscere, amatoria via et hominibus tutior est, ad infinitum bonum, quod seipsum vult quam plurimis impertire, longe accommodatior. Ad voluntatem igitur pertinet consecutio. Quid rursus ad hoc ? Quod liber animarum rationalium motus, et quia liber ideo progrediens preter finitum quemlibet terminum, usque adeo meritis proficere potest, ut nonnullos etiam angelorum beatitudine valeat superare. Superare vero eos amando gaudendoque potius quam intelligendo valemus. Proinde cognoscendo Deum eius amplitudinem contrahimus ad mentis nostre capacitatem atque conceptum, amando vero mentem amplificamus ad latitudinem divine bonitatis immensam. Illic in nos Deum quasi deicimus,

ne sort point d'elle-même. En effet, l'intellect saisit l'objet par une sorte d'imagination, mais la volonté s'efforce de se transférer à l'objet par une impulsion essentielle. Le désir, lequel est très abondant et perpétuel, est répandu dans l'essence, vu que tout ce qui est désire toujours quelque chose. La connaissance agit à travers la réception d'images : c'est la propriété d'un petit nombre de choses, et elle est discontinue. Donc la possession du bien à travers le désir naturel est plus substantielle qu'à travers l'intuition de connaissance. Si Dieu disjoignait l'intelligence de la volonté et conservait l'une et l'autre nature à part, l'intelligence certes paraîtrait garder son aspect premier, car il y aurait encore une espèce de forme rationnelle, mais peut-être la volonté changerait-elle d'aspect, car il s'agirait d'un désir à qui ferait défaut le choix rationnel. Mais l'intelligence ne pourrait absolument pas jouir du moindre bien au-delà, car elle serait comme un être sans faculté gustative, rien ne lui plairait, rien ne susciterait son approbation, et elle ne consentirait ni à elle-même ni à rien d'autre. Alors que la volonté, elle, jouirait encore, selon ses capacités, de certains de ses propres biens. Jouir donc du souverain bien ressortit, semble-t-il, davantage à la volonté qu'à l'intellect.

À juste titre, le terme du mouvement, c'est-à-dire la félicité, convient à la volonté, puisque pour elle c'est aussi la source du mouvement. En effet lorsque, produisant une connaissance naturelle des choses, l'intellect, qui saisit les choses elles-mêmes selon sa propre nature, semble d'une certaine façon les attirer à lui-même, il suit qu'on ne saurait à proprement dire qu'il meut l'âme. Mais la volonté, puisqu'elle désire atteindre des choses de manière à ce qu'elles restent en elles-mêmes, tire l'âme au-dehors, de sorte que la volonté est bien la source du mouvement. De surcroît, la fin de tout mouvement est extérieure à l'âme, même si celle-là finit par se joindre à celle-ci comme à une forme. Par la volonté, l'âme jouit très grandement de cette fin, parce que la récompense est due à qui se donne de la peine. Quant au souci et à l'excitation à atteindre le bien et éviter le mal, ils se trouvent dans l'affect. La volonté est davantage récompensée de Dieu que l'intellect non seulement parce qu'elle jouit plus de Dieu, mais encore parce que la distinction de la béatitude lui revient. Car, plus l'on aime avec ardeur et plus l'on devient heureux, contemplant ainsi la substance même de la félicité. Qu'ajouterons-nous ? Puisqu'il y a un plus grand nombre d'individus capables d'aimer ardemment Dieu que de le connaître clairement, le chemin de l'amour est plus sûr pour les hommes et plus commode au bien infini qui veut se communiquer lui-même au plus grand nombre possible. Donc l'obtention relève de la volonté. Derechef, que dire de plus ? Libre est le mouvement des âmes rationnelles, et parce qu'il est libre, l'on peut progresser au-delà de n'importe quelle limite finie jusqu'à ce que l'on mérite, de sorte qu'on peut dépasser en béatitude les anges [798]. Mais nous le pouvons par l'amour et la joie plutôt que par l'intelligence [799]. Par conséquent, en connaissant Dieu, nous contractons sa grandeur à la capacité et à la conception de notre intelligence ; alors qu'en aimant Dieu, nous dilatons l'intelligence jusqu'à l'étendue immense de la bonté divine. Dans un cas, nous rabaissons Dieu vers nous ; dans l'autre nous nous élevons vers

hic vere attollimus nos ad Deum. Noscimus enim quantum ipsi capimus. Amamus autem et quantum intuemur et quantum ultra perspicuum intuitum nostrum vaticinamur bonitatis divine reliquum superesse. Ubi divine infinitatis abyssum remisse quidem et obscure prospicimus, intense tamen ardenterque amamus similiterque gaudemus. Non est, ut aliqui opinantur, visio mensura gaudii : potest enim qui parum videt amare multum atque contra. Denique illud est summum anime bonum, quo anima contenta est, non est autem contenta proprie ipsa visione Dei. Visio enim que in anima vidente suscipitur, creata res est gradibusque perfectionis finita sicut et anima. Non est autem anima contenta unquam creato aliquo finitoque bono. Visio igitur non est summum.

Contenta vero est anima Deo visio potius quam visione Dei. Fruitio boni in sensu non in eo consistit proprie, quod bonum moveat sensum, sed in eo quod sensus in bonum illud quod oblatum est sese reflectat, convertatur et diffundatur. Que quidem spiritalis conversio diffusioque nihil est aliud quam voluptas, ut in libro *De Voluptate* disseruimus. Sic in separata mente ipsa, ut ita loquar, fruitio Dei non in eo proprie quod Deus se monstrat menti consistit – hic enim Dei potius quam nostri actus est –, sed in eo quod mens se convertit in Deum, quod est gaudium. Neque putandum est animam in Dei visionem sese convertere, ut quiescat in ipsa, sed in Deum visum ; vult enim visionem propter visum, quod etiam ipsi tanquam forma coniungitur. Sicuti neque gustus in gustationem saporis sed in saporem gustatum se dilatat. Gustationem enim propter gustatum cupit. Appetitus nullus rem imaginariam querit, sed substantialem, alioquin sufficeret appetenti absentis boni memoria atque imaginatio. Visio autem Dei in nobis imaginaria res est et, ut supra dixi, finita. Quocirca voluntatis actus, qui est in Deum infinitum conversio substantialisque diffusio, rationem infinitatis magis habet quam actus intelligendi, qui est Dei notio quedam pro mentis capacitate.

Summum igitur bonum Deus est. Beatitudo autem fruitio Dei. Fruimur Deo per voluntatem, quoniam per eam amando quidem movemur ad Deum, gaudendo vero dilatamur convertimurque in Deum. Fruuntur autem varii animi variis Dei virtutibus et ideis. Quisque enim ea virtute potitur in primis, quam in hac vita dilexit pre ceteris atque est pro viribus imitatus. Toto autem Deo fruuntur omnes. Totus enim in singulis est ideis. Sed totum Deum prestantius possident, qui eum in prestantiore idea conspiciunt. Quoniam vero quisque et Deo toto pro sua capacitate potitur et eo modo quo amaverat fruitur, ideo, ut Plato inquit, « livor abest a divino choro ». Cum enim omnium iocundissimum sit re amata potiri,

lui. Nous le connaissons autant que nous avons la capacité de le saisir. Mais nous l'aimons autant que nous le voyons et autant que nous devinons que le reste de la bonté divine dépasse notre claire vision[800]; et lorsque nous regardons humblement et obscurément dans l'abysse de l'infinité divine, pourtant nous aimons et, pareillement, nous nous réjouissons avec intensité et ardeur. Ce n'est point la vision, comme certains le croient, qui est la mesure de la joie, car qui voit un peu peut aimer beaucoup, et inversement[801]. Enfin, le souverain bien pour l'âme est ce par quoi elle est satisfaite, mais elle n'est point vraiment satisfaite par sa propre vision de Dieu. En effet, la vision qui est perçue dans l'œil de l'âme est une chose créée et limitée par les degrés de perfection, comme l'est aussi l'âme. Celle-ci ne trouve point sa satisfaction dans un bien créé et fini. Donc cette vision n'est point le souverain bien.

Or l'âme est davantage satisfaite par le Dieu qui est vu que par la vision de Dieu. La jouissance du Bien dans les sens ne consiste pas vraiment en ce que le Bien meuve les sens, mais en ce que ceux-ci rayonnent, se tournent et se diffusent vers ce Bien qui s'offre. D'ailleurs cette conversion et cette diffusion spirituelles ne diffèrent point de la volupté dont nous avons disserté dans notre *De la Volupté*[802]. Ainsi, même dans le cas de l'intelligence séparée du corps, la jouissance de Dieu ne consiste point vraiment en ce qu'il se montre à l'intelligence – il s'agit alors davantage d'un acte de Dieu que de nous-mêmes –, mais en ce que l'intelligence se tourne vers Dieu qui est la joie. Il ne faut point penser que l'âme se tourne vers la vision divine afin d'y reposer, mais plutôt qu'elle se tourne vers le Dieu qui est vu ; car, si elle veut la vision, c'est parce que ce qui est vu s'unit aussi à elle comme à une forme. De même, le goût ne s'accroît point dans la dégustation de la saveur, mais dans la saveur qui est goûtée. Or si la dégustation désire, c'est à cause de ce qui est goûté. L'appétit ne recherche point une chose imaginaire, mais une réalité substantielle, sans quoi le souvenir et l'imagination du bien absent suffiraient à celui qui désire. Or la vision de Dieu en nous est imaginaire et finie, comme nous l'avons dit plus haut. Aussi l'acte de la volonté, qui est une conversion et une diffusion substantielles vers le Dieu infini, participe-t-il davantage de l'infinité que l'acte d'intellection, lequel est connaissance de Dieu suivant notre capacité intellectuelle.

Donc Dieu est le Souverain Bien. La Béatitude est la jouissance de Dieu, et nous jouissons de Dieu par la volonté. Puisque par la volonté nous nous mouvons vers Dieu en l'aimant, en jouissant nous sommes dilatés et tournés vers lui. Or divers sont les esprits qui se réjouissent des diverses vertus et idées divines. En effet, chacun s'empare en premier de cette vertu qu'en cette vie il a chérie par-dessus tout le reste et qu'il a imitée selon ses forces. Mais tous jouissent dans le Dieu tout entier, car le tout réside en chaque idée. Mais ceux qui l'emportent dans la possession du Dieu tout entier sont ceux qui se font de lui l'idée la plus excellente. Puisque chacun s'empare du Dieu tout entier suivant sa capacité et en jouit comme il l'avait aimé, il découle que, d'après Platon, « l'envie n'approche point du choeur divin »[803]. Comme la chose la plus agréable de toutes est de posséder ce qu'on aime, quiconque vit en possession de ce qu'il a aimé est

quilibet in eo potiundo quod amaverat contentus plenusque vivit, quippe si amatores duo suarum delitiarum compotes fiant, uterque in amati sui possessione quiescet, neque curam quidem ullam habebit, num alter pulchriore potiatur amato. Adde quod quamvis illic alii aliis capaciores sint, tamen quisque ad summum sue capacitatis exuberat, quo fit ut nihil ultra requirat. Adde quod amatorio quodam affectu voluntati distributionique divine iustitie quilibet illic cedit quam libentissime.

Amoveri autem a Deo beatus animus nunquam potest. Neque enim vi fieri posse dicendum est : nam unde violentia inferri potest in animam ab infinita Dei potentia comprehensam ? Neque sponte, cum enim voluntas non moveatur ad aliquid nisi ratione boni, postquam semel heserit ei in quo tota est boni ratio idque cognoscit, nunquam inde movetur ad aliud. Et quia natura boni est sibi appetendi vim applicare, sequitur ut infinitum bonum applicet absque fine. Rursum quia voluntas eatenus quiescit in aliquo, quatenus aestimatur bonum, in bono infinito sine fine quiescit. Ac si anima dum in corporis motu versatur felicitatem eligit omnis mutationis expertem, multo magis quando fuerit super motum. Neque inferiores anime partes divertere inde possunt superiores, cesserunt enim illis in eternum, quando in infinitum Dei statum anima sese vertit. Denique, si separandus illinc quandoque animus est, sive id nesciat non est beatus, quia videlicet est ignorans, sive sciat non est beatus, quoniam timidus atque eger. Semper ergo fruitur Deo qui semel fruitur.

Lege feliciter, Laurenti felix, que Marsilius Ficinus tuus hic breviter magna ex parte a te inventa de felicitate perstrinxit, sic enim requirit epistola, latissime vero hec ab eo in libris *De Amore* et in *Theologia* tractantur.

Vale.

Oratio ad Deum theologica

Marsilius Ficinus Bernardo Oricellario viro prestanti et amico suavi s. d.

Nihil mihi suavius super homines quam cum Deo loqui. Nihil mihi suavius inter homines quam loqui tecum, que tecum loquor ; Deus audit semper, vite dux et amicitie nostre conciliator. Que cum Deo sepe loquor, ipse nunc audies.

Utor hac oratione, Oricellari, ad Deum quotidie, ut Deus mee fulgeat menti et faveat voluntati. Utere et tu aliquando, nisi forte quid melius habes, nemo est

satisfait et comblé. De fait, si deux amants entrent en possession des délices de chacun, l'un et l'autre se reposeront dans la possession de leur aimé, et aucun ne se souciera de savoir si l'objet d'amour possédé par l'un est plus beau que l'objet d'amour possédé par l'autre. De plus, quoiqu'en cette circonstance les uns soient plus aptes que les autres, nonobstant, chacun atteint la plénitude de sa propre capacité, de sorte que rien ne le requiert au-delà. Ajoute que, sous l'effet du désir amoureux, l'on cède très aisément à la volonté et au partage de la justice divine.

Or jamais l'esprit plein de béatitude ne peut être détourné de Dieu. Ni il ne faut dire que la chose est possible par la force : car, d'où pourrait-on perpétrer des violences contre une âme entourée par la puissance infinie de Dieu [804] ? Ni il ne faut dire que l'âme peut le vouloir spontanément : car, puisque la volonté ne se meut pas vers quelque objet sinon à cause du bien, une fois fixée à ce qui contient en lui la cause tout entière du bien, que du reste elle connaît, jamais elle ne se meut vers autre chose. Et parce que la nature du bien est de diriger vers soi la puissance du désir, il suit que le bien infini s'y applique sans fin. Derechef, puisque la volonté se repose en quelque chose dans la mesure où elle l'estime bon, elle se repose sans fin dans le bien infini. Mais si l'âme, cependant qu'elle est tournée vers le mouvement corporel, élit une félicité dépourvue de tout changement, combien le fera-t-elle davantage encore quand elle sera au-dessus du mouvement. Les parties inférieures de l'âme ne peuvent, non plus, détourner les parties supérieures de leur objectif, car l'inférieur le cède au supérieur dans l'éternité, quand l'âme se tourne vers l'état infini de Dieu. Enfin, si un jour l'esprit doit être séparé de cet état, dans le cas où il ne s'en aperçoive point, il est malheureux, parce qu'il est ignorant de Dieu ; et dans le cas où il s'en aperçoive, il est derechef malheureux, parce que craintif et malade. Toujours donc il jouit de Dieu celui qui jouit une seule fois.

Lis joyeusement, heureux Laurent, ce que ton Marsile Ficin a effleuré ici brièvement au sujet de cette félicité, dont tu as déjà trouvé la majeure partie. La lettre exige cette brièveté, mais ces thèmes sont traités plus abondamment dans mon *De l'Amour* et ma *Théologie* [805].

Adieu.

Oraison théologique à Dieu [806]

Marsile Ficin à Bernardo Rucellai, homme remarquable et ami exquis, salut.

Au-dessus des hommes, rien ne m'est plus suave que de m'entretenir avec Dieu. Parmi les hommes, rien ne m'est plus agréable que de m'entretenir avec toi ; Dieu, guide de notre vie et conciliateur de notre amitié [807], entend toujours ce que je dis. À présent, tu vas entendre ce que moi-même je dis souvent à Dieu.

J'use chaque jour, Rucellai, de cette oraison à Dieu afin qu'il illumine mon intelligence et favorise ma volonté [808]. Uses-en aussi quelques fois, à moins que tu aies quelque chose de meilleur, car, il n'y a personne à qui je souhaite plus que

enim cui magis optem Deum favere quam tibi. Audivi quandoque Laurentium Medicem nostrum nonnulla horum similia ad lyram canentem furore quodam divino, ut arbitror, concitum. Sed orationem ipsam iam audi.

Ô lumen immensum te ipsum videns, in te videns omnia ! Ô infinite visus te ipso lucens, illuminans universa ! Ô spiritalis ocule, quo solo et quem solum spiritales vident oculi ! Ô immortalis videntium vita ! Ô viventium omne bonum ! Bonum quod totum imples amantium desiderium, desiderium nobis totius boni, tu Deus solus accendis, qui solus es totum bonum. Obsecro te, lux purissima, per teipsam, purga, obsecro, caliginosam aciem qua te cernam, que gelidum cor inflammas, quo te sitio. Amplifica angustum oculum quo te conspiciam, que humilem pupillam erigis ut suspiciam. Penetras enim penetralia mea, ô profunditas profundorum, sublevas quoque sublimia mea, ô sublimium sublimitas omnium. Quid intima mea penetrat ? Quid mea summa tollit ? Mirabiles certe mirabilis bonitatis pulchritudinisque tue radii per mentes, per animas, per corpora mirabiliter usquequaque diffusi. His igitur afficis me vel inscium, his, inquam, allicis me, cogis, uris, ô quantum species singularis ! Ecce iam, ecce ad te propero anhelans, unica pulchritudo ! Sed claudicat, ah nimium amator hic tuus, claudicat, heu miser ! Porrige, precor, claudicanti piam, spes mea, manum ! Duc, oro, quem allicis, excipe quem cogis, refrigera quem uris, quem angis oblecta ! Oblectabis iam, spero, tuum hunc mirifice, ô mirum gaudium, ô fons omnium gaudiorum ! Scio equidem in te uno, immo te unum esse quicquid usquam desideramus. Si placet bonum hoc nobis, si placet bonum illud, non quia hoc videlicet aut illud, sed quia bonum, profecto bonitatis cupimus in singulis qualitatem ; si salutaris liquor per singula ubique diffusus ex unico bonitatis fonte manat, qui in seipso viget exuberans super singula, proculdubio bonitatis ipsius fontem bibere exoptamus : ô fons perennis bonorum omnium, te, te sitimus ubique ! Ideo non extinguit sitim bonum hoc nobis aut illud, neque rursus hoc simul atque illud, quatenus recte vaticinamur esse bonum ipsum super bonum hoc et bonum illud.

Tu ergo, Deus noster, tu solus sitim hanc extingues ardentem, tu, inquam, omnis boni bonum, ne frustra tuos omnes tamdiu tantum scire compuleris ; ô mens prima procul ab omni dementia, ô sapientia prima sine ulla insipientia, quam nihil latet eorum que efficis sapienter ! Que nihil contemnis eorum que benefica efficis voluntate, efficis autem omnia. Nunquid minima queque terrenorum curas ? Omnino, que ipsa te non curant. Nunquid curas minima hec et

Dieu soit favorable qu'à toi. Un jour, j'ai entendu notre Laurent de Médicis, en proie à une sorte de fureur divine [809], chanter à la lyre des oraisons semblables. Mais écoute maintenant la mienne [810].

Ô lumière immense qui te vois toi-même et vois tout en toi [811] ! Ô vision infinie brillant de toi-même et illuminant l'univers ! Ô œil spirituel par lequel les yeux spirituels voient et que seuls les yeux spirituels voient [812] ! Ô vie immortelle des voyants ! Ô bien tout entier des vivants ! Bien, toi qui combles totalement le désir des amants, toi seul Dieu qui nous embrases du désir du bien tout entier, toi seul qui as le bien [813]. Je t'en conjure, ô lumière très pure, je t'en conjure, purifie la pointe de mon regard enténébré [814], afin que je te voie, toi qui enflammes le cœur gelé où advient la soif de toi ! Accroîs l'étroitesse de mon œil afin que je te regarde, toi qui élèves mon humble pupille jusqu'à ton spectacle ! Car tu pénètres mes sanctuaires, ô profondeur des profondeurs, tu soulèves aussi mes sommets, ô sublimité de toutes les sublimités ! Qu'est-ce qui pénètre mon intimité ? Qu'est-ce qui soulève mes sommets ? Certainement les admirables rayons de ton admirable bonté et beauté, rayons qui se diffusent partout merveilleusement à travers les intelligences, les âmes, les corps. Par leur entremise, tu m'affectes, même si je l'ignore ; par leur entremise, dis-je, tu m'attires, tu me forces, tu me consumes [815], éclat ô combien singulier ! Voilà, déjà, voilà que je me presse vers toi hors d'haleine, unique beauté ! Mais, hélas, il claudique, ton amant éperdu, hélas, il claudique ce misérable ! Je t'en prie, tends ta main sacrée à celui qui boite, ô mon espérance ! Je t'en conjure, guide celui que tu attires, reçois celui que tu forces, refroidis celui que tu brûles, récrée celui que tu tourmentes ! Tu le récréeras, je l'espère déjà, dans ta merveille, ô admirable joie, ô source de toutes les joies ! Certes, je sais que tout ce que nous désirons quelque part réside en toi seul et, mieux, que c'est toi seul que nous désirons. Si tel ou tel bien nous plaît, ce n'est point parce que nous désirons telle ou telle chose, mais parce que, assurément, nous désirons la qualité de la bonté qui se trouve dans chaque bien [816] ; si un courant salutaire et partout diffus se répand dans chaque chose à partir d'une source unique de bonté en elle-même vigoureuse, nous choisirons indubitablement de boire à cette source de bonté qui déborde sur chaque chose : ô source pérenne de tous biens, partout, de toi, de toi nous avons soif. Aussi, tel ou tel bien n'étanche-t-il point notre soif, ni même inversement la confusion des deux, dans la mesure où nous imaginons à bon droit que le bien en soi se trouve au-dessus de tel ou tel bien.

Donc toi, mon Dieu, toi seul, tu étancheras cette soif qui brûle, toi, dis-je, bien de tout bien, afin que tu n'aies pas vainement repoussé tous ceux qui, depuis si longtemps, éprouvaient cette seule soif ; ô intelligence première si éloignée de la démence, ô sagesse première sans la moindre folie, toi à qui rien ne se cache de ce que tu as fait avec sagesse ! Et tu ne méprises rien de ce que tu produis à l'aide de ta volonté bienfaisante, or tu produis tout. Est-ce que tu ne te soucies pas des plus petites réalités terrestres ? Absolument, et même des réalités qui ne se soucient point de toi. Est-ce que tu ne te soucies point des choses de moindre importance, et ne les nourris-tu point, ne les rassasies-tu point ? Mais ne méprises-tu que nous

pascis et imples ? Nos vero despicis solos, qui soli in terris tuam non despicimus maiestatem. Nos, inquam, solos, inquietos semper errare permittis, qui soli in te solo quiescere posse confidimus ? Absit a summa beneficentia ingratitudo malefica ! Absit a summa veritate deceptio ! Decipis nos nimirum, decipis heu miseros, si tuis aculeis saucios compellis tibi anxie suspirare quotidie, neque sanas unquam ; si iubes temporalia pro te colendo relinquere, neque pro temporalibus eterna retribuis ; si sedulos hos tui cultores miseriorem in terris quam bruta vitam agere statuisti, neque vitam eis in posterum servas beatiorem ! Servas autem nobis eam, ut assidue speramus omnes, ô mundi servator, ô salus humani generis unica unicumque refugium, quocum omne homini bonum, sine quo nihil bonum ! Nempe quemadmodum clara intelligentia tua et charitas ardens intelligentiam et voluntatem nostram ad te inspiciendum amandumque illuminat accenditque et format in ipsam et unit ipsi, sic eterna vita tua vitam nostram perpetuo in ipsa vivificat. Et quibus tributa est intelligentia immortalium capax voluntasque mortalibus imperans, multo prius magisque vita convenit immortalis. Cuius quadem virtute eternitati coniuncta, seiuncta a temporis passionibus, tam mens eterna capit quam eius affectus temporalibus dominatur. Sic enim et quisque animi actus modo suo attingit eternitatem : voluntas volendo ; intelligentia intelligendo ; vita vivendo. Et eternitas ipsa, que posterioribus actibus anime se communicat, priori iam actui, qualis vita est, se ipsam communicavit.

Facies ergo nos quandoque, pater optime, tum hereditario iure tum munere, tue beatitudinis compotes. Fac, oramus, participes insuper in presentia ; fac et istud, si placet, fac, oramus. Quod si nondum placet istud, quia nondum meremur, presta saltem ne aut fallacibus mundi huius irretiamur illecebris aut minis et ictibus succumbamus. Miserere nostri, pater indulgentissime, filiorum miserere tuorum, fove tuos et recrea quos creasti : ex te enim solo nati sumus, quando tu solus intellectum affectumque nostrum integra veritate tua et bonitate potes implere. Ergo filiorum miserere tuorum procul a celesti patria in hac silva plena miseriis exulantium. Miserere tuorum, quesumus, tibi passim diebus et noctibus tanquam patri et patrie suspirantium. Ubi patria, ibi quies, ibi verum bonum ; ubi exilium, ibi inquietudo, ibi falsum bonum, ibi verum malum. Nos vero tunc solum in vita parumper et a malis semoti vivere et boni aliquid veri quietisque degustare nobis ipsi videmur, cum tibi parumper vel mentis intentione vel affectu pietatis heremus. Abige igitur a nobis, pater alme, longue quicquid nos a te longe

seuls, nous qui seuls ici-bas ne méprisons point ta majesté ? Permets-tu, dis-je, que toujours nous seuls errions dans l'inquiétude [817], nous qui seuls nous fions à la possibilité de trouver le repos en toi seul [818] ? Que l'ingratitude malfaisante se tienne loin de la souveraine bienveillance ! Que la tromperie se tienne loin de la souveraine vérité ! Tu nous trompes certainement, tu trompes hélas les misérables que nous sommes, si tu accules ceux piqués par tes aiguillons à soupirer journellement après toi dans l'anxiété et si jamais tu ne les soignes ; tu les trompes si tu leur ordonnes d'abandonner les choses temporelles pour honorer ton culte, et si tu ne les récompenses pas de l'éternité en échange des biens temporels ; tu les trompes si tu as décidé que les zélateurs de ton culte mèneraient une vie plus misérable que celle des bêtes, et si tu ne leur réserves point une vie plus heureuse dans l'avenir ! Or cette vie, tu nous la réserves, vu que notre foi à tous est assidue, ô protecteur du monde, ô salut unique du genre humain et unique asile, avec qui existe tout bien humain et sans qui rien n'est bien [819] ! De même que cette intelligence absolument claire et cette charité brûlante qui sont tiennes illuminent notre intelligence, et embrasent notre volonté afin que nous te contemplions et t'aimions, et forment ta substance et l'unissent à elles ; ainsi ta vie éternelle vivifie perpétuellement notre vie en ta vie. Et, à ceux à qui l'intelligence des immortels a été attribuée ainsi qu'une volonté apte à commander aux mortels, la vie immortelle convient beaucoup plus et plus originairement. Par la vertu de cette vie, l'intelligence, conjointe à l'éternité et disjointe des passions temporelles, saisit autant l'éternel qu'elle domine ses propres affects dans le temporel. Ainsi chaque activité de l'âme touche-t-elle à l'éternité selon son propre mode : la volonté en voulant ; l'intelligence en intelligeant ; la vie en vivant. Et l'éternité elle-même qui se communique aux activités suivantes de l'âme s'est déjà communiquée elle-même à l'activité antérieure, en tant que vie.

Un jour donc, ô Père très bon, tu feras que, tantôt sous la forme du droit d'héritage, tantôt sous la forme du don, nous partagions ta béatitude. En outre, nous t'en prions, fais que nous y participions maintenant ; fais, s'il te plaît, qu'il en soit ainsi, fais-le, nous t'en prions. Et si tel n'est point ton bon plaisir encore, du moins réponds de ce que nous ne soyons pas entravés par les séductions trompeuses de ce monde, et que nous ne succombions pas sous les menaces et les coups. Aie pitié de nous, ô Père très bienveillant, aie pitié de tous tes enfants, favorise les tiens, rétablis ceux que tu as créés : tu es celui à qui nous devons la naissance, puisque toi seul tu peux rassasier notre intellect et notre passion pour la pureté de ta vérité et de ta bonté. Aussi, aie pitié de tes enfants exilés loin de la patrie céleste dans cette forêt pleine de malheureux. Aie pitié des tiens, nous t'en prions, qui soupirent nuit et jour de tous côtés après le Père et la patrie pour ainsi dire. Où est la patrie, là sont le repos et le bien véritables ; où est l'exil, là sont l'inquiétude, le faux bien et le vrai mal. Mais dans cette vie alors, il nous semble que nous ne vivons point séparés du mal, et que nous ne goûtons quelque chose du bien et du repos véritables qu'un bref instant seulement, lorsque nous sommes suspendus à toi par la tension de l'intellect ou l'affection de la pitié. Aussi chasse loin de nous, ô Père nourricier, tout ce qui nous tient loin de toi : défiance,

seiungit : diffidentiam, desperationem, tepiditatem. Da rursus que tibi nos iungant, alme pater : fidem veram, spem firmam, ardentissimam charitatem. Ne forte a te segregati, vita vitarum, lumine luminum, atque nobis ipsi relicti, statim in exteriores tenebras tanquam mortui delabamur. Sed ut tibi pie vivamus, quoad fieri potest, et, qui sedulo tibi vixerimus, te quoque ipso vivamus semper et luceamus, fulgeamus simul atque flagremus, ardeamus simul et oblectemur, gaudemus feliciter absque fine desideriorum nostrorum penitus infinito. Infinitam pulchritudinem tuam infinite amemus sine anxietate. Infinito rursus bono in eternum sine ulla satietate fruamur.

Quod soli virtuti deoque confidendum et serviendum

Marsilius Ficinus Francisco Salviato s. d.

Siquis diuturni silentii mei causam fuisse putat oblivionem, errat ; ego enim tantum tibi debere fateor, ut non prius tui quam mei oblivisci possim. Sciebam equidem non decere minima queque scribere ad virum multis negotiis occupatum ; optabam igitur aliquid in rebus tuis magnum, idque in dies expectabam, cuius causa congratulatorias ad te litteras scriberem. Nondum quicquam voto meo et merito tuo dignum video contigisse. Confide, Salviate, Deo : scio te non esse ad parva vel mediocria natum. Bono igitur et, ut soles, magno animo esto. Iam enim magna consecutus eris, si magno animo fueris. Omnino autem piorum spem Deus clementissimus non frustratur.

Obitum vero Petri cardinalis nostri quid deplorem ? Nos quidem immortalis Deus non deseret, etsi mortalis homo deseruit. Petrus autem iunior in prosperitate decessit, ut opinor, ne forte obiret in senectute miserior. Prorogatio vite, etsi interdum morum emendatio est, sepe tamen preterite prosperitatis abrogatio vel derogatio. Multum, Salviate, vixit quisquis id quod vixit multum apud homines meritus est plurimum apud Deum. Qui nondum satis ingenio et virtute profecit, quamvis centum impleverit annos, nondum satis vixit ; denique, ut paucis absolvam, nemo diu feliciterque vivit, nisi qui beatitudini vivit eterne.

Vale, mi Francisce, semper illius memor quod sepe iam te Deus admonuit, neque esse fortune vel homini confidendum neque serviendum esse, nisi illi qui nulli servit, qui neque fallere vult unquam neque falli potest, cui deest nihil, qui nihil deesse suis unquam patitur.

Iterum vale.

Iohannes Cavalcanti noster se tibi commendat.

désespoir et tiédeur. En revanche, donne ce qui nous unit à toi, ô Père nourricier : la foi vraie, l'espérance ferme et la charité très ardente [820], de crainte que nous ne soyons séparés de toi, ô vie des vies, ô lumière des lumières, et que, abandonnés à nous-mêmes, nous ne tombions aussitôt, comme morts, dans les ténèbres extérieures [821]. Mais, afin que nous vivions pieusement pour toi aussi longtemps que possible, comme nous nous sommes déjà appliqués à vivre, toujours vivons et brillons aussi en toi, étincelons et brûlons à la fois, enflammons-nous et récréons-nous à la fois, réjouissons-nous dans une joie absolument sans fin, à l'infini de nos désirs. Ta beauté infinie, aimons-là sans angoisse infiniment. Derechef, jouissons, sans aucune satiété, du bien infini pour l'éternité.

QU'IL FAUT SE FIER ET OBÉIR À LA SEULE VERTU DE DIEU [822]

Marsile Ficin à Francesco Salviati, salut.

Si quelqu'un estime que la cause de mon long silence fut l'oubli, il se trompe ; en effet, je l'avoue, je me dois tellement à toi que je peux m'oublier moi-même, avant de pouvoir t'oublier. Le fait est que je savais qu'il ne convient pas d'écrire des choses minimes à un homme occupé par de nombreuses affaires ; je souhaitais donc que quelque chose de grand survienne dans tes activités – je l'attendais chaque jour –, qui serait cause que je t'écrivisse une lettre de congratulations. Je vois que rien n'est encore arrivé qui réponde à mes voeux, et soit digne de ton mérite. Aie confiance en Dieu, Salviati : je sais que tu n'es pas né pour de petites ou de médiocres choses. Aussi, comme de coutume, sois d'une âme bonne et grande. Car tu accompliras de grandes choses, si tu as l'âme grande. Or, à la vérité, Dieu, dans sa très grande clémence, ne frustre pas l'espérance des hommes pieux.

Mais pourquoi devrais-je pleurer la mort de Pierre, notre Cardinal [823] ? Dieu immortel ne nous abandonnera pas, même si un homme mortel l'a abandonné. Or Pierre nous a quittés, à mon avis, jeune et dans la prospérité, afin de pas mourir peut-être plus misérable dans la vieillesse. Même si le prolongement de la vie corrige parfois les moeurs, souvent toutefois il s'accompagne de la suppression et de la fin de la prospérité passée. Salviati, un homme qui a beaucoup vécu – or chacun a beaucoup vécu quand il a vécu parmi les hommes – a mérité beaucoup plus de Dieu. L'homme qui ne s'est pas encore suffisamment avancé dans l'intelligence et la vertu, bien qu'il ait rempli cent années, n'a pas encore assez vécu ; enfin, pour être bref, personne ne vit longtemps heureux, s'il ne vit pas de la béatitude éternelle.

Adieu, mon Francesco, souviens-toi de ce que, déjà, Dieu t'a averti qu'il ne fallait se fier ni obéir à la fortune ou à l'homme, si ce n'est à celui qui n'obéit à personne, qui ne veut jamais tromper, ni ne peut être trompé, à qui rien ne manque, et qui ne souffre jamais que rien ne manque aux siens.

Derechef, adieu.

Notre Giovanni Cavalcanti se recommande à toi.

QUALIS ESSE DEBEAT IMITATIO

Marsilius Ficinus Braccio Martello s. d.

Legi orationem illam Bernardi Nuthii rhetoris ad Laurentium Medicem virum doctum atque magnanimum. Tullium iampridem noster Nuthius ebibisse et concoxisse videtur. In ea oratione mira quedam vicissitudo perspicitur, nam illic et Nuthius Tullianus est et Tullius Nuthianus apparet. Talis quedam inter Homerum atque Maronem, rursus inter Aristotelem et Theophrastum fuisse videtur vicissitudo. Persevera igitur in Bernardi nostri familiaritate, hic enim clarus est rhetor, adde et optimus : que enim persuadere docet, ipse sibi iam persuasit.

Vale.

SEPE MAGNA EST LAUS QUE BREVIS EST

Marsilius Ficinus Bartolomeo Scale Oratori s. d.

Legi *Questiones* Christophori Landini *Camaudulenses*. In iis libris Maronis adyta penetrat, Ciceronis dialogos imitatur ad unguem, felicem virum fabricat felicissime. Lege illos et tu : scio mecum senties.

Vale. Sed quare in laudando Christophoro tam brevis es, Marsili ? Quia habet nescio quid quod exprimere nequeam.

Iterum vale.

QUI FAVET BONIS SIBI FAVET

Marsilius Ficinus Laurentio Medici viro magnanimo s. d.

Pax tibi. Si Paci docto et bono sacerdoti favebis, favebis et mihi. Cum enim viri boni et amici agitur res, res agitur nostra.

Vale.

QUE SIT PETITIO ET COMMENDATIO IUSTA

Marsilius Ficinus Laurentio Medici viro magnanimo s. d.

Multi a te digniora se petunt ; Gregorius Epiphanius longe dignior est iis que postulat. Etsi nobis amicissimus est, tamen propter eius virtutem magis quam

De quelle sorte devrait être l'imitation [824]

Marsile Ficin à Braccio Martelli [825], salut.

J'ai lu le discours du rhéteur Bernardo Nuzzi [826] adressé à Laurent de Médicis, homme docte et magnanime. Notre Nuzzi semble depuis quelque temps déjà s'être abreuvé à l'œuvre de Tullius et l'avoir digérée. Dans ce discours, l'on voit de toute évidence une étonnante transformation, car là Nuzzi est cicéronien et Tullius apparaît tel Nuzzi. Une telle transformation semble avoir eu lieu entre Homère et Maron, et derechef entre Aristote et Théophraste. Continue de côtoyer intimement notre Bernardo, lequel est un brillant rhéteur, et ajoutons, un homme excellent : car il enseigne à persuader de ce dont il est lui-même déjà persuadé.

Adieu.

Un grand éloge est souvent bref [827]

Marsile Ficin à l'Orateur Bartolomeo Scala [828], salut.

J'ai lu les discussions de *Camaldules* de Cristoforo Landino [829]. Dans ces livres, il pénètre les abords de Maron, imite à la perfection les *Dialogues* de Cicéron, et dresse le plus heureux portrait de l'homme heureux. Lis-les : je sais que tu partageras mon sentiment.

Adieu. Mais pourquoi Marsile est-il si bref lorsqu'il fait l'éloge de Cristoforo ? Parce qu'il y a chez lui un je ne sais quoi que je ne saurais exprimer.

À nouveau, adieu.

Qui est favorable aux hommes bons est favorable à soi-même [830]

Marsile Ficin à Laurent de Médicis, homme magnanime, salut.

Paix à toi ! Si tu es favorable à Paci [831], ce prêtre docte et bon, tu me seras favorable aussi. Car ce qui est fait pour les hommes bons et nos amis, est fait pour nous. Adieu.

Voilà une juste requête et une juste recommandation [832]

Marsile Ficin à Laurent de Médicis, homme magnanime, salut.

Nombreux sont ceux qui cherchent à obtenir de toi un rang plus digne ; mais Gregorio Epifanio est bien plus digne que ce qu'il demande. Même s'il est un ami

propter amicitiam eum tibi commendo. Nam propter virtutem est amicus. Vale.

INSTITUTIO BREVIS EPISCOPI

Marsilius Ficinus Iohanni Nicholino Archepiscopo Amalphiensi s. d.

Memini cum adhuc puer esses, atque una cum Cherubino Quarqualione doctissimo preceptore tuo nostram Academiam salutares, consuluisse me tibi, ut, cum primum etas pateretur, divinas litteras legesque capesseres, deinde sacris initiareris. Idemque patrem tuum Octonem iurisconsultum equitemque preclarum sepenumero rogavisse. Quoniam et astronomia te magnum in religione virum et physionoma legitimum tum litteris tum moribus sacerdotem mihi fore monstrabat. Ecce nunc, quod rarissimum est, in vigesimo quinto etatis tue anno Archepiscopus Amalphiensis regio favore felicibusque auspiciis es constitutus. Quamobrem et tibi vero Archepiscopo et mihi quasi vati cuidam, optime mi Iohannes, summopere gratulor ; non tam quod astronomie quam quod physionomie iudicium implevisti : ex illo quidem ad Dei vicarium, ex hoc autem ad Deum ipsum potes accedere.

Reliquum est, ut quod in tam tenera etate adiuvante Deo tam prospere es consecutus, feliciter exequaris. Quod quidem ita demum efficies, si semper memineris te hominem esse, et que sine Deo adipisci non potuisti, non posse absque Deo vel recte gubernare vel feliciter possidere ; si te illi pia mente optimisque operibus sedulo commendaveris ; si in omnibus consulueris seniores viros atque probatos ; si non quod libet, sed quod licet, non quod irrationalis affectus blande mentitur, sed quod diligentissima ratio metitur elegeris. Si memineris pastorem verum tam egregium virtute esse oportere, ut subiecto gregi virtutum omnium sit exemplar. Alioquin pastoris vitia gregem inficiunt et vitia gregis in pastoris infamiam pernitiemque redundant.

Verum quid opus est ut Marsilius instruat Archepiscopum ? Satis hunc, ut littere moresque declarant, Pauli Apostoli *Epistole* instruxerunt.

Vale felix.

très cher, c'est plutôt au regard de sa vertu qu'en raison de notre amitié que je te le recommande. Car c'est sa vertu qui m'en a fait un ami [833].

Adieu.

BRÈVE INSTRUCTION À UN ÉVÊQUE [834]

Marsile Ficin à Giovanni Niccolini [835], Archevêque d'Amalfi, salut.

Je me souviens, alors que tu étais encore enfant et que tu visitais notre Académie avec Cherubino Quarquagli, ton précepteur très érudit, que je t'avais conseillé, dès que ton âge le permettrait, d'embrasser les Saintes Écritures et les lois, et d'être ensuite initié aux choses sacrées. Je me souviens que ton père, Ottone, jurisconsulte et chevalier célèbre, te l'a aussi demandé souvent. La raison en est que l'astronomie me montrait que tu serais un grand homme en matière de religion ; et la physiognomonie indiquait que tu serais un prêtre soucieux de la règle, dans les Écritures comme dans les moeurs. Voici que, maintenant, ce qui est très rare, dans la vingt-cinquième année de ton âge, avec la faveur du prince et sous ses auspices heureux, tu as été établi Archevêque d'Amalfi. C'est pourquoi, mon très cher Giovanni, j'adresse avec le plus grand soin mes félicitations, à toi, comme véritable Archevêque, et à moi comme prophète, car tu as réalisé, non pas tant ce qu'avait jugé l'astronomie, que ce qu'avait reconnu la physiognomonie : de la dignité d'Archevêque, tu peux accéder au vicariat de Dieu, et de là à Dieu lui-même.

Il ne te reste qu'à poursuivre jusqu'au bout ce que, de façon si favorable, avec l'aide de Dieu, tu as obtenu dans un âge si tendre. Ce que tu feras à la seule condition de toujours te souvenir que tu es un homme, que tu n'aurais pas pu atteindre, sans Dieu, à un tel office, et que tu ne peux, loin de Dieu, correctement gouverner ni posséder avec bonheur ; ce que tu feras si tu te recommandes franchement à Dieu avec une intelligence pieuse et les oeuvres les meilleures ; si en toute chose tu consultes les hommes sages et expérimentés ; si tu choisis, non ce qui est plaisant, mais ce qui est licite, non ce que la passion irrationnelle contrefait de façon flatteuse, mais ce que répartit la raison la plus diligente, et si tu te souviens que le berger véritable doit être remarquable par sa vertu, au point d'être le modèle de toutes les vertus pour son troupeau. Autrement, les vices du berger infectent le troupeau, et les vices du troupeau rejaillissent dans l'infamie et la destruction du berger.

Mais est-il besoin que Marsile instruise un Archevêque ? Il suffit, comme le déclarent ses lettres et ses moeurs, que les *Épîtres* de l'Apôtre Paul l'ait instruit. Porte-toi bien.

LAUS PHILOSOPHIE ORATORIA, MORALIS, DIALECTICA, THEOLOGICA

Marsilius Ficinus Bernardo Bembo Iurisconsulto et Equiti doctrina et auctoritate preclaro, Venetorum Oratori s. d.

Queris quam ob causam, cum res multas passim artesque laudaverim, Philosophiam tamen, cuius studio semper incumbo, nusquam sim laudibus prosecutus. Idem forte superioribus diebus Iohannes Cavalcantes meus Achates interrogavit. Ego autem respondeo primum inventa hominum ab hominibus posse quandoque pro dignitate laudari, Philosophiam vero, inventum Dei, longe admodum humanam eloquentiam superare. Deinde in singulis rebus et artibus celebrandis me Philosophiam rerum omnium inventricem artiumque magistram celebravisse. Siquidem non nisi eius viribus rationibusque singula digne laudamus, et quantum queque facultas Philosophie virtutis et dignitatis est particeps, tantum laude dignam esse censemus. Sed quoniam nostra hec mater et nutrix propriam a nobis aliquando declamationem iure optimo videtur exigere, hinc iam, si placet, exordiamur.

Laus Philosophie oratoria

Ô vite philosophia dux, ô virtutis indagatrix expultrixque vitiorum ! Quid non modo nos, sed omnino hominum vita sine te esse potuisset ? Tu urbes peperisti, tu dissipatos homines in societatem vite convocasti, tu eos inter se primo domiciliis, deinde coniugiis, tum litterarum et vocum communione iunxisti, tu inventrix legum, tu magistra morum et discipline fuisti. At quonam insolens pretergressus sum ? Oratoriam modo Tullianamque cantilenam nescio quomodo inceptabam. Suavis nimirum huiusmodi melodia ; quoniam vero Philosophiam, que tam cantus cuiusque quam rei canende regula est, non aliter quam philosophice cantare debemus : ludum hunc ab alio initio repetamus.

Laus Philosophie moralis

Si Philosophia veritatis sapientieque amor ac studium ab omnibus definitur ; veritas autem et sapientia ipsa ipse solus est Deus, sequitur ut neque legitima Philosophia quicquam aliud sit quam vera religio, neque aliud legitima religio quam vera Philosophia, verborum proprietas partim a rerum, partim a notionum proprietate deducitur, quod Plato, Aristoteles, Varro, Aurelius Augustinus subtilissime disputant, certe Philosophia, rerum indagatrix inventrixque notionum, grammaticam, recte loquendi et scribendi regulam, peperit. Si animorum naturam, operationum vim, operum formam, locorum dispositionem, temporum opportunitatem, Philosophia vel sola vel maxime omnium novit, hec nimirum oratores docuit quid quave ratione et cui et quando persuaderent. Poetas

ÉLOGE ORATOIRE, MORAL, DIALECTIQUE ET THÉOLOGIQUE DE LA PHILOSOPHIE [836]

Marsile Ficin à Bernardo Bembo, Jurisconsulte et Chevalier, Orateur vénitien célèbre par son savoir et son autorité, salut.

Tu me demandes pourquoi, alors que j'ai loué de tous côtés les arts et maintes activités, je n'ai jamais couvert d'éloges la Philosophie, à l'étude de laquelle pourtant je me suis toujours consacré. Il y a quelques jours, Giovanni Cavalcanti, mon Achate [837], me posa par hasard la même question. Aussi je réponds : d'abord les inventions humaines peuvent à tout moment être louées avec dignité par les hommes, mais la Philosophie, invention de Dieu, dépasse de beaucoup absolument l'éloquence humaine [838]. Puis, dans la célébration de chacune des activités et de chacun des arts, moi j'ai célébré la Philosophie comme inventrice et maîtresse de toutes les activités et de tous les arts. En effet, point de louanges honorables de chacun de ces arts sans la puissance et les discours de la Philosophie ; et autant chaque talent participe de la vertu et de la dignité philosophique, autant il est, estimons-nous, digne d'éloge. Mais, puisque la Philosophie est notre mère et notre nourrice, il semble qu'elle soit dans son plus grand droit d'exiger de nous parfois une déclamation qui lui soit propre ; aussi, si tel est ton plaisir, commençons.

Éloge oratoire de la philosophie

Ô Philosophie, guide de la vie, ô exploratrice de la vertu et repoussoir des vices ! Que pourrions-nous être, que pourrait être la vie humaine, sans toi ? Toi, tu as engendré les cités, toi tu as rassemblé les hommes dispersés dans une société de vie, toi tu les as d'abord unis entre eux dans des habitations, puis dans des mariages, puis dans la communauté des lettres et de la langue, toi qui fus l'inventrice des lois, toi la maîtresse des mœurs et de l'éducation [839]. Mais où nous a menés cette digression insolite ? Je ne sais la façon dont j'ai débuté ce discours et ce chant cicéroniens [840]. Cette mélodie est par trop suave ; mais puisque la Philosophie est l'étalon tant de ce chant que de la matière à chanter, nous ne devons point la chanter autrement que philosophiquement : aussi reprenons cette bagatelle à son commencement.

Éloge moral de la philosophie

La Philosophie se définit notoirement comme l'amour et l'étude de la vérité et de la sagesse. Or la vérité et la sagesse elle-même sont Dieu seul, d'où il suit que la Philosophie légale ne diffère point de la Religion véritable, que la Religion légale ne diffère point de la Philosophie véritable et que, la propriété des termes dérivant pour une part de celle des choses, pour une autre part de celle des concepts – ce que Platon, Aristote, Varron et saint Augustin exposent par le menu [841], assurément la Philosophie, exploratrice et inventrice des concepts des choses, a engendré la règle grammaticale du bien dire et du bien écrire [842]. Si la Philosophie seule, ou la Philosophie par-dessus tout, connut la nature des âmes, la puissance

quoque quo pacto queque describerent, moverent affectus, animos delectarent; ex iis etiam sequitur ut neque historici sine huius auxilio dignitatem suam servare potuerint. Hec animam civitatibus tradidit, quando ad celestium divinarumque legum similitudinem terrenas humanasque leges excogitavit. Hec corpus peperit civitatis et auxit, quando agriculturam, architecturam, medicinam, peritiam militarem ceterasque omnino, que vel ad victum vel ornatum vel defensionem pertinent facultates, exhibuit. Hec denique miseriam a mortalibus pre ceteris amovet, felicitatem vero largitur. Quandoquidem bona discernit a malis. Et quo pacto mala vel caute devitare ne obsint, vel fortiter ferre ut minus obsint valeamus, ostendit. Monstrat preterea quomodo bona facilius consequamur atque etiam qua ratione bonis, tum a natura fortunave datis, tum per industriam acquisitis, recte utamur ut prosint.

Volebam hic, optime mi Bernarde, iam epistole finem imponere, ne in presentia sim prolixior quam consueverim. Scis enim ipse quantum nobis prolixitas preterquam in Platone nostro, celestis eloquentie fonte, displiceat. Sed reclamat ecce nimium diva matrona quam pre ceteris veneramur. Ergo, si placet, quam adhuc orationem hec a nobis postulet, immo vero nobis porrigat, audi.

Laus Philosophie Dialectica et Theologica

Philosophia dialecticis instrumentis manu propria fabricatis utitur, ad verum in rerum speculatione, ad honestum in rerum usu, ad bonum in utrisque investigandum. Unde multa tradit ad speculandum principia, multa ad agendum precepta, instituta multa ad utrunque communia; communibus autem id mihi videtur precipuum, quod adducam : finis tanquam Dominus prestantior est iis que tanquam ministeria quedam referuntur ad finem. Ac semper que prestantiora sunt, fines sunt reliquorum. Serviant igitur oportet ac decet externa et mortalia corpora, corpus anime, sensus rationi, ratio activa speculative, speculatio Deo. Hinc efficitur ut artes omnes que ad externa, corpus, sensum, actionem pertinent, speculationi tanquam regine cedere et obsequi debeant. Et merito. Propria enim Dei est huiusmodi operatio. Non indiget certo vel instrumento vel loco, non servit externis, maxime omnium continua est, immo perpetua. Obiectum suum sempiternum et ubique presens pro arbitrio ubique complectitur. Ac si vita actus quidam est, et ubi magis actus, ibi magis est vita, certe contemplationis actus, tanquam ceterorum omnium tam dignitate quam perseverantia excellentissimus, maxima quedam est et eminentissima vita, adde et omnium suavissima. Non enim, sicuti sensus, impura, falsa, volantia oblectamenta ab extrinsecis rerum imaginibus mutuatur, sed veras et sempiternas rerum rationes naturasque intus

des travaux, la forme des œuvres, la disposition des lieux, l'opportunité des temps, c'est elle certainement qui enseigna aux Orateurs le thème, la manière, le destinataire et le moment de la persuasion. Elle enseigna aux Poètes la manière de décrire, d'émouvoir les passions, de charmer les esprits ; et de cela il découle encore que, sans son aide, les historiens n'auraient pu conserver leur prestige. C'est elle qui transmit l'âme aux cités quand elle imagina les lois humaines et terrestres à la ressemblance des lois célestes et divines. C'est elle qui engendra et accrut le corps de la cité, quand elle amena au jour l'agriculture, l'architecture, la médecine, l'habileté militaire, et absolument tous les autres arts qui concernent soit la nourriture, soit l'ornementation, soit la défense. Enfin, c'est elle qui, plus que le reste, détourne le malheur des mortels et répand le bonheur, dans la mesure où elle distingue le bien et le mal. Et elle nous montre la manière d'éviter prudemment le mal afin qu'il ne nuise point, ou la manière de le supporter courageusement afin qu'il nuise le moins. De surcroît, elle montre la façon d'atteindre le bien plus aisément et d'user correctement des biens tantôt accordés par la nature et la fortune, tantôt acquis par l'industrie, afin qu'ils soient utiles.

J'avais décidé que le mieux était de terminer ici cette lettre, mon cher Bernardo, de crainte de ne me montrer plus prolixe qu'à l'accoutumée. En effet, tu sais combien la prolixité nous déplaît, exception faite de Platon, notre source de l'éloquence céleste. Mais voilà que la divine Matrone, que nous vénérons au-dessus de tout, réclame un surplus. Écoute donc, s'il te plaît, quel discours elle me demande encore, ou, mieux, ce qu'elle m'offre.

Éloge dialectique et théologique de la philosophie

La Philosophie use des instruments dialectiques[843] créés par ses propres mains pour découvrir le vrai dans la contemplation du réel, l'honnête par l'usage du réel et le bien dans l'un et l'autre. Aussi communique-t-elle maints principes de contemplation, maints préceptes d'actions et maintes instructions communes aux deux ; mais de cet ensemble, une chose me paraît essentielle que je vais souligner : la fin est autant supérieure aux réalités qui s'y réfèrent que le maître l'est aux serviteurs. Et toujours le supérieur est la fin de tout le reste. Aussi faut-il et sied-il que les réalités externes, mortelles et corporelles, servent l'âme, le sens la raison, la raison la contemplation active, la contemplation Dieu. De là vient que tous les arts qui concernent les réalités externes, le corps, le sens, l'action, doivent céder et obéir à la contemplation comme à une Reine – et c'est justice[844]. Telle est aussi l'activité propre de Dieu : assurément celui-ci n'a besoin ni d'un instrument ni d'un lieu, il n'est pas au service de réalités externes, mieux, il est de toutes la réalité la plus régulière et perpétuelle. Son objet est éternel et partout présent, il l'embrasse librement de toutes parts. Mais si la vie est un certain acte, et si, où il y a plus d'acte, là il y a plus de vie, certainement l'acte de contemplation, pour ainsi dire le plus excellent de tous les autres tant à cause de sa dignité que de sa constance, constitue aussi la vie la meilleure et la plus éminente et, dois-je ajouter, la plus suave de toutes. Car ce n'est point, à la suite des sens, en empruntant aux divertissements impurs, faux et fugitifs, produits par les images extérieures des

affatim possidens, pure, vere, stabiliter, puris, veris, stabilibus pascitur atque gaudet ; gaudet, inquam, infinito penitus infinite, siquidem, quod est maximum, huiusmodi vita Dei vite proxima, in eius imaginem exactissimam transformatur. Deus igitur est humane contemplationis lux simul et oculus, contemplatio autem lux et oculus actionis. Etsi oculus huiusmodi otiosus esse videtur, tamen absque illo male otiosa ac pessime negotiosa et omnino obscura miseraque sunt omnia. Ad eius autem nutum singula feliciter operamur.

Hanc vitam in summo rerum culmine collocatam et sine controversia beatissimam, Philosophia sagax mortalibus tum proprio quodam oculo tum dialectice sue digito monstrat. Ducit quoque ad eam, ut arbitror, gradibus precipue quatuor : moralibus, naturalibus, mathematicis, metaphysicis. divinus Plato celestem et immortalem animam mori quodammodo putat quando terrenum et mortale corpus ingreditur, reviviscere cum egreditur. Egredi autem quodam meditationis studio priusquam egrediatur lege nature, quando Philosophia, humanorum medicina morborum, animulam pestifero vitiorum ceno sepultam moralibus pharmacis purgat et suscitat. Deinde naturalibus quibusdam machinis ex infimo sublevans per omnia passim que ex elementis quatuor componuntur perque ipsa quatuor elementa ad celum usque perducit. Tum scalis mathematicis gradatim prestat sublimem ad summos celi globos ascensum. Demum, quod supra quam dici possit mirabile est, ultra celi verticem ad ipsum celi mundique totius fabrum metaphysicis alis attolit. Ibi anima Philosophie munere non modo felix evadit, verum etiam, cum fiat, ut ita dicam, Deus, quodammodo fit ipsa felicitas. Ibi omnes mortalium res, artes, negotia cessant, sola ex omnium numero sancta restat Philosophia. Ibi nihil aliud vera beatitudo est quam vera Philosophia, quippe cum hec, quemadmodum a sapientibus definitur, amor sapientie sit. Summam vero illic beatitudinem in quodam voluntatis affectu, qui amor gaudiumque circa divinam sapientiam est, consistere arbitramur.

Quod autem Philosophie beneficio animus quandoque Deus quidam evadere possit ex eo conicimus, quod dum ea duce omnium paulatim naturas intelligentia comprehendit et eorum que apprehendit et eorum formas penitus induit, voluntate insuper singulis partim fruitur partim etiam dominatur, quodammodo efficitur omnia. Atque dum hac ratione fit cuncta, paulatim Deus, qui fons et Dominus est cunctorum, efficitur. Profecto Deus et intra se et extra se perficit universa. Mens quoque viri legitime Philosophantis quasi Deus quidam intra se universorum veras sempiternasque concipit notiones. Sed nunquid humanam mentem extra se

choses, mais en possédant abondamment du dedans les véritables et éternelles raisons et natures des choses que l'on se repaît continûment de ce qui est pur, vrai, stable, et que l'on se réjouit, se réjouit dis-je, absolument infiniment de l'infini, puisque l'essentiel est cette vie, si proche de la vie de Dieu qu'elle est transformée en son image la plus exacte [845]. Donc Dieu est à la fois la lumière et l'œil de la contemplation humaine, mais la contemplation est la lumière et l'œil de l'action. Et même si cet œil paraît oisif, toutefois sans lui l'inactivité est mal et l'activité est pire, et absolument toute chose est obscure et misérable [846]. Mais à son signe, nous accomplissons chaque chose avec bonheur.

Aux mortels, la subtile Philosophie montre, tantôt avec son propre regard, tantôt avec le doigt de sa dialectique, la vie la plus heureuse, établie au sommet des choses et sans controverse. Selon mon opinion, elle nous conduit aussi à elle à travers quatre degrés principaux : la morale, la physique, les mathématiques et la métaphysique. Le divin Platon estime que l'âme céleste et immortelle meurt pour ainsi dire quand elle entre dans le corps mortel et terrestre, mais qu'elle revit lorsqu'elle en sort. Mais avant qu'elle quitte le corps par la loi de nature, il est bon qu'elle en sorte par une certaine application à la méditation, lorsque la Philosophie, médecine des maladies humaines, purge et réveille au moyen de remèdes moraux, la petite âme ensevelie dans la boue pestifère des vices [847]. Puis, à l'aide de certains instruments naturels, elle soulève l'âme de la plus basse région à travers toutes les choses qui partout sont composées des quatre éléments et, à travers ces quatre éléments, elle la conduit jusqu'au ciel. Alors, graduellement, sur l'échelle des mathématiques, elle exécute son ascension sublime vers les sphères célestes les plus hautes [848]. Enfin, ce qui est si admirable que les mots ne sauraient le dire, elle s'élève avec les ailes de la métaphysique au-delà du sommet céleste vers l'Artisan du ciel et du monde tout entier. Là, l'âme, sous l'effet du don philosophique, non seulement aboutit à la félicité, mais encore, puisqu'elle devient pour ainsi dire Dieu, elle finit par être la félicité elle-même. Là tous les biens, les arts, les affaires des mortels cessent et, au nombre de toutes ces choses, seule demeure la Sainte Philosophie [849]. Là, il n'y a pas d'autre béatitude véritable que la Philosophie véritable, dans la mesure où celle-ci, ainsi que les sages la définissent, est amour de la sagesse [850]. Mais, selon nous, la souveraine béatitude consiste en un certain affect de la volonté qui est l'amour et la joie à l'égard de la sagesse divine [851].

Or, de ce que l'esprit, à la faveur de la Philosophie, puisse un jour devenir d'une certaine façon Dieu, nous concluons que, sous la conduite de la Philosophie, en comprenant par son intelligence peu à peu la nature de toute chose et en assumant entièrement la forme de ce qu'il appréhende, il jouit en partie et domine aussi en partie par sa volonté chacune de ces réalités, et devient pour ainsi dire toutes les choses. Assurément Dieu, au-dedans et au-dehors de soi, achève toutes choses. De même, l'intelligence de qui philosophe convenablement, pour ainsi dire l'égal de Dieu, conçoit au-dedans de soi les idées véritables et éternelles de toutes les choses [852]. Mais pouvons-nous dire que l'intelligence humaine est capable de créer chaque réalité singulière au-dehors de soi ? Permettez-moi

singula facere posse dicemus ? Ut omittam quod ingenium Philosophicum occulta Dei omnipotens opera, cogitatione verbis et litteris manifesta, instrumentis variisque materiis examussim imitatur et exprimit. Unum hoc animadvertendum in primis existimo, quod artificis solertis opus artificiosissime constructum non potest quilibet qua ratione quove modo sit constructum discernere, sed solum qui pene eodem pollet artis ingenio. Nemo enim discerneret quo pacto Archimedes ille Philosophus spheras constituit eneas eisque motus motibus celestibus similes tradidit, nisi simili esset ingenio preditus. Et qui propter ingenii similitudinem discernit, is certe posset easdem constituere, postquam agnovit, modo vel instrumentum vel materia non deesset. Cum ergo Philosophus spherarum celestium ordinem, unde moveantur, quo progrediantur et quibus mensuris, quidve pariant, viderit, quis neget eum esse ingenio pene eodem quo auctor ille celorum ? Ac posse ipsum quodammodo celos et que in eis sunt facere, si instrumenta nactus fuerit materiamque celestem. Postquam facit eos nunc, licet ex alia materia, tamen persimiles ordine. Ô mirabilis nimium Architecti celestis intelligentia ! Ô eterna sapientia, solo summi Iovis capite nata ! Ô infinita rerum veritas atque bonitas ! Ô sola totius mundi regina ! Ô veridicum et benignum intelligentie lumen ! Ô salutaris voluntatis ardor ! Ô beneficium nostri cordis incendium ! Illumina nos, illumina usque adeo et accende precamur, ut lucis tue, hoc est veritatis sapientieque, amore penitus ardeamus. Hoc enim solum est, proh Deus omnipotens, hoc solum est verissime sapere, solum beatissime cum Deo Deumque vivere. Quicunque procul a radiis tuis aberrant, cum nihil unquam sincere discernant, fallacibus rerum umbris passim decepti atque perterriti, tanquam horrendis quibusdam insomniis sub perpetua nocte miserabiliter ubique vexantur. Quicunque tecum sedulo vivunt, cum soli res veras, eternas, immensas sub radiis tuis perspiciant, diligant, amplectantur, quicquid tempore locove clauditur minimum quiddam umbre somnium aestimant. Quo fit ut terrenarum rerum vel cupiditate vel metu e summa celestis felicitatis arce deturbari non possint.

Sati siam, mi Bernarde, quantum epistola patitur, a Marsilio tuo declamatum esse censeo. Vale ergo feliciter, patrone Philosophorum. Atque, ut hactenus fecisti, in beatis sancte Philosophie ulnis continue vive. Vive etiam, precor, Iohannis Cavalcantis, Marsiliani cordis, assidue memor.

d'omettre que le génie philosophique imite et exprime exactement les œuvres cachées du Dieu tout-puissant, en les rendant manifestes dans la pensée, la parole et les lettres, au moyen d'instruments et de matières divers. Par contre, à mon avis, cette chose est à remarquer, qui est essentielle [853] : il n'est pas à la portée du premier venu de discerner pour quelle raison et de quelle façon l'artisan ingénieux a été déterminé à construire une œuvre si artistique ; seul en a le pouvoir celui doué d'un même talent artistique. En effet, personne ne saurait discerner la manière dont l'illustre Philosophe Archimède a constitué ses sphères d'airain et leur a communiqué un mouvement semblable aux mouvements célestes, à moins d'être doté d'un génie similaire [854]. Et celui qui s'y repère, du fait de la similitude de génie, pourrait assurément les constituer après les avoir reconnues, pourvu qu'instrument et matière ne manquassent point. Puisque le Philosophe a découvert l'ordre des sphères célestes, l'origine de leur mouvement et la direction de leur progression, la mesure de ces mouvements et les effets qu'elles produisent, qui nierait qu'Archimède est d'un talent presque identique à celui de l'Auteur des cieux ? Et d'une certaine façon, il pourrait fabriquer les cieux, et ce qui s'y trouve, s'il obtenait les instruments et la matière célestes. Maintenant qu'il a fait ses sphères, même si elles sont d'une autre matière, pourtant leur ordre est semblable à celles du ciel [855]. Ô par trop admirable intelligence de l'Architecte céleste ! Ô sagesse éternelle sortie de la seule tête du souverain Jupiter [856] ! Ô vérité et bonté infinie des choses ! Ô reine unique du monde tout entier ! Ô lumière véridique et bienveillante de l'intelligence ! Ô ardeur salutaire de la volonté ! Ô incendie bienfaiteur de notre cœur ! Illumine-nous, nous t'en prions, illumine et enflamme-nous, au point que nous brûlions entièrement de l'amour de ta lumière, c'est-à-dire de ta vérité et de ta sagesse. Cela seul, ô Dieu tout-puissant, cela seul est connaître Dieu très véritablement, cela seul est vivre avec Dieu très joyeusement. Ceux qui errent loin de tes rayons, comme ils ne discernent jamais rien de clair, partout, sous une nuit perpétuelle [857], des ombres fallacieuses les trompent et les terrifient, comme s'il s'agissait de cauchemars horribles, et les tourmentent pitoyablement. Ceux qui s'appliquent à vivre avec toi, comme ils sont seuls à voir, choyer, et embrasser les réalités véritables, éternelles et immenses à la lumière de tes rayons, ils considèrent qu'une réalité prisonnière du temps ou du lieu est un songe-creux, sans la moindre importance [858]. De là vient que la passion et la crainte des choses terrestres ne puissent les expulser de la très haute citadelle de la félicité céleste.

Mon cher Bernardo, je pense que ton Marsile a déclamé autant que peut le souffrir une lettre. Aussi adieu, très heureux protecteur des Philosophes. Et comme tu l'as fait jusqu'ici, continue à vivre dans les bras bienheureux de la Sainte Philosophie. Vis aussi, je t'en prie, en gardant toujours mémoire de Giovanni Cavalcanti, le cœur de Marsile.

Gratia Iobelei

Franciscus cardinalis Senensis Marsilio Ficino Florentino Platonico Philosopho s. d.

Marsili carissime, salve. Tui memores et salutis perpetue tue tuorumque cupidi, impetravimus a summo Pontifice gratiam Iubelei pro te tuisque annosis parentibus. da igitur laudem Deo, et cum tuis senibus incomparabilia divine gratie munera tota mente capessite. Et pro nobis orate.

Vale optime nostri memor.

Rome, die IV Decembris 1475.

Gratiarum actio

Marsilius Ficinus Florentinus Francisco Cardinali Senensi pro immortali munere immortalem salutem dicit.

Cum felicem epistolam tuam, qua Iubelei gratiam nobis a Pontifice impetratam significas, ego una parentesque mei legeremus, non minori gaudio affecti sumus quam qui beatissimam vocem illam audituri sunt: « Venite benedicti patris mei ». Igitur pater repente pre ceteris exclamavit : « Nunc dimittis servum tuum, Domine, secundum verbum tuum in pace ». Tu autem quam magnificus donator es, tam iustus tamque prudens videris exactor : eterna donas non temporalia ; non temporalia a nobis exigis, sed eterna. Nempe mandas ut pro tua salute Deum oremus. Iubes certe iustissime, debemus enim etiam multo magis quam iubeas. Iubes et prudentissime, prius enim quam ut oremus mandares, operam dedisti ne inutiliter oraremus. Efficiemus ergo quod imperas, venerande pater, quamdiu vivemus. Et proculdubio ita libenter singulare divinumque donum, et ipse largitus es et nos accepimus. Tu vero scito nos existimare palamque fateri, cui vitam debemus eternam, multo magis temporalem vitam temporaliaque cuncta debere.

Vale felix in auctore felicitatis Deo.

LA GRÂCE D'UN JUBILÉ [859]

Francesco [860], Cardinal de Sienne, à Marsile Ficin de Florence, Philosophe Platonicien, salut.

Très distingué Marsile, salut. Me souvenant de toi, et désireux du salut éternel de ta personne et des tiens, nous avons obtenu du Souverain Pontife la grâce d'un jubilé pour toi et tes parents âgés [861]. Donc, fais des louanges à Dieu, et, avec tes vieux parents, embrassez de toute votre intelligence les dons incomparables de la grâce divine. Et priez pour nous.

Adieu, garde mémoire de nous, toi le meilleur des hommes.

Rome, 4 décembre 1475.

ACTION DE GRÂCES [862]

Marsile Ficin de Florence dit à Francesco, Cardinal de Sienne, un salut immortel pour un don immortel.

Alors que, mes parents et moi, nous lisions ensemble l'heureuse lettre de toi, où tu disais que nous avions obtenu la grâce d'un jubilé, nous ne fûmes pas touchés par une joie moindre que la joie de ceux qui sont sur le point d'entendre cette voix très heureuse : « Venez, vous avez été béni par mon Père » [863] ! Donc mon père soudain s'exclama, avant tous les autres : « Désormais tu laisses partir ton serviteur en paix, ô Seigneur, en accord avec ton Verbe » [864]. Et toi, tu es un donateur aussi magnifique que tu sembles un contrôleur juste et prudent : car tu donnes des choses éternelles, et non temporelles ; et tu exiges de nous, non pas du temporel, mais de l'éternel. Naturellement, tu demandes que nous priions Dieu pour ton salut, et certes tu le commandes avec la plus grande justice, car nous devons beaucoup plus que tu ordonnes. De surcroît, tu ordonnes avec la plus grande prudence, car, avant de nous demander de prier, tu as veillé à ce que nous ne priions pas inutilement ; donc nous ferons ce que tu commandes, Vénérable Père, aussi longtemps que nous vivrons. Et sans doute aucun, nous, nous acceptons ce don incomparable et divin, aussi volontiers que toi-même tu l'as offert. Mais toi sache que nous estimons et confessons ouvertement que, celui à qui nous devons une vie éternelle, nous lui devons plus encore la vie temporelle et toutes les choses temporelles.

Adieu, toi qui es heureux en Dieu, l'auteur de la félicité.

Otiose vite utilitas

Marsilius Ficinus Andree Cambino arcis custodi s. d.

Cum in foro una cum preclaro viro Francisco Casato nostro deambularem, reddita mihi est elegans epistola tua, qua significas te iam in arcis istius custodia otiosam vitam instituisse, atque in eo vite statu cetera quidem tibi adesse ad votum, sola vero divina deesse ; idcirco rogas ut religionem nostram Francisco Berlingherii filio litteris moribusque ornato demus ad te mittendam. Primum quidem probo quod ais, in arcis culmine te otium reperisse : nempe in summa serene mentis specula solum Elisea illa felixque tranquillitas reperitur. Infima sensuum vallis undique Acherontis, Stygis, Cocyti, Phlegetontis fluctibus agitatur. Quod autem subiungis, tibi in eiusmodi otio humana affatim suppeditari, divina nequaquam, hoc equidem non mirari non possum. Nam cetera, ut scis, cum et extra nos et alicubi solum posita sint, motu, negotiis, labore queruntur ; divina vero, cum et intra nos sint et ubique, quiete, otio, tranquillitate comprehenduntur. Quamobrem si revera otiosus es, ut ais, nihil minus habes quam humana, que nimium negotiosa sunt omnia, nihil rursum magis habes quam divina, quorum immensa lux ubique lucens totiens refulget in perspicuum perspicacemque mentis oculum, quotiens ad illam rite convertitur. Convertitur autem ad illam suapte natura tanquam divinus, cum primum ab ea humanorum negotiorum perturbationibus non avertitur. Forte vero ad Solem converti divinum nihil aliud est quam non averti.

Quid ergo religionem nostram queris, charissime compater ? Satis iam religiosus es, ut arbitror, si per otium solutus ab infirmorum curis, summorum tranquillitati per naturam es religatus. Sed ecce mihi nunc inter scribendum succurrit quid meus compater cupiat. Quam ob causam formosi homines magis admodum quam deformes speculis delectentur nullus ignorat. Igitur Cambinus noster, utpote qui iam abunde religiosus evaserit, librum nostrum divina tractantem quasi speculum appetit, in quo religionem suam tanquam speciem propriam speculetur. Mittam hoc meum, cum primum potero, speculum. Immo vero, ut rectius nominem, pupillam hanc meam in te dirigam, in qua aspiciens te simul ac me clare discernas. Qui enim corde vivunt uno, pupilla quoque vident una, in una etiam pupilla videntur.

Sed, ne multo longior in presentia sim quam soleam : vale. At video te, utpote Marsilii amantissimum, ut melius valeas nolle tam cito valere. An desideras

AVANTAGE DE LA VIE DE LOISIR [865]

Marsile Ficin à Andrea Cambini [866], *gardien de la citadelle, salut*

Alors que je déambulais sur le Forum avec notre fameux ami, Francesco Casato [867], l'on me transmit ta lettre délicate où tu montres que tu as désormais institué une vie de loisir [868] pour toi dans la garde de cette forteresse [869] et que, dans ce mode de vie, tout le reste se présente à toi selon tes voeux, mais que seules te font défaut les choses divines. Aussi me demandes-tu d'envoyer jusqu'à toi mon ouvrage sur la religion, par le canal de Francesco, le fils de Berlinghieri [870], homme honorable par sa littérature et ses moeurs. D'abord, j'approuve que tu dises avoir trouvé le loisir au sommet d'une citadelle : assurément c'est seulement aux plus hauts miroirs de notre intelligence sereine [871] que se tient cette tranquillité élyséenne et heureuse. À l'inverse, la vallée inférieure des sens est agitée de toutes parts par les flots de l'Achéron, du Styx, du Cocyte et du Phlégéton [872]. Mais, au vrai, je ne puis que m'étonner de ce que tu ajoutes qu'en une telle oisiveté tu te fournisses abondamment de choses humaines, mais nullement de choses divines. Car, comme tu le sais, puisque toutes les autres réalités sont disposées hors de nous et seulement en un endroit particulier, on les cherche dans le mouvement, l'activité et la peine ; au lieu que les réalités divines, puisqu'elles sont en nous et partout, on les embrasse dans la quiétude, l'oisiveté et la tranquillité. Par conséquent, si tu es vraiment de loisir, comme tu le dis, tu ne possèdes rien de moins que les choses humaines, lesquelles sont par trop affairées [873], et, par contre, tu ne possèdes rien de plus que les choses divines, elles dont l'immense lumière, qui brille partout en totalité, se réfléchit dans la clarté et la transparence de l'oeil intellectuel toutes les fois qu'il se tourne avec raison vers la lumière [874]. Or cet oeil, pour ainsi dire divin par nature, se tourne vers la lumière lorsqu'il commence de se détourner du désordre des affaires humaines [875]. Mais d'aventure se tourner vers le Soleil divin n'est rien d'autre que de ne pas s'en détourner.

Donc pourquoi réclames-tu mon *De la Religion chrétienne*, très cher compère ? Tu es déjà assez religieux à mon avis si, à travers le loisir, tu t'es libéré du souci des choses inférieures et que, par ta propre nature, tu as renoué avec la tranquillité des choses supérieures. Mais voilà qu'en t'écrivant m'apparaît ce que souhaite mon compère. Nul n'ignore pourquoi les hommes beaux se délectent bien plus des miroirs que les laids. Donc, notre cher Cambini, ainsi qu'il sied à qui déjà est devenu fort religieux, désire notre traité sur les choses divines comme s'il s'agissait d'un miroir où il observerait sa propre religion tel son propre reflet. Je te ferai parvenir ce miroir de moi dès que je le pourrai. Mieux, pour m'exprimer plus correctement, je dirigerai vers toi cette mienne pupille, où tu te verras clairement en train de me regarder au même moment. En effet, ceux qui vivent en un seul cœur [876] voient aussi d'une seule pupille et sont vus encore en une seule pupille.

Mais afin que je ne sois pas plus présent que de coutume : adieu. Or je vois que tu es si épris de Marsile que tu ne veux pas me dire adieu si promptement, ce qui revient à dire adieu de meilleure façon. Ne serait-ce pas que tu désires une lettre

epistolam, sicuti solent qui longe amant, paulo insuper longiorem ? Ergo accipe, unde valeas melius, a communi nostrum amico salutem. Paulus Saxia vir doctus salvere te iubet. Iam igitur bene vale.

De perseverantia

Marsilius Ficinus Francisco Soderino s. d.

Dic age, suavissime mi Soderine, quid scribam ? An latissime ingenium tuum et mores doctrinamque laudabo ? Nequaquam, nam in re omnibus manifesta nihil opus est testibus. An te forte ad pretiosissima civilium legum studia vehementius adhortabor ? Neque id quidem, qui enim ultro properantem stimulat, non precipit, ut arbitror, sed precipitat. Ergo non ut celerius curras urgebo, sed potius precabor ut pergas. Sane non in carceribus currentium premium, sed in calce locatur. Cursum aggredi cuiuslibet est vel ignavissimi, pervenire vero perpaucorum. In sementis principio spine saxaque minantur, in medio blandissimi flores arrident, in fine fructus suavissimi colliguntur. Non qui serit, sed qui segetem colit et metit, felix est agricola nuncupandus. Soderinum vero nostrum agricolam brevi felicem futurum existimo. Durus huic sementis labor iamdiu preteriit et asperior hiems, ver iampridem floridum agitur, in diem fructifera estas adventat. Cura igitur tuam valitudinem diligenter, ut dulcibus agriculture tue fructibus vesci suavissime valeas.

Vale. At cur ad eum quem tam multum amo, in presentia scribo tam pauca ? Quia etiam dum videmur absentes, pro mutuo inter nos amore plurima invicem die noctuque confabulamur. Preterea Hieronymus Amatius tuus, et quia tuus idcirco meus, communis nostre benivolentie nodus, qui ad Pisanum gymnasium proficiscitur, coram multa narrabit.

Iterum vale.

Solus divinus medicus curare morbos animi potest

Marsilius Ficinus Francisco Cardinali Senensi s. d.

Nuper, venerande pater, ob egregii cuiusdam amici iacturam gravi merore premebar neque solari merentem poterat cithara Calliope sua, sepe mihi alias lenimen dulce laborum. Minerva etiam me nescio quomodo destituerat. Nisi enim parumper indomitum clipeum amovisset, nunquam aut rigidi Saturni aut

un peu plus longue, comme c'est l'habitude de ceux qui aiment à distance ? Aussi reçois le salut d'un ami commun aux tiens, d'où tu puisses faire un meilleur adieu. Paul Saxia, ce docte personnage, ordonne de te saluer. Donc, maintenant, adieu.

De la persévérance [877]

Marsile Ficin à Francesco Soderini [878], salut.

Allons, dis-moi, mon très cher Soderini, que dois-je écrire ? Louerai-je abondamment ton talent, tes moeurs, ton savoir ? Nullement, car en un sujet qui manifeste tout, il n'est pas besoin de témoins. Peut-être t'exhorterai-je d'abord plus vivement à l'étude si précieuse des lois civiles ? Non plus. Car qui aiguillonne un homme qui se hâte de lui-même n'apporte pas des préceptes, mais la précipitation. Donc, je ne te presserai pas afin que tu coures plus vite, mais je te prierai plutôt d'accomplir le chemin entièrement. Assurément, la récompense des coureurs ne réside pas au départ, mais à l'arrivée. Entamer une course est à la portée du premier venu, même le plus lâche, mais achever appartient à un très petit nombre. Au début, lors des semailles, les épines et les pierres menacent, puis au milieu les fleurs les plus exquises se mettent à sourire et, enfin, les fruits les plus doux se cueillent. Ce n'est point l'homme qui sème, mais celui qui cultive et moissonne que l'on doit appeler un paysan heureux. Or j'estime que notre Soderini sera bientôt un paysan comblé. Il y a longtemps que le rude travail d'ensemencement, et avec lui l'hiver trop rigoureux, a passé. Le printemps fleuri est fort avancé et l'été fructifère s'approche déjà. Aussi, soucie-toi avec diligence de ta santé, afin que tu puisses te nourrir fort suavement des doux fruits de ton agriculture. Adieu.

Mais pourquoi écris-je à celui que j'aime tant si peu de choses désormais ? Parce que même quand nous paraissons absents, nous conversons ensemble nuit et jour, sous l'effet de notre réciproque amour. En outre, ton Girolamo Amazzi – et puisqu'il est tien, il est mien –, le noeud commun de notre bienveillance, se met en route pour le Gymnase de Pise, il te fera en personne un rapport détaillé. Derechef, adieu.

Seul le divin médecin peut soigner les maladies de l'âme [879]

Marsile Ficin à Francesco, Cardinal de Sienne, salut.

Récemment, Vénérable Père, j'étais accablé par un lourd chagrin dû à la perte d'un ami remarquable, et Calliope ne pouvait alléger mon chagrin avec sa cithare solaire, elle qui souvent, en d'autres occasions, offrait un doux réconfort à mes peines [880]. Minerve aussi, je ne sais comment, m'avait abandonné. En effet, si elle n'avait pas écarté un peu son bouclier invincible, jamais les traits du rude Saturne ou du cruel Mars ne m'auraient blessé si misérablement [881]. Seul Phébus

sevi Martis tela miserum vulnerassent. Solus autem restabat Phebus, id est divinus medicus, qui curare posse morbum animi videretur. Quorsum hec ? Nempe tu meam hanc iniquam sortem divinans, venerande pater, aliter enim scire non poteras, opportune admodum misisti ad Marsilium tuum epistolam amoris gratieque plenissimam, qua gratias tibi agi ob accepta summa abs te beneficia prohibebas. Et, ut verius loquar, non epistolam, immo saluberrimum divinumque pharmacum porrexisti, mannam, nectar, ambrosiam. Qua quidem sive medicina sive potius alimonia recreatus animus revixit, respiravit, resipuit et convaluit. Ergo posthac tu mihi Phebus eris, mea te semper cithara canet singularem tranquillitatis animi auctorem. Quam Democritii Philosophi tanti fecerunt, ut in ea sola tam divinam quam humanam beatitudinem collocarent. Atque hec quidem tranquillitas in iis qui magna gerunt ideo minima esse solet, quia et illi minimi sunt in magnis ; Phebum vero meum, tranquillitatis portum, et magna decent et maxima manent, quoniam in magnis est maximus.

VICISSITUDO AMORIS UNDE NASCITUR

Marsilius Ficinus Amerigo Corsino s. d.

Proverbium, Corsine, illud « si vis amari ama », unde nam maxime vim suam accepisse putamus ? Si ab amore ipso rationem huius proverbii sciscitabimur, forsitan respondebit se usque adeo liberum pretiosumque esse, ut neque velit neque valeat alio ullo emi vendive pretio nisi seipso. Si autem virum quendam revera amantem amicumque interrogemus, ita respondebit, ut arbitror : « Quisquis vehementer amat, se ipse sibi aufert quodammodo deditque amato ». Hunc ergo amatus, modo sane mentis sit, tanquam rem suam curat. Charissima enim sua cuique esse debent ; scit etiam, ut par pari referatur, hominem deberi pro homine, pro voluntate scilicet voluntatem. Accedit quod qui amat figuram eius quem amat suo sculpit in animo, fit itaque amantis animus tanquam speculum quoddam in quo amati relucet imago. Idcirco cum in amante se amatus agnoscat, amare illum compellitur. Quod si a natura queramus illius proverbii veritatem, sic nos forte docebit : Amorem semper procreat similitudo. Similitudo autem natura quedam est in pluribus eadem, nam si hic illi similis est, ille quoque huic est necessario similis. Eadem ergo similitudo que hunc ut illum amet compellit, illum

demeurait, c'est-à-dire le médecin divin qui pouvait, semblait-il, guérir ma maladie de l'âme. Mais dans quel but ? Parce que toi, Vénérable Père, devinant mon malheur, que tu ne pouvais savoir autrement, tu envoyas fort opportunément à ton Marsile une lettre débordante d'amour et de grâce, où tu m'interdisais de te remercier pour les très grands bienfaits que je recevais de toi. Et, pour parler plus vrai, tu m'as offert non pas une lettre, mais le *pharmakon* le plus salutaire et divin : la manne, le nectar et l'ambroisie. Sous l'effet de cette médecine, ou plutôt de cette nourriture, mon esprit fut rétabli, il revit, il respira, il recouvra sa saveur et sa santé. Aussi, à l'avenir, tu seras pour moi Phébus, toujours ma cithare te chantera, toi qui m'as apporté la tranquillité de l'âme. Et les disciples de Démocrite [882] accordèrent tant de prix à cette tranquillité qu'en elle seule ils établirent la béatitude humaine comme divine. Au vrai, cette paix se trouve habituellement chez ceux qui accomplissent de grandes choses, soit qu'ils réalisent avec grandeur des choses ordinairement minimes, soit que, eux-mêmes minimes, ils se trouvent dans de grandes choses ; mais à mon Phébus, havre de tranquillité, les grandes choses conviennent, et les plus grandes lui sont réservées, car dans les grandes choses, il est le plus grand.

D'OÙ PROVIENT LA VICISSITUDE DE L'AMOUR [883]

Marsile Ficin à Amerigo Corsini [884], salut.

Ce proverbe, Corsini, « si tu veux être aimé, aime » [885], nous nous demandons d'où provient principalement sa puissance. Si nous allons nous informer auprès de l'amour lui-même de la raison de ce proverbe, peut-être répondra-t-il qu'il est si libre et si précieux qu'il ne veut, ni ne peut, être acheté ou vendu à aucun prix, si ce n'est de lui-même. Or si nous interrogeons un homme qui nourrit un réel amour et une réelle amitié, il répondra, à mon avis, ceci : « quiconque aime passionnément s'emporte lui-même hors de lui-même, et se donne, d'une certaine façon, à son aimé ». Et l'aimé, pourvu que son intelligence soit saine, chérit son amant comme sa propre chose. Ils doivent être à chacun ce qu'il y a de plus cher ; l'aimé sait aussi que l'égal se rapporte à l'égal, et que l'homme est dû à l'homme et, évidemment, la volonté à la volonté. À ceci s'ajoute que celui qui aime sculpte dans son esprit l'image de son amour, c'est pourquoi l'esprit de l'amant devient pour ainsi dire le miroir où brille l'image de l'aimé [886]. Aussi, puisque l'aimé se reconnaît dans l'amant, il est poussé à l'aimer. Mais si nous cherchons la vérité de ce proverbe du côté de la nature, alors peut-être nous enseignera-t-elle ainsi : la similitude toujours engendre l'Amour [887]. Or la similitude est une nature identique pour un grand nombre, car si l'un est semblable à l'autre, l'autre est nécessairement semblable à l'un. Donc c'est cette même similitude qui pousse l'un à aimer l'autre, et qui conduit l'autre également à aimer l'un. En effet, une proportion similaire fait que, comme nous l'expérimentons quotidiennement soit dans le cas de deux lyres jumelles, soit dans le cas de deux cithares, toutes les fois que les cordes de l'une vibrent, autant de fois les cordes de l'autre retentissent.

quoque ad hunc amandum adducit. Similis enim aut in geminis fidibus aut duabus citharis temperatio efficit, quemadmodum nos quotidie experimur, ut quotiens altera pulsatur, totiens moveatur et altera.

Si preceptores huiusmodi aut non satisfaciunt aut minus forte declarant, conferamus iam nos ad Philosophos, mi Corsine, et quam potissimum mutui huius affectus causam afferant audiamus. Mutuam inter illos benivolentiam esse Astrologi arbitrantur, in quorum genesi luminum, id est Solis et Lune, commutatio fuerit, videlicet si me nascente Sol in Ariete, Luna in Sagittario, te nascente Sol in Sagittario, Luna in Ariete. Aut quibus signum idem vel saltem simile idemque planeta similisve ascenderit, aut benigni planete similiter angulum Orientis aspexerint. Aut Venus in eadem nativitatis domo eodemque gradu fuerit constituta. Addunt Platonici, quorum vitam demon idem aut certe similis ducat. Physici vero Moralesque, complexionis, nutritionis, eruditionis, consuetudinis, consilii similitudinem similis affectus causam esse volunt. Denique ubi cause plures concurrunt, ibi mutua benivolentia vehementior reperitur, ubi omnes, illic Pythie Damonisque, Piladis et Orestis resurgit affectus.

Quid plura ? Huiusmodi ratio, Amerige, Iohannem Cavalcantem Marsiliumque Ficinum iamdiu divino quodam amore coniunxit ; ratio eadem Amerigum quoque feliciter iam nobis adiungit. Quid de Bernado Bembo Veneto dicam ? Hunc nobiscum non ratio quedam eiusmodi solum, verum etiam providentia divina coniunxit.

Vera poesis a Deo et ad deum

Marsilius Ficinus Alexandro Braccio Musarum Sacerdoti s. d.

Plato noster in dialoguo qui *Ion* inscribitur, carmina illa solum divina Musica Musarumque furore infusa poetis existimat, que, quando Musica humana cantantur, et cantorem ipsum et audientes quodammodo concitant in furorem. Alexandri vero carmina heri ad Marsilium scripta esse talia mox cithara mea pluribus audientibus comprobavit ; comprobavit etiam paulo post Iohannes Baptista Boninsegnius familiaris noster, vir apprime Latinis Grecisque litteris eruditus.

Quamobrem non tam diligentie tue, que tamen est non mediocris, quam Musarum aspirationi tuam hanc debes, Bracci, poesim. Ergo posthac mitte, precor, amice, mortales et, quandoquidem aspirante Deo canis, cane Deum. Quod quidem non Moyses solum et David ceterique Hebreorum prophete, verum etiam Zoroaster, Linus, Orpheus, Museus, Mosaeus, Empedocles, Parmenides,

Si des professeurs de cette sorte ne te satisfont pas, ou s'ils ne s'expérimentent pas assez clairement, mon cher Corsini, alors tournons-nous vers les Philosophes, et écoutons à quelle cause principalement ils attribuent cette affection réciproque. Selon les Astrologues [888], il existe une bienveillance mutuelle entre ceux pour qui, à la naissance, les deux lumières, c'est-à-dire le Soleil et la Lune, étaient dans des positions complémentaires : si, à ma naissance, le Soleil était dans Ariès, et la Lune dans Sagittaire ; à ta naissance, le Soleil était dans le Sagittaire, et la Lune dans Ariès. Une telle bienveillance se rencontre aussi chez ceux qui naquirent sous un même signe, ou du moins un semblable, et avec la même planète, ou une semblable, dans leur ascendant ; elle se rencontre encore lorsque des planètes favorables se sont tournées pareillement vers l'angle de l'Orient, ou quand, à la naissance, Vénus a été placée dans la même maison et au même degré. Les Platoniciens ajoutent qu'un même démon, ou certes semblable, guide la vie de ces hommes [889]. Quant aux Physiciens et aux Moralistes, ils affirment que la cause de cette bienveillance réside dans une similitude de complexion, de nutrition, d'éducation, d'habitude et de réflexion. Enfin, là où plusieurs causes concourent, la bienveillance réciproque nous apparaît plus forte, et là où toutes coïncident resurgit l'amour de Pythios et Damon, Pilade et Oreste [890].

Que dire de plus ? Un principe de cette sorte, Amerigo, a uni, dès longtemps, sous l'effet d'un amour divin, Giovanni Cavalcante et Marsile Ficin ; et le même principe nous adjoint désormais avec félicité Amerigo. Que dirais-je de Bernardo Bembo, le Vénitien ? Non seulement un principe de cette nature l'a uni à nous, mais aussi la divine providence.

La vraie poésie vient de Dieu et s'adresse à Dieu [891]

Marsile Ficin à Alexandro Braccesi [892]*, Prêtre des Muses, salut.*

Notre Platon, dans le dialogue intitulé *Ion* [893], estime que seuls sont divins ces poèmes inspirés aux Poètes par la Musique et la fureur des Muses qui, quand on les chante avec une Musique humaine, poussent le chantre lui-même, et d'une certaine manière les auditeurs, à la fureur. Or les poèmes d'Alexandre qui ont été transmis hier à Marsile sont de cette nature, ma lyre l'a prouvé très vite à ceux, plutôt nombreux, qui les ont entendus ; et, peu après, c'est Giovanni Battista Buoninsegni [894], notre familier, qui l'a confirmé, homme supérieurement érudit en littérature gréco-latine.

Aussi, Braccesi, dois-tu cette poésie non pas tant à ta diligence, qui du moins n'est pas médiocre, qu'à l'inspiration des Muses. Donc, désormais, je t'en prie mon ami, délaisse les mortels et, puisque tu chantes sous l'inspiration de Dieu, chante Dieu. Ce qui, en fait, nous a été conseillé ouvertement dans leurs poèmes religieux, non seulement par Moïse, David et tous les autres prophètes hébreux [895], mais encore par Zoroastre, Liné, Orphée, Musée, Mosée, Empédocle,

Heraclitus, Xenophanes manifeste nos religiosis carminibus suis admonuerunt. Admonuere insuper Pythagoras atque Plato, qui Homerum Hesiodonumque, quod partim tanquam ingrati divina ad homines, partim tanquam impii humana ad Deos transtulerint, ex hominum cetu ad inferos expulerunt. Proinde si, quod absit, forte quasi Deo ingratus solos cantabis homines, ingratos ut plurimum mutosque cantabis ; quotiens vero Deum canes – quod potius te spero facturum –, totiens tuum cantum suaviter et feliciter comitabitur Echo.

Sua mittenda sunt ad suos

Marsilius Ficinus Petro Soderino litteris et moribus ornatissimo s. d.

Volui sepe, Soderine dulcissime, ad illos qui *Epistolas* meas a me petissent nostrum ipsum archetypum mittere ; sed hec meus mihi liber summa cum querimonia statim obiciebat : « Noli eo me mittere, precor, ubi ipse non es, mi pater ». Cum vero ad Petrum modo proficisci iuberem, nihil prorsus obiecit, utpote qui, ut videtur, intelligebat, quando ad Soderinum proficisceretur, se a Marsilio non discessurum. Ito ergo feliciter ad hunc, ito mi liber, sine quo ego nusquam eo ! At poscis nunc nonnihil viatici, video ; ego autem non reperio in presentia viaticum pretiosus quam Paulum Antonium carissimum Petri meique fratrem. Huius igitur nomen dulce viaticum ferto tecum. Et quotiens hic te forte in laribus suis aspexerit, totiens Marsilii nomine salvere iubeto.

LIBRI PRIMI FINIS

Parménide, Héraclite, Xénophane [896]. Pythagore et Platon [897] firent de même, qui chassèrent Homère et Hésiode loin de la compagnie des hommes pour les exiler aux Enfers, parce que d'une part ils attribuaient, de manière ingrate, des qualités divines aux hommes, et d'autre part transféraient, de façon impie, des qualités humaines aux Dieux [898]. Par conséquent si, ce qui ne convient pas, tu chantes seulement les hommes, comme si tu étais ingrat à l'égard de Dieu, tu chanteras, comme la plupart, des hommes ingrats et muets ; en revanche, toutes les fois que tu chanteras Dieu – ce que j'espère que tu feras plutôt –, Écho, avec douceur et félicité, accompagnera ton chant.

Ce qui est sien doit être donné à soi [899]

Marsile Ficin à Piero Soderino [900], homme des plus distingués par ses lettres et ses moeurs, salut.

Souvent j'ai voulu, très cher Soderino, envoyer à ceux qui demandaient après mes lettres mon original même ; mais mon livre a toujours objecté ceci avec une profonde plainte : « je t'en prie, ne m'envoie pas où tu n'es pas, mon père ». Or, alors que je lui commandais à l'instant d'aller vers Piero, il n'objecta absolument rien, parce que, semble-t-il, il comprenait que lorsqu'il s'en irait vers Soderino, il ne quitterait pas Marsile. Aussi, va joyeusement, va vers cet homme, mon livre, toi sans qui moi je ne vais nulle part ! Mais tu réclames, je le vois maintenant, quelque provision de voyage ; or je ne trouve pas à présent de viatique plus précieux que Paolo Antonio [901], le frère très cher de mon Piero. Donc porte son doux nom avec toi comme viatique. Et toutes les fois qu'il t'aura vu dans les Lares de Piero, salue au nom de Marsile.

FIN DU LIVRE PREMIER

NOTES

1. *Opera Omnia* (désormais abrégé *Op.*), I, Livre 1, p. 607. Le *Proème* et toutes les lettres suivantes proviennent des *Œuvres Complètes* de Marsile Ficin, Tome I, Réimpression de l'édition Henricpetrina, Bâle, 1576, préfacée par Stéphane Toussaint, Phénix Éditions, Ivry sur Seine, 1999.

2. Julien de Médicis (1454-1478) est le jeune frère de Laurent de Médicis, il appartient à l'Académie platonicienne de Florence. Botticelli fit son portrait; Politien célébra son amour pour Simonetta Cattaneo dans la *Giostra*. Il fut assassiné lors de la conspiration des Pazzi. Julien, son fils illégitime, devint le Pape Clément VII: A. Della Torre, *Storia dell'Academia Platonica di Firenze*, Florence, 1902, p. 737.

3. Platon, *Lettres*, 331d-332d.

4. *Op.*, I, Livre 1, p. 608.

5. Cosme de Médicis (1389-1464) est homme d'État, banquier, érudit et mécène, il a établi la puissance des Médicis sur Florence, dont il fit une nouvelle Athènes, une autre Rome, méritant le titre de *Pater Patriae*. Collectionnant depuis 1433 les manuscrits anciens (on lui doit la fondation de la bibliothèque Laurentienne), il prit à sa charge en 1439 le transfert du concile de Ferrare à Florence, durant lequel il entendit les leçons de Gémisthe Pléthon sur le platonisme. De là naquit le projet de créer une Académie platonicienne, dont il confia la direction à Marsile Ficin en 1462 avec pour tâche de traduire et commenter les dialogues de Platon. Le platonisme devait justifier l'accession au pouvoir d'hommes compétents, sur le modèle du philosophe-roi platonicien. Encore faut-il distinguer ce qui appartient à Cosme, et qui traduit plus un pragmatisme qu'un choix idéologique, et ce qui relève de la construction ficinienne *a posteriori* relayée par la biographie de Corsi. Dès 1450, Ficin s'intéressait à Platon, notamment dans le cercle réuni autour de Lorenzo Pisano, il se cherchait déjà des protecteurs, par exemple Piero de' Pazzi à qui il a dédicacé sa traduction du *Minos*, Giovanni et Antonio Canigiani et peut-être les Agli et les Capponi. En 1464, Ficin lisait à Cosme mourant les paroles de Xénocrate, disciple de Platon, sur le peu d'importance de la mort du corps eu égard à l'immortalité de l'âme. Pour des développements : A. Della Torre, *op. cit.*, p. 559 *sq.* ; R. Marcel, *Marsile Ficin*, Paris, Les Belles Lettres, 1956, p. 255-262, 277-278 ; F. Novotny, *The Posthumous Life of Plato*, XX, Prague, 1977 ; A. Field, *The Origins of the Platonic Academy of Florence*, Princeton, 1988 ; M. Bullard, *Marsilio Ficino and the Medici. The inner Dimensions of Patronage, Christianity and the Renaissance. Image and Religious Imagination in the Quattrocento*, Syracuse-New York, T. Verdon et J. Henderson, 1990 ; J. Hankins, *Cosimo de' Medici and the Platonic Academy*, dans *Journal of the Warburg and Courtauld Institutes*, 53, 1990, *The Myth of the Platonic Academy of Florence*, *Renaissance Quaterly*, 44, 1991 ; A. Brown, *The Medici in Florence. The Exercice and*

Language of Power, Florence and Perth, 1992 ; C. Vasoli, *Quasi sit deus. Studi su Marsilio Ficino*, Lecce, Conte Editore, 1999, p. 37 *sq.* ; B. Tambrun, *Pléthon. Le retour de Platon*, Paris, Vrin, 2006, p. 17-33.

6. La villa Careggi se situe au nord de Florence. Ancienne demeure du peintre F. Lippi, elle fut achetée en 1417 par les Médicis. En 1457, Cosme la fit aménager et remanier par Michelozzo, l'élève de Brunelleschi. Michelozzo avait déjà construit le Palais Medici Riccardi en 1440.

7. Platon, *Philèbe*. Il s'agit de l'un des dix dialogues platoniciens traduits par Ficin pour Cosme de Médicis, qui le lui avait demandé en 1463. Sur ce point, R. Marcel, *op. cit.*, p. 235-263 ; N. A. Robb, *Neoplatonism of the italian Renaissance*, Londres, 1956 ; N. Rubinstein, *The governement of Florence under the Medici* (1434-1494), Oxford, Clarendon Press, 1966 ; J. Hankins, *Plato in the Italian Renaissance*, I et II, Leiden et New York, 1990 ; A. Brown, *The Medici in Florence*, Firenze-Perth, Leo Olschki-University of Western Australia Press, 1992 ; E. Garin, *L'Humanisme italien*, Paris, Albin Michel, 2005, p. 133-150.

8. Pour un commentaire : R. Marcel, *op. cit.*, p. 262 *sq.*

9. *Op.*, I, Livre 1, p. 608. Cette lettre trouve son complément dans celle adressée à Laurent : *Quid est felicitas.*, *Op.* I, Livre 1, p. 662 *sq. Cf.* R. Marcel, *op. cit.*, p. 262-263.

10. Platon, *Euthydème*, 278e-282a. La recherche du bonheur est indissociable de la philosophie, selon une tradition dont s'autorise Ficin : Aristote, *Éthique à Nicomaque*, I, 4 et 7 et X, 6 et 7 ; Cicéron, *Des Fins*, V, 29, 86 ; Sénèque, *Lettres*, 44, 7, *La Vie heureuse*, I, 1 ; saint Augustin, *La Cité de Dieu*, X, 1 ; Boèce, *Consolation de la philosophie*, III, 2 ; Pétrarque, *Mon ignorance et celle de tant d'autres*, IV, 8, Grenoble, Jérôme Millon, 2000, p. 101.

11. P. O. Kristeller, *Supplementum ficinianum*, I, Firenze, Leo Olshki, 1937, p. 37.

12. Dans sa forme première, cette lettre est datée « Celli, III Idiis Ianuariis. 1463 » : P. O. Kristeller, *Supplementum ficinianum*, I, *op. cit.*, p. 37.

13. *Op.*, I, Livre 1, p. 609.

14. Amerigo Benci (1431-?), et avant lui son père Giovanni, s'occupaient des affaires financières et banquaires de la famille Médicis. Amerigo, l'un des hommes les plus riches de Florence, collectionnait les manuscrits anciens et les oeuvres d'art ; il participa activement à l'Académie fondée par Ficin. Léonard de Vinci fit un portrait de sa fille, Ginevra, et c'est chez lui que le peintre laissa son tableau inachevé *L'Adoration des Mages*, quand il partit pour Milan.

15. Dès 1459 Cosme, à suivre Corsi (*Vita Ficini*, I, 4), invita Ficin à persévérer dans l'étude de Platon, et exhorta son père à ce qu'il se détourne de la médecine : R. Marcel, *op. cit.*, p. 162 *sq.* Ficin avait rédigé un essai sur le néoplatonisme latin, les *Institutiones platonicae* en 1456 : *Op.*, I, Livre 11, p. 929. Sur l'apprentissage du Grec par Ficin : R. Marcel, *op. cit.*, p. 243-250. Ses premières traductions commencent en 1462. Sur le premier manuscrit que lui avait remis Cosme, et qui contenait tous les dialogues platoniciens : *ibid.*, p. 253 *sq.*

16. Sénèque, *Lettres à Lucilius*, 6, 5-6.

17. *Op.*, I, Livre 1, p. 609.

18. La fièvre tierce est due à un excès d'eau : Platon, *Timée*, 86a.

19. Giovanni Aurelio Augurelli (1456-1524) de Rimini est poète et homme de lettres. Il envoya ses poèmes à Ficin qui les chanta avec sa lyre. Il est aussi l'ami de Bembo et Poliziano. Aldo Manuzio a publié ses poésies en 1505 : A. Della Torre, *op. cit.*, p. 818-819 ; P. O. Kristeller, *Supplementum ficinianum*, II, p. 336.

20. L'esprit, *pneuma* ou *spiritus*, est la tierce essence qui fait lien entre l'âme et le corps, il est un corps subtil, éthéré, aérien et lumineux, qui enveloppe l'âme, et lui sert de véhicule dans sa descente vers la terre et sa remontée vers le ciel : Platon, *Timée*, 43a ; Proclus, *Commentaire sur le Timée de Platon*, III, 299, 1-5, *Éléments de théologie*, § 196 ; Macrobe, *Commentaire sur le Songe de Scipion*, I, 12 ; Synésios de Cyrène, *Traité sur les Songes*, 5, 2 ; Origène, *De Oratione*, XXXI, 29 ; Al-Kindi, *De Radiis*, V, 5-6 ; Ficin, *Théologie Platonicienne*, VII, 6, IX, 5, XIII, 4 et XVIII, 4, *Commentaire sur le Banquet de Platon*, VI, 6, *Les Trois Livres de la Vie*, III, 3, Paris, Fayard, 2000, p. 147-149 ; R. C. Kissling, *The* Okhêma-pneuma *of the Neoplatonists and the* De Insomniis *of Synesius of Cyrene*, dans *American Journal of Philology*, 43, 1922, p. 318-33 ; R. Klein, « L'imagination comme vêtement de l'âme chez Marsile Ficin et Giordano Bruno », dans *Revue de métaphysique et de morale*, janvier-mars 1956, 1, p. 18-39 ; D. P. Walker, *La Magie spirituelle et angélique. De Ficin à Campanella*, Paris, Albin Michel, 1988, p. 42-43 ; N. Aujoulat, *Le néoplatonisme alexandrin, Hiéroclès d'Alexandrie*, Leyde, 1986, p. 273-282 et « De la *phantasia* et du *pneuma* stoïciens, d'après Sextus Empiricus, au corps lumineux néoplatonicien (Synésios de Cyrène et Hiéroclès d'Alexandrie) », dans Pallas, 34, 1988, p. 123-146 ; S. Toussaint, « Ficino's Orphic Magic or Jewish Astrology and Oriental Philosophy ? A note on spiritus, the *Three Books on Life*, Ibn Tufayl and Ibn Zaeza », dans *Accademia* II, p. 19-31 ; S. Matton, « Marsile Ficin et l'alchimie », dans *Alchimie et Philosophie à la Renaissance*, Paris, Vrin, 1993, p. 142-148 ; S. Toulouse, *Les théories du véhicule de l'âme : genèse et fonctions d'une doctrine de la médiation entre l'âme et le corps dans le néoplatonisme*, Thèse de Doctorat, École des Hautes Études, Section des Sciences religieuses, Paris, 2007.

21. Imitant l'Académie de Platon, Ficin avait fait graver des sentences sur les murs de son "gymnase". À l'entrée de la salle principale où Ficin devisait avec ses amis se trouvait celle qu'il mentionne dans sa lettre : *A bono in bonum*. Il y avait également un tableau représentant, penchés sur un globe terrestre, Héraclite pleurant et Démocrite riant ; et enfin une « image » de Platon à laquelle Ficin rendait un culte en tenant « une lampe allumée devant elle » : R. Marcel, *op. cit.*, p. 292-293.

22. *Op.*, I, Livre 1, p. 609.

23. Moine et enseignant, Michel Mercati est un ami de la première heure. Ficin lui apporta son aide, notamment en présentant au jeune étudiant qu'il était les grandes écoles philosophiques dont la connaissance était nécessaire. La légende raconte que Ficin, une fois mort, choisit d'apparaître à Mercati, afin de lui prouver l'immortalité de l'âme : A. Della Torre, *op. cit.*, p. 575-576 ; P. O. Kristeller, *Supplementum ficinianum*, II, p. 216 ; R. Marcel, *op. cit.*, p. 184 *sq.* et 406 *sq.*

24. Platon, *Lettres*, 341c-344c, *Phèdre*, 65a-67b.

25. Pour Ficin, la vérité sur les choses divines nous est révélée par une lumière divine, sur le modèle de l'illumination paulinienne : cf. *Op.*, I, *D. Pauli Comment.*, VI, p. 436.

26. Il s'agit de l'offrande des larmes que l'âme verse en signe d'humilité : P. Nagy, *Le Don des larmes au Moyen Âge*, Paris, Albin Michel, 2000, p. 48 *sq.*

27. L'angoisse renvoie à une inquiétude originelle qui se confond avec l'acédie monacale. Telle dépression stérile contraste fortement avec les vertus créatrices de la fureur mélancolique, ce qui marque ainsi les hésitations de Ficin à interpréter la mélancolie soit en termes de péché (Pétrarque) soit en termes de don divin (Giordano Bruno). *Cf.* Thomas a Kempis, *Soliloques*, III, 21 (traduction A. Michel) : « Tout ce que tu me donnes hors de toi, tout ce que tu me découvres de toi-même, tout ce que tu m'en promets est trop peu et ne me suffit pas si je ne te vois, si je ne te possède pleinement. / Car mon

coeur ne peut avoir de vrai repos, ni être entièrement rassasié jusqu'à ce que, s'élevant au-dessus de tous tes dons et de toute créature, il se repose uniquement en toi. »

28. Saint Augustin, *Soliloques*, I, 3. Ficin accorde une grande importance à Augustin, lequel est allé du platonisme au christianisme comme lui (à moins que Ficin n'ait accompli le trajet inverse), et sous le patronnage duquel il a choisi de présenter sa *Théologie Platonicienne*, *Proème*, Paris, Les Belles Lettres, 1964, p. 36 : R. Marcel, *op. cit.*, p. 656 et 667.

29. Saint Augustin, *Confessions*, Livres I, 2 et X, 27.

30. Saint Bonaventure, *Itinéraire de l'esprit vers Dieu*, V, 7-8 ; Nicolas de Cues, *La Docte ignorance*, Livre I, II, *Œuvres choisies*, Paris, Aubier, 1942, p. 63, Livre I, IV, p. 70, et Livre II, III, p. 110.

31. Ficin, *De christiana Religione*, XIII, *Op.*, I, *op. cit.*, p. 18.

32. Plotin, *Ennéades*, V, 2, 1.

33. *Ibid.*, V, 1, 7.

34. *Ibid.*, III, 9, 4.

35. Saint Augustin, *Soliloques*, I, 4 ; Ficin, *Théologie platonicienne*, II, 12, p. 113. À ce niveau, il se produit un décrochage par rapport au néoplatonisme, dans la mesure où le christianisme de Ficin le conduit à installer l'être au sein de la première hypostase, celle du Dieu créateur de toutes choses : Plotin, III, 8, 10, V, 3, 17 et VI, 9, 6. Voir aussi Nicolas de Cues, *La Docte ignorance*, Livre I, VIII, p. 75 *sq.*

36. Plotin, V, 5, 11 ; saint Augustin, *Confessions*, Livre I, 3 ; Nicolas de Cues, *Traité de la vision de Dieu*, XIII, p. 402 *sq.* ; Ficin, *Théologie platonicienne*, XV, 2 et II, 6.

37. Saint Paul, I, *Épître aux Corinthiens*, 15, 28 ; saint Bonaventure, *Itinéraire de l'esprit vers Dieu*, V, 8, Paris, Vrin, 1994, p. 9 ; Ficin, *Du Ravissement de Paul*, XV.

38. Jean Scot Erigène, *Periphyseon*, I, PL 122, 486D-469A ; Nicolas de Cues, *Où est le nouveau né*, dans *Sermons eckhartiens et dionysiens*, Paris, Cerf, 1998, p. 229 *sq.* ; Ficin, *Théologie platonicienne*, II, 6.

39. Saint Bonaventure, *Itinéraire de l'esprit vers Dieu*, III, 4, p. 69.

40. *Exode*, 33, 19-20 ; *Amos*, 5, 4, 6 ; *Daniel*, 3, 41 ; Ficin, *Du Ravissement de Paul*, XV.

41. Saint Augustin, *Soliloques*, I, 4.

42. Plotin, V, 5, 6 et VI, 9, 1.

43. Saint Augustin, *Soliloques*, I, 3.

44. Saint Augustin, *De la Trinité*, VIII, 3-5.

45. Plotin, I, 6, 5, I, 6, 7 et V, 3, 9 ; Ficin, *Théologie platonicienne*, XVI, I, *Epistolae*, *Op.*, I, Livre 6, p. 837 *sq.* Le retour de l'âme à son principe exige un détour du corps ainsi qu'une purification morale.

46. Plotin, V, 5, 12.

47. Saint Augustin, *De la Trinité*, VIII, 3, 4.

48. Ficin, *Du Ravissement de Paul*, VIII.

49. Saint Augustin, *Soliloques*, II, 33.

50. Plotin, II, 9, 17 et V, 3, 9 ; Ficin, *Théologie platonicienne*, IX, 3. La lumière a été l'une des premières préoccupations de Ficin, puisque dès l'âge de 21 ans il était capable d'en remontrer à Antonio Seraphico sur le sujet : *Lettre de Marsile Ficin à Antoine de San Miniato*, 13 septembre 1454 ; R. Marcel, *op. cit.*, p. 180-182. Pour plus de développements, J. Reynaud et S. Galland, *Métaphysique de la lumière*, Chambéry, L'Act Mem, 2008.

51. Nicolas de Cues, *La recherche de Dieu*, p. 197 ; Ficin, *De la Lumière*, VI, *Commentaire sur le Banquet de Platon*, II, 2.

52. La lumière de l'âme suppose une vie sans fin qui est la lumière infinie. Il s'agit là d'une preuve a posteriori de l'existence de Dieu : *Théologie platonicienne*, XVI, 8.

53. Ficin, *Théologie platonicienne*, VI, 2, *Quid sit lumen*, XI, Paris, Allia, 1998, p. 37.

54. Nicolas de Cues, *Traité de la vision de Dieu*, VI, p. 390 ; Ficin, *Théologie platonicienne*, IX, 3, p. 14.

55. Ficin, *Epistolae*, Livre VII, *Op.*, I, p. 862.

56. Angèle de Foligno, *Le Livre d'Angèle de Foligno*, I, dix-huitième pas ; Nicolas de Cues, *Traité de la vision de Dieu*, V, p. 384.

57. Jean de la Croix, *Flamme d'amour vive*, II, vers 7-8.

58. Saint Bonaventure, *La Perfection de vie*, VI, 11.

59. Saint Augustin, *Soliloques*, I, 3.

60. Ficin, *Théologie platonicienne*, XVI, 8 : la mort n'est pas redoutable, elle est le comble de la contemplation. *Cf.* Jean de la Croix, *Flamme d'amour vive*, strophe II, vers 12 et *Je vis sans vivre en moi*, strophes I et II.

61. Ficin, *Du Ravissement de Paul*, XXIII.

62. Plotin, V, 3, 4, V, 8, 10 et VI, 7, 36 ; Saint Bonaventure, *La triple Voie*, II, 9 ; Jean de la Croix, *Dans un amoureux élan*, strophe IV, vers 30.

63. L'âme ne dépend d'aucun temps ni d'aucun lieu : Plotin, V, 1, 2 ; Ficin, *Théologie platonicienne*, XVI, 5.

64. Saint Augustin, *Soliloques*, I, 5 ; Pseudo-Denys, *Noms divins*, I, 1.

65. Saint Augustin, *Soliloques*, I, 6 ; Ficin, *Théologie platonicienne*, V, 13 : il n'est pas d'intermédiaire entre l'âme et Dieu.

66. *Op.*, I, Livre 1, p. 612.

67. Ottone Niccolini est un homme de loi, il appartient au *Chorus Academiae Florentinae* qui est une école aristotélicienne. Niccolini prit part à une discussion avec Argyropoulos et ses disciples en présence de Cosme à Careggi sur le rapport de la loi à la philosophie morale. Sur l'importance de l'aristotélisme à la Renaissance : A. Della Torre, *op. cit.*, p. 398, 545 *sq.* ; C. H. Lohr, « Renaissance latin Aristotle Commentaries », dans *Renaissance Quaterly*, 32, 1979, p. 530-580 ; P. O. Kristeller, *Medieval aspects of Renaissance learning*, New York, Columbia University Press, 1992, p. 29-91.

68. Mort en 1464 à Florence, Piero de' Pazzi fut fait chevalier en 1462 et accéda à la charge de Gonfalonier de Justice. Il fut initié aux auteurs anciens par Niccolo Niccoli, et se constitua une bibliothèque de manuscrits conséquente. D'abord membre du *Chorus Academiae Florentinae*, il rejoint ensuite l'Académie de Ficin : A. Della Torre, *op. cit.*, p. 545 *sq.*

69. Homme d'État florentin, diplomate et membre de l'Académie ficinienne ; il fut un exemple de vertu civile, si l'on en croit les *Vies* de Vespasiano da Bisticci : A. Della Torre, *op. cit.*, p. 545 *sq.*

70. Platon, *Lois*, I, 624.

71. Fils de Zeus et d'Europe, époux de Pasiphaé, père d'Ariane et de Phèdre. Il donna des lois à la Crète. Après sa mort, il devint l'un des trois juges des enfers au carrefour de trois routes : Rhadamante juge les Asiatiques, Éaque les Européens, et tous deux se réfèrent à Minos pour les cas difficiles à trancher.

72. Médecin grec, né à Pergame (131-200), dont la doctrine fut transmise par les Arabes, et constitua la base de toute la médecine médiévale, alors que les Renaissants, sans pour autant abandonner le galénisme, choisiront de donner la primauté à Hippocrate. Galien attribuait l'état de santé à une juste proportion entre le sang, la bile, l'atrabile et la pituite – observations qu'on retrouve dans le *De la Triple Vie* de Ficin. Dans ce même

texte, *op. cit.*, p. 20, le philosophe prend soin de souligner que Galien « *tum Medicus, tum Platonicus* » conduit à Platon ; ce qui recoupe l'itinéraire spirituel de cet *alter Plato* que fut Ficin.

73. Platon, *Lois*, I, 624.

74. Il s'agit d'Hermès Trismégiste auquel Ficin se réfère dès 1457 dans son traité *Di Dio et Anima*, pour montrer combien la sagesse égyptienne fonde et féconde la sagesse grecque : P. O. Kristeller, *Supplementum ficinianum*, II, p. 128-147.

75. Prophète qui aurait vécu entre l'an 1000 et 400 avant notre ère, il fut le fondateur du premier monothéisme, dont le Dieu était Ahura-Mazda. Zoroastre, qui supplante Hermès Trismégiste à la première place de fondateur de la *pia philosophia*, serait la source de cette Sagesse éternelle qui, née en Perse, nourrie en Thrace avec Orphée et Aglaophème, se développe sous Pythagore, pour venir à maturité avec Platon et s'épanouir avec le Christ. Ficin a pu connaître Zoroastre par l'intermédiaire du *Traité des Lois* (Paris, Vrin, 1982, p. 30-32) de Pléthon et du *De Iside et Osiride* (369d-370d) de Plutarque : Ficin, *Op.*, I, Livre 3, p. 759, II, p. 1537 ; R. Marcel, *op. cit.*, p. 603-612 ; B. Tambrun, *Pléthon. Le retour de Platon*, p. 85-104.

76. Peuple mentionné par Hérodote : *Enquête*, IV, 13-15, Pausanias : *Description de la Grèce*, I, XXIV, 6, Pline l'Ancien : *Histoire Naturelle*, VII, II, 2, 10, et Aulu-*Gelle : Nuits Attiques*, IV, 4, 6, qui se trouvait au-delà des Issédones, lesquels résidaient près de la mer caspienne à l'est de l'Oural, mais en deçà des Hyperborréens. Les Arimaspes n'avaient qu'un oeil (*arima-spou* en langue scythe), comme les Cyclopes ; ils seraient des mineurs extrayant l'or gardé par les Griffons. Aristéas de Proconnèse, qui passait pour un poète *furiosus* au délire apollinien et une sorte de shaman grec, leur a consacré un poème épique : *Arimaspée*, dont il ne nous reste que douze vers (*Epicorum Graecorum Fragmenta*, Göttingen, 1988, p. 87) qui ont circulé en Occident dans les fragments de Tzetzès : *Chiliades*, VII, 687 *sq.*, le traité du Pseudo-Longin : *Du Sublime*, X, 4, et le *Martyre de la Légion thébaine* de Sigebert de Gembloux, vers 291-292. Dès lors se pose la question du lien à Zoroastre, question qui commence de se résoudre, du moins étymologiquement, quand A. Barguet (Hérodote, *Enquête*, Paris, Gallimard, 1985, p. 531, note 34) propose de rapprocher ce nom de l'iranien « aspa » (cheval) et « arime » (sauvage), ce qui ferait des Arimaspes le « peuple aux chevaux sauvages ». Comme Hermotime, l'une des réincarnations de Pythagore (Diogène Laërce, VIII, 5 ; Apulée, *Du Démon de Socrate*, 22, 592c), Aristéas était capable de sortir de son corps pour en rapporter des visions (Pline l'Ancien, *Histoire Naturelle*, VII, 53, 174). Pareil prodige l'assimile aux pythagoriciens, dont il était réputé être parmi les premiers : Jamblique, *Vie de Pythagore*, 138 ; Proclus, *Commentaire sur la République de Platon*, XVI, 113 – ce qui permet de l'inscrire dans l'*Aurea Catena* de Ficin qui réunit Zoroastre, Hermès Trismégiste, Orphée, Aglaophème, Pythagore, Philolaos, Platon et Plotin en une même sagesse éternelle. Pour des approfondissements : K. Dowden, « Deux notes, sur les Scythes et les Arimaspes », dans *Revue des Études Grecques*, 93, p. 491 ; A. Ivantchik, « La datation du poème l'*Arimaspée* d'Aristéas de Proconnèse », dans *L'Antiquité classique*, 62, p. 67 ; M. Martin, « Le matin des Hommes-Dieux », dans *Folia Electronica Classica*, 8, 2004.

77. Zamolxis fut l'esclave et l'apprenti de Pythagore, il en est à bien des égards le double. Un culte lui était rendu par les Gètes qui le considéraient d'essence divine, une espèce de daïmon local : Hérodote, *Enquête*, IV, 95 ; Diogène Laërce, VIII, 2 ; F. Hartog, *Le Miroir d'Hérodote*, Paris, 1980, p. 102-125.

78. Diodore de Sicile, I, 15, 9-16, 2 et I, 94, 1-2.

79. Plutarque, *Numa*, 4 ; Cicéron, *République*, II, 15.

80. *Le Livre de l'Échelle de Mahomet*, I-V et LXV ; *Coran*, 2, 97-98 et 4, 66. Ficin possédait un Coran et un Avicenne ; il les prêta à Jean Pic de la Mirandole lorsque celui-ci préparait ses neuf cents *Conclusions* : R. Marcel, *op. cit.*, p. 483.

81. Platon, *Lois*, 624a.

82. Platon, *Protagoras*, 320c-322d.

83. Cicéron, *Des Devoirs*, II, 40.

84. *Op.*, I, Livre I, p. 612.

85. Poète humaniste (1440-1469) dont les talents précoces forcèrent l'admiration des érudits : il était membre de l'Académie ficinienne : A. Della Torre, *op. cit.*, p. 552-553 ; P. O. Kristeller, *Supplementum ficinianum*, II, p. 322.

86. F. A. Yates, *Les Académies en France au XVIe siècle*, Paris, Presses Universitaires de France, 1996, p. 108 *sq.*, pour un commentaire au sujet de l'apposition entre art et technique d'un côté et fureur poétique de l'autre. Il semble toutefois discutable, notamment dans le cas de Ficin, de ramener la fureur poétique à la nature, puisque son origine divine la fait précisément pointer vers la surnature. La Fureur est une modalité de l'enthousiasme (*enthousiasmos*), elle décrit l'état de celui qui est *enthéos*, qui a le dieu en lui, état qui relève de l'extase, de la transe ou de la possession : G. Rouget, *La musique et la transe*, Paris, Gallimard, 1980, p. 341-408.

87. Démocrite, Fragment 68 B 17 Diels-Kranz ; Platon, *Phèdre*, 245a et *Ion*, 533d-536 ; Aristote, *Problème* XXX, I, 953a 9 ; Cicéron, *De l'Orateur*, II, XV, 194, *De la divination*, I, XXXVII, 80 ; Sénèque, *La Tranquillité de l'âme*, XVII, 10 et 11 ; Pétrarque, *Les Remèdes aux deux fortunes*, II, 115, 10, Grenoble, Jérôme Millon, 2002, p. 1047 ; J. Pigeaud, *La maladie de l'âme*, Paris, Les Belles Lettres, 1989, p. 520-521 et *Melancholia*, Paris, Payot & Rivages, 2008, p. 31-63. Pareilles sources justifient la théorie ficinienne du génie qui, faisant fi des règles et de la technique, s'abandonne à son inspiration divine. *Cf.* E. Panofsky, *L'œuvre et d'art et ses significations*, Paris, Gallimard, 1969, p. 129-134 et *Saturne et la mélancolie*, Paris, Gallimard, 1989, p. 389-432 ; A. Chastel, *Marsile Ficin et l'art*, Genève, Droz, 1975, p. 129 *sq.* ; I. P. Couliano, *Éros et magie à la Renaissance*, Paris, Flammarion, 1984, p. 78 *sq.* ; R. Daval, *Enthousiasme, ivresse et mélancolie*, Paris, Vrin, 2009, p. 11-53. Pour une réflexion plus générale sur la lecture ficinienne du *Phèdre* : M. J. B. Allen, *The Platonism of Marsilio Ficino, a Study of his* Phaedrus *Commentary*, University of Columbia, Los Angeles, 1984.

88. Platon, *Ion*, 234b ; Ovide, *Fastes*, VI, 5 : « Est deus in nobis, agitante calescimus illo », *L'Art d'aimer*, III, 549 : « Est deus in nobis sunt et commercia coeli ».

89. Platon, *Phèdre*, 247 e.

90. Hermès Trismégiste, *Poimandrès*, I, 6-8.

91. Dans l'esprit de Ficin, Hermès est l'un des représentants de la philosophie pérenne qui, inaugurée avec Zoroastre, se poursuit, au-delà du Trismégiste, avec Orphée, Aglaophème, Pythagore, et Platon : *Théologie platonicienne*, VI, 1 ; *De christina Religione*, *Op.*, I, p. 29-30, *Op.*, I, à Antonio Ziliolo Sophronio veneto, p. 853. Dès 1463, le maître de l'Académie donne une traduction aux quatorze premiers traités du *Corpus Hermeticum*. *Cf.* R. Marcel, *La fortune d'Hermès Trismégiste à la Renaissance*, *L'Humanisme français au début de la Renaissance*, Paris, Vrin, 1973, p. 137 *sq.* ; Michael J.-B. Allen, *Marsile Ficin, Hermès et le* Corpus Hermeticum dans *Présence d'Hermès Trismégiste*, Paris, Albin Michel, 1988, p. 110-119 ; F. A. Yates, *Giordano Bruno et la Tradition hermétique*, Paris, Dervy, 1996, p. 85-108 ; G. Fowden, *Hermès l'Égyptien*, Paris, Les Belles Lettres, 2000, p. 147-175 ; E. Garin, *Hermétisme et Renaissance*, traduction B. Schefer, Paris, Allia, 2001, p. 14 *sq.*

92. Platon, *République*, V, 476a-479b, *Timée*, 28 *sq.*, *Phèdre*, 247a-247e, *Phédon*, 79b-80a ; E. Panofsky, *Idea*, Paris, Gallimard, 1969, p. 74.

93. Plotin, V, 9, 8 et VI, 7, 33 ; Ficin, *Commentaire sur le Banquet de Platon*, VII, 14.

94. Homère, *Iliade*, I, vers 598 ; Hésiode, *Théogonie*, vers 640 ; Platon, *Phèdre*, 247e ; Plotin, VI, 7, 30 ; Macrobe, *Commentaire au Songe de Scipion*, I, 12, 11.

95. Platon, *La République*, X, 621b ; Virgile, *Énéide*, VI, 714 ; Macrobe, *Commentaire au Songe de Scipion*, I, 12, 11 ; Ficin, *Commentaire sur le Banquet de Platon*, IV, 5.

96. La théorie de la réminiscence est tirée du *Phédon*, 73b-77b. Voir aussi Macrobe, *Commentaire au Songe de Scipion*, I, 12, 10.

97. Ficin, *Commentaire sur le Banquet de Platon*, VI, 18, p. 237.

98. Platon, *Phèdre*, 247d.

99. *Ibid.*, 246a-246e ; Plotin, V, 3, 4. L'élan qui emporte l'intelligence du philosophe au-dessus de la raison discursive est indissociable de la saisie intuitive des essences et de soi dans l'Intelligence-hypostase.

100. Dans le *Commentaire sur le Banquet de Platon*, VII, 14, Ficin choisira de voir plutôt dans les deux ailes de l'âme l'intelligence et la volonté. *Cf.* P.O. Kristeller, *Huit philosophes de la Renaissance Italienne*, Genève, Droz, 1975, p. 49.

101. Platon, *Phédon*, 109c et 114b.

102. *Ibid.*, 66a-67e et 82b-83b.

103. Platon, *Phèdre*, 249d.

104. Plotin, V, 3, 17, recourt à une métaphore identique, s'agissant de décrire le mouvement de l'âme vers l'Un.

105. Platon, *Phèdre*, 265c ; Ficin, *Commentaire sur le Banquet de Platon*, VII, 14 : aux quatre fureurs sont liés quatre degrés de la remontée de l'âme depuis le multiple jusqu'à l'Un. La fureur poétique tempère la discorde. La fureur dionysiaque rassemble les parties de l'âme en un tout. La fureur apollinienne ramène l'intelligence à l'unité. La fureur amoureuse unit immédiatement l'âme à Dieu. Cf. *Plato's Third Eye, Studies in Marsilio Ficino's Metaphysic and its Sources*, Aldershot et Vermont, 1995.

106. Platon, *Phèdre*, 250 c, *République*, X, 614d et 621b; Philon d'Alexandrie, *La Migration d'Abraham*, VII, 184-187 ; Dante, *Paradis*, XVII, 127-132.

107. Ficin, *Du Ravissement de Paul* XVII et XVIII, *In Epistolis Divi Pauli*, *Op.*, I, p. 425-473, à Pierleone, *ibid.*, p. 925, à D. Iacobo Rondono, *ibid.*, p. 956, *De Mystica Theologia*, *Op.*, II, p. 1013 *sq.*, *De Divinis nominibus*, *ibid.*, p. 1024.

108. Saint Paul, *Épître aux Romains*, I, 20 ; Pseudo-Denys, *Les Noms divins*, IV, 4, *Lettres*, IX, 2 ; saint Augustin, *De la Trinité*, XV, II, 3 ; Ficin, *Du Ravissement de Paul*, XI.

109. Platon, *Phèdre*, 250d.

110. Platon, *Phédon*, 81-3 ; *Timée*, 47a-d ; Plotin, VI, 3, 16 ; Ficin, *Commentaire sur le Banquet de Platon*, V, 2.

111. Platon, *Phèdre*, 251c ; Plutarque, *Erotikos*, Arléa, 1995, p. 87.

112. Platon, *ibid.*, 249d-e ; Plutarque, *ibid.*, p. 77 et 80.

113. Platon, *Banquet*, 209a.

114. Platon, *Phèdre*, 251a-252b ; Ficin, *Commentaire sur le Banquet de Platon*, II, 9.

115. *Ibid.*, 250d-251d. Ficin, *ibid.*, II, 6, invite à contempler, admirer, craindre et vénérer l'éclat de la divinité qui brille dans les beaux corps.

116. *Ibid.* La distinction rejoint celle de la Vénus céleste et de la Vénus des carrefours : Platon, *Banquet*, 180c-181c ; Plotin, III, 5 ; Ficin, *Commentaire sur le Banquet de Platon*, II, 8 et VI, 7 ; E. Panofsky, *La Renaissance et ses avant-courriers dans l'art d'Occident*,

Paris, Champs-Flammarion, 1993, p. 346 ; K. Clark, *Le Nu*, I, Paris, Hachette, 1998, p. 158-168 et p. 199 *sq*.

117. Macrobe, *Saturnales*, II, 2, 17 ; Ficin, *Commentaire sur le Banquet de Platon*, II, 6 et II.

118. Platon, *Phèdre*, 265a ; C. Joubaud, *Le corps humain dans la philosophie platonicienne*, Paris, Vrin, 1991, p. 187 *sq*.

119. *Ibid*., 238e-239d.

120. Platon, *Phédon*, 83b ; Virgile, *Énéide*, VI, 734 ; Macrobe, *Commentaire au Songe de Scipion*, I, 10, 6.

121. D'origine orphique, la métaphore illustre le destin de l'âme qui s'est laissée dominer par le corps, la laideur, et les vices : Platon, *Phédon*, 69c, *République*, II, 363d ; Plotin, I, 6, 5 et 6 ; Macrobe, *ibid*., I, 12, 17.

122. La ligne de réflexion reste celle exposée par Platon dans le *Phédon*, 65c-67e : le corps est un obstacle à la science ainsi qu'à la béatitude – il appartient au philosophe de se détacher de son commerce.

123. Plotin, I, 6, 4 et 5 et VI, 7, 33.

124. Platon, *Phèdre*, 265a ; Plotin, VI, 7, 31.

125. Ficin, *Commentaire sur le Banquet de Platon*, I, 4, où l'auteur affirme que seules l'intelligence, la vue et l'ouïe nous font jouir de la beauté.

126. Platon, *Timée*, 47d ; Macrobe, *ibid*., II, 3, 6-7 ; Ficin, *De Voluptate*, 9. *Cf*. le commentaire de R. Marcel à la fin de l'article de D. P. Walker, « Le chant orphique de Marsile Ficin », dans *Musique et poésie au* XVIe *siècle*, Paris, Éditions du CNRS, p. 30.

127. Horace, *Art poétique*, 323.

128. Platon, *République*, III, 398c-399, *Lois*, VII, 814, *Timée*, 47d ; Ficin, *Commentaire sur le Banquet de Platon*, III, 3.

129. D. P. Walker, *Le chant orphique de Marsile Ficin*, *op. cit*., p. 20, émet la possibilité d'une influence, par l'intermédiaire de Gémisthe Pléthon, de la liturgie byzantine sur Ficin qui s'ajouterait à celle des hymnes orphiques. Encore faut-il en ce point comme en d'autres limiter l'influence de Pléthon sur Ficin, puisque ce dernier ne le cite que quatre fois dans toute son oeuvre : R. Marcel, *op. cit*., p. 610.

130. Platon, *Phèdre*, 265c.

131. *Ibid*., 245 b.

132. Platon, *Ion*, 534a-b, *Apologie*, 22b-c ; Plotin, V, 3, 14.

133. Macrobe, *Commentaire au Songe de Scipion*, II, 3, 4.

134. Platon, *République*, 617 b.

135. Macrobe, *ibid*., II, 3, 1.

136. Ficin, *Théologie Platonicienne*, IV, 1.

137. Macrobe, *ibid*., II, 3, 4 ; Porphyre, *Vie de Pythagore*, XXXI ; Cicéron, *République*, VI, 18 ; Plutarque, *De procreatione animi in Timaeo*, XXXII, 1029c ; Ficin, *Commentaire sur le Banquet de Platon*, V, 13.

138. Plotin, V, 1, 7. Pour ce qui touche à l'Âme du monde, les sources sont : Platon, *Timée*, 34b, *Lettres*, 312c ; Plotin, I, 8, 2 et II, 2, 2 ; Macrobe, *ibid*., I, 6 et I, 17 ; Ficin, *Commentaire sur le Banquet de Platon*, VI, 3, *Théologie Platonicienne*, IV, 1.

139. Virgile, *Énéide*, VI, vers 724 *sq*. ; Macrobe, *ibid*., I, 14, 14.

140. Virgile, *Bucoliques*, III, vers 60 ; Macrobe, *ibid*., I, 17.

141. Grammairien disciple de Cratès de Mallos, à qui l'on doit les *Successions des philosophes*, texte dans lequel il aurait utilisé des sources pythagoriciennes : A. Sheppard,

The influence of Hermias on Marsilio Ficino's Doctrine of Inspiration, dans *Journal of the Warburg and Courtauld Institutes*, 43, 1980, p. 97-109.

142. Platon, *Lois*, IV, 715e.

143. Platon, *Phèdre*, 244d-e ; Jamblique, *Mystères d'Égypte*, III, 4 ; Aulu-Gelle, *Nuits Attiques*, XV, 18.

144. Dans son *Commentaire sur le Banquet de Platon*, VII, 15, Ficin donnera une hiérarchie des quatre délires : « De tous ces délires, le plus puissant et le plus éminent est le délire amoureux. Le plus puissant, dis-je, parce que tous les autres ont nécessairement besoin de lui. Nous n'arrivons à obtenir en effet ni le délire poétique, ni le délire mystique, ni le délire prophétique sans une application sérieuse, une piété fervente, et sans rendre à la divinité un culte empressé. Or l'étude, la piété, le culte, est-ce autre chose que l'Amour ? Tous par conséquent dépendent de la puissance de l'Amour. Il est aussi plus éminent parce que les autres se rapportent à lui comme à leur fin. Or c'est lui qui nous unit le plus étroitement à Dieu. Il y a aussi autant de passions falsifiées qui semblent être des contrefaçons de ces quatre délires. Le poétique est contrefait par cette musique vulgaire qui flatte uniquement les oreilles. Le mystique par la vaine superstition de la populace. Le prophétique par les fausses conjectures de la prudence humaine et celui de l'amour par la violence de la passion, car le véritable amour n'est rien d'autre qu'un effort engendré par la vue de la beauté corporelle pour voler vers la beauté divine, tandis que la contrefaçon de l'Amour est une déchéance de la vue au toucher. »

145. Platon, *Phèdre*, 265 c ; Plutarque, *Erotikos*, *op. cit.*, p. 54 ; Ovide, *Amours*, I, 3, 11-12 ; Ficin, *Commentaire sur le Banquet de Platon*, VI, 13 et 14, *op. cit.*, p. 257-258 ; H. Jeanmaire, *Dionysos. Histoire du culte de Bacchus*, Payot, 1951, p. 137 *sq.* ; E.R. Dodds, *Les Grecs et l'irrationnel*, III, Paris, Champs-Flammarion, 1977, p. 71 *sq.* ; F. A. Yates, *Les Académies en France au* XVIe *siècle*, *op. cit.*, p. 106 *sq.* ; C. Joubaud, *op. cit.*, p. 187-192. Un modèle de transport dionysiaque se trouve chez Horace, *Odes*, XXV, 1 *sq.*

146. Platon, *Ion*, 234b.

147. Il s'agit du lieu de naissance de Ficin, dans le Val d'Arno, précisément dans la partie qui va d'Arezzo à Florence : Ficin, *Op.* I, Livre IX, p. 901 ; R. Marcel, *op. cit.*, p. 121 *sq.*

148. *Op.*, I, Livre 1, p. 615.

149. Niccolo Tignosi da Foligno (1402-1474) est professeur de Logique à Bologne jusqu'en 1439. De 1439 à 1451, il pratique la médecine à Arezzo, puis il enseigne, à partir de 1451, la philosophie et les théories médicales à l'Université de Florence. Il fut le professeur de Ficin de 1451 à 1456. Il fit un commentaire de l'*Éthique* et du *De l'Âme* d'Aristote. Il avait pour amis très chers Carlo Marsuppini et Poggio Bracciolini : A. Della Torre, *op. cit.*, p. 495-500 ; R. Marcel, *op. cit.*, p. 174-184.

150. *Op.*, I, Livre 1, p. 615.

151. Matteo Corsini appartient à cette importante famille de Florence qui joua un rôle politique notable dans la vie de la cité, lui donnant des hommes politiques, des juristes et des prêtres, et qui fut loyale envers les Médicis : L. Passerini, *Genealogia e Storia della famiglia Corsini*, Florence, 1858.

152. Cicéron, *De la Divination*, I, 129.

153. Hésiode, *Les Travaux et les Jours*, vers 120-125 ; Platon, *République*, 468e-469a, *Les Lois*, 926e-927a ; Macrobe, *Commentaire au Songe de Scipion*, I, 9, 6-7 .

154. *Op.*, I, Livre 1, p. 616.

155. Le théologien Francesco da Castiglione, mort en 1484, était le secrétaire de saint Antoninus, Antonino Pierozzi, archevêque de Florence. Élève de Vittorino da Feltre, il occupa à partir de 1446 la Chaire de Littérature Grecque au *Studio Fiorentino*. Il devint Doyen du Collège des Théologiens en 1471. Humaniste, il était en correspondance avec Jacopo Ammannati, le Cardinal de Pavie, et écrivit une *Vie* de Vittorino da Feltre, ainsi que de saint Antoninus. Il eut pour élève Pellegrino degli Agli, Donati Acciaiuoli et Antonio Benivieni. Ficin aurait étudié le grec auprès de lui. *Cf.* A. Della Torre, *op. cit.*, p. 348 *sq.*; P. O. Kristeller, *Supplementum ficinianum*, II, p. 340-341.

156. *Actes des Apôtres*, 13, 22 ; I *Samuel*, 16, 11-13 ; *Psaumes*, 89, 21.

157. Giorgio Antonio Vespucci (1434-1514) est un grand ami de Ficin. Très tôt, il fut employé par Filippo Peruzzi pour transcrire des manuscrits ; il apprit à cette occasion le Latin et le Grec et se constitua sa propre collection de manuscrits. Il ouvrit une école privée à Florence, où il enseigna ces langues à des personnes distinguées, comme Lorenzo di Pierfrancesco de'Medici, Antonio Lanfredini et Amerigo Vespucci son neveu. Ami privé des Médicis, membre de la *Compagnia de'Magi*, il remplit maintes missions diplomatiques pour les intérêts de Florence, notamment en France. Il devint chanoine de la Cathédrale de Florence en 1480. En 1497, il entra chez les Dominicains du Couvent San Marco en présence de Savonarole ; mais il ne prononça pas ses voeux avant 1499. Membre de l'Académie ficinienne, il fut l'un des six érudits à qui Ficin soumettait ses traductions de Platon avant publication. Vespucci participa aux discussions sur l'immortalité de l'âme, dans la demeure de Cavalcanti à Regnano en présence de Ficin et Landino : *Théologie Platonicienne*, VI, 1. Vespucci est aussi l'un des personnages du dialogue de Landino *De Vera Nobilitate*. Sa correspondance est conservée aux Archives de Florence. Son portrait, et celui de son neveu, apparaissent dans le tableau de Ghirlandaio qui se trouve dans la chapelle Vespucci de l'Église des *Ognissanti* à Florence. Le premier livre du *De Triplici Vita*, sur la santé des studieux, est inspiré des conversations de Ficin avec Vespucci et Buoninsegni.

158. *Op.*, I, Livre 1, p. 616.

159. Surnom donné par Ficin à Gregorio di Piero Befani (1440-1499), qui était prêtre et membre de l'Académie. Il devint chanoine de San Lorenzo en 1478 : A. Della Torre, *op. cit.*, p. 771.

160. Platon, *Parménide*, 138e-139e ; Plotin, V, 5, 10, VI, 9, 3 ; *Corpus Hermeticum*, 10, 14.

161. Platon, *République*, VII, 524e.

162. La métaphore d'origine platonicienne : l'« acropole de l'âme » est reprise dans le stoïcisme, notamment chez Marc-Aurèle. Notons que pour Ficin cette citadelle se confond avec l'Académie, le « temple de Minerve » où il se refugie, « quo solo contra fortunae procellas fulminaque protegemur » : *Op.*, I, p. 789.

163. Platon, *Lettres*, VII, 341c-d.

164. Ficin est coutumier de ces retraites, à Careggi, Cellano... : *Op.*, I, p. 787, à Bembo (« Secessi nonis septembris in montem Celanum nostrum procul ab urbe... »), p. 964, à Ioanni Ganiensi.

165. Sénèque, *Lettres*, 6, 4.

166. *Op.*, I, Livre 1, p. 616.

167. Bessarion (1403-1472), élève de Gémiste Pléthon, vint en Italie en 1437 pour le concile de Ferrare, où il défendit l'unité de l'Église grecque et latine. Le Pape Eugène IV le fit Cardinal. Dans sa résidence romaine, il forma l'Académie de Bessarion, où se rencontraient des humanistes tels que Platina ou Valla. Sa collection de manuscrits grecs

était la plus riche d'Europe. En 1469, il publia le *In Calumniatorem Platonis*, qui diffusa la pensée platonicienne à un large public, et souligna les liens entre Platonisme et Christianisme. Son platonisme l'opposa à Georges de Trébizonde, secrétaire apostolique et partisan d'Aristote. *Cf.* A. Della Torre, *op. cit.*, p. 584-585 ; R. Marcel, *op. cit.*, p. 355 *sq.*

168. Pour un commentaire historique de cette lettre : R. Marcel, *op. cit.*, p. 356 *sq.*

169. *Op.*, I, Livre 1, p. 616.

170. Platon, *Phèdre*, 249d-255a.

171. Lyncée, fils d'Apharée, roi de Messénie, et de son épouse Aréné, possédait un oeil si perçant qu'il pouvait voir non seulement dans l'obscurité, mais à travers la terre : Homère, *Odyssée*, XI, 300 ; Pausanias, IV, 2, 4 ; Apollodore, III, 10, 3 ; Hygin, *Fables*, 14 ; Palaephatos, *Histoires incroyables*, X.

172. Platon, *République*, V, 479-480.

173. Ces philosophes ont été traduits et commmentés par Ficin dans le même temps (même si ce temps est long), entre les années 1486 pour les deux premières *Ennéades* de Plotin et 1490 pour les autres traités plotiniens, Porphyre et Jamblique, auxquels il faudrait ajouter Psellos, Synésios et Priscien : Ficin, *Op.*, I, p. 895, II, p. 1738 ; R. Marcel, *op. cit.*, p. 487-488 et 491-504.

174. Aristote, *Métaphysique*, 993b, 9-11. Cette métaphore se retrouve au moment de la publication en 1492 du *De Sole* : *Marsilius Ficinus Philippo Valori Oratori apud Pontificem*, *Op.*, I, p. 949.

175. Platon, *Lettres*, II, 314a.

176. Pour un commentaire historique : R. Marcel, *op. cit.*, p. 357 *sq.*

177. *Op.*, I, Livre 1, p. 617.

178. R. Marcel, *op. cit.*, p. 391 et 443 *sq.*

179. Tout au long de ces lettres, l'on verra Ficin recommander les uns aux autres, inviter les uns et les autres à se recommander eux-mêmes, conformément à l'éthique stoïcienne de la *commendatio*, celle qui veut que les hommes ne soient pas étrangers entre eux. Les différences de coutumes, d'usages ou d'opinions ne doivent pas occulter la participation à une même raison universelle, ni effacer l'égalité naturelle des hommes entre eux, non plus qu'elle ne doit nier la *philanthropia* qui les rassemble : Cicéron, *Des Fins*, III, 63 ; Marc-Aurèle, *Pensées*, II, 15, IV, 29, V, 30, VIII, 34, IX, 23, XI, 8. Ce souci de soi et des autres dépasse largement les générations présentes, dans la mesure où il s'adresse aussi aux générations futures, comme le montrent les testaments, le respect du bien commun, la préservation de la prospérité...

180. Sénèque, *Lettres*, 4, 5.

181. *Op.*, I, Livre 1, p. 617.

182. Sigismondo Stufa était un homme de lettres. Il s'était fiancé à Albiera degli Albizzi qui mourut le 14 juillet 1473, avant son mariage. Poliziano, Francesco da Castiglione écrivirent des lettres et des poèmes sur ce drame. Stufa devint *Gonfaloniere* : P. O. Kristeller, *Supplementum ficinianum*, II, p. 341.

La Consolation (*paramuthia, paramuthêtikos ou parêgoria*) est un genre littéraire qui remonte à l'Antiquité grecque, si l'on se fie à Cicéron et Diogène Laërce qui rapportent le cas de Crantor, philosophe académicien qui adressa une consolation à Hippoclès sur la perte de ses enfants, le *De luctu*, auquel peuvent s'ajouter les *epitaphioi* d'Antiphon et les lettres 55 et 58 du néo-pythagoricien Apollonios de Tyane : Cicéron, *Tusculanes*, I, 115 ; Diogène Laërce, IV, 27 ; L. Pernot, *La Rhétorique dans l'Antiquité*, Paris, Librairie générale de France, 2000, p. 261-263. Cicéron s'écrivit à lui-même une consolation à la mort de sa fille Tullia, mais ce texte n'a pas été conservé. Seules les Consolations de Sénèque à Marcia, Helvia et Polybe attestent un modèle latin, développé par le stoïcisme, christianisé par Jérôme, Ambroise, Augustin et Boèce, et qui, par l'intermédiaire de Pétrarque pratiquant ce genre dans ses *Familiares* (VIII, 1, 31), parvient jusqu'à Ficin, lequel, comme le poète de Laure, fond les motifs stoïciens et chrétiens : L. Hermand-Schebat, *Stoïcisme et Christianisme dans les lettres de consolation de Pétrarque,* dans *Stoïcisme et Christianisme à la Renaissance*, Paris, Éditions Rue d'Ulm, 2006, p. 17-32. Sur la diffusion de Pétrarque, cf. *Dynamique d'une expansion culturelle* : *Pétrarque en Europe, XIV-XX*[e] *siècle*, Paris, Honoré Champion, 2006.

183. Platon, *Alcibiade I,* 130c-133c ; Macrobe, *Commentaire au Songe de Scipion*, II, 12, 1 ; Cicéron, *République*, VI, 26 ; Plotin, I, 1, 7, III, 5, 5 ; IV, 7, 1 ;

184. Ovide, *Métamorphoses*, III, 407 *sq.* ; Plotin, I, 6, 8 ; Ficin, *Commentaire sur le Banquet de Platon*, VI, 17.

185. Platon, *République*, X, 611c. La racine de l'âme se situe en Dieu : Plotin, IV, 8 ; *Poimandrès*, § 26 ; *Picatrix*, I, 2.

186. *Op.*, I, Livre 1, p. 618. R. Marcel commente cette lettre : *op. cit.*, p. 399 *sq.*

187. Ange Politien de Montepulciano (1454-1494) est l'un des représentants les plus éminents du cercle des poètes et des érudits médicéens, ami de Landino, de Jean Pic et de Laurent à qui il dédia en 1472 sa traduction latine de l'*Iliade* d'Homère. Il fut célébré comme le plus grand poète d'Italie en Grec et Latin. Un temps, Politien fut le précepteur des enfants de Laurent. Il devint professeur de Grec et de Latin en 1480. Il composa des odes, des élégies et des épigrammes, *Orfeo* et *Stanze per la Giostra del Magnifico Giuliano de'Medici* : A. Della Torre, *op. cit.*, p. 657-658 ; V. Branca, *Poliziano e l'Umanesimo della Parola*, Turin, 1983 ; F. Rico, *Le Rêve de l'humanisme*, Paris, Les Belles Lettres, 2002, p. 94-110.

188. Ficin a commencé par être séduit par les thèses de Lucrèce, brûlant par la suite les textes qu'il avait écrit dans ce sens : Ficin, *De Voluptate*, *Proemium*, *Op.*, I, p. 986 ; *Op.*, I, Livre 11, p. 933 ; P. O. Kristeller, *Supplementum ficinianum*, II, p. 81-82, p. 86-87 et p. 112 ; R. Marcel, *op. cit.*, p. 223-234 ; E. Garin, *Moyen Âge et Renaissance*, *op. cit.*, p. 221 *sq.* Notons que dans l'itinéraire de l'âme ficinienne, l'épicurisme se dépasse en stoïcisme, lequel se dépasse en platonisme, pour atteindre à l'expérience mystique. Le corps, qui n'est pas tout, n'est pas pour autant rien, puisqu'il est traversé par le psychisme.

189. *Op.*, I, Livre 1, p. 618.

190. Laurent de Médicis (1454-1478), petit-fils de Cosme et fils de Pierre, incarne l'esprit de la Renaissance et constitue un modèle d'accomplissement humaniste. Poète fameux, tant dans le genre philosophique, religieux, amoureux que comique, il est aussi un politique avisé, attaché à la justice. Ficin est l'un de ses intimes, raison pour laquelle le philosophe lui adresse maintes lettres. Ayant échappé de peu à la mort lors de la conspiration des Pazzi (1478) – ce ne fut pas le cas de son frère Julien assassiné dans la cathédrale de Florence –, il se maintint au pouvoir malgré l'alliance des États italiens emmenés par le Pape contre lui. Il fut un mécène avisé, favorisant les talents comme Michel-Ange, restaurant l'Université de Pise et promouvant Florence au rang de capitale des arts et de l'architecture. *Cf.* A. Della Torre, *op. cit.*, p. 737-742 ; E. Bouvy, *Laurent de Médicis et l'ancienne Académie florentine*, Paris, 1926 ; R. Marcel, *op. cit.*, p. 372 *sq.* ; R. Fubini, « Ficino e i Medici all'Avvento di Lorenzo il Magnifico », dans *Rinascimento*, XXIV, 1984, et « Ancora Su Ficino e i Medici, dans Rinascimento », XXVII, 1987. Pour un portrait moral de Laurent : *cf.* Machiavel, *Histoires florentines*, VIII, 26, Paris, Gallimard, 1952, p. 1394-1397.

191. *Op.*, I, Livre 1, p. 618.

192. Naldo Naldi (1435-1513) est professeur de Poésie et de Rhétorique à l'Université de Florence depuis 1484, et membre de l'Académie ficinienne. Il est l'un des poètes les plus prolifiques du cercle médicéen, et un intime de Ficin qui lui envoya son *De Christiana Religione*. Il a célébré en ses poèmes la gloire de Ficin et, lors d'un banquet platonicien, il tourna en vers la *Vie de Platon* rédigée par Ficin. Les trois livres de ses élégies latines sont dédiés à Laurent de Médicis : A. Della Torre, *op. cit.*, p. 503-505 ; P. O. Kristeller, *Supplementum ficinianum*, II, p. 328 ; R. Marcel, *op. cit.*, p. 170-172.

193. Benedetto Coluccio, né en 1438, est poète, orateur et membre de l'Académie ficinienne. Laurent de Médicis le fit venir à Florence en 1473 ; il enseigna la Poésie et la Rhétorique à l'Université de Bologne de 1482 à 1499. Il composa cinq discours appelant à la croisade contre les Ottomans : A. Della Torre, *op. cit.*, p. 706 *sq.* ; P. O. Kristeller, *Supplementum ficinianum*, I, p. 115 ; R. Marcel, *op. cit.*, p. 395-397.

194. Apollon Phébus, citharède, est le dieu des arts, le Soleil autour duquel danse le choeur des Muses ; Mercure, l'Hermès grec, est l'inventeur du langage et de l'art oratoire : Platon, *Cratyle*, 405b-406b et 408.

195. On se souvient que Platon dans le *Phèdre*, 275c-276a, faisait à la peinture le reproche de ne pas parler, plus exactement de ne pas répondre aux questions que l'on est susceptible de lui poser. Ficin, dont l'Académie a été fréquentée par Michel-Ange et Léonard de Vinci, voue un culte à l'image, pour peu qu'elle soit illuminée par le rayon de la grâce. Ficin suit en ce lieu Plotin qui n'exclut pas l'image, mais invite à l'épurer le plus possible de ses attaches sensibles (*Ennéades*, I, 6, 9, V, 5, 12 ; il suit également Simonide : « la peinture est une parole muette », formule bien propre à illustrer le logos intérieur des néoplatoniciens et le *verbum infans* des chrétiens : Ficin, *Op.*, I, p. 944, *Epistola ad Eberardum* ; A. Chastel, *Marsile Ficin et l'art*, Genève, Droz, 1975, p. 57-80 ; D. Arasse, *Les Visions de Raphaël*, Paris, Liana Levi, 2003, p. 82 *sq.* ; S. Toussaint, « L'ars de Marsile Ficin, entre esthétique et magie », dans Ph. Morel, *L'art de la Renaissance, entre science et magie*, Académie de France à Rome, 2006, p. 453-467.

196. *Op.*, I, Livre 1, p. 618.

197. Cosmographe et érudit Florentin.

198. Poète et érudit, membre du *Chorus Academiae Florentinae*, ami de Donato Acciaiuoli. Ficin lui fit parvenir une traduction de certains dialogues platoniciens, le priant de ne pas les montrer avant qu'il les ait corrigés. Ficin le surnommait l'*Academiae tutor* : A. Della Torre, *op. cit.*, p. 542 ; P. O. Kristeller, *Supplementum ficinianum*, II, p. 88.

199. Identifiées aux vertus cardinales du christianisme, ces vertus civiles sont au nombre de quatre : Prudence, Tempérance, Courage et Justice. *Cf.* Platon, *République*, IV, 427e ; Plotin, I, 2 ; Macrobe, *Commentaire sur le Songe de Scipion*, I, 8, 5 ; Porphyre, *Sententiae*, XXXII, 2-4 ; Ficin, *Théologie Platonicienne*, XIV, 6.

200. Ficin, *Du Ravissement de Paul*, I.

201. Plotin, I, 2, 7 ; Macrobe, *Commentaire au Songe de Scipion*, I, 8, 5-11. Cette échelle des vertus suppose aussi qu'elles fassent noeud, qu'il existe entre elles une parenté qui assure le passage de l'une à l'autre, d'un plan à l'autre. En l'espèce, l'on voit bien comment un thème néoplatonicien et chrétien trouve à se joindre avec un thème stoïcien : Cicéron, *Des Fins*, V, 23, 66-67, *Tusculanes*, III, 8, 17 ; Sénèque, *Lettres*, 95, 55 ; saint Paul, *Épître aux Éphésiens*, 6, 14 ; saint Ambroise, *Les Devoirs*, I, 27, 129 ; saint Thomas D'Aquin, *Somme Théologique*, Ia IIae, q. 65. Sur l'influence de l'Aquinate sur Ficin : P. O. Kristeller, *Medieval aspects of Renaissance Learning*, *op. cit.*, p. 73-77.

202. Aristote, *Du ciel*, 275b, 23-277a, 28.

203. *Op.*, I, Livre 1, p. 619.

204. Antonio Serafico de San Miniato est né en 1433 ; il est l'un des plus anciens amis de Ficin, un des plus intimes aussi. Poète, musicien, expert dans l'art de la lyre, il fut l'un des premiers membres de l'Académie. Ficin lui dédia son traité de jeunesse sur la vision : A. Della Torre, *op. cit.*, p. 793-794 ; P. O. Kristeller, *Studies in Renaissance Thought and Letters*, p. 139 *sq.* ; R. Marcel, *op. cit.*, p. 224-229.

205. On songe au mot de Virgile disant extraire des perles du fumier d'Ennius.

206. Sur la trinité Pythagore, Socrate et Platon, « les trois lumières de la sagesse » : *Op.*, II, *In dialogum primum de Legibus*, p. 1488.

207. Cicéron, *Les Devoirs*, III, 62, *Lettres*, VII, 6, 2.

208. *Op.*, I, Livre 1, p. 619. Pour un commentaire : R. Marcel, *op. cit.*, p. 213 *sq.*

209. La *Physique* et les *Éléments de Théologie* de Proclus, les *Commentaires sur les Évangiles*, la *Physiognomie,* les *Principes de la discipline platonicienne*, et l'*Économie* sont perdus.

210. *Op.*, II, fol. 1873.

211. Mss Vat. Lat. 4530, et Cod. philol., 305, Bibliothèque de l'Université d'Hamburg.

212. *Op.*, II, fol. 1962.

213. *Ibid.*, fol. 1945.

214. *Ibid.*, fol. 1965.

215. *Ibid.*, fol. 1979.

216. *Ibid.*, fol. 1836.

217. *Ibid.*, fol. 1129.

218. *Ibid.*, fol. 1361.

219. *Ibid.*, fol. 1207.

220. *Ibid.*, fol. 1320.

221. *Supplementum ficinianum*, II, XLIII, p. 128.

222. *Op.*, I, fol. 987.

223. *De quattuor Sectis Philosophorum*, à Clemente Fortini, *Supplementum ficinianum*, II, XXVIII, *op. cit.*, p. 7.

224. *De Virtutibus Moralibus seu de Magnificentia*, à Antonio Canigiani, *ibid.*, XXVII, p. 1.

225. *Op.*, I, Livre 1, fol. 662.

226. *Op.*, I, Livre 1, p. 652.

227. *Op.*, I, Livre 1, p. 612.

228. *Epistola Consolatoria a sui propinqui*, *Supplementum ficinianum*, II, XLV, p. 162.

229. *Epistola dell' Appetito a Leonardo di Tone Pagni*, *Supplementum ficinianum*, II, XLIV, p. 158.

230. *Op.*, I, Livre 1, p. 665.

231. *Ibid.*, p. 609.

232. *Ibid.*, fol. 82.

233. *Ibid.*, fol. 1.

234. *Disputatio contra iudicia Astrologorum*, *Op.* I, fol. 781 ; *Supplementum ficinianum*, II, XXIX.

235. *Op.* I, fol. 697.

236. *Op.*, I, fol. 976.

237. *Ibid.*, fol. 690.

238. *Ibid.*, fol. 763.

239. *Ibid.*, fol. 675.

240. Il s'agit du premier livre de l'*Epistolarium*. Cette liste correspond aux œuvres écrites avant 1475. Pour une liste complète : P. O. Kristeller, *Supplementum ficinianum*.

241. *Op.*, I, Livre 1, p. 619.

242. Jean de Salisbury, *Policraticus*, 6, 28. Sur la connaissance des auteurs médiévaux par Ficin, qu'il cite parfois de seconde main : R. Marcel, *op. cit.*, p. 645-647.

243. Platon, *République*, VII, 534a.

244. Diogène Laërce, *Vies et doctrines des philosophes illustres*, V, 18.

245. Sénèque, *Lettres*, 76, 3.

246. Platon, *Lachès*, 188b, *La République*, 536d ; Cicéron, *De la vieillesse*, 26, 50 ; Plutarque, *Vies parallèles*, *Solon*, 31, 6.

247. Platon, *Apologie*, 20e-21a, 23b ; Cicéron, *Académiques*, 1, 16. Sur la sainteté de Socrate chez les humanistes (Pétrarque, Ficin, Érasme...) : F. Rico, *Le Rêve de l'humanisme*, *op. cit.*, p. 157 *sq*.

248. Jamblique, *Protreptique*, 21.

249. *Luc*, 9, 62.

250. *Genèse*, 19, 17-26.

251. Fulgence, *Mythologie*, 3, 10.

252. *Op.*, I, Livre 1, p. 620.

253. Cicéron, *La République*, II, 1.

254. *Op.*, I, Livre 1, p. 621.

255. Ordonné diacre le 18 septembre 1473 par l'évêque de Citardo : Mgr Juliano, puis prêtre le 18 décembre de la même année par l'évêque Pierre Riario, Ficin reçut de Laurent la paroisse de Saint Christophe à Novoli, près de Florence : R. Marcel, *op. cit.*, p. 404.

256. *Op.*, I, Livre I, p. 621.

257. Plotin passe pour le « verbe » de Platon, ils auraient partagé un même démon ; de surcroît Plotin aurait été déjà initié par Ammonius et Origène aux mystères chrétiens ; de là proviendrait sa concordance avec saint Paul et le Pseudo-Denys : saint Augustin, *Contra Academicos*, III, 18 ; Porphyre, *Vie de Plotin*, 3, Ficin, *In Theetetum*, *Op.*, II, p. 1278, *Exhortatio Marsilii Ficini Florentini ad auditores in lectionem Plotini et similiter legentes*, *ibid.*, p. 1548, *In Plotinum*, II, 9, *ibid.*, p. 1556, 1663, 1770, 1799...

258. Plotin, IV, 9 ; VI, 4-5 ; Jamblique, *Mystères d'Égypte*, I, 5 ; Julien, *Sur le Soleil*, 4 ; Ficin, *Théologie platonicienne*, II, 6 et XIV, 5. R. Marcel en déduit logiquement que la *Théologie Platonicienne* était achevée en 1474 : *op. cit.*, p. 392 *sq*.

259. *Matthieu*, 19, 6 ; *Marc*, 10, 9.

260. Il s'agit du *Commentaire sur le Banquet de Platon*.

261. L'édition anglaise, *op. cit.*, p. 65, date cette lettre du 20 janvier 1473.

262. *Op.*, I, Livre I, p. 622.

263. Ailleurs Ficin est moins rétif à l'éloge direct, qualifiant Laurent de « religionis cultor et philosophiae patronus » : *Op.*, II, p. 1129.

264. Laurent réalise l'idéal cicéronien de l'orateur qui a transité à travers saint Augustin : Cicéron, *De l'Orateur*, XV-XX, 56-95 et XXX-XXV, 120-143, *L'Invention*, I, 1 ; saint Augustin, *La Doctrine chrétienne*, IV, 5, 7 ; Pétrarque, *Les Remèdes aux deux fortunes*, I, 9, *op. cit.*, p. 49 *sq*. ; M. Fumaroli, *L'Âge de l'éloquence*, Paris, Albin Michel, 1994, p. 47-57 sur la norme cicéronienne, et p. 77-115 sur la Renaissance cicéronienne avec Pétrarque, Bembo...

265. *Op.*, I, Livre I, p. 622.

266. Niccolo di Michelozzo Michelozzi (1447-1527) est un érudit, poète et homme d'État qui appartenait au cercle des Médicis. Il fut successivement le secrétaire de Laurent, Pierre et de son fils. Lors de l'exil des Médicis en 1494, il fut jeté en prison ; à leur retour en 1512, il succéda à Machiavel au poste de Chancelier de Florence ; il mourut peu après le second exil des Médicis en 1527. Ami de Naldi, Della Fonte et Poliziano, Michelozzi incarnait pour Ficin le modèle du « verus vir » : A. Della Torre, *op. cit.*, p. 716 ; P. O. Kristeller, *Supplementum ficinianum*, II, p. 323 ; R. Marcel, *op. cit.*, p. 390.

267. Ovide, *Les Remèdes d'amour*, 389.

268. Après la mort de Laurent, le 8 avril 1492, Ficin verra dans son fils Pierre le retour de l'âme de son père en des termes fort voisins : *Laudes Petri Medicis. Marsilius Ficinus Philippo Valori Oratori Florentino, Supplementum ficinianum*, I, p. 63-64.

269. *Luc*, 2, 32.

270. Orphée, *Hymnes*, LX, 90 ; Sénèque, *Des Bienfaits*, I, 3, 2-10 ; Fulgence, *Mythologies*, II, 4 ; Boccace, *La Généalogie des Dieux*, V, 35 ; Ficin, *Commentaire sur le Banquet de Platon*, V, 2. La Splendeur renvoie à Aglaé (brillante), la Vigueur à Thalie (verdoyante) et la Joie à Euphrosyne (joie de l'âme). Selon les versions, elles sont les filles de Jupiter et Eurynome, du Soleil et d'Églé, de Jupiter et de Junon ou de Bacchus et de Vénus. Il entre dans leur pouvoir de dispenser la grâce, la gaieté, la libéralité, l'éloquence et la sagesse : E. Wind, *Mystères païens de la Renaissance*, Paris, Gallimard, p. 39-49.

271. *Op.*, I, Livre 1, p. 623.

272. Aristote, *Éthique à Nicomaque*, VIII, 5.

273. Térence, *L'Andrienne*, 61 ; Platon, *Protagoras*, 343b.

274. C'est la paroisse San Cristoforo de Novoli dont Ficin reçut de Laurent le ministère, et dans laquelle il se trouvait le 25 juillet 1474 pour la fête de Saint-Cristophe : R. Marcel, *op. cit.*, p. 411-412.

275. Apollodore, *Épitomé*, III, 20.

276. *Op.*, I, Livre 1, p. 623.

277. Térence, *op. cit.*, 555.

278. *Op.*, I, Livre 1, p. 624.

279. Giovanni Cavalcanti (1444-1509) étudia la rhétorique sous le magistère de Landino et devint un homme d'État et un diplomate chargé de missions importantes, comme son ambassade de 1494 auprès du roi de France Charles VIII. Ficin dédia à son ami ses traductions d'Alcinoos et de Speusippe en 1463. En compagnie de Cavalcanti, Ficin écrivit nombre de textes, comme la *Théologie Platonicienne*, ou le *Commentaire sur le Banquet de Platon* qui lui est dédié : A. Della Torre, *op. cit.*, p. 647 ; P. O. Kristeller, *Supplementum ficinianum*, I, p. 118 ; R. Marcel, *op. cit.*, p. 340-346.

280. Pline le Jeune, *Lettres*, I, 8, 1.

281. *Op.*, Livre I, 1, p. 624.

282. Fils du chancelier et orateur d'Arezzo. Il appartenait à l'Académie ficinienne et il est figuré sous les traits d'Agathon dans le *De Amore* de Ficin. Il a traduit le premier deux livres de l'*Iliade* d'Homère : A. Della Torre, *op. cit.*, p. 658.

283. Platon, *Cratyle*, 398c-d.

284. *Op.*, Livre I, 1, p. 624.

285. *Ibid.*, p. 625.

286. *Ibid.*

287. Virgile, *Énéide*, I, 409 ; VI, 689.

288. Ficin aimait le vin blanc de Trebbiano du Val d'Arno, d'après Piero Vettori : R. Marcel, *op. cit.*, p. 726.

289. Virgile, *Géorgiques*, II, 113.

290. L'édition anglaise, *The Letters of Marsilio Ficino*, *op. cit.*, p. 75, date cette lettre du 19 septembre 1468.

291. *Op.*, Livre I, 1, p. 625.

292. Virgile, *Énéide*, X, 467-469 ; Sénèque, *De la brièveté de la vie*, II-III, *Lettres*, 1, 1, 48, 12, 49, 2-3, 119, 32 ; *Proverbes*, 5, 9 ; *Ecclésiaste*, 3, 1 *sq.* ; Pétrarque, *Les Remèdes aux deux fortunes*, II, 15, *op. cit.*, p. 639-643. Voir aussi Sénèque, *Lettre*, 24, 20 ; *Job*, 7, 6, 14, 5 et 9, 25-26 ; saint Paul, I *Corinthiens*, 15, 31 ; Pétrarque, *Lettres de vieillesse*, XII, 1, *Les Remèdes aux deux fortunes*, I, 16, 20, *op. cit.*, p. 83, sur la fuite du temps. Ce thème est l'une des préoccupations majeures de Ficin traducteur, dépendant des Princes et des aléas de la politique : *Op.*, p. 617, 625, 646...

293. *Op.*, Livre I, 1, p. 625.

294. Ugolino Verino (1438-1516) est un juriste et un ami de Ficin et Bandini. Poète, il était connu pour son *Carlias*, épopée inspirée par la vie de Charlemagne sur laquelle il travailla quarante ans durant. L'une des versions du texte est dédiée à Charles VIII en 1489. Verino dédia aussi ses *Epigrammi* au roi de Hongrie Matthias Corvin (l'un des correspondants de Ficin). Dans ces *Epigrammi* (III, 28), Verino louait Ficin philosophe platonicien, qu'il représenta à la façon d'Orphée dans *Carlias*, XV, 282. Comme d'autres amis de Ficin, Verino se rallia à Savonarole en 1488, avant de le regretter et de l'invectiver.

295. L'édition anglaise, *op. cit.*, p. 76, situe cette lettre le 30 août 1468.

296. *Op.*, Livre I, 1, p. 626.

297. Poète né à Himère en Sicile en 640 av. J-C et mort en 550 av. J-C. Son nom qui signifie « celui qui règle le chœur » justifie sa réputation d'être l'inventeur de l'épode et de la triade lyrique.

298. Platon, *Phèdre*, 242-243.

299. *Ibid.*, 229a-243b.

300. *Op.*, Livre I, 1, p. 626.

301. *Actes des Apôtres*, 17, 27.

302. La recherche de soi est un écho du « connais-toi toi-même » delphique, repris par le Socrate de Platon et enrichi par le contexte chrétien : Perse, *Satires*, I, 7 ; Marc-Aurèle, *Pensées*, III, 4 et VII, 59 ; saint Augustin, *Confessions*, X, 8, 15, *La vraie religion*, XXXIX, 72 ; saint Bernard, *La considération*, II, 3, *Sermons sur le Cantique des cantiques*, sermons 35 et 36, *De diligendo Deo*, II, 4 ; Jean de Salisbury, *Policatricus*, III, 2, *Metalogicon*, IV, 40 ; Hugues de Saint Victor, *Didascalicon*, I, 1 ; Pétrarque, *Lettres Familières*, II, 9, 2 et IV, 1 ; P. Courcelle, *Connais-toi toi-même, de Socrate à saint Bernard*, I, Paris, 1974-1975, p. 258-271.

303. C'est l'*acies* ou *apex mentis*, dont l'origine se trouve dans la psychologie stoïcienne, et qui transite à travers Origène et Augustin vers la mystique chrétienne chez Maître Eckhart avec l'étincelle de l'âme, saint Bonaventure, Thomas Gallus et la spiritualité franciscaine : Bonaventure, *Itinéraire de l'Âme vers Dieu*, 7 ; E. Von Ivanka, *Plato Christianus*, Paris, Presses universitaires de France, 1990, p. 299-334. Cette tradition, qui fait de la fine pointe de l'âme le lieu de la présence immédiate à Dieu, se poursuivra chez Thérèse d'Avila, Jean de la Croix, Pascal et saint François de Sales.

304. Dans l'Antiquité, les jours heureux sont à marquer d'une pierre blanche ; les jours malheureux d'une pierre noire. Lors des procès, la pierre blanche signifiait l'acquittement ; la pierre noire, la condamnation : Ovide, *Métamorphoses*, XV, 41.

305. *Op.*, Livre I, 1, p. 626.

306. Homme d'État florentin, diplomate et membre de l'Académie ficinienne. Un homme à la vertu civile exemplaire, si l'on en croit les *Vies* de Vespasiano da Bisticci.

307. Homme de loi florentin (mort en 1466) qui rendit maints services à la République. Il savait le grec et le latin, il appartenait à l'Académie ficinienne. On trouve aussi son éloge dans les *Vies* de Vespasiano da Bisticci : A. Della Torre, *op. cit.*, p. 548-550.

308. Platon, *Phèdre*, 70a-b.

309. Ficin, *Théologie Platonicienne*, IX, 5.

310. Saint Augustin, *Dimension de l'Âme*, 10 *sq.*

311. *Ibid.*, 13 ; *De la Trinité*, IX, 3, 3.

312. Platon, *Phèdre*, 65c-67b; 79a-80e ; 82c-83b ; Plotin, I, 6, 5, I, 1, 12, I, 6, 7, I, 6, 9, V, 3, 9.

313. Platon, *Timée*, 400c, *Phédon*, 83b; Virgile, *Énéide* VI, 734; Macrobe, *Commentaire au Songe de Scipion*, I, 10, 6.

314. *Op.*, Livre I, 1, p. 628. L'anti-averroïsme paradoxal de Ficin peut se nourrir de références à Pétrarque, mais, à la différence du poète, ses attaques sont plus précises, plus démonstratives, même s'il est vrai que, comme Pétrarque, Ficin ne connaît que l'averroïsme latin: Pétrarque, *Mon ignorance et celle de tant d'autres*, IV, 63, p. 165, *Le Repos religieux*, I, 7, 12, *Contre un médecin*, I, 16 et II, 8 ; F. van Steenberghen, « Le problème de l'entrée d'Averroès en Occident », dans *L'Averroismo in Italia*, Roma, Accademia Nazionale dei Lincei, 1979, p. 82 ; P. O. Kristeller, *Medieval aspects of Renaissance learning*, *op. cit.*, p. 50-56 ; A. de Libera, « Pétrarque et la romanité », dans *Figures italiennes de la rationalité*, sous la dir. de Ch. Menasseyre et A. Tosel, Paris, 1997, p. 18.

315. Saint Augustin, *Dimension de l'Âme*, 22, 69.

316. Ficin, *Théologie platonicienne*, XV, 14.

317. *Ibid.*

318. C'est dans la propriété de Regnano, profitant de l'hospitalité, des conseils et des encouragements de Cavalcanti, que Ficin composera la majeure partie de sa *Théologie Platonicienne* : R. Marcel, *op. cit.*, p. 343.

319. *Op.*, Livre I, 1, p. 628.

320. Dans ce respect à l'endroit de Platon s'entendent aussi les maîtres de Ficin : Cicéron, *La Nature des Dieux*, II, 66 ; saint Augustin, *La Cité de Dieu*, VIII, 12 ; Pétrarque, *Lettres Familières*, IV, 15, 8, XVII, 8, 5, XVIII, 2, 11, *Mon secret*, II, Paris, Rivages, 1991, p. 94-97, *Mon ignorance et celle de tant d'autres*, IV, 66, p. 169. *Cf.* R. Klibansky, *The Continuity of the Platonic Tradition during the Middle Ages*, Londres, 1939.

321. Platon, *République*, 521c ; Pétrarque, *La Vie solitaire*, I, 5, p. 75, *Mon ignorance et celle de tant d'autres*, IV, 7, p. 99. La Théologie platonicienne est comme la chouette de Minerve. Pour un commentaire : R. Marcel, *op. cit.*, p. 637.

322. *Op.*, Livre I, 1, p. 629.

323. Platon, *Parménide*, 128a, 137b, 152b *sq.* ; *Epinomis*, 976a *sq.*

324. Ficin, *Commentaire sur le Banquet de Platon*, V, 4-6.

325. Plotin, VI, 7, 22.

326. Ficin, *Du Ravissement de Paul*, XV.

327. Platon, *Phèdre*, 255d.

328. Ficin, *Théologie Platonicienne*, XIV, 1, *Dialogue entre Paul et l'Âme*, dans *Opuscules théologiques*, édition R. Marcel, III, Paris, Les Belles Lettres, 1970, p. 347-348.

329. Platon, *Lois*, VIII, 837c et *République*, III, 403.

330. Platon, *République*, VII, 514a-517a; Plotin, VI, 2, 7; Ficin, *Théologie Platonicienne*, XV, 2, *Du Ravissement de Paul*, XXVIII.

331. *Op*., Livre I, 1, p. 629 (I, 43).

332. Il s'agit de Timée de Locres, l'auteur du *De Anima Mundi*.

333. Aristote, *Physique*, II, 3. 194, 7 198a ; Ficin, *Théologie Platonicienne*, V, 5.

334. Guillaume de Conches, *Gloses sur Platon*, 32 ; Jean de Salisbury, *Policraticus*, 7, 5.

335. Ficin, *Théologie Platonicienne*, XI, 1-5.

336. Platon, *Timée*, 27c-28.

337. *Ibid*., 28b-29b.

338. *Ibid*., 29d-30a.

339. *Ibid*., 30b-31b.

340. *Ibid*., 31b.

341. *Ibid*.

342. *Ibid*., 29e.

343. *Ibid*., 39e.

344. *Op*., Livre I, 1, p. 630.

345. *Ibid*., p. 631.

346. Dans l'*Énéide* de Virgile, Achates est le fidèle compagnon d'Énée : I, 188, 302, 459 ; VI, 34, 58 ; VIII, 466.

347. *Op*., I, Livre 1, p. 631.

348. Carnéade de Cyrène, fondateur de la Nouvelle Académie à Athènes, célèbre pour sa *disputatio in utramque partem* prononcée à Rome lors de l'Ambassade de 155 av. J.-C. : Cicéron, *République*, III, 22, *De l'Orateur*, III, 21 ; C. Lévy, *La Nouvelle Académie a-t-elle été antiplatonicienne ?*, dans *Contre Platon*, I, Paris, Vrin, 1993, p. 150-153.

349. Giovanni di Bartolomeo Guidi était homme de loi et notaire de la *Signoria*.

350. Plutarque, *Vies parallèles*, *Lycurgue*, IV, 2 *sq*.

351. Hérodote, *Enquête*, I, 65, 3.

352. Pandolfo di Giannozzo Pandolfini, membre de l'Académie ficinienne, qualifié de *prior*, de premier (ou plus remarquable), par rapport à Pier Filippo di messer Giannozzo Pandolfini : R. Marcel, *op. cit*., p. 289.

353. Homme de loi et notaire de la *Signoria*.

354. *Op*., I, Livre 1, p. 631.

355. Ficin, *Commentaire sur le Banquet de Platon*, I, 4.

356. Platon, *Banquet*, 201a, *Phèdre*, 237d-238c, *République*, III, 402d; Plotin, III, 5, 1 ; Ficin, *Commentaire sur le Banquet de Platon*, II, 9 et V, 2.

357. *Op*., I, Livre 1, p. 632.

358. Filippo Contronі (1486-1491) est l'évêque de Lucques.

359. Ficin veut parler du *De Amore*, le commentaire qu'il a donné au *Banquet* de Platon.

360. C'est le *De religione christiana*, ouvrage composé par Ficin pour dégager, entre autres choses, ce qui des dogmes chrétiens s'annonçait dans le paganisme, par exemple dans la prophétie des Sibylles.

361. Angelo Manetti est le fils du célèbre historien et hébraïsant Giannozzo, ce qui lui valut de parler et d'écrire le Latin, le Grec et l'Hébreu dès l'enfance. Il possédait nombre de manuscrits anciens, et avait noué des relations d'amitié avec Laurent de Médicis.

362. *Op*., I, Livre 1, p. 632.

363. Épictète, *Manuel*, V, XX, XXIV ; Sénèque, *De la constance du sage*, V, 3-7, VI, 1-8, VII, 1-6 ; Marc-Aurèle, *Pensées*, VI, 20, IX, 4 et IX, 27.

364. *Matthieu*, 6, 10 ; I *Pierre*, 2, 20, 5, 7 ; Saint Paul, *Épître aux Romains*, 5, 2-3 ; *Épître aux Colossiens*, 3, 12-13. Socrate pour Ficin est l'*adumbratio* (l'esquisse) du Christ : *Confirmatio Christianorum per Socratica*, *Op.*, I, p. 868 *sq.* ; R. Marcel, *op. cit.*, p. 626-627.

365. Sénèque, *De la Providence*, II, 4, IV, 1-7, VI, 1-7.

366. Épictète, *Manuel*, LI, 2.

367. *Op.*, I, Livre 1, p. 633.

368. Ami de la première heure, puisque Ficin l'a aimé dès la première rencontre alors que Jean n'avait que sept ans, Cavalcanti est l'un des correspondants les plus assidus de Ficin, que ce dernier gratifie d'ailleurs du titre d'unique ami. Diplomate, homme d'État, il est aussi un lettré qui étudia auprès de Landino la rhétorique et donna à Ficin l'idée de composer un *Commentaire du Banquet de Platon*. Ce texte lui est dédié.

369. Ficin cite ici un passage du *Théétète* (176a et b) de Platon. Le chapitre II du livre XIV de sa *Théologie Platonicienne* reprend cette citation suivant le même découpage, et on la retrouve également dans le *De Fortuna* : *cf.* P. O. Kristeller, *Supplementum ficinianum*, II, p. 172. Ficin voit dans ces quelques lignes un témoignage socratique essentiel, pour expliquer que le désir de l'âme d'égaler Dieu en revêtant sa forme et ses attributs est un signe de son immortalité.

370. La dignité de l'homme réside dans la capacité de son âme à épouser la forme de toute chose. L'âme peut ainsi mener plusieurs sortes de vies : depuis une vie végétative à une vie divine en passant par la vie animale, humaine, héroïque, démoniaque ou angélique : Ficin, *Théologie Platonicienne*, XIV, 3. La visée métaphysique de Ficin apparaît dans cette volonté d'insuffler à l'homme le désir de devenir à sa façon un « *quatenus deus* ». *Cf.* P. O. Kristeller, *The Philosophy of Marsilio Ficino*, Columbia University, 1943-1964.

371. Il y a chez Ficin deux attitudes permettant à l'âme de rejoindre sa nature divine originelle, donc de « fuir au plus vite d'en bas vers le haut » : la sagesse, qui correspond à la partie contemplative de la philosophie, et l'art de cultiver les vertus relatives aux lois morales : justice, prudence, qui renvoie à l'aspect pratique de la philosophie : *De la Fureur divine*, traduction J. Reynaud et S. Galland, *Lettres*, Paris, Vrin, 2010, p. 23-34. Le thème de la fuite, insistant dans cette lettre, évoque le pouvoir de ces deux ailes capables d'arracher l'esprit des liens corporels.

372. Ficin, *Les Trois Livres de la Vie* (traduction Guy le Fèvre de la Boderie, revue par T. Gonthier), Paris, Fayard, 2000 : voir le chapitre II du livre troisième p. 143 : « Car les choses d'icy bas sont faites par le Ciel, et en sont continuellement regies et gouvernees ». Le « Ciel » désignant ici l'esprit du monde : « Mais retornons à l'esprit du monde (...) lequel nous pouvons appeller et Ciel et quinte essence, lequel est presque tel au corps du monde, qu'est le nostre au nostre » (p. 148-149).

373. Ficin, *Théologie platonicienne*, IX, 4.

374. À la fortune est traditionnellement liée l'image de la tempête et des flots mouvants : Pétrarque, *Les Remèdes aux deux fortunes*, I, 17, p. 89.

375. *Op.*, I, Livre 1, p. 633. Cet essai sur l'amitié est repris dans la préface de la traduction ficinienne du *De Doctrina Platonis* d'Alcinoos, *Op.*, II, p. 1945-1946. La lettre comme la préface sont dédiées à Cavalcanti, « unique ami ».

376. Le thème de l'amitié est traité dans un dialogue de Platon, le *Lysis* qui porte sur la *philia* au sens large et analyse la question de la réciprocité, puis de la complémentarité.

L'idée d'union durable, et un peu plus loin dans la suite de la lettre, celle d'un rejet du calcul, de la richesse et des passions qui ruinent l'amitié sont reprises par la tradition stoïcienne : Cicéron, *De l'Amitié*, VII, 23 ; X, 33 (union durable) ; X, 34 (richesse ruinant l'amitié) ; X, 35 (passion détruisant l'amitié).

377. Aristote, *Éthique à Nicomaque*, 1094a, 1-3 ; 1156a, 6-b, 35.

378. Platon, *Théétète*, 176 b, *Alcibiade*, I, 133b-c ; Cicéron, *Des Devoirs*, II, 5 ; saint Augustin,
De la Trinité, XIV, 1, 3.

379. Platon, *République*, VI, 507d-508c et VII, 519 a.

380. *Jean*, 14, 6.

381. L'amitié ficinienne est choisie, elle repose sur la culture de lettres et de vertus communes : Sénèque, *Lettres*, I, 3, et I, 6 ; Pétrarque, *La Vie solitaire*, I, 7, p. 99 *sq.*, *Les Remèdes aux deux fortunes*, I, 50, p. 251-255.

382. Augustin, *De la Trinité*, XIV, 1, 1-3.

383. C'est la « *conjunctio hominum* » : Cicéron, *Lois*, I, 18, § 49, *De Fins,* III, § 64 *sq.* ; Épictète, *Entretiens*, II, 22. Dans cette concorde, il y a place aussi pour la conversation des esprits par-delà les siècles. C'est un autre thème stoïcien, qui définit un art de la lecture propre à Sénèque, Pétrarque et Ficin : Sénèque, *La Brièveté de la Vie*, XIV, 1-2 et XV, 1 ; Pétrarque, *Lettres Familières*, VI, 3, 71, XIX, 16, 28, XXIV, 5, 2.

384. *Op.*, II, *Marsilii Ficini Florentini ad Ioannem Cavalcantem Florentinum civem et amicum unicum, in Alcinoi et Speusippi opuscula praefatio*, p. 1497.

385. Sur Jupiter dieu amical, *cf.* Ficin, *Les Trois Livres de la Vie*, III, 2 p. 146 ; III, 4, p. 152. Jupiter dieu de vie : *ibid.*, III, 6, p. 155 et 159.

386. Il s'agit de la Chaîne d'or d'Homère, dont les représentants sont Zoroastre, Hermès, Orphée, Aglaophème, Pythagore, Platon, et qui constitue la Philosophie pérenne : Ficin, *Concordia Mosis et Platonis*, *Op.*, I, p. 865 ; E. Garin, *Le Zodiaque de la vie*, Paris, Les Belles Lettres, 1991, p. 84, *Hermétisme et Renaissance, op. cit.*, p. 14 *sq.*

387. Zoroastre est mentionné pour la première fois par un historien contemporain d'Hérodote, Xanthos le Lydien dont les textes ne nous sont pas parvenus, puis par Nicolas de Damas au Ier siècle de notre ère. Cornelius Alexandre Polyhistor rapporte que Pythagore aurait reçu l'enseignement de Zoroastre à Babylone. Platon se réfère à Zoroastre dans le premier *Alcibiade*, 122a : *cf.* A. Momigliano, *Sagesses barbares*, Paris, Gallimard, 1979, p. 157-165 ; Jean Kellens, *Zoroastre et l'Avesta ancien*, quatre leçons aux Collège de France, Peeters, Louvain ; J. Bottero, C. Herrenschmidt et J. P. Vernant, *L'Orient ancien et nous. L'écriture, la raison et les dieux*, Paris, Albin Michel, 1996.

388. L'expression de Philosophie religieuse fonctionne à elle seule telle une concorde entre le paganisme et le christianisme ; elle permet de réunir Hermès, Pythagore, Platon et Moïse, David et le Christ : *Philosophia Platonica tamquam est in sacris*, *Op.*, I, Livre 8, p. 886.

389. Asclépios est identifié à Imhotep, l'architecte de Djeser divinisé et devenu dieu guérisseur. Les Traités II et XIV du *Corpus Hermeticum* lui sont adressés, *Le Discours d'initiation ou Asclépios* porte son nom, et lui-même est l'auteur des Traités VI, VII et XVIII.

390. Orphée, « père des chants », est le poète légendaire qui eut dans ses *Hymnes* l'intuition du monothéisme, ce qui le place dans la généalogie des « Antiques théologiens » : Pindare, *Pythiques*, 4, 176-177 ; Ficin, *Op.*, II, p. 1233 ; M. Detienne, *Les Dieux d'Orphée*, Paris, Gallimard, 2007, p. 13-30.

391. Aède légendaire, disciple d'Orphée, et qui aurait présidé le premier aux Mystères d'Éleusis. Platon se réfère à Musée et Orphée dans *La République*, II, 364e : *cf.* W. Burkert, *Les Cultes à Mystères dans l'Antiquité*, Paris, Les Belles Lettres, 2003, p. 66 67.

392. Ficin, *Préface du Pimandre*, *Op.*, II, p. 1836, *Théologie Platonicienne*, VI, 1 XVII, 1.

393. Pythagore (vers 580 av. J.-C. - vers 504), né à Samos est le fondateur de l'école italique. Pour Ficin, Pythagore permet de faire le lien avec les Égyptiens, les Chaldéens et les Phéniciens dont il étudia la sagesse : Isocrate, *Busiris*, 28-29 ; Porphyre, *Vie de Pythagore*, 6 ; Diogène Laërce, VIII, 2-3 ; Hippolyte, *Réfutations de toutes les hérésies*, I, 2, 12.

394. Platon, *Lettre VII* ; Diogène Laërce, *Vies et doctrines des philosophes illustres* III, 20, 29, 30.

395. Diogène Laërce, *ibid.*, III, 46 ; IV, 6 et 11.

396. La vertu se mesure à l'acte, plus qu'à la parole, conformément à la philosophie cynico-stoïcienne, dont les surgeons se retrouvent chez Pétrarque : Épictète, *Manuel*, XXIX, 6, XLVI, 2, XLIX ; Sénèque, *Lettres*, I, 20 ; Pétrarque, *Les Remèdes aux deux fortunes*, I, 10, 14, p. 53.

397. Pétrarque, *Les Remèdes aux deux fortunes*, I, 121 et I, 122, p. 525-527.

398. *Op.*, I, Livre 1, p. 634.

399. Poète familier des Médicis : A. Della Torre, *op. cit.*, p. 659-662.

400. Poète et musicien, adroit dans les improvisations à la lyre, ami de Politien et de Laurent de Médicis. Son amour de la poésie indissociée de la musique, sa fascination à l'endroit d'Orphée, l'unissaient à Ficin. Il devint évêque de Gaeta en 1494 : A. Della Torre, *op. cit.*, p. 796 *sq.* ; P. O. Kristeller, *Supplementum ficinianum*, I, p. 119-120.

401. Membre de l'Académie ficinienne (1446-1494), ami personnel des Médicis et de Ficin. Juriste de formation et secrétaire du Cardinal Barbo à Rome, il intercéda en faveur de Ficin, lorsque la publication du *De Triplici Vita* le fit soupçonner d'hérésie : A. Della Torre, *op. cit.*, p. 713-714 ; P. O. Kristeller, *Supplementum ficinianum*, I, p. 116.

402. Membre de l'Académie ficinienne (1444-1524), il fit un catalogue des oeuvres de Ficin. Il était l'ami de Giovanni Corsi qui composa la première biographie de Ficin : A. Della Torre, *op. cit.*, p. 59-60 ; R. Marcel, *op. cit.*, p. 18-20.

403. Platon, *Ion*, 533d-534a, *Phèdre*, 245a.

404. D. P. Walker, *op. cit.*, p. 22, rappelle que Marsile Ficin aimait à voir dans ce poète légendaire la parfaite concentration des quatre fureurs.

405. Homère passait à la Renaissance pour la figure du poète inspiré, par opposition à Virgile représentant le *poeta doctus*. L'*Iliade*, ne l'oublions pas, s'ouvre sur le chant de la fureur.

406. Hésiode, *Théogonie*, 1 *sq.*

407. Les *Pythiques* de Pindare sont placées sous le patronnage d'Apollon, le dieu de l'inspiration prophétique et des songes véridiques. Voir aussi *Péans*, VI, 54-57, VIIb, 18 *sq.* : « Car aveugles les esprits des hommes, / sans les Héliconiennes celui qui / profonde (...) cherche la route de la Sagesse ».

408. Platon, *Ion*, 536d-542a ; Ficin, *Théologie Platonicienne*, XIII, 2.

409. *Ibid.*, 534b-d, *Apologie*, 22b-c.

410. Hésiode, *Théogonie*, vers 21-23.

411. Platon, *Ion*, 534d.

412. *Ibid.*, 534d-535a.

413. Platon, *Phèdre*, 245a-245 b.

414. Ovide, *Fastes*, V, 5-6.

415. L'édition anglaise, *op. cit.*, p. 99, date cette lettre de l'année 1474.

416. *Op.*, I, Livre 1, p. 635.

417. Francesco Tedaldi était un agent de la banque Médicis, mais aussi un philosophe aristotélicien qui dédia ses *Disputationes occidentalium philosophorum de anima* à Laurent de Médicis : P. O. Kristeller, *Supplementum ficinianum*, II, p. 339. Sur l'histoire, le fonctionnement de cette banque et le développement du capitalisme : J. Delumeau, *La civilisation de la Renaissance*, Paris, Arthaud, 1984, p. 207-250 ; L. F. Marks, « The Financial oligarchy in Florence under Lorenzo », dans E. F. Jacob, *Italian Renaissance studies*, Londres, 1960, p. 123-147 ; R. de Roover, *The Rise and Decline of the Medici Bank, 1397-1494*, Cambridge (Massachusetts), 1963.

418. Bartolo Tedaldi était un érudit qui apprit le Grec et le Latin en compagnie de Cosme de Médicis.

419. Platon, *Criton*, 51a-b, *Lois*, IV, 717.

420. Ficin voyage très peu. Malgré maintes sollicitations, il a toujours refusé d'honorer l'invitation du roi Matthias de Hongrie. Aux déplacements physiques, il préfère le mouvement intérieur, celui de l'esprit qui n'a pas besoin de se mouvoir dans l'espace pour entrer en conversation avec ses amis, anciens ou actuels. Sur ce point, Ficin est en retrait par rapport à Pétrarque qui, même s'il préférait l'itinéraire de la pensée, connut Montpellier, Bologne, Toulouse, Avignon, Paris, Padoue, Naples, Milan, Rome ... : *Itinéraire de Gênes à Jérusalem*, 1-2, Grenoble, Jérôme Millon, 2002, p. 21-23, *Mon ignorance et celle de tant d'autres*, III, 11, p. 85-86, *Les Remèdes aux deux fortunes*, II, 57, p. 793-797, *La Vie solitaire*, II, 7, 9, *Lettres Familières*, VII, 16, XI, 4, XIII, 7, XV, 3...

421. *Op.*, I, livre 1, p. 635.

422. Bartolomeo della Fonte (1445-1513) était prêtre, poète et orateur florentin. Il succéda à Francesco Filelfo (mort en 1481) comme professeur de Rhétorique et de Philosophie à l'Université de Florence ; l'hostilité de Politien l'obligea à abandonner ce poste. Après avoir enseigné à Rome, il retrouva sa position en 1485 avec le soutien de Laurent de Médicis. Il enseigna également à la cour du roi Matthias de Hongrie, dont il enrichit la bibliothèque. Il revint à Florence en 1490 à la mort du roi : A. Della Torre, *op. cit.*, p. 420 *sq.*

423. Alessandro di Rinaldo Bracessi (1445-1503) était poète, ambassadeur et Chancelier de la République. Ses poèmes participent de l'idéalisme platonicien et sont proches de la manière de Pétrarque. Il avait une grande révérence pour Ficin : A. Della Torre, *op. cit.*, p. 656 ; P. O. Kristeller, *Supplementum ficinianum*, II, p. 338.

424. *Op.*, I, Livre 1, p. 635.

425. Tommaso Minerbetti (1464-1551) appartient au patriciat florentin. Rentier, il ne joue véritablement un rôle politique qu'au retour des Médicis en 1512 : C. Klapisch-Zuber, « Famille, religion et sexualité à Florence », dans *Revue de l'histoire des religions*, 1992, Volume 209, p. 384 *sq.* Cette lettre a été traduite et analysée par S. Toussaint : *Humanismes et anti-humanismes*, Paris, Les Belles Lettres, 2008.

426. *Lévitique*, 19, 18 ; *Matthieu*, 7, 12, *Jean*, 13, 34 et 15, 12-13, I *Pierre*, 3, 8-9, I *Jean*, 3, 15. L'amour du prochain se fonde dans le cosmopolitisme stoïcien, pour lequel rien de ce qui est humain ne m'est étranger : Cicéron, *Tusculanes*, V, 37 ; Épictète, *Entretiens*, I, 9, 1, II, 10, 3.

427. Saint Paul, I, *Épître aux Corinthiens*, 13, *Épître aux Romains*, 12, 9-10.

428. Érudit et précepteur des enfants de Tommaso Minerbetti ; secrétaire du Cardinal Cesare Borgia, ami de Poliziano et du Cardinal Piccolomini de Sienne : P. O. Kristeller, *Supplementum ficinianum*, I, p. 114-115.

429. *Op.*, I, Livre 1, p. 636.

430. Naldo Naldi (1435-1513) enseigne la Poésie et la Rhétorique à l'Université de Florence depuis 1484 et il appartient à l'Académie. Poète, qui cultive le genre pastoral, l'élégie amoureuse et la poésie religieuse, il est un proche ami de Ficin. Ce dernier lui a adressé son *De christiana Religione* : R. Marcel, *op. cit.*, p.170-172.

431. Bernardo Rucellai (1448-1514) est homme d'État, humaniste et historien. Après la mort de Laurent et de Ficin, l'Académie se réunira dans son jardin (*Orti*) qui fut dès lors connu comme *Orti Oricellarii*. Il épousa une soeur de Laurent, et demeura l'ami des Médicis : C. Pellegrini, *L'Umanista Bernardo Rucellai e le sue opere storiche*, Livourne, 1920 ; A. Della Torre, *op. cit.*, p. 824 ; R. Marcel, *op. cit.*, p. 427-428.

432. L'édition anglaise, *op. cit.*, p. 102, date cette lettre de 1474, comme du reste l'édition de Gentile.

433. *Op.*, I, Livre 1, p. 636.

434. Riccardo Angiolieri d'Anghiari (1414-1486) est prêtre et théologien, membre du Collège des Théologiens Florentins. Il a étudié la théologie à Padoue et Vérone. Ficin, qui l'accepta dans son Académie, le considérait comme un ami et un disciple : A. Della Torre, *op. cit.*, p. 770 *sq.*

435. Oliviero di Taddeo Arduini (mort en 1498) est un philosophe aristotélicien qui étudia la philosophie naturelle et la théologie à l'Université de Pise, de 1474 à 1487. Il participa aux *Quaestiones camaldulenses* de Landino, et il eut une discussion avec Ficin sur la nature de l'âme. Ses œuvres ne nous sont pas parvenues : A. Della Torre, *op. cit.*, p. 743-745 ; E. Garin, *L'Humanisme italien*, *op. cit.*, p. 127-133.

436. Sénèque, *La Tranquillité de l'âme*, XV, 2 ; Juvénal, *Satires*, X, 29-31 ; Hippocrate, *Lettres*, XVII, 18-56. Ces deux philosophes, dont la posture philosophique (le rire chez Démocrite, les pleurs chez Héraclite) suggère un égal désarroi devant la misère et la folie humaines, sont associés par la tradition qui les caricature volontiers à l'optimisme et au pessimisme, deux thèmes qui traversent cette lettre et les deux suivantes. *Cf.* aussi Pétrarque, *Les Remèdes aux deux fortunes*, II, 93, p. 951-959.

437. *Op.*, I, Livre 1, p. 637.

438. Grammairien, poète et musicien, Cherubino Quarquagli est, dès sa fondation, un membre de l'Académie platonicienne de Careggi dirigée par Ficin : A. Della Torre, *op. cit.*, p. 795-796 ; P. O. Kristeller, *Supplementum ficinianum*, I, p. 118.

439. Ami de Ficin et de Cavalcanti, Domenico Galletti est membre de l'Académie florentine et devient dès 1466 secrétaire apostolique à Rome : A. Della Torre, *op. cit.*, p. 767-768.

440. Cicéron, *De l'Orateur*, II, 58, 235 ; Horace, *Art poétique*, vers 295-296 ; Sénèque, *De la Colère*, II, 10 ; J. Salem, *La légende de Démocrite*, Paris, Kimé, 1996, p. 83-112 ; N. L. Cordero, « Démocrite riait-il ? », dans *Le rire des Grecs*, Grenoble, Jérôme Millon, 2000, p. 227-239.

441. Sénèque, *La Tranquillité de l'âme*, XV, 2. Hippocrate, *Sur le rire et la folie*, préface, traduction et notes d'Y. Hersant, Paris, Rivages, 1989.

442. Critique du luxe qui reprend un grand *topos* stoïcien : Épictète, *Manuel*, XXXIII, § 7 ; Sénèque, *Lettres,* 87, 8 ; 90, 9-10...

443. Autre *topos,* celui de l'inconstance : Épictète, *Manuel*, XXIX, § 3. Elle est au moral ce que la dissonance ou le manque d'harmonie est au musical. La métaphore

architecturale fait écho à la métaphore musicale. Alberti, dans son *De re aedificatoria*, associe lui-même la « *temperantia* » cicéronienne et la « *consonantia* » néoplatonicienne à l'exigence d'harmonie, d'eurythmie de l'architecture telle qu'il la conçoit. Sur cette question, voir l'article de Pierre Caye, « Alberti et Ficin : la question métaphysique de l'art », dans *Marsile Ficin, les platonismes à la Renaissance*, dir. Pierre Magnard, Paris, Vrin, 2001, p. 125.

444. Sénèque, *De l'Oisiveté*, III, 5. Épictète, *Manuel*, I, 1.

445. L'ajournement relève d'un optimisme : « *opinio venturi boni* » vulgaire aussi condamnable que le pessimisme. Il conviendrait plutôt, si l'on en croit Ficin, de libérer l'existence humaine de l'emprise de l'avenir (soucis, craintes, espoirs) en exhortant l'individu à vivre le présent comme le font les philosophes stoïciens : Sénèque, *De la Brièveté de la Vie*, IX ; Marc-Aurèle, *Pensées*, II, 5, 1 et 2 ; et en recherchant dans la Providence l'assurance d'un futur plus serein. En effet, ni les Stoïciens, ni les Platoniciens ne tombent dans le pessimisme : « C'est que Stoïciens et Platoniciens reconnaissent, en outre, une réalité cosmique (ou transcendante) à laquelle peut et doit se rattacher l'existence humaine » (V. Goldschmidt, *Le système stoïcien et l'idée de temps*, § 86, Paris, Vrin, 1989).

446. Homère, *Odyssée*, I, 32-34 ; Platon, *Alcibiade II*, 142d, *République*, 379c-380b.

447. Sénèque, *De la Brièveté de la Vie*, VII.

448. *Op.*, I, Livre 1, p. 637. Cette lettre est inspirée par un autre adepte du genre épistolaire dont Ficin n'a cessé de méditer la vie, les thèmes et le style, à savoir saint Paul : *Romains*, II, 21-22.

449. Cristoforo Landino (1424-1504), poète et humaniste florentin, membre de l'Académie de Ficin. Il se charge avec lui de l'éducation littéraire du jeune Laurent de Médicis. Professeur de poésie et de rhétorique à l'Université de Florence, il encourage à l'étude des grands poètes florentins : Dante, Pétrarque, Boccace ; édite la *Divine Comédie* illustrée par Botticelli ; commente Horace, Virgile. C'est Landino qui expose le discours d'Aristophane du *Banquet* lors du symposium organisé à l'Académie le 7 novembre 1468. Parmi ses amis et disciples, l'on trouve Alberti, Bembo, William Grocyn, Thomas Linacre... : A. Della Torre, *op. cit.*, p. 380 *sq.* ; P. O. Kristeller, *Supplementum ficinianum*, II, p. 327-328 ; R. Marcel, *op. cit.*, p. 190 *sq.* ; E. Garin *L'Humanisme italien*, p. 127-133.

450. Même tentative de définition chez Pétrarque, dans une perspective moins philosophique : *Mon secret*, I, p. 54.

451. Sénèque, *Lettres*, 71, 3.

452. La *libido dominandi* est l'une des nombreuses manifestations de la faute originelle : Augustin, *Confessions*, X, 36.

453. Pétrarque, *Mon secret*, I, p. 42.

454. Platon, *Politique*, 271e, *Lois*, 713c-d.

455. Saint Augustin, *De la Trinité*, XIII, 4, 7.

456. Sénèque, *La Tranquillité de l'âme*, XIV, 2 ; saint Augustin, *Confessions*, X, 28 ; Pétrarque, *Lettres familières*, V, I, *L'ascension du Mont Ventoux*.

457. Sénèque, *Lettres*, XIV, 19-20 ; Marc-Aurèle, *Pensées*, IV, 43, V, 23, VIII, 25 ; Pétrarque, *Mon secret*, I, p. 53 et II, p. 76.

458. L'humiliation et la misère de l'homme résultent du péché : Pétrarque, *Mon secret*, I, p. 35 et II, p. 72.

459. *Op.*, I, Livre 1, p. 638.

460. Platon, *Lois*, 731e-732b.

461. Ficin fait référence à la propriété de Cicéron, où furent composés les cinq livres des *Tusculanes* en juin et juillet 45.

462. Historien et traducteur, ami de Ficin et de Laurent de Médicis ; il portait Cicéron en grande révérence.

463. *Op.*, I, Livre 1, p. 638.

464. La dimension spéculaire de l'amitié fait de l'ami un autre moi-même, réalisant par là une unité métaphysique signe de la perfection : Aristote, *Éthique à Nicomaque*, IX, 9, 10 ; Horace, *Odes*, I, 3, 8 ; Cicéron, *Lettres familières*, VII, 5, 1 et *De l'Amitié*, V, 17, VI, 20, VI, 22, XXI, 80 ; *Matthieu*, 22, 39 ; saint Jérôme, *Commentaire sur Michée*, 2, 7, CCL, 76 ; saint Augustin, *Confessions*, IV, 6, 21 ; Pétrarque, *La Vie solitaire*, II, 14, 3 et 7, *Lettres familières*, VIII, 5, 4, *Lettres de vieillesse*, XIV, 1. Voir aussi Alberti, *Rimes*, XVIII, *De Amicitia*, vers 5 *sq.*, Paris, Les Belles Lettres, 2002, p. 150, sur l'origine divine de l'amitié.

465. *Op.*, I, livre 1, p. 638.

466. Fils du célèbre chancelier et orateur d'Arezzo, il appartenait à l'Académie ficinienne, et fut l'un des protagonistes (Agathon) du banquet platonicien relaté par Ficin dans son commentaire au *Banquet* de Platon. Il fit la traduction des deux premiers livres de l'*Iliade*. Ses poèmes ne nous sont pas parvenus : A. Della Torre, *op. cit.*, p. 658.

467. *Ibid.*, p. 639.

468. Ficin, *Théologie Platonicienne*, XIII, 2.

469. *Op.*, I, Livre 1, p. 639.

470. L'édition anglaise, *op. cit.*, p. 111, situe cette lettre dans l'année 1473.

471. *Op.*, I, Livre 1, p. 639.

472. Platon, *Phèdre*, 259d.

473. Platon, *Banquet*, 183b.

474. *Op.*, I, Livre 1, p. 640.

475. Cicéron, *De l'Amitié*, 85 ; Sénèque, *Lettres*, 3, 2.

476. *Op.*, I, Livre 1, p. 640.

477. Matteo Palmieri (1406-1475) est un poète et un historien florentin. Il remplit diverses charges publiques après le retour de Cosme de Médicis au pouvoir en 1434. Il était membre de l'Académie ficinienne, et Ficin lui décerna le titre de *poeta theologicus* pour son poème en langue vulgaire : *La Citta di vita*, inspiré de Dante. Il écrivit aussi le *Della vita civile* et l'*Opus de temporibus suis*, une histoire du monde depuis les origines jusqu'à son époque. Il eut pour maîtres Ambrogio Traversari et Carlo Marsuppini. Modèle d'éducation humaniste, il conjugua la vie active et la vie contemplative : A. Della Torre, *op. cit.*, p. 492.

478. Luca di San Gimigniano fut le maître en humanités du jeune Ficin ; c'est son père qui l'envoya à ce précepteur pour préparer ses études de médecine, précepteur qui l'initia à la musique, à la lyre et à la versification sur des thèmes mythologiques : Ficin, *Op.*, I, Livre 1, p. 640 ; R. Marcel, *op. cit.*, p. 171-172.

479. *Op.*, I, Livre 1, p. 640.

480. Giovanni Antonio Campano (1427-1477) est un poète et un érudit qui étudia à Pérouse, où il devint professeur de Rhétorique en 1455. Il reçut du Pape Pie II l'évêché de Cotrone en 1460, et ensuite celui de Teramo. À Rome, Campano était membre de l'Académie de Bessarion, il y corrigea et relut les classiques. Pie II lui soumettait les manuscrits de ses commentaires. Ses travaux personnels comprennent des poèmes, des lettres et des fables. Il eut pour maîtres Demetrius Chalcondylas et Lorenzo Valla. En 1471, Campano entendit à Florence Ficin jouait de sa lyre orphique, ce qu'il rapporta

dans une lettre à Gentile Becchi : A. della Torre, *op. cit.*, p. 415 *sq.* ; P. O. Kristeller, *Supplementum ficinianum*, I, p. 132-133.

481. L'orgueil est manifestation du péché, il indique un défaut de charité : *Marc*, 7, 21-23 ; *Jacques*, 4, 17 ; I, *Jean*, 3, 4 ; saint Paul, *Épître aux Romains*, I, 30 et 12, 9 ; saint Bernard, *Sermons sur le Cantique des cantiques*, 36, 3 ; Jean de Salisbury, *Policraticus*, VII, 15.

482. Jamblique, *Protreptique*, 21, *Vie de Pythagore*, XVII, 75-77.

483. I, *Corinthiens*, 2, 11.

484. *Ibid.*, 3, 19; *Job*, 5, 13.

485. *Ibid.*, 3, 20.

486. Platon, *République*, 380b-c ; Pseudo-Denys, *Noms divins*, 4, 19-21.

487. *Op.*, I, Livre 1, p. 640.

488. Lors des troubles qui suivirent la conjuration des Pazzi le 26 avril 1478 : la Florence des Médicis se voyant excommuniée par Sixte IV et menacée par les Princes italiens ligués contre elle, Ficin mit en italien et transforma en « sermons moraux » un certain nombre de lettres, dont celles qui portaient sur la misère et la folie des hommes : R. Marcel, *op. cit.*, p. 444-445.

489. Épictète, *Manuel*, XXIX, 5.

490. Platon, *Criton*, 48b ; Sénèque, *Les Bienfaits*, III, 31, 4, *Lettres*, XXII, 17, LXX, 4.

491. *Op.*, I, Livre 1, p. 641.

492. Platon, *Lois*, 730c.

493. Saint Paul, II, *Corinthiens*, 8, 2, 12.

494. *Marc*, 10, 23-24 ; *Samuel*, I, 2, 7.

495. *Psaumes,* 37, 21. Le juste est celui qui donne.

496. Sénèque, *Lettres,* 20, 10 et 87, 32. Les richesses sont sources d'insolence, les vrais biens de grandeur d'âme. *Cf.* Pétrarque, *Les Remèdes aux deux fortunes*, II, 105, La convoitise, p. 1003-1004 ; *Mon ignorance et celle de tant d'autres*, V, 2, p. 189.

497. *Psaumes*, 37, 11. *Matthieu*, 19, 30. *Jacques*, 4, 10 ; Pétrarque, *Les Remèdes aux deux fortunes*, II, 8, La pauvreté, p. 591.

498. La générosité met à jour un lien naturel unissant tous les hommes – elle participe de la philanthropie : Cicéron, *Les Devoirs*, III, 5, 24 et III, 6, 28. Pour une christianisation du thème : Philon d'Alexandrie, *De Vita contemplativa*, § 16.

499. *Exode*, 33, 19 ; *Marc*, 10-19.

500. Pour la condamnation de l'envie (*invidia*), qui sera un péché capital opposé à la charité dans le christianisme : Cicéron, *Tusculanes*, III, 9, 20-21 ; Horace, *Épîtres* I, 2, 58-59; saint Augustin, *Commentaire sur le Psaume* 104, 17; Jean de Salisbury, *Policraticus*, VII, 24 ; Pétrarque, *Les Remèdes aux deux fortunes*, II, 106, p. 1005-1007, *Mon ignorance et celle de tant d'autres*, I, 1-3, p. 51-53. De Ficin sur ce thème : *Op.*, I, p. 735 et 741.

501. *Exode*, 3, 8, 13, 5, 33, 3 ; *Ecclésiaste*, 46, 10 ; *Cantique des cantiques*, 4, 11.

502. Isidore de Séville, *Étymologies*, 11, 1, 4 ; *Genèse*, 2, 7 ; Quintilien, *Institution oratoire*, 1, 6, 34.

503. Peut-être s'agit-il d'une référence à la parabole du semeur : *Marc*, 4, 3-21.

504. Métaphore employée par Épictète : l'homme, tel l'épi, est fait pour être moissonné, cf. *Entretiens*, II, 6.

505. *Matthieu*, 13, 23 ; *Marc*, 4, 8, 20.

506. Pour l'éloge de cette vertu chrétienne : saint Paul, I, *Corinthiens*, 13 ; *Romains*, 12, 9-10.

507. *Op.*, I, Livre 1, p. 641.

508. Thalie est la Muse de la poésie pastorale et lyrique.

509. *Op.*, I, Livre 1, p. 642.

510. Catulle, *Poésies*, 64, 261 ; Virgile, *Énéide*, I, 481 ; Properce, *Élégies*, II, 24, 52.

511. Dans la région de Mugello, Cosme de Médicis s'était fait bâtir une propriété, la villa de Cafaggiulo. Le Mugello tient lieu d'Arcadie aux poètes florentins : Alberti, *Rimes*, XV, *Tyrsis*, vers 4 *sq.*, *op. cit.*, p. 96.

512. *Op.*, I, Livre 1, p. 642.

513. *Matthieu*, 19, 6 ; *Marc*, 10, 9.

514. Platon, *République*, 462a-c, *Lois*, 739c ; Jamblique, *Vie de Pythagore*, 74-75, 92, 167-168 ; Diogène Laërce, *Vies et doctrines des philosophes illustres*, VIII, 10.

515. Pétrarque, *Les Remèdes aux deux fortunes*, II, 111, p. 1017-1019.

516. Matteo Franco (1447-1494), chapelain de la cour des Médicis, dévoué à Clarice Orsini, l'épouse de Laurent, ainsi qu'à leurs enfants. Il pratiquait une poésie burlesque, non dénuée d'esprit, qui le faisait le rival amer de Luigi Pulci : P. O. Kristeller, *Supplementum ficinianum*, II, p. 344 ; R. Marcel, *op. cit.*, p. 424 *sq.*

517. *Op.*, I, Livre 1, p. 642.

518. Angelo Niccolini (1444-1499) est un homme de loi florentin qui occupa différentes charges publiques : *Priore* en 1479, *Gonfaloniere* en 1489, ambassadeur auprès du Pape Innocent VIII en 1484, et du Roi Charles VIII en 1494. Il est le fils d'Ottone Niccolini : P. O. Kristeller, *Supplementum ficinianum*, I, p. 129.

519. *Op.*, I, Livre 1, p. 643.

520. *Cf.* R. Marcel, *op. cit.*, p. 416.

521. Riccardo Angiolieri d'Anghiari (1414-1486) est prêtre, théologien, et membre du Collège Florentin des Théologiens : Della Torre, *op. cit.*, p. 770 *sq.*

522. *Op.*, I, Livre 1, p. 643.

523. Sebastiano Salvini (1427-1511), du Château San Niccolo près de Florence, est le cousin de Ficin. Orphelin très tôt, il fut éduqué par Antonio degli Agli, évêque de Volterra. Il fut ordonné prêtre en 1476. Ficin le prit comme secrétaire et assistant ; il copia et rassembla les lettres et autres travaux du Maître ; il fut membre de l'Académie platonicienne. Avant 1476, Sebastiano aida Ficin à compiler le *De Christiana Religione*. De 1476 à 1480, il servit de professeur aux enfants de Tommaso Minerbetti. En 1481, il obtint avec l'appui de Francesco Soderini le degré de Maître en Théologie. Quand Ficin fut invité en 1482 par le roi Matthias de Hongrie pour enseigner Platon, le philosophe de Careggi y envoya Sebastiano à sa place. Plus tard, il semble avoir rempli des fonctions de secrétaire dans la Curie romaine auprès d'ecclésiastiques importants. En 1496, il eut en charge la paroisse d'une église dans le diocèse de Fiesole. Parmi ses oeuvres théologiques figurent un commentaire des *Psaumes*, et des *Preuves concernant la Divinité du Christ*, ouvrage dédié au Cardinal Raffaele Riario. Sa correspondance se trouve à la bibliothèque du Vatican : A. Della Torre, *op. cit.*, p. 94-104 ; P. O. Kristeller, *Sebastiano Salvini, a Florentine Humanist and Theologian, and a member of Marsilio Ficino's Platonic Academy,* dans *Didascalie*, New York, Sesto Prete, 1961, p. 205-243 ; C. Vasoli, *Brevi Considerazioni su Sebastiano Salvini*, dans *Italia e Ungheria all'Epoca dell'umanesimo Corviniano*, Florence, S. Graciotti et C. Vasoli éditeurs, 1994.

524. *Matthieu*, 7, 6.

525. Cicéron, *Tusculanes*, V, 34-35, *Du Destin*, V, 10 ; Platon, *Alcibiade*, I, 130, *Lachès*, 178e-188.

526. *Ibid.*, IV, 80.

527. *Jean*, 7, 24.

528. *Op.*, I, Livre 1, p. 643.

529. Sebastiano Foresi (1424-1488) est un poète et un musicien très admiré par Ficin, notamment à cause de son habileté à jouer de la lyre. Il étudia Virgile et dédia à Laurent un traité sur l'agriculture inspiré par les *Géorgiques* de Virgile. Son poème *Il Trionfo delle Virtu* est aussi appelé *Il Trionfo di Cosimo de' Medici* : A. Della Torre, *op. cit.*, p. 792-793 ; P. O. Kristeller, *Supplementum ficinianum*, I, p. 117.

530. *Op.*, I, Livre 1, p. 643.

531. Piero del Nero, mort en 1512, remplit diverses magistratures. Il soutint financièrement la publication du *De Sole* et du *De Lumine* de Ficin : A. Della Torre, *op. cit.*, p. 727-728 ; P. O. Kristeller, *Supplementum ficinianum*, I, p. 110 ; R. Marcel, *op. cit.*, p. 331 *sq.*

532. Comme souvent, Ficin joue sur le nom des Médicis qu'il rapproche de « *Medici* », les médecins en latin : Ficin, *Les Trois Livres de la Vie*, « Préface », *op. cit.*, p. 20 ; R. Marcel, *op. cit.*, p. 161.

533. Platon, *République*, 462, *Lois*, 716c-718 et 903b.

534. Le thème du « tien » et du « mien » est un véritable *topos* à la Renaissance, il marque l'avènement de la propriété privée et la fin de cet âge d'or que la république ficinienne tente de restaurer : *cf.* N. Ordine, *Le Seuil et l'ombre*, Paris, Les Belles Lettres, 2003, p. 166-169.

535. Platon, *République*, 462a-464d.

536. Platon, *République*, 347d, 420b-421c, 519e-520a, *Lois*, 875a-b, 923b, 925e; Cicéron, *Des Devoirs*, I, 85.

537. Macrobe, *Commentaire au songe de Scipion*, I, 8, 2 ; Cicéron, *République*, VI, 13, 13.

538. *Op.*, I, Livre 1, p. 644.

539. Érudit qui sans doute traduisit en italien le passage du *Rerum sui tempore gestarum* de Marsuppini, qui décrivait l'École aristotélicienne de Manuel Chrysoloras, savant grec invité en 1396 à Florence pour donner des leçons, et les progrès de ses disciples zélés.

540. Marc-Aurèle, *Pensées*, XI, 18, avant-dernier paragraphe.

541. *Op.*, I, Livre 1, p. 644. Pour un commentaire biographique de cette lettre : *cf.* R. Marcel, *op. cit.*, p. 126-127.

542. Prêtre et membre de l'Académie ficinienne.

543. *Cf.* R. Marcel, *op. cit.*, p. 413-414.

544. Ficin, *Les Trois Livres de la Vie*, III, *Exhortation*, *op. cit.*, p. 134 ; R. Klibansky, E. Panofsky et F. Saxl, *Saturne et la mélancolie*, Paris, Gallimard, 1989, p. 407 ; A. Chastel, *Marsile Ficin et l'art*, III, Genève, Droz, 1975, p. 163-167.

545. Platon, *Phédon*, 118a.

546. Ficin évoque la grâce médicinale du Christ, celle qui fait de Dieu le seul guérisseur, et que l'on retrouve dans la lettre adressée à Bembo, *Op.*, I, p. 829, lors de la canicule de juillet 1480 qui enfiévra Ficin et laissa ses médecins démunis : « Levavi oculos meos ad montes, unde veniet auxilium mihi. Auxilium meum a Domino qui caelum fecit et terram ». On songe aussi à la formule d'Ambroise Paré : « Je te panse, Dieu te guérit ».

547. Diogène Laërce, *op. cit.*, V, 16.

548. L'édition anglaise, *op. cit.*, p. 127, date cette lettre du 6 septembre.

549. *Op.*, I, Livre 1, p. 645. Le père de Marsile Ficin, Diotifeci D'Agnolo di Giusto était médecin, et notamment le médecin personnel de Cosme l'Ancien. Il destina son fils à

cet art, qui l'étudia à Bologne de 1457 à 1459, avant de choisir définitivement le Platonisme : R. Marcel, *op. cit.*, p. 123-234 et p. 212. Pour autant, Ficin n'abandonna pas la médecine, puisqu'il rédigea au moins deux oeuvres médicales, le *De Triplici Vita* (1489) et, en langue vulgaire, le *Consilio contra la Pestilentia* (1479), traduit en latin par Hieronymo Ricio, à quoi s'ajoutent nombre de lettres, dont l'*Oratio de laudibus medicinae*, *Op.*, I, Livre 4, p. 759. Mieux, durant les périodes de peste, ou pour résoudre ses tracas financiers, Ficin pratiqua lui-même la médecine : R. Marcel, *op. cit.*, p. 453 *sq.* et p. 481 *sq.*

550. Médecin de Viterbe : A. Della Torre, *op. cit.*, p. 779.

551. Homère, *Iliade*, XI, 54.

552. Dieu grec de la médecine et de la chirurgie, capable de ressusciter les morts, Esculape est le fils d'Apollon et de la nymphe Coronis, fille unique de Phlégyas roi de Boétie.

553. Esculape eut pour maître le centaure Chiron, auprès de qui il apprit, entre autres choses, la connaissance des simples et des remèdes : Homère, *Iliade*, IV, 193.

554. Machaon et Podalirius sont les fils d'Esculape, ils partirent pour la guerre de Troie : Virgile, *Énéide*, XII, 304 ; Ovide, *L'Art d'aimer*, II, 735.

555. Hippocrate, *Lettres*, XI, 5.

556. Hippocrate, *op. cit.*, XV, 8.

557. Jamblique, *Vie de Pythagore*, 110-114 ; Boèce, *De la musique*, I, 1 ; Cicéron, *Tusculanes*, IV, 3 ; Porphyre, *Vie de Pythagore*, 32 ; Philostrate, *Vie d'Apollonios de Tyane*, III, 44.

558. Platon, *Charmide*, V, 157c ; Psellos, *Commentaire des Oracles chaldaïques*, É. Des Places, *Oracles chaldaïques*, p. 177 ; Pléthon, *Oracles magiques des mages disciples de Zoroastre et Commentaires de Pléthon sur les Oracles. Recension de Georges Gémiste Pléthon*, B. Tambrun-Krasker, *La Recension arabe des Magika logia* par M. Tardieu, « Corpus Philosophorum Medii Aevi », « Philosophi Byzantini », 7, Athènes-Paris-Bruxelles, The Academy of Athens-Vrin-Ousia, 1995 ; I. Klutstein, *Marsilio Ficino et la Théologie ancienne – Oracles Chaldaïques, Hymnes Orphiques, Hymnes de Proclus*, Florence, 1987. Les Mages font le lien entre l'Orient et l'Occident ; les magiciens crétois étaient en relation avec les Babyloniens et la Mésopotamie d'une part, et d'autre part des penseurs tels Empédocle, Pythagore ou Parménide pratiquaient l'art de l'incantation, quand ils n'étaient pas tout simplement appelés « magiciens », comme les Chaldéens dont parle Ficin : P. Kingsley, *Dans les antres de la sagesse*, Paris, Les Belles Lettres, 2007, p. 109-110, 118-119,134-135 193-194 ; M. Carastro, *La Cité des Mages*, Grenoble, Jérôme Millon, 2006, p. 17-61.

559. *Tobie*, 3, 25.

560. *Matthieu*, 8, 1-5, 9, 1-7 ; *Actes des Apôtres*, 3, 1-10.

561. Il s'agit de Mithridates VII, surnommé le Grand, dont les compétences médicales sont attestées par Appien, Strabon et Justin.

562. Il s'agit de l'Hermès-Thoth, à qui Platon dans le *Phèdre* attribue l'invention de l'écriture, personnage mythique, dépositaire d'un savoir secret, médiateur entre les hommes et les dieux, prophète du monothéisme, du Dieu ineffable et de la puissance du Verbe, qui serait à l'origine du *Poimandrès*, de l'*Asclépios*, de la *Koré Kosmou* et d'un texte arabe postérieur traduit en latin, le *De Castigatione animae*, traités savants écrits entre le IIe et le IIIe siècles de notre ère. Ficin est le premier à avoir traduit le *Poimandrès* en 1463, à partir d'un manuscrit grec remis à Cosme de Médicis. Sur Hermès : Cicéron, *De la Nature des dieux*, III, 22 ; Jamblique, *Mystères d'Égypte*, VIII, 1 ;

Clément d'Alexandrie, *Stromates*, VI, 4 ; saint Cyrille, *Contre Julien*, I, 30 ; saint Augustin, *La Cité de Dieu*, VIII, 23, 2 ; Lactance, *Institutions divines*, I, 5-6, II, 15, IV, 9 ; Pétrarque, *Les Remèdes aux deux fortunes*, I, 13, 8, p. 67-69. Sur l'hermétisme, ses origines orientales, ses liens avec le néo-platonisme, l'astrologie et la magie : J. Festugière, *La Révélation d'Hermès Trismégiste*, Paris, Les Belles Lettres, 2006, p. 18-307.

563. Il s'agit d'un médecin arabe, connu sous le nom de Jean de Damascius, qui vécut dans la première moitié du IXe siècle, et dont les oeuvres furent imprimées à Venise en 1497.

564. Diogène Laërce, *op. cit.*, IX, 48-49 ; Hippocrate, *Lettres*, XIX ; Pline l'Ancien, *Histoire naturelle*, XXV, 23 ; Timée de Locres, 102d-104a ; Platon, *Timée*, 81e-89d ; Diogène Laërce, V, 25-26.

565. Cosme et Damien étaient frères et médécins en Cilicie ; ils connurent le martyr en 303.

566. Hippocrate, *Lettres*, XVI, 7.

567. *Ibid.*, XX, 2.

568. Dans la préface au *De Homo* : *Proemium Marsilii Ficini in librum qui inscribitur homo, ad magnanimum Laurentium Medicem, Op.*, I, p. 916, Ficin distingue trois niveaux qui participent d'un même mouvement, le corps sur lequel porte la médecine, l'âme qui concerne la théologie, la contemplation qui touche à la philosophie platonicienne. Dans l'ordre du savoir comme dans l'ordre de l'être, le niveau supérieur englobe et dépasse le niveau inférieur, aussi sûr que le niveau inférieur annonce le niveau supérieur et y persiste.

569. Platon, *Timée*, 89a-d.

570. Antonio di Paolo Benivieni (1443-1502) est l'un des plus grands médecins florentins de la seconde moitié du XVe siècle, en raison notamment de ses travaux d'anatomie. Il est membre de l'Académie, ami de Laurent et Julien de Médicis. Sa bibliothèque contenait une riche collection d'oeuvres médicales et philosophiques et, conformément à l'esprit de la Renaissance qui décloisonne les savoirs, il se passionnait pour l'astrologie et l'astronomie, trait qu'il partage avec le Ficin du *De Triplici Vita*. Pour une étude : G. Zanier, *La Medicina astrologica et la sua teoria*, Rome, 1977. Sur le personnage : A. Della Torre, *op. cit.*, p. 780-783.

571. Médecin, musicien et membre de l'Académie ficinienne. Il y a apparence qu'il ait aidé Ficin à résoudre l'antinomie entre l'unicité de la cause et la multiplicité de ses effets contraires en un seul et même sujet : A. Della Torre, *op. cit.*, p. 779.

572. *Op.*, I, Livre 1, p. 646.

573. Virgile, *Bucoliques*, 4, 2.

574. Saint Augustin, *Soliloques*, 1, 12, 21.

575. Sénèque, *Lettres*, 88, 39 et 94, 27.

576. Cicéron, *Tusculanes*, III, 69 ; Diogène Laërce, V, 41.

577. Épictète, *Manuel*, LI, 1 ; Marc-Aurèle, *Pensées*, II, 4, III, 10, IV, 17, VII, 59, VIII, 36, VIII, 44 et XII, 3 ; Martial, *Épigrammes*, I, 15, 11-12 ; Pétrarque, *Mon secret*, II, p. 96.

578. Saint Paul, *Épître aux Romains*, 14, 7-8 ; Platon, *Lettres*, 358a ; Cicéron, *Des Fins*, II, 45, *Des Devoirs*, I, 22.

579. Marc-Aurèle, *Pensées*, VIII, 51.

580. *Op.*, I, Livre 1, p. 647.

581. Né en 1438, Benedetto Coluccio est poète, orateur, membre de l'Académie ficinienne. Laurent de Médicis le fit venir à Florence en 1473 ; de 1482 à 1499, il enseigna la Poésie et la Rhétorique à l'Université de Bologne. Il composa cinq discours appelant

à la croisade contre les Ottomans : A. Della Torre, *op. cit.*, p. 706 *sq.* et 805 *sq.* P. O. Kristeller, *Supplementum ficinianum*, I, p. 115 ; R. Marcel, *op. cit.*, p. 395-397.

582. *Op.*, I, Livre 1, p. 647.

583. Saint Paul, II *Timothée*, 4, 2.

584. Sénèque, *Lettres*, 6, 5-6.

585. *Op.*, I, Livre 1, p. 648.

586. *Ibid.*

587. Sénèque, *Lettres*, 6, 5-6, *De l'Oisiveté*, VI, 4-5.

588. Fils de Gorgias et de Cybèle, Midas régnait sur la partie de la Phrygie où coulait le fleuve Pactole. Bacchus lui avait donné le don de changer en or tout ce qu'il touchait ; pouvoir auquel il renonça très vite manquant de mourir d'inanition.

589. Cicéron, *De la vieillesse*, 24.

590. Il s'agit du *Parménide*.

591. Il s'agit du *Philèbe*.

592. Platon, *Timée*, 27a-32b.

593. Il y a un jeu de mot difficilement traduisible entre *Cosmos* et *Cosmus* (Cosme), qui tend à faire de Cosme un principe d'ordre et de beauté civile sur le modèle de l'univers physique : P. O. Kristeller, *Supplementum ficinianum*, II, p. 87 ; R. Marcel, *op. cit.*, p. 240.

594. *Op.*, I, Livre 1, p. 649.

595. Élevé à la dignité d'évêque de Pise par le Pape Sixte IV en octobre 1474, il ne peut accéder à cet office qu'en 1477 en raison de l'opposition de Laurent de Médicis. Ayant joué un rôle prépondérant dans la conjuration des Pazzi, il fut exécuté en 1478 : P. O. Kristeller, *Supplementum ficinianum*, I, p. 121. Sur la conjuration elle-même : Ange Politien, *La congiura de'Pazzi*, dans *Prose volgari inedite e poesie latine e greche edite et inedite*, raccolte da Isidoro Del Lungo, Firenze, 1867.

596. *Op.*, I, p. 957.

597. *Op.*, I, Livre 1, p. 649.

598. Ficin a dédicacé ce texte à Laurent de Médicis, après avoir été ordonné prêtre en 1473.

599. *Op.*, I, Livre 1, p. 650.

600. Aristote, *Éthique à Nicomaque*, V, 7 ; Cicéron, *Des Fins*, V, 65, *De la Nature des dieux*, III, 38, *Des lois*, I, 19 ; Isidore de Séville, *Étymologies*, II, 24, 5.

601. Horace, *Art poétique*, 323.

602. *Op.*, I, Livre 1, p. 650.

603. Successeur d'Alessandro Martelli à la Banque Médicis de Venise.

604. Sénèque, *La Providence*, II, 1-12 ; Marc-Aurèle, *Pensées*, IV, 49.

605. *Op.*, I, Livre 1, p. 650.

606. Andrea Cambini est connu pour ses travaux d'historien et de traducteur. Ami de Ficin, il imita le style de Cicéron.

607. *Ibid.*

608. C'est chez Antoine Canigiani, et son père Jean, à Campoli durant l'été 1457, que Ficin conçut le *De Voluptate* et le *Compedium de opinionibus Philosophorum circa Deum et animam*. Jean Canigiani avait été proviseur du *Studio* en 1456, et son fils Antoine était un humaniste réputé, ami de Ficin et de Landino, et un platonicien authentique : Ficin, *De Voluptate*, *Proemium*, *Op.*, I, p. 986 ; R. Marcel, *op. cit.*, p. 219-220.

609. Callimaque, *Hymnes*, *À Apollon*, 42-46 ; G. Dumézil, *Apollon sonore et autres essais*, Paris, Gallimard, 1987, p. 25-41.

610. Orphée lui-même était réputé pour charmer, au son de sa lyre, les bêtes fauves : Boccace, *Généalogie des Dieux*, V, 12 ; et plus largement, pour le rayonnement d'Orphée à la Renaissance : D. P. Walker, *Orpheus. The Theologian, and Renaissance Platonists,* dans *Journal of Warburg and Courtauld Institute*, 16, 1953 ; J. Warden, *Orpheus and Ficino, Orpheus : The metamorphosis of a Myth*, J. Warden éditeur, Toronto, 1982.

611. *Hymnes Orphiques*, XXXIV, *À Apollon*, 16-24.

612. Je transcris les termes en me référant à leur traduction dans le français de la Renaissance, notamment chez Lefèvre de La Boderie, *La Galliade*, IV, 361 *sq.*, et Pontus de Tyard, *Solitaire Second*, 91 (deux fins traducteurs et commentateurs de Ficin) : Hypaté désigne la plus basse des cordes, et Neté « la plus haute du Tétracorde des dejointes », comme le précise Pontus de Tyard (*Solitaire Second*, 93). La structure du monde elle-même est musicale : Cicéron, *La République*, VI, XVIII, 18 ; Macrobe, *Commentaire au Songe de Scipion*, II, 1 ; Pline l'Ancien, *Histoire Naturelle*, II, XIX-XXI, 21-23. On retrouve ces considérations dans le *De la Triple Vie* de Marsile Ficin, où il est question de l'harmonieux mélange (*krasis*) des influx solaires et terrestres. Pour une étude globale, G. Roux, *Delphes, son oracle et ses dieux*, Paris, Les Belles Lettres, 1976, p. 188 *sq*.

613. Synésios de Cyrène, *Traité sur les Songes*, 2, 3.

614. Platon, *Timée*, 87c-88 ; Plutarque, *De la Musique*, 1138d-1139b.

615. Platon, *ibid.*, 47d ; Aristote, *Politiques*, VIII, 7.

616. Platon, *République*, III, 401e-402 ; Boèce, *De la Musique*, I, 1.

617. Célèbre centaure expert en la médecine et maître d'Achille. Il fut tué accidentellement par Hercule.

618. I, *Samuel*, XVI, 14-16 et 23.

619. Boèce, *De la musique*, I, 1 ; Hippocrate, *Lettres*, 19, 7 ; Théophraste, *Fragments* 87-88.

620. Quintilien, *Institution Oratoire*, I, X, 31-3.

621. Arion est un poète lyrique grec du VIIIe siècle av. J-C., originaire de Méthymne. La légende raconte qu'il fut sauvé des flots par un dauphin charmé par les accords de sa lyre : Hérodote, *Enquête*, I, 23-24. Amphion est le rejeton de Zeus dont la mythologie rapporte qu'il dressa les murs de Thèbes au son de sa lyre : Homère, *Odyssée*, XI. Voir aussi Macrobe, *op. cit.*, II, 3, 8 ; Aulu-Gelle, *Nuits Attiques*, 16, 19, 1-23 ; Pline l'Ancien, *Histoire naturelle*, IX, 28.

622. Aristote, *Métaphysique*, 985b, 23-986a, 1.

623. Hermès Trismégiste, *Pimandre*, I, 16-19, *Asclépios*, 13.

624. Il s'agit d'un Pythagoricien, à la fois philosophe et musicien, qui a écrit sur les principes de l'harmonie : Cicéron, *Tusculanes*, I, X, 19 ; Quintilien, *Institution oratoire*, I, X, 22 ; Lactance, *Institutions divines*, VII, 13, 9 ; Martianus Capella, *Noces de Philologie et de Mercure*, 9, 923.

625. Thémistocle (528-464 av. J-C). Fils de Néoclès et d'une métèque, il arriva à dominer Athènes par la seule vertu de son intelligence et de son habileté. Il est à l'origine de la construction du Pirée et de la victoire de Salamine. Le jugement de Ficin est quelque peu excessif.

626. Platon, *Alcibiade*, 108c.

627. Platon, *République*, III, 399.

628. *Op.*, I, Livre 1, p. 651.

629. Giovanni Aurelio Augurelli (1456-1524) de Remini est un homme de lettres, ami de Ficin, Bembo et Politien. Aldo Manuzio édita ses poésies en 1505. On lui doit un poème

allégorique sur l'alchimie : A. Della Torre, *op. cit.*, p. 818-819 ; P. O. Kristeller, *Supplementum ficinianum*, II, p. 336.

630. *Op.*, I, Livre 1, p. 652.

631. Bernardo Bembo (1433-1519) : Homme d'État et orateur vénitien, frère de Pietro Bembo. En 1474, il était ambassadeur de Venise à Florence. Il était l'ami de Laurent, de Politien et de Ficin, lequel lui dédia le cinquième livre de ses *Lettres*. Pour des précisions : P. O. Kristeller, *Supplementum ficinianum*, II, p. 346 ; N. Giannetto, *Bernardo Bembo Umanista e Politico Veneziano*, Florence, 1985.

632. *Op.*, I, Livre 1, p. 652.

633. Neuvième jour avant les Ides dans l'ancien calendrier romain : le 7 de mars, mai, juillet, octobre ; le 5 des autres mois. Ici, il s'agit du 7 mars.

634. Platon, *Lois*, IV, 716a.

635. *Ibid.*, X, 903b.

636. Platon, *République*, 420b-421c et 462a-463e.

637. La piété est une modalité de la sagesse : *Job*, 28, 28 ; saint Paul, I *Épitre à Timothée*, 6, 6 ; saint Augustin, *Enchiridion*, I, 2, *Confessions*, V, 5, 8 et VIII, 1, 2, *La Trinité*, XII, 14 et XIV, 1 ; Lactance, *Institutions divines*, V, 15 ; Pétrarque, *Les Remèdes aux deux fortunes*, I, 13, p. 67-69.

638. Platon, *Lois*, IV, 715.

639. *Ibid.*

640. Virgile, *Énéide*, I, 21.

641. Sénèque, *Thyeste*, 607-612.

642. Aristote, *Éthique à Nicomaque*, V, 5-6.

643. Fille de Thémis et de Jupiter, déesse de la justice, qui vécut sur terre au temps de l'Âge d'or, et que les crimes des hommes forcèrent à quitter les villes, puis les campagnes, pour retourner au ciel dans la constellation de la Vierge : Ovide, *Métamorphoses*, I, 150 ; Sénèque, *Octavie*, 424.

644. Philon d'Alexandrie, *De Vita contemplativa*, 90.

645. *Op.*, I, Livre 1, p. 653.

646. Lattanzio Tedaldi est le fils de Francesco Tedaldi, dont il est question dans la lettre 53, *Cura patriae, familiae, amicorum*. Lattanzio fut le secrétaire de Laurent de Médicis durant de nombreuses années, et rendit maints services à la République. Il était poète, musicien, membre du cercle ficinien, ami avec Poliziano, Antonio Benivieni et Machiavel. Il noua une correspondance régulière avec Callimachus, un cousin éloigné.

647. Ficin, *Théologie Platonicienne*, V, 1-15.

648. *Op.*, I, à Bandino, p. 660, *Cognitio de divinitate animae ante omnia necessaria*, *ibid.*, p. 885 *sq*.

649. Saint Augustin, *Dimension de l'Âme*, 13, 22.

650. Platon, *Timée*, 34e, *Lois*, X, 892a ; *Théologie Platonicienne*, V, 15, VI, 3, VII, 1, VIII, 1, IX, 5, X, 1, XIII, 1, XV, 4.

651. Saint Thomas d'Aquin, *Somme contre les Gentils*, 2, 83-84.

652. *Op.*, I, Livre 1, p. 654.

653. Sénèque, *Consolation à Marcia*, X, 1-5 et XI, 1-5 ; Ficin, *Epistola consolataria a sui propinqui*, *Supplementum ficinianum*, II, XLV, *op. cit.*, p. 162. À la mort de son frère, Ficin écrivit une Consolation pour ses parents.

654. *Ibid.*, XX, 1-6.

655. *Op.*, I, Livre 1, p. 654.

656. Ficin, *Commentaire sur le Banquet de l'amour*, VI, 4.

657. À la mort de Pierre de Médicis, Tommaso Soderini, réputé pour sa prudence, prononça un discours en faveur de Julien et de Laurent de Médicis devant les chefs des familles de notables, afin de maintenir la paix dans Florence : Machiavel, *Histoires florentines*, VII, 24, *op. cit.*, p. 1322.

658. *Op.*, I, Livre 1, p. 654.

659. Virgile, *Énéide*, IV, 100.

660. *Op.*, I, Livre 1, p. 655.

661. R. Marcel, *op. cit.*, p. 594-595.

662. *Isaïe*, 28, 11. Dans cette diatribe, Ficin vise les Alexandristes et les Averroïstes padouans : *Op.*, I, p. 327, *Théologie Platonicienne*, XV, 1 ; R. Marcel, *op. cit.*, p. 596. Autrement dit, Ficin ne réfute pas Aristote tel qu'en lui-même, seulement les interprétations fallacieuses que l'on en fait faute de savoir le grec : *In Promemium Plotini*, *Op.*, II, p. 1537. Mieux, Ficin établit une concorde entre Platon et Aristote, le second confirme Platon, et le premier annonce et englobe Aristote : *Op.*, I, à Iohanni Pico Mirandulano, p. 858, à Hermolao Barbaro, p. 869, *Op.*, II, *In Timaeum*, p. 1438, *In Dialogum primum de Legibus*, *ibid.*, p. 1488, *Expositio in interpretationem Prisciani Lydi super Theophrastum*, *ibid.*, p. 1801.

663. Aristote, fragment 74.

664. Platon, *République*, 495a-496a ; Pétrarque, *Les Remèdes aux deux fortunes*, II, 52, p. 775-777 et II, 119, p. 1075-1083.

665. *Op.*, I, Livre 1, p. 655.

666. Aristote, *Éthique à Nicomaque*, 1178b, 33-35.

667. Au nom d'une vie conforme à la nature, les cyniques condamnaient les usages sociaux et les normes traditionnelles, situant la valeur dans l'être et non dans l'avoir, dans l'autarcie et non dans la dépendance. Diogène passait pour avoir falsifié la monnaie, ce qui était pour lui une autre façon de philosopher en procédant à une transvaluation généralisée : M.-O. Goulet-Cazé, *Le Cynisme est-il une philosophie ?*, dans *Contre Platon*, I, *op. cit.*, p. 273-313.

668. Lorenzo Buonincontri (1411-1492) est philosophe, astronome et poète. Il appartient à l'Académie ficinienne et a noué une vive amitié avec Laurent de Médicis. Ficin l'écoutait en matière d'astronomie, tant il en imposait par ses travaux, et notamment son commentaire de l'*Astronomicon* de Manilius. Il était aussi mercenaire, et servit en 1480 dans l'armée de Costanzo Sforza : A. Della Torre, *op. cit.*, p. 681-687.

669. *Op.*, I, Livre 1, p. 655.

670. Donato Acciaivoli (1429-1478) est un orateur réputé et un philosophe aristotélicien. À ce titre, il appartient au *Chorus Academiae Florentinae*. Durant sept années, il fut chancelier de Florence. Il occupa maintes charges dans la République, et fut ambassadeur à Milan en 1478. On lui doit l'oraison funèbre de Cosme de Médicis : A. Della Torre, *op. cit.*, p. 322-425 ; E. Garin, *Moyen Âge et renaissance*, p. 167-217.

671. *Op.*, I, Livre 1, p. 655.

672. Il s'agit de Niccolo Michelozzi.

673. L'édition anglaise, *op. cit.*, p. 155, date la lettre du 16 avril.

674. *Op.*, I, Livre 1, p. 656.

675. *Ibid.*

676. Jamblique, *Protreptique*, 21, *Vie de Pythagore*, 83 ; Porphyre, *Vie de Pythagore*, 42.

677. Platon, *Théétète*, 194c, *Lettres*, 344d-e. Parmi les qualités requises pour devenir un parfait platonicien, Ficin insiste sur la bonne mémoire : *Op.*, I, à Francisco Diaceto, p. 953.

678. Cicéron, *De l'Orateur*, II, 351-354 ; Quintilien, *Institution oratoire*, XI, 2, 11-26. Le poète Simonide de Cos (556 environ - 468 av. J.-C.) passait pour l'inventeur de l'art de la mémoire : Cicéron, *ibid.*, II, 74, 299, *Des Fins*, II, 32, 104 ; Pline l'Ancien, *Histoire naturelle*, VII, 24, 89 ; *Rhétorique à Hérénius*, III, 16, 28 ; Pétrarque, *Les Remèdes aux deux fortunes*, I, 8, p. 45-46 ; F. A. Yates, *L'Art de la mémoire*, Paris, Gallimard, 1975, p. 13-61.

679. Aristote, *De memoria et reminiscentia*, 451b.

680. Ficin invite à pratiquer le *docere*, *delectare* et *movere* cicéronien. Plus profondément, il se souvient d'une part d'Homère qui distinguait entre trois styles, le style simple incarné par Ménélas, le style fleuri incarné par Nestor et le grand style d'Ulysse : Homère, *Iliade*, III, 212. P. Galand-Hallyn a consacré un bel article sur le *genus subtile*, le *genus medium* qui mêle la *ratio* et la *voluptas*, et le *genus grande* chez Ficin : *Les trois degrés du style chez Marsile Ficin*, dans *Les yeux de l'éloquence*, Orléans, Paradigme, 1995, p. 31-43. Cet intérêt de Ficin pour la rhétorique n'est pas une entorse à son platonisme, puisque c'est Platon qui aurait créé le terme *rhétorique*, attesté pour la première fois dans le *Gorgias*, 448d. Platon est contre la rhétorique des sophistes, qui fait passer le vrai pour le faux et inversement ; il n'est pas contre une rhétorique éclairée par le philosophe.

681. Ficin, *Les Trois Livres de la Vie*, I, 20, p. 58-59, I, 25, p. 66-68...

682. *Ibid.*, II, 18, p. 119-126.

683. L'édition italienne ne comporte aucune mention de temps et de lieu.

684. *Op.*, I, Livre 1, p. 657.

685. Antonio Calderini (1446-1494) : juriste et membre de l'Académie florentine. Ami intime des Médicis et Secrétaire du Cardinal Barbo à Rome, il intercéda auprès de ces derniers lorsqu'on accusa Ficin d'hérésie après la parution des *Trois Livres de la Vie*.

686. Les Péripatéticiens et les Stoïciens distinguent les vertus, les uns selon l'espèce, les autres selon le nom (nominalisme d'Ariston par exemple) ou selon les individus (Chrysippe défend l'idée de vertus individuelles sans insister sur l'unité générique des vertus). En refusant de telles distinctions – il ne retient d'Aristote qu'une séparation générique entre vertus morales et vertus spéculatives –, Ficin veut souligner l'unité du choix vertueux.

687. Aristote, *Métaphysique*, 986a, *Éthique à Nicomaque*, 1096b, 5, 1106b, 29 ; Dante, *La Monarchie*, I, 15, 2-3 ; Ficin, *Théologie Platonicienne*, VIII, 3. Rappelons que Ficin, qui, comme d'autres humanistes, en faisait un poète platonicien « d'origine céleste », a traduit le *De Monarchia* de Dante en mars 1467-1468 : R. Marcel, *op. cit.*, p. 326 *sq.*

688. Platon, *République*, VII, 518e. Aristote, *Éthique à Nicomaque*, II, 1. Ficin, *Théologie Platonicienne*, VIII, 3.

689. C'est la définition de la justice distributive, justice proportionelle distincte de la justice commutative qui désigne un plan d'égalité stricte : Platon, *Gorgias*, 490b-c ; Aristote, *Éthique à Nicomaque*, V, 6.

690. Dante, *Banquet*, IV, 27 ; Pétrarque, *Les Remèdes aux deux fortunes*, I, 93, p. 403.

691. Platon, *République*, X, 617e-618.

692. Orphée, *Hymnes*, IV, 3 et XV, 7.

693. Saint Paul, *Épître aux Romains*, 14, 7-8.

694. Pétrarque, *Les Remèdes aux deux fortunes*, I, 11, p. 55.

695. *Op.*, I, Livre 1, p. 657.

696. Jacopo Bracciolini (1441-1478) est un humaniste fameux, Chancelier de la République de Florence, membre de l'Académie ficinienne, secrétaire du Cardinal Raffaele Riario. Il prit part à la conjuration des Pazzi et le paya de sa vie : A. Della Torre, *op. cit.*, p. 804 ; P. O. Kristeller, *Supplementum ficinianum*, I, p. 121-122.

697. Ficin, *Commentaire sur le Banquet de Platon*, I, 1. Ficin renouvela l'institution du banquet, en fêtant avec Laurent de Médicis à Careggi l'anniversaire de Platon le 7 novembre 1468, rétablissant ainsi une tradition qui s'était interrompue après Porphyre : E. Panofsky, *La Renaissance et ses avant-courriers dans l'art d'Occident*, p. 316.

698. Platon, *Alcibiade I*, 124b, *Protagoras*, 343b, *Philèbe*, 48c, *Lois*, 923a ; Cicéron, *Des Fins*, V, 44, *Tusculanes*, I, 52 ; Ficin, *Théologie Platonicienne*, *Proème*, p. 35-36, *Op.*, I, *Cognitio et reverentia suiipsius omnium optima*, p. 659 *sq.*, *Op.*, II, *Préface du Commentaire sur le traité de Priscien sur Théophraste*, p. 1801. Pour une synthèse : P. Courcelle, « Le "Connais-toi toi-même" chez les néoplatoniciens grecs », dans *Le Néoplatonisme*, Paris, Éditions du CNRS, 1971, p. 153-166.

699. Le *Livre des causes*, 22 ; saint Thomas d'Aquin, *Sur le Livre des causes*, 61.

700. Platon, *Timée*, 34b, 36e *sq.*

701. Avicenne, *De Anima*, 1, 5 ; Al Ghazali, *Métaphysique*, 2, 4, 5.

702. Platon, *Cratyle*, 396ac, *Timée*, 34a-35b ; Plotin, *Ennéades*, V, 1, 3, IV, 3-4, III, 9, 3, II, 9, 2, II, 3, 18.

703. Ficin, *Théologie Platonicienne*, XVI, 5. Le visage d'or regarde vers l'éternité ; le visage d'argent vers le temps : R. Marcel, *op. cit.*, p. 653.

704. Ficin, *Les Trois Livres de la Vie*, III, 4, p. 150 *sq.*

705. L'histoire peut être élégante, même si l'éloquence de l'orateur est autre : Cicéron, *L'Orateur*, 61-66.

706. Se souvenant des Anciens, Ficin fait de l'histoire une Maîtresse de Vie : Cicéron, *De l'Orateur*, II, 36 ; Salluste, *Guerre de Jugurtha*, IV, 1-9 ; Plutarque, *Vie d'Alexandre*, I, 1-3 et *Vie de Timoléon*, 1-5.

707. Diodore de Sicile, *Bibliothèque historique*, I, 1, 1-4.

708. *Op.* I, livre 1, p. 658.

709. Érudit qui commit une traduction italienne des six dialogues platoniciens traduits par Ficin du grec au latin. On lui doit aussi la traduction en italien de la *Vie de Platon* de Ficin.

710. Épictète, *Entretiens*, II, 15-18, 20-28.

711. Sénèque, *Lettres*, 22, 17.

712. Platon, *Gorgias*, 512d-e.

713. *Op.*, I, Livre 1, p. 658.

714. Lorenzo Lippi (1440-1485) est poète, érudit, professeur de Poésie et de Rhétorique à l'Université de Pise de 1473 à 1485. Ami des Médicis, il appartenait à leur cercle de poètes. Son *Livre des Proverbes*, où la sagesse gréco-latine était en bonne part, fut dédié à Laurent le Magnifique : A. Della Torre, *op. cit.*, p. 702-706.

715. Sénèque, *Lettres*, 6, 5-6.

716. Quintilien, *Institution oratoire*, VI, 3, 35.

717. Platon, *Phèdre*, 240b, *Gorgias*, 527c, *Ménexène*, 234e-235c.

718. Épictète, *Entretiens*, I, IV, 5-17.

719. Platon, *Phèdre*, 276d-277b.

720. Jamblique, *Vie de Pythagore*, XVII, 71-72 ; Cicéron, *De l'Orateur*, I, 126 ; Philostrate, *Vie d'Apollonios de Tyane*, II, 30. Apollonius d'Alabanda était un rhéteur grec.

721. Albertino de Crémone (1406-1486) était un érudit et le frère du peintre Masaccio.

722. À nouveau, nous retrouvons le thème de l'exemplarité, d'inspiration cynico-stoïcienne, qui veut que le philosophe, comme du reste le Prince, soit un modèle de vertus : Épictète, *Manuel*, XLVI, 1 et 2, *Entretiens*, III, 7, 17-18 et 33-36.

723. *Op.*, I, Livre 1, p. 659.

724. Platon, *Phèdre*, IV, 229c, *Premier Alcibiade*, 130d-131d, *Charmide*, 164d-169c ; Plotin, V, 3, 7.

725. Plotin, I, 1, 12.

726. *Ibid.*, I, 6, 7 ; Ficin, *De la Lumière*, XIV.

727. Pythagore, *Paroles dorées*, 11-12.

728. Platon, *Phèdre*, 252 d ; Plotin, I, 6, 9.

729. Pythagore, *Paroles dorées*, 12.

730. Platon, *Phédon*, 69c, *République*, II, 363d ; Plotin, I, 6, 5.

731. *Psaumes*, 8, 6.

732. *Psaumes*, 81, 6.

733. Lucrèce, *De la Nature des choses*, II, 14.

734. Cicéron, *La Nature des dieux*, II, 240.

735. Ficin, *De christiana Religione*, *Op.*, I, p. 1-2.

736. Plotin, V, 3, 9.

737. *Ibid.*, VI, 2, 7 ; Ficin, *Théologie Platonicienne*, XV, 2 et XI, 6, *Du Ravissement de Paul*, XXVIII.

738. Ficin, *Théologie Platonicienne*, VI, 2.

739. *Op.*, I, Livre 1, p. 660.

740. Francesco Bandini (1440-1489) est prêtre, diplomate, chargé de nombre de missions pour les Médicis. L'amitié qui l'unissait à Ficin était très forte, et il appartenait à son Académie. Dans le *De Amore*, Ficin lui décerne le titre d'*architryclinus*, le maître des coupes de vin durant le Banquet. Ficin lui dédia sa *Vita Platonis*. En 1476, Laurent l'envoya à la cour du roi Matthias de Hongrie où il resta probablement jusqu'à sa mort. Ficin continua à correspondre avec lui, le tenant, lui et les humanistes hongrois, au courant des travaux de l'Académie : A. Della Torre, *op. cit.*, p. 768 *sq.* ; P. O. Kristeller, *Supplementum ficinianum*, I, p. 121 ; S. Gentile, *Marsilio Ficino e l'Ungheria di Mattia Corvino*, dans *Italia e Ungheria all'epoca dell'umanesimo*, Florence, S. Graciotti et C. Vasoli éditeurs, 1994.

741. Ce qualificatif, complété par « mon cœur », « mon œil », « mon salut », qui désigne l'*amicus unicus* se retrouve à l'endroit de Cavalcanti en plusieurs lettres : *Op.*, p. 670, 788...

742. Il s'agit de la *Théologie Platonicienne*, composée entre 1469 et 1474.

743. Ficin, *Théologie Platonicienne*, I, 1.

744. Platon, *République*, VI, 510a ; Pétrarque, *La Vie solitaire*, I, 6, p. 84. Dans *Les Remèdes aux deux fortunes*, II, 87, p. 917-918, Pétrarque met dans la bouche de Raison une critique des songes, source d'inquiétudes, qui nous détournent de la Vérité.

745. *Op.*, I, Livre 1, p. 660.

746. Antonio degli Agli (1399-1477) est le fils de Bellincione. Il devint chanoine en 1429, puis précepteur pour le Pape Paul II, enfin évêque de Fiesole en 1466 et de Volterra en 1470. Membre de l'Académie, Ficin le représente en la personne de Pausanias dans le *De Amore* : A. Della Torre, *op. cit.*, p. 775-776 ; P. O. Kristeller, *Supplementum ficinianum*, II, p. 335.

747. La vraie foi n'est pas le contraire de la sagesse, mais son aboutissement, pour Ficin qui rejoint Augustin et Pétrarque en ce point comme en d'autres : *La Trinité*, XII, 14 et XIV, 1 ; *Le Remède aux deux fortunes*, I, 13, 8, p. 67.

748. *Luc*, 4, 23.

749. *Op.*, I, Livre 1, p. 660.

750. Bernardo Pulci (1438-1488) est poète ; il est le frère de Luigi Pulci qui, dans son poème *Morgante*, brocarda l'Académie et Ficin. Les lettres 113 et 114 sont une réponse de Ficin. Quant à Bernardo, il se singularisa par l'écriture de poèmes religieux : C. Pellegrini, *Luigi Pulci : L'uomo e l'artista*, Pise, 1912 ; A. Della Torre, *op. cit.*, p. 820-829 ; P. O. Kristeller, *Supplementum ficinianum*, I, p. 117 ; R. Marcel, *op. cit.*, p. 420-433.

751. Le frère de Bernardo Pulci est Luigi, poète libertin, athée, auteur d'une épopée burlesque : *Le Morgante*. Une querelle l'opposa d'abord au poète officiel Matteo Franco, qui lui reprochait son influence sur Laurent ; puis l'affaire s'amplifia et toucha Ficin qui prit position contre les propos sacrilèges de Luigi, dont il obtint en retour d'être calomnié. Ficin voulut d'autant plus se démarquer du libertin qu'on lui attribuait des lettres dans le style d'Aristippe. Sur cette polémique, R. Marcel, *op. cit.*, p. 420-433 et p. 593-594.

752. Sur la condamnation ficinienne du mensonge : *Op.*, I, p. 742.

753. *Apocalypse*, 12, 7-12.

754. *Op.*, I, Livre 1, p. 661.

755. Bernardo Rucellai (1448-1514) est homme d'État, humaniste et historien. Après la mort de Laurent et de Ficin, l'Académie se réunira dans son jardin (*Orti*) qui fut dès lors connu comme *Orti Oricellarii*. Il épousa une soeur de Laurent, et demeura l'ami des Médicis : C. Pellegrini, *L'Umanista Bernardo Rucellai e le sue opere storiche*, Livourne, 1920 ; A. Della Torre, *op. cit.*, p. 824 ; R. Marcel, *op. cit.*, p. 427-428.

756. Ficin distingue les bons chiens des mauvais, les bons sont ceux de l'Académie, par exemple les Canisiani : *Op.*, I, p. 574-575. Par là, il reste fidèle à Platon qui présentait les gardiens de sa République comme des chiens, au cynisme ancien qui considérait le chien comme un modèle de vie naturelle, ainsi qu'à l'iconographie de la Renaissance qui faisait du chien, notamment à cause de son flair, un symbole du philosophe, comme l'illustre Dürer en sa *Melancholia* I.

757. Marc-Aurèle, *Pensées*, IX, 1.

758. *Op.*, I, p. 725

759. Ovide, *Héroïdes*, 5, 116, *Tristes*, 5, 4, 48.

760. Thersite est un personnage de l'*Iliade*, II, 212-277, laid et contrefait, lâche et insolent. Achille le tua d'un coup de poing, parce qu'il avait tourné en ridicule les larmes que le héros versait sur la mort de Penthésilée, Reine des Amazones. *Cf.* Pétrarque, *Mon ignorance et celle de tant d'autres*, II, 11, p. 65 et V, 24, p. 205 ; *Les Remèdes aux deux fortunes*, II, 36, p. 721.

761. Hésiode, *Théogonie*, 624-735.

762. *Op.*, I, Livre 1, p. 662.

763. C'est une constante chez Ficin que de privilégier la volonté et l'amour sur la connaissance, même si de textes en textes la position de Ficin reste parfois équivoque. Par là, il est plus proche de Hugues de Balma, Gerson, Thomas Gallus, et saint Bonaventure que de Maître Eckhart et Nicolas de Cues : *Du Ravissement de Paul*, XXIII, *Théologie Platonicienne*, XIV, 10, *De christiana Religione*, *Op.*, I, p. 11-18, *In Phaedrum Commentaria et Argumenta*, *Op.*, II, p. 1365 ; E. Garin, *L'humanisme italien*, p. 149-150 ; P. O. Kristeller, *Medieval aspects of Renaissance learning*, *op. cit.*, p. 79-91 ; J. Reynaud, *Marsile Ficin*, dans *Le Vocabulaire des philosophes*, V, Paris,

Ellipses, 2006, p. 227-230 et p. 254-255. La lettre de Ficin, probablement écrite en 1473, a fait l'objet d'une discussion et d'une réfutation par Vincenzo Bandello dans un traité scolastique adressé à Laurent, l'*Opusculum de Beatitudine*, visant à réaffirmer la supériorité de l'intellect : P. O. Kristeller, *op. cit.*, p. 83-91, *Le Thomisme et la pensée italienne de la Renaissance*, Paris, Vrin, 1967, p. 104-123. Pour les sources : saint Thomas d'Aquin, *Contre les Gentils*, 3, 26 ; Guillaume de Saint-Thierry, *De la nature et de la dignité de l'amour*, 8, 21 ; Bernard de Clairvaux, *Sermons sur le Cantique des cantiques*, sermon 83, 6, *Traité sur l'amour de Dieu*, X, 27 ; Hugues de Balma, *Théologie Mystique*, II, Paris, Sources chrétiennes 409, 1996, p. 182-183 ; Pétrarque, *Mon ignorance et celle de tant d'autres*, IV, 53, p. 155 ; Coluccio Salutati, *De Nobilitate legum et medicinae*, Florence, E. Garin éditeur, 1947, p. 182-196. Pour un examen plus précis des questions qui s'attachent à la primauté soit de l'amour soit de l'intellect dans le rapport à Dieu : E. Von Ivanka, *Plato Christianus*, *op. cit.*, p. 325-344 ; Y. de Andia, *Denys L'Aréopagite. Tradition et métamorphoses*, Paris, Vrin, 2006, p. 213-256 ; C. Trottmann, « Syndérèse et contemplation : problèmes de sources et enjeux philosophiques à l'entrée de la Renaissance », dans *Vers la contemplation*, Paris, Champion, 2007, p. 193-210.

764. Il s'agit de l'*Altercazione* de Laurent de Médicis (*Ambra, chansons de Carnaval, l'Altercation, lettre à Frédéric d'Aragon*, traduction A. Chastel, Paris, 1946), poème en six chapitres qui relate les conversations philosophiques de Careggi. Ficin songe surtout aux chapitres II à V qui concernent le Souverain Bien et l'ascension de l'âme platonicienne, depuis les biens du corps vers les biens spirituels, puis des vertus actives aux vertus contemplatives. Le chapitre VI reprend le propos de Ficin dans l'*Oratio ad Deum theologica*. Sur le Platonisme de Laurent : A. Buck, *Der Platonismus in den Dichtungen Lorenzo de'Medici*, Berlin, 1936 ; A. Chastel, *La Mélancolie de Laurent de Médicis*, dans *Journal of the Warburg Institute*, VIII, 1945, p. 61-67, repris dans *Fables, Formes, Figures*, I, Paris, Flammarion, 2000, p. 149-159 ; J. B. Waldsworth, « Lorenzo de'Medici and Marsilio Ficino : An experiment in Platonic Friendship », dans *The Romanic Review*, XLVI, 1955 ; I. Coulas, *Laurent le Magnifique*, Paris, Fayard, 1982, p. 177-182.

765. Platon, *Lois*, I, 631, et *Euthydème*, 279 ; Aristote, *Éthique*, I, VIII ; saint Thomas d'Aquin, *Contre les Gentils*, 3, 28-30.

766. Aristote, *Éthique à Nicomaque*, 1096a 6-7 ; saint Thomas d'Aquin, *ibid.*, 3, 30.

767. Suétone, *Vies des douze Césars, Auguste*, LXVI, 4.

768. Aristote, *Éthique à Nicomaque*, 1096b 23-26 ; saint Thomas d'Aquin, 3, 28.

769. Suétone, *op. cit.*, *Jules César*, LXXVI.

770. Saint Thomas d'Aquin, 3, 31.

771. Athlète grec du VIe siècle av. J.-C. Il était réputé pour sa force herculéenne : il pouvait porter un taureau sur ses épaules, l'assommer d'un coup de poing et le dévorer en un jour.

772. Hérille de Carthage, philosophe grec du IIIe siècle av. J.-C.

773. Saint Thomas d'Aquin, 3, 32.

774. Aristote, *Éthique*, I, 13 et X, 7-8.

775. Aristippe de Cyrène (Ve siècle a.v. J.-C.), chef de l'école cyrénaïque, faisait du plaisir le souverain bien. Il vécut à la cour des tyrans de Sicile. Aristippe, *Fragments* B 37 et 39 ; Cicéron, *Des Fins*, II, 18-20.

776. Saint Augustin, *Dimension de l'Âme*, 28, 54.

777. Horace, *Lettres*, I, 2, 55.

778. Platon, *Phèdre*, 60b-c.

779. Cicéron, *Des Fins*, III, VIII *sq.* ; Diogène Laërce, *op. cit.*, VI, 104, VII, 121.

780. Saint Thomas d'Aquin, 3, 34.

781. *Ibid.*, 3, 37.

782. Épicure, *Fragments* 425 et 434, Cicéron, *Tusculanes*, 5, 16, *Des Fins*, V, 23 ; Sénèque, *Lettres*, 66, 45.

783. Saint Thomas d'Aquin, 3, 38.

784. Diogène Laërce, *op. cit.*, II, 7 ; Aristote, *Éthique à Eudème*, 1216a 11-16.

785. Aristote, *Éthique à Nicomaque*, 1177a 12-21.

786. Platon, *Epinomis*, 973c-974a, *Phédon*, 67 et *Phèdre* 66b-67c et 247d.

787. Avicenne, *De l'Âme*, 5, 6, *Métaphysique*, 9, 7 ; Al Ghazali, *Métaphysique*, 1, 3, 11 et 2, 5, 3. Avant de critiquer les thèses des philosophes contraires à l'Islam, Ghazâlî commença par les exposer le plus impartialement possible dans les *Intentions des philosophes* (*Maqâçid al-Falâsifa*). Lorsque cet ouvrage fut traduit en latin, les théologiens du XIIIe siècle crurent à tort qu'Al Ghazali était un disciple d'Avicenne : H. Corbin, *Histoire de la philosophie islamique*, Paris, Gallimard, 1986, p. 253-262 ; D. Urvoy, *Histoire de la pensée arabe et islamique*, Paris, Seuil, 2006, p. 414-434.

788. Saint Thomas d'Aquin, 3, 25.

789. Ficin, *Du Ravissement de Paul*, XXX.

790. Ficin, *Théologie Platonicienne*, XIV, 2 et XVIII, 8, 3-8 ; saint Thomas d'Aquin, 3, 25.

791. Ce sont les deux ailes de l'âme : Ficin, *Commentaire sur le Banquet de Platon*, VII, 14.

792. Platon, *Phèdre*, 247e et 249c-d. Dans le *Proemium* du *De christiana Religione*, *Op.*, I, p. 1, Ficin attribue la volonté au prêtre et l'intelligence au philosophe : « l'intelligence illumine la volonté », « la volonté embrasse l'intelligence ». Le philosophe platonicien est aussi un prêtre (*sacerdos*) pour Ficin – ce qui lui permet de conjoindre philosophie et christianisme : *Op.*, I, à Francisco Diaceto, p. 953, à Martino Uranio, *ibid.*, p. 899.

793. Platon, *Phèdre*, 247d-e.

794. Saint Thomas d'Aquin, 3, 47.

795. Pseudo-Denys, *Théologie mystique*, V.

796. Pseudo-Denys, *Noms divins*, 4, 15 ; saint Thomas d'Aquin, 1, 91.

797. Ficin, *Théologie Platonicienne*, XIV, 10.

798. *Corpus Hermeticum*, 10, 24 ; *Asclépios*, 22.

799. C'est le thème de la sur-angélicité de l'homme que l'on trouve chez les mystiques rhénans. Les sources de Ficin sont : Jean Scot Érigène, *De la Division de la Nature*, I, 444 A-B ; Dante, *Le Banquet*, IV, XIX, 6.

800. Ficin, *Théologie Platonicienne*, XIV, 10.

801. Ficin, *Du Ravissement de Paul*, XX.

802. Ficin, *De Voluptate, Op.*, I, p. 986.

803. Platon, *Phèdre*, 247a.

804. Saint Thomas d'Aquin, 3, 48.

805. Ficin, *Commentaire sur le Banquet de Platon* et *Théologie platonicienne*, XVIII, 9.

806. *Op.*, I, Livre 1, p. 665. Ficin a composé une version rimée de cette lettre : *Oratio ex theologia Marsilii Ficini*, *Supplementum ficinianum*, I, p. 40-46.

807. Saint Augustin, *Soliloques*, I, 5.

808. Ce sont les deux ailes de l'âme : *Phèdre*, 246a-246e.

809. Ficin, *De la Fureur Divine*, traduction J. Reynaud et S. Galland, *Lettres*, Paris, Vrin, 2010, p. 23-33.

810. Toute cette oraison est inspirée de saint Augustin : *cf.* la Prière liminaire des *Soliloques*, I, 2.

811. Saint Jacques, *Épître*, I, 17 ; saint Augustin, *La Cité de Dieu*, XI, 21 ; Ficin, *De la Lumière*, III, IV, V.

812. Saint Paul, *Épître aux Éphésiens*, 1, 18 ; saint Augustin, *Soliloques*, I, 12 et I, 13.

813. Plotin, *Énnéades*, V, 5, 12 ; Ficin, *Du Ravissement de Paul*, VIII.

814. Saint Augustin, *Soliloques*, I, 13.

815. Ficin, *Dialogue Théologique entre Dieu et l'Âme*, traduction J. Reynaud et S. Galland dans *Lettres*, *op. cit.*, p. 17-23.

816. Saint Augustin, *De la Trinité*, 8, 3, 4.

817. Saint Augustin, *Soliloques*, II, 9 ; Thomas a Kempis, *Soliloques*, III, 21.

818. Saint Augustin, *ibid.*, I, 4.

819. *Ibid.*, I, 3.

820. *Ibid.*, I, 4 et I, 14.

821. *Ibid.*, I, 25.

822. *Op.*, I, Livre 1, p. 667.

823. Piero Riaro, cardinal de Pise, était le neveu de Francesco della Rovere, Pape Sixte IV. Pise était sous la tutelle de Florence depuis 1406.

824. *Op.*, I, Livre 1, p. 667.

825. Braccio Martelli, mort en 1492, était diplomate et homme de lettres. Ami des Médicis, il appartenait à leur cercle de poètes. Il eut pour maître Bernardo Nuzzi et Ugolino Verino : A. Della Torre, *op. cit.*, p. 658.

826. Membre de l'Académie, il participa au banquet du 7 novembre 1468 en l'honneur de Platon. Ami de Cavalcanti et Landino, il fut professeur de Rhétorique et de Poésie à l'université de Florence : A. Della Torre, *op. cit.*, p. 702 ; P. O. Kristeller, *Supplementum ficinianum*, II, *op. cit.*, p. 348.

827. *Op.*, I, Livre 1, p. 667.

828. Bartolomeo Scala (1428-1497) est homme d'État, ambassadeur et historien. Protégé de Laurent de Médicis, il devint secrétaire, d'abord dans la maison des Médicis, ensuite de la Cité de Florence. De 1469 à 1479 et de 1483 à 1494, il fut chancelier de Florence. Sa production littéraire fut considérable, où se mêlaient des fables dédiées à Laurent et des ouvrages d'histoire : A. Brown, *Bartolomeo Scala, Chancellor of Florence*, Princeton, 1979.

829. Dans ses *Disputationes Camaldulenses* (dans E. Garin, *Prosatori latini del quattrocento*, Milan-Naples, 1952), Landino décrit une joute qui opposa Aristotéliciens et Platoniciens durant l'été 1468 à Camaldoli près de Florence. Laurent de Médicis, Leon Battista Alberti, Ficin et Landino y participèrent. Le premier livre porte sur la distinction entre vie active et vie contemplative ; le second sur le souverain bien ; le troisième et le quatrième traitent de l'allégorie platonicienne chez Virgile et Dante.

830. *Op.*, I, Livre 1, p. 667.

831. Ficin fait un jeu de mot sur le nom du prêtre : *Pace*, qui veut dire « paix ».

832. *Op.*, I, Livre 1, p. 667.

833. Aristote, *Éthique à Nicomaque*, 1156b 7-12 ; Cicéron, *L'Amitié*, 20, 27-28, 61, 100. Sur la *commendatio* stoïcienne, recommandation à l'ami, aux générations futures, mais aussi à la sagesse, et ce par les tendances initiales de la nature, *cf.* Cicéron, *Des Fins*, III, 22 et 63 ; Marc-Aurèle, *Pensées*, X, 6 ; V. Goldschmidt, *Le Système stoïcien*, Paris, Vrin, 1989, p. 57-60

834. *Op.*, I, Livre 1, p. 668.

835. Fils d'Ottone Niccolini le juriste, Giovanni Niccolini (1449-1504) est un homme d'église florentin, qui s'adonne également aux lettres. Il devint archevêque d'Amalfi en 1475 ; il fut fait Patriarche d'Athènes en 1482.

836. *Op.*, I, Livre 1, p. 668.

837. Fidèle compagnon d'Énée dans l'*Énéide* de Virgile.

838. Cicéron, *Tusculanes*, I, 64.

839. Cicéron, *Tusculanes*, V, 5. L'éloge de la philosophie se confond avec l'éloge de l'Académie qui est le lieu de sa résurrection : Ficin, *Op.*, I, p. 859, 871, et II, *Proemium in commentaria Platonis*, p. 1130. Une et multiple, cette Académie est mouvante dans le temps, sous la forme de la Chaîne d'or qui réunit les Sages, mais aussi dans l'espace, se trouvant tantôt à Florence, tantôt à Careggi, et, pourquoi pas, à la cour du roi Matthias de Hongrie, puisque, comme l'écrit Ficin, les montagnes ne séparent pas les esprits : R. Marcel, *op. cit.*, p. 298 *sq.*

840. La digression est symptomatique du style épistolaire auquel est attaché Marsile Ficin. Outre le fait d'imiter l'oralité de la parole vive – celle de la maïeutique platonicienne –, elle imprime un rythme qui est celui de la méditation, de la déambulation, de la recherche.

841. Platon, *Cratyle* ; Aristote, *De l'Interprétation* ; Varron, *De la Langue Latine* ; saint Augustin, *Du Maître*.

842. Dans une veine qui emprunte à la fois à Platon et Cicéron, Ficin soumet l'art de la parole et de l'écriture à la philosophie, laquelle se préoccupe du bien, du vrai et du juste : Platon, *Phèdre*, 270d *sq.* ; Cicéron, *De l'Orateur*, III, 57 ; Quintilien, *Institution oratoire*, X, 1, 46 ; Denys d'Halicarnasse, *Les Anciens Orateurs*, 1 ; Fortunatianus, *Traité de rhétorique*, 1, 1.

843. Platon, *République*, VII, 534 et *Philèbe*, 58 *sq.* La dialectique est le mouvement par lequel l'âme se déprend des choses sensibles pour se hausser vers les intelligibles et, au-delà, vers la contemplation du Principe an-hypothétique : Ficin, *Op.*, II, *In Parmenidem*, p. 1152, *In Philebum*, *ibid.*, p. 1229-1231.

844. Saint Thomas d'Aquin, 3, 38.

845. C'est là le thème de l'*homoiôsis théô* où se scelle la concorde ficinienne entre Platon et Aristote : Platon, *Théétète*, 176a-c, *République*, VI, 500c-d ; Plotin, I, 2, 7 ; Aristote, *Éthique à Nicomaque*, X, 7, 1177b-1178a ; Cicéron, *Des Fins*, II, 13, 40. Sur la concorde en elle-même, J. Moreau, *De la concordance d'Aristote avec Platon*, dans *Platon et Aristote à la Renaissance*, Paris, Vrin, 1976, p. 45-58 ; F. Purnell, *The theme of philosophic concord and the sources of Ficino's platonism,* dans *Marsilio Ficino e il ritorno di Platone*, II, G. C. Garfagnini éditeur, 1986, p. 397 *sq.*

846. Ficin, *De la Lumière*, I.

847. Platon, *Phèdre*, 64d-67e et 82b-84b.

848. Ficin, *Op.* I, *De Platonica philosophi natura.*, p. 763, *Op.*, II, *In Phaedrum*, p. 1380, *Alcinoi Philosophi.*, p. 1947.

849. La science et la piété chrétienne concordent dans la sagesse divine : saint Augustin, *La Cité de Dieu*, VIII, 8, *La Vraie Religion*, V ; Jean de Salisbury, *Entheticus de dogmate philosophorum*, PL, 199, 972, vers 320-323 ; Pétrarque, *Lettres familières*, XVII, 1, 11-15.

850. Cicéron, *Tusculanes*, V, 9, *Des Devoirs*, II, 5 ; saint Augustin, *La Cité de Dieu*, VIII, 2, *De la Trinité*, XIV, 1, 2.

851. Tout ce développement est inspiré de Platon : *Banquet*, 211c, *République*, 511b, 521c-532d, *Epinomis*, 976c-992d ; Plotin, I, 6, 1 et VI, 7, 36.

852. Ficin, *Op.*, I, *De Platonica philosophi natura*, p. 761.
853. Ficin, *Théologie Platonicienne*, XIII, 4.
854. Cicéron, *Tusculanes*, I, 62-63 ; Lactance, *Institutions divines*, II, 5, 18.
855. Ficin, *Théologie Platonicienne*, XIII, 3.
856. Hésiode, *Théogonie*, 924 ; Orphée, *Hymnes*, LX, 3.
857. Pétrarque, *Lettres familières*, XV, 3, 11.
858. Pindare, *Pythiques*, VIII, 95.
859. *Op.*, I, Livre 1, p. 670.
860. Francesco Todeschini Piccolomini de Sienne (1429-1503) est le neveu du Pape Pie II (Enea Silvio Piccolomini). Élevé à la dignité de Cardinal de Sienne en 1460, il fut élu Pape en septembre 1503. C'était un homme de savoir et de piété, avec qui Ficin échangeait fréquemment et à qui il dédia son *De Amore* : P. O. Kristeller, *Supplementum ficinianum*, I, p. 131-132 ; R. Marcel, *op. cit.*, p. 415-416.
861. Durant l'année du Jubilée, le croyant pouvait obtenir l'indulgence à condition de confesser ses péchés et de se rendre en certaines églises un nombre de fois déterminé, ou d'accomplir des oeuvres méritoires équivalentes. En 1470, l'intervalle entre les Jubilées était fixé à 25 ans. Des Jubilées « extraordinaires » pouvaient être décidés par le Pape. En 1475, Ficin et les siens furent dispensés de venir à Rome. Sur les liens de Ficin à Sixte IV, lequel lui proposa de restaurer l'Académie de Rome : *Op.* I, p. 308 ; R. Marcel, *op. cit.*, p. 449-450.
862. *Op.*, I, Livre 1, p. 671.
863. *Matthieu*, 25, 34.
864. *Luc*, 2, 29.
865. *Op.*, I, Livre 1, p. 671.
866. Historien, traducteur, vif admirateur de Cicéron, Andrea Cambini est un grand ami de Ficin et des Médicis.
867. Francesco Casati est magistrat de la cité de Milan, en charge avec ses collègues du gouvernement dans l'éphémère *Aurea Repubblica Ambrosiana* (1447-1450) mise en place par les membres de l'Université de Pavie, avec l'aide de Francesco Sforza.
868. Sénèque, *De la Brièveté de la Vie*, XIV, 1-3, *De l'Oisiveté*, I, 1 et VI, 4, *Lettres*, 4, 36, 1 ; Quintilien, *Institution Oratoire*, X, 3, 24-25, 28-30 ; Tacite, *Dialogue des Orateurs*, XIII ; Marc Aurèle, *Pensées*, IV, 3 ; Pétrarque, *La Vie solitaire*, I, 1, p. 30 *sq.*, I, 3, p. 55 *sq.*, I, 4, p. 66-70, I, 6, p. 88, I, 7, p. 92-93, I, 8, p. 120, II, 6, p. 176, *Les Remèdes aux deux fortunes*, I, 21, p. 107-113, *Mon secret*, II, p. 91 et 111, *Lettre à la postérité*, Cognac, Le temps qu'il fait, 1996, p. 26-27, 34 ; A. Michel, *Amour, Poésie, Religion à travers la Correspondance de Pétrarque*, dans *Les Cahiers de l'humanisme*, III, Paris, Les Belles Lettres, 2004, p. 22 *sq.* Concernant Ficin, l'on peut lire la lettre d'inspiration lucrétienne adressée à Piero Pazzi sur la « philosophie privée » : P. O. Kristeller, *Supplementum ficinianum*, II, p. 84 *sq.*
869. Cette idée fait écho à la conception stoïcienne du « moi forteresse ». La forteresse est le lieu de la sécurité, du gouvernement et renvoie à la raison en tant que principe directeur. Imprenable, elle est insensible aux attaques extérieures, comme l'âme du sage stoïcien l'est aux coups du sort du fait de son détachement, de son retrait, de son indépendance. Sénèque, *Lettres*, 82 ; 68, 1-4 ; Marc-Aurèle, *Pensées*, IV, 3. Sur ce thème, voir l'ouvrage de P. Hadot, *La Citadelle Intérieure, introduction aux Pensées de Marc-Aurèle*, Fayard, Paris, 1992 et T. Benatouïl, *Faire usage : La pratique du stoïcisme*, Paris, Vrin, 2006, p. 184-194. Sur le stoïcisme à la Renaissance, et notamment l'importance de Pétrarque et d'Alberti : *cf.* P. F. Moreau, *Les trois étapes du Stoïcisme moderne*,

dans *Le Stoïcisme au* XVIe *et au* XVIIIe *siècle*, Paris, Albin Michel, 1999, p. 11-26, et, entre autres œuvres, Pétrarque, *Mon secret*, II, p. 105, sur l'usage de Sénèque.

870. Francesco Berlinghieri (1440-1500), patricien florentin, poète et géographe. Il est un ami de Laurent de Médicis, et un membre de la Compagnie des Mages, dont l'on sait l'importance pour Ficin, puisqu'elle atteste la *translatio studii et imperii* depuis la Perse de Zoroastre vers la Jérusalem de David, la Rome de Pierre et la Florence des Médicis. Francesco eut pour professeurs Landino et Argyropoulos, qui lui apprirent le Grec. Il remplit diverses charges publiques en rapport avec la magistrature. On lui doit une traduction italienne en *terza rima* de la *Géographie* de Ptolémée en 1480, dédiée à Frédéric Duc d'Urbin. La préface de cet ouvrage comporte une *Apologie* du Duc écrite par Ficin, et qui se trouve dans le Livre 7 de son *Epistolarium*. Ami de Ficin, il appartenait à l'Académie. Avec l'aide de Filippo Valori (R. Marcel, *op. cit.*, p. 465), il se chargea en 1484 de l'édition de la traduction de Platon par Ficin. Dans son commentaire du *Timée*, Ficin fait l'éloge de Francesco. *Cf.* R. Marcel, *op. cit.*, p. 459.

871. Ficin, *Théologie Platonicienne*, IX, 3, *Du Ravissement de Paul*, XXVII, *De la lumière,* III ; Nicolas de Cues, *La recherche de Dieu*, traduction M. de Gandillac, Paris, Aubier, 1943, p. 192-193.

872. Platon, *Phédon*, 113 ; Virgile, *Énéide*, VI, 295 *sq.* ; Ovide, *Métamorphoses*, IV, 433.

873. Sénèque, *La Tranquillité de l'Âme*, XII, 1-4, *L'Oisiveté*, I, 1-3.

874. Ficin, *Du Ravissement de Paul*, XXV-XXVI.

875. Sénèque, *L'Oisiveté*, V, 4 ; Pétrarque, *Les Rémèdes aux deux fortunes*, II, 96, p. 971-975.

876. Sénèque, *Lettres*, 55, 9-11.

877. *Op.*, I, Livre 1, p. 672.

878. Francesco Soderini (1453-1524), humaniste et diplomate, frère du Gonfalonier de Florence, Piero di Tommaso et du Recteur de l'Université de Florence, Paolo Antonio. Il fut professeur de Droit à l'Université de Pise. Il défendit Ficin des accusations d'hérésies qu'il subit à la parution des *Trois Livres de la Vie*. Pour une étude approfondie : K. Lowe, *Francesco Soderini (1453-1524). Florentine Cardinal and Patrician*, University of London, 1985.

879. *Op.*, I, Livre 1, p. 672.

880. Horace, *Chant séculaire*, I, 32, 14-15.

881. Ficin, *Commentaire sur le Banquet de Platon*, V, 8 et *Les Trois Livres de la Vie*, III, 1-22, p. 137-234, sur l'influence des planètes.

882. Cicéron, *Des Fins*, V, 8, 23.

883. *Op.*, I, Livre 1, p. 672.

884. Amerigo Corsini (1452-1501) est poète, homme d'État, qui remplit des fonctions importantes dans la République florentine. Membre de l'Académie, il écrivit une *Vie* de Cosme de Médicis en vers et un poème sur le *De Triplici Vita* de Ficin : P. O. Kristeller, *Supplementum ficinianum*, I, p. 113.

885. Hécaton, *Fragment* 27 ; Sénèque, *Lettres*, 9, 6. Hécaton de Rhodes était un disciple de Panétius (fin du IIe siècle av. J.-C.).

886. Platon, *Phèdre*, 255.

887. Platon, *Lysis*, 214 ; Ficin, *Commentaire sur la Banquet de Platon*, II, 8. Ficin se réfère à l'ordre des similitudes, qui englobe de celui des sympathies, dont les sources se trouvent chez Empédocle : Platon, *Ménon*, 76c, *Théétète*, 156d-157b ; Aristote, *Éthique à Eudème*, VII, 1, 1235a ; Marc-Aurèle, *Pensées*, VI, 38, VII, 9 et IX, 9 ; M. Foucault,

Les mots et les choses, Paris, Gallimard, 1966, p. 32-40 ; G. Agamben, *Signatura rerum*, Paris, Vrin, 2009, p. 58-67.

888. Les hommes de la Renaissance voient dans l'astrologie une partie de l'astronomie et de la médecine, et inversement : D. C. Allen, *The Star-Crossed Renaissance*, Londres, 1966 ; M. Bullard, « The inward zodiac : A development in Ficino's thought on Astrology », *Renaissance Quaterly*, 43, 1990 ; B. P. Copenhaver et C. B. Schmitt, *Renaissance Philosophy*, Oxford, 1992 ; E. Garin, *Moyen Âge et Renaissance*, *op. cit.*, p. 135-150, *Le Zodiaque de la Vie*, Paris, Les Belles Lettres, 1991, *Hermétisme et Renaissance*, p. 59 *sq.* ; I. P. Couliano, *Éros et magie à la Renaissance*, p. 74 *sq.*

889. Platon, *République*, 620d-621a, *Timée*, 90a-b, *Phèdre*, 252c-253c ; Plotin, III, 4, 3-5 ; Apulée, *Du Démon de Socrate*, 16 ; Porphyre, *Lettre à Marcella*, 21 ; Jamblique, *Protreptique*, 3 ; Proclus, *Commentaire sur le Premier Alcibiade*, 72, 14-72, 25 ; Ficin, *Commentaire au Phèdre de Platon*, 30 ; P. Boyancé, « Les deux démons personnels dans l'Antiquité grecque et latine », dans *Revue de Philologie*, 1935, p. 189-202 ; J. Puiggali, « La démonologie de Philostrate », dans *Revue des sciences philosophiques et théologiques*, vol. 67/1, 1983, p. 117-130.

890. Diodore de Sicile, X, 4 ; Valère-Maxime, 4, 7 ; Jamblique, *Vie de Pythagore*, 234-236 ; Porphyre, *Vie de Pythagore*, 59-60 ; Ficin, *Commentaire sur le Banquet de Platon*, II, 8.

891. *Op.*, I, Livre 1, p. 673.

892. Alessandro di Rinaldo Braccesi (1445-1478) poète et chancelier de la République. D'inspiration platonicienne, ses poèmes étaient dans un style proche de Pétrarque : A. Della Torre, *op. cit.*, p. 656 ; P. O. Kristeller, *Supplementum ficinianum*, II, p. 338.

893. Platon, *Ion*, 533d-534a.

894. Giovanni Battista Buoninsegni (1453-1512) est un homme d'État, un érudit et un membre de l'Académie ficinienne. Ficin lui dédia la première version du premier livre du *De la Triple Vie*. Il était l'ami intime de Politien et de Laurent : A. Della Torre, *op. cit.*, p. 696, 731 ; P. O. Kristeller, *Supplementum ficinianum*, I, p. 112.

895. Ficin s'appuie sur Numénius et Origène pour faire de Moïse l'équivalent hébreu de Platon, aussi vrai que pour lui Platon est un « Moïse parlant grec » : *Op.*, I, p. 855.

896. *Op.*, I, *De christiana Religione*, p. 29-30.

897. Platon, *République*, III, 386d-392a.

898. Diogène Laërce, *op. cit.*, VIII, 21.

899. *Op.*, I, Livre 1, p. 674.

900. Piero di Tommaso Soderini (1451-1522), le second des quatre frères. La famille Soderini était l'une des plus anciennes et des plus nobles de Florence, elle fut honorée pour ses services rendus à l'État, 16 *Gonfalonieri* et 34 *Priori* étant sortis de son giron. Piero eut pour maître Giorgio Antonio Vespucci, un érudit étroitement associé à Ficin ; il fut envoyé en ambassade à Milan avec son père Tommaso pour présenter les condoléances de la République, suite à l'assassinat de Galeazzo Maria Sforza. Les fils Soderini furent de fidèles compagnons des Médicis jusqu'à l'expulsion de ces derniers en 1494. Lorsque Charles VIII envahit l'Italie, Piero noua des liens étroits avec la monarchie française. Sous le gouvernement républicain de Savonarole, les quatre frères poursuivirent leur carrière diplomatique. Après la chute de Savonarole, ils restèrent influents, et, quand Piero fut élu à la nouvelle charge de *Gonfaloniere a vita*, le 22 septembre 1502, les Soderini apparurent comme la plus puissante famille de Florence. Soderini exerça le pouvoir prudemment et probement, avec le service de Machiavel. Après la chute de la République

florentine, qui vit le retour des Médicis sous le Pape Jules II, Piero Soderini partit en exil à Ragusa (Dubrovnik). Quand Giovanni de' Medici fut élu Pape en 1513, les Soderini furent pardonnés, et Leo invita Piero à Rome où il vécut un plus doux exil. Ayant renoncé à la vie politique, il continua de correspondre avec Machiavel, et décéda à Rome en 1522. Piero et ses trois frères étaient entièrement dévoués à Ficin et son Académie. Piero était l'un des « trois Pierre » invoqués pour défendre le *De Triplici Vita* de Ficin en 1489. Luca Pacioli dédia son *De divina proportione* à Piero, lequel écrivit aussi des poèmes et correspondit avec des poètes : A. Della Torre, *op. cit.*, p. 726.

901. Paolo Antonio Soderini (1448-1499) est le frère de Piero et Francesco. Homme d'État expérimenté, il fut le Recteur de l'Université de Florence en 1474 : A. Della Torre, *op. cit.*, p. 714 *sq.* et 726 ; P. O. Kristeller, *Supplementum ficinianum*, I, p. 128.

BIBLIOGRAPHIE

Œuvres de Marsile Ficin

Opera omnia, volumes I et II, réimpression de l'édition Henricpetrina, Bâle, 1576, préfacée par S. Toussaint, Phénix Éditions, Ivry sur Seine, 1999.

Lettere, I, *Epistolarum familiarum liber* I, a cura di S. Gentile, Florence, Leo S. Olschki Editore, 1990.

Epistolae libri XII, Venise, 1495.

Mercurii Trismegistis liber de potestate et sapientia dei, Florence, 1989, facsimile de l'édition princeps de 1471.

El libro dell'amore, édité par S. Niccoli, Florence, 1987, édition critique de la version ficinienne en italien du *Commentarium in convivium Platonis de amore*.

Consilio contro la pestilenzia, édité par E. Musacchio, Bologne, 1983, à partir de l'édition princeps de 1481.

P. O. Kristeller, *Supplementum ficinianum « Marsilii Ficini Florentini opuscula inedita »*, édition L. S. Olschki, 1937.

Studies in Renaissance Thought and Letters, Rome, 1956, 1969 (texte contenant des inédits de Ficin, notamment une *Summa philosophiae* et une *Divisio philosophiae*).

Marsilio Ficino and His Work after Five Hundred Years, Florence, 1987 (comprend notamment des lettres inédites avec *addenda* et *corrigenda*).

P. Shaw, « *La Versione Ficiniana della* Monarchia », dans *Studi Danteschi*, 51, 1978, p. 289-408 (comprend la traduction italienne par Ficin du *De Monarchia* de Dante).

Traductions en français :

Théologie platonicienne de l'immortalité des âmes, traduite par R. Marcel, *Classiques de l'Humanisme*, Paris, Les Belles Lettres, 1964.

Commentaire sur le Banquet de Platon, traduit par R. Marcel, *Classiques de l'Humanisme*, Paris, Les Belles Lettres, 1956.

Les trois livres de la vie, traduits par Guy le Fèvre de la Boderie (1582) revue par T. Gontier, *Corpus des œuvres philosophiques en langue française*, Paris, Fayard, 2000.

Dix lettres sur la connaissance de soi et l'astrologie, traduites et annotées par A. Chastel, dans *La Table Ronde*, n° 2, avril 1945.

De Lumine, traduit par S. Matton, Colloque de Cerisy *Lumière et Cosmos*, p. 55-75, dans *Cahiers de l'Hermétisme*, Paris, Albin Michel, 1981.

Quid sit Lumen, traduit par B. Schefer, Paris, Éditions Allia, 1998.

Métaphysique de la lumière, ensemble de quatre textes traduits par J. Reynaud et S. Galland : *Du ravissement de Paul, Comparaison orphique du Soleil à Dieu, Du Soleil, De la Lumière*, Chambéry, Act Mem, 2008.

Lettres, choix de lettres traduites par J. Reynaud et S. Galland, Paris, Vrin, 2010.

Traductions en italien :

Marsilio Ficino : De Vita, traduction A. Biondi et G. Pisani, Pordenone, 1991.

Le divine lettere del gran Marsilio Ficino, traduction F. Figliucci, Venise, 1546-1548 et 1563.

Lettere I, Epistolarum familiarium liber I, Istituto nazionale di Studi sul Rinascimento, Firenze, Carteggi umanistici, ed. S. Gentile, 1990.

De Sole, traduit par E. Garin in *Prosatori Latini del Quattrocento*, Milan et Naples, 1952.

Scritti sull'astrologia (ensemble de textes sur le thème de l'astrologie : *Lettere, Sulla stella dei Magi, Disputa contro il giudizio degli astrologi, Libro del Sole)*, traduits en italien et préfacés par Ornella Pompeo Faracovi, Milano, *Classici*, Bur, 1999.

Traductions en anglais et en allemand :

Marsilio Ficino : Three Books on Life, traduits par C. Kaske et J. Clark, New York, 1989.

Marsilio Ficino : The Book of Life, traduit par C. Boer, Irving, Texas, 1980.

Marsilio Ficino's Commentary on Plato's Symposium, traduit par S. R. Jayne, University of Missouri Studies 19, n° 1 (1944).

M. J. B. ALLEN, *Marsilio Ficino : The Philebus Commentary*, Los Angeles, 1975 (traduction du *Commentarium in Philebum Platonis de summo bono*).

Marsilio Ficino and the Phaedran Charioteer, Los Angeles, 1981 (traduction du *Commentarium in Phedrum Platonis*).

Icates : Marsilio Ficino's Interpretation of Plato's Sophist, Los Angeles, 1989 (traduction des *Commentaria et argumenta in Platonis sophistam*).

Nuptial Arithmetic : Marsilio Ficino's Commentary on the Fatal Number in Book VIII of Plato's Republic, Los Angeles, 1994 (traduction du *Commentarium in locum Platonis ex octavo libro de Republica de mutatione Reipublicae par numerum fatalem*).

Letters, (Livres I, III, IV, V, VI, VII, VIII), traduites en anglais sous la direction de P. O. Kristeller, Londres, Département de l'École des Sciences Économiques, 1975-1981.

Five questions concerning the mind, traduites par J. L. Burroughs dans *The Renaissance of Man : Petrarca, Valla, Ficino, Pico, Pomponazzi, Vives*, édité par E. Cassirer, P. O. Kristeller, J. H. Randall, Jr, Chicago, University of Chicago Press, 1948.

Briefe des Mediceerkreises aus Marsilio Ficino's Epistolarium, traduites en allemand par K. von Montoriola, Berlin, 1926.

COMMENTATEURS

ACTON H., *The Pazzi Conspiracy: the Plot against the Medici*, Thames and Hudson, Londres, 1979.

ALLEN M. J. B., *The Platonism of Marsilio Ficino*, University of California Press, Los Angeles, 1984.

– « Marsile Ficin on Plato, the neoplatonist and the christian doctrine of the Trinity », dans *Renaissance Quaterly*, XXXVII, 4, 1984.

BERNARD T., « La terre mère, bouche d'ombre et de lumière... ou les vicissitudes de l'âme de Ficin à Bruno », dans *Marsile Ficin, les Platonismes à la Renaissance*, sous la direction de P. Magnard, Paris, Vrin, 2001.

CANAVERO TARABOCHIA A., « L'amicizia nell'epistolario di Marsilio Ficino », dans *Rivista di Filosofia Neo-Scolastica*, vol. 67, 1975.

CAPONSACHI P., *Sommario della vita di Marsilio Ficino,* Florence, L. Valori, 1604, Archives de l'État de Florence.

CASTELLI P., « 'Pillole di luce' : erbe e pietre nell'opera di Marsilio Ficino », dans *Marsile Ficin ou les mystères platoniciens*, Paris, Les Belles Lettres, 2002.

– *Il Lume del Sole, Marsilio Ficino, medico dell'anima*, Firenze Opus Libri, 1984.

CHASTEL A., *Marsile Ficin et l'art*, Genève, Droz, 1975.

COPENHAVER B. P., « Scholastic philosophy and Renaissance magic in the *De vita* of Marsilio Ficino », dans *Renaissance Quaterly*, XXXVII, 4, 1984.

– *Renaissance Magic and Neoplatonic Philosophy:* Ennea 4, 5, De vita coelitus comparanda, *Marsilio Ficino e il ritorno di Platone : studi e documenti*, volume II, a cura di G. C., Florence, Leo S. Olschki Editore, Istituto Nazionale di studi sul Rinascimento, 1986.

CORSI G., *Commentarium de Platonicae philosophiae post renatas litteras apud Italos instauratione sive Marsilii Ficini*, Pise, Bandini, 1771.

DRESS W., *Die Mystik des Marsilio Ficini,* Berlin et Leibzig, W. de Gruyter, 1925.

FESTUGIÈRE A.-J., *La philosophie de l'amour de Marsile Ficin*, Paris, Vrin, 1941.

FUMAROLI M., « Le *De triplici vita* de Marsile Ficin : un régime de vie pour la République des Lettres ? », dans *Marsile Ficin ou les mystères platoniciens*, Paris, Les Belles Lettres, 2002.

GANDILLAC M. de, Article *Ficin Marsile* de l'*Encyclopaedia Universalis*, Albin Michel, Paris, 1998.

GARIN E., *Storia della filosofia*, Turin, Einaudi, 1966.

– *Il ritorno dei filosofi antichi, Bibliopolis*, Naples, 1983.

– *Moyen Âge et Renaissance*, texte traduit de l'italien par C. Carme, Paris, Gallimard, 1969.

– *Rinascite e rivoluzioni. Movimenti culturali dal XIVe al XVIIIe secolo*, Bari, Laterza, 1975.

– « Phantasia e imaginatio fra Marsilio Ficino e Pietro Pomponazzi », *Giornale critico della filosofia italiana*, LXIV, 3, 1985.

– *Umanisti artisti scienziati. Studi sul Rinascimento italiano*, Rome, Editori Riuniti, 1989.

– *Lo Zodiaco della vita*, Bari, Laterza, 1976.

– *Le Zodiaque de la vie (polémiques anti-astrologiques à la Renaissance)*, texte traduit de l'italien par J. Carlier, Paris, Les Belles Lettres, 1991.

– *Hermétisme et Renaissance*, texte traduit de l'italien par B. Schefer, Paris, Allia, 2001.

– *La letteratura italiana. Storia et testi*, volume XIII, Prosatori latini del Quattrocento, Milan-Naples, Riccardo Ricciardi Editore.

– *L'humanisme italien*, texte traduit de l'allemand et de l'italien par S. Crippa et M. A. Limoni, Paris, Albin Michel, 2005.

– « A proposito della prisca theologia in Francia », dans *Rivista di storia della filosofia*, XLIII, 1988, p. 125-126.

– *L'homme à la Renaissance* (sous la direction d'E. Garin), Paris, Seuil, 1990.

GENTILE G., « Giano Lascaris, Germain de Ganay e la prisca theologia in Francia », *Rinascimento*, II, XXVI, 1986.

GILSON É., *Humanisme et Renaissance*, Paris, Vrin, 1983.

HAK H. J., *Marsilio Ficino*, Amsterdam, O.C. von Hemessen, 1934.

IVANOFF N., *La beauté dans la philosophie de Marsile Ficin et de Léon Hébreu*, Paris, Humanisme et Renaissance, 1936.

KASKE C. V., « Ficino's Shifting Attitude Towards Astrology in the *De Vita coelitus comparanda*, the letter to Poliziano, and the *Apologia* to the Cardinal », dans *Marsilio Ficino e il ritorno di Platone : studi e documenti*, a cura di G. C., Florence, Leo S. Olschki Éditeur, Institut National d'études sur la Renaissance, 1986, vol. II, p. 371-382.

KLEIN R., *La forme et l'intelligible, Écrits sur la Renaissance et l'Art Moderne*, Paris, Gallimard, 1970.

KLIBANSKY R., *The continuity of the platonic tradition during the Middle Ages*, Worcester and London, The Trinity Press/The Warburg Institute, 1939.

KLUTSTEIN I., *Marsilio Ficino et la Théologie ancienne : oracles chaldaïques, hymnes orphiques, hymnes de Proclus*, Leo S. Olschki Editore, Istituto Nazionale di studi sul Rinascimento, 1987.

KRISTELLER P. O., « Marsilio Ficino as a Man of Letters and the Glosses attributed to him in the *Caetani Codex* of Dante », dans *Renaissance Quarterly*, vol. XXXVI, n° 1, 1983.

– *Huit philosophes de la Renaissance italienne*, traduit de l'anglais par A. Denis, Genève, Droz, 1975 (édition originale : Stanford University Press, 1964).

– *The philosophy of Marsilio Ficino*, Columbia University Press, 1943 et dans *Journal of the History of Ideas*, 6, 1945.

– *Medieval aspects of Renaissance learning, Three essays by P. O. Kristeller*, edited and translated by E. P. Mahoney, New York, Columbia University Press, 1992.

– Publié sous le pseudonyme de PLATONICUS, « Per la biografia di Marsilio Ficino », dans *Civiltà moderna*, vol. X, 1938.

LAURENS P., « *Stylus Platonis* : l'*oestrus* poétique dans le *De Amore* de Ficin », dans *Marsile Ficin, Les Platonismes à la Renaissance*, sous la direction de P. Magnard, Paris, Vrin, 2001.

MAGNARD P. (sous la direction de), *Marsile Ficin. Les platonismes à la Renaissance*, Paris, Vrin, 2001.

MARCEL R., *Marsile Ficin (1433-1499)*, Classiques de l'Humanisme, Paris, Les Belles Lettres, 1958.

– *L'Apologétique de Marsile Ficin, Pensée et Tradition chrétienne au XVe et au XVIe siècles*, Paris, 1950.

MARGOLIN J.-C., « Du *De amore* de Ficin à la *Délie de Scève* : lumière, regard, amour et beauté », dans *Marsilio Ficino e il ritorno di Platone : studi e documenti*, Firenze, a cura di G.C. Garfagnini, Leo S. Olschki Editore, Istituto Nazionale di studi sul Rinascimento, 1986, vol. II, p. 587-614.

– « La notion de *raptus* chez Ficin et Bovelles », dans *Marsile Ficin ou les mystères platoniciens*, volume II, Paris, Les Belles Lettres, 2002.

MATTON S., « Splendeur et mélancolie chez Marsile Ficin », Colloque de Cerisy, dans *Lumière et cosmos*, Paris, Albin Michel, 1981

Pace A. de, *La scepsi, il sapere e l'anima, dissonanze nella cerchia laurenziana*, Università degli Studi di Milano, Pubblicazioni della Facoltà di Lettere e Filosofia, Edizione universitarie di Lettere, Economia, Diritto, 2002.

– « Galileo, Ficino e la cosmologia, ordine, moti ed elementi in due diverse interpretazioni platoniche », *Rivista di storia della filosofia*, n° 3, 2006.

PERNIS M. G., *Le Platonisme de Marsile Ficin et la cour d'Urbin*, traduction F. Roudaut, Genève, Honoré Champion, 1997.

PURNELL F. Jr., « The Theme of Philosophic Concord and the Sources of Ficino's Platonism », dans *Marsilio Ficino e il ritorno di Platone : studi e documenti*, Firenze, a cura di G. C. Garfagnini, Leo S. Olschki Editore, Istituto Nazionale di studi sul Rinascimento, 1986, vol. II, p. 397-416.

RABASSINI A., « La concezione del sole secondo Marsilio Ficino », dans *Nouvelle Revue Momus*, revue d'études humanistes, n° VII, VIII, S. Marco Litotipo editore, 1997.

REES V. R., « Ficin et ses Princes : conseils philosophiques et théologie pratique » dans *Marsile Ficin ou les mystères platoniciens*, actes du XLIIe Colloque International d'Études Humanistes, présentation Stéphane Toussaint, Paris, Belles Lettres, 2002.

REYNAUD J., « Vocabulaire de Ficin », dans *Vocabulaire des Philosophes*, tome V, Paris, Ellipse, 2006.

SAITTA G., *Marsilio Ficino e la filosofia dell'Umanesimo*, Bologne, Fiammenghi & Nanni, 1954.

SCHIAVONE M., *Problemi filosofici in Marsilio Ficino*, Milan, Mazorati, 1957.

TAMBRUN B., *Pléthon, le retour de Platon*, Paris, Vrin, 2006.

THORNDIKE L., « M. Ficino und Pico della Mirandolla und die Astrologie », *Zeitschrift für Kirchengeschichte*, XLVI, 1928.

TORRE A. Della, *Storia dell'Academia Platonica di Firenze*, Istituto di Studi superiori in Firenze, Firenze, G. Carnesechi, 1902.

TOUSSAINT S., *De l'enfer à la Coupole, Dante, Brunelleschi, Ficin*, Rome, L'Erma, 1997.

– « L'*ars* de Marsile Ficin, entre esthétique et magie », dans *L'art à la Renaissance entre science et magie*, sous la direction de P. Morel, Actes du colloque international organisé par le Centre d'Histoire de l'Art de la Renaissance, Paris I, Rome, Académie de France à Rome, Villa Medici, 2006 pour l'édition italienne, et Paris, Éditions d'Art Somogy, 2006, pour l'édition française.

– « Marsile Ficin et le livre. Lecture des mythes et mythes de lecture », dans *Nouvelle Revue Momus*, revue d'études humanistes, n° VII, VIII, S. Marco Litotipo editore, 1997.

– « L'influence de Ficin à Paris et le pseudo-Denys des Humanistes : Traversari, Cusain, Lefèvre d'Étaples », dans *Brunania e Campanelliana*, n° 2, anno V, Pisa, Roma, Istituto editoriali e poligrafici internazionali, 1999.

VASOLI C., *Quasi sit Deus. Studi su Marsilio Ficino*, Lecce, Conte editore, 1999.

– *La dialettica e la retorica dell'Umanesimo. « Invenzione » et « Metodo » nella cultura del XVe et XVIe secolo*, Milan, Feltrinelli, 1968.

– « Marsilio Ficino : un nuovo tipo di filosofo e la sua rete europea », dans *Verbum*, 1, 1999.

WALKER D. P., *La magie spirituelle et angélique de Ficin à Campanella*, texte traduit de l'anglais par M. Rolland, Paris, Albin Michel, 1988.

– *Actes du Colloque International d'Études Humanistes « Marsile Ficin ou les mystères platoniciens »*, organisé au Centre d'Études supérieures de la Renaissance de Tours, du 7 au 10 juillet 1999 par S. Toussaint, Paris, Belles Lettres, 2002.

TABLE DES MATIÈRES

MARSILE FICIN

EPISTOLARIUM – LETTRES

LIVRE I

ACHEVÉ D'IMPRIMER
EN AVRIL 2014
PAR L'IMPRIMERIE
DE LA MANUTENTION
À MAYENNE
FRANCE
N° 2153672L

Dépôt légal : 2e trimestre 2014